考古衡今八音论集

第一届音乐考古遗存
学术研讨会文集

贺志凌　付晓东 ◎ 主编

上海三联书店

序　言

　　此书为沈阳音乐学院举办的第一届音乐考古遗存学术研讨会暨第十一届全国乐器学学术研讨会论文集。旨在庆祝建院85周年之际，深入学习贯彻习近平总书记重要指示精神，认真落实国家"科教兴国、人才强国、创新驱动发展"三大战略，传承中华优秀传统文化，梳理传世历史文献，探讨音乐考古遗存，弘扬古代音乐文化，建立起新时代中华民族史的叙事体系和话语体系。同时，希望以此为契机，不断深化与各院校、各专业委员会等机构的交流合作，让收藏在博物馆里的文物、陈列在广阔大地上的遗产、书写在古籍里的文字都活起来，丰富社会历史文化滋养，更好地"讲好中国故事、传播中国声音"。

　　我院的前身是1938年由毛泽东、周恩来等老一辈无产阶级革命家在延安倡导成立的鲁迅艺术学院，是中国共产党创办的第一所高等艺术学院，毛泽东亲笔题写"紧张、严肃、刻苦、虚心"的校训。抗日战争胜利后，学校由延安迁至东北，1949年更名为东北鲁迅文艺学院，1953年在东北鲁迅文艺学院音乐部的基础上，成立了东北音乐专科学校，1958年更名为沈阳音乐学院。建院以来，学校始终以繁荣民族音乐文化、服务人民为己任，在民族独立、人民解放、社会主义革命、改革开放和社会主义现代化建设各个不同的历史阶段均做出了突出的贡献。为党和国家培养了许多优秀的音乐、舞蹈艺术人才，创作、产出了一大批富有时代特征、体现民族精神的优秀音乐作品和理论成果，在高等艺术教育专业建设领域具有较强的影响力。

　　在专业音乐院校中，我院对乐器学和音乐考古学的办学起步较早。2000年就设立了乐器工艺系，2005年便引进了音乐考古学的博士。学院充分发挥科学技术对音乐文物事业和乐器发展的支撑引领作用，建立了音乐文物科技创新交流平台，着眼国家战略需求培养高素质人才，不断推出高水平科研成果。并大力推进产教融合，实现了高等教育资源与经济社会需求的融合发展，培养出一批高技能、复合型、应用型的乐器学优秀人才。

　　希望通过本次学术交流会和论文集的出版，进一步加强兄弟院校之间的交流合作，整合高校优势资源，发挥专业优势，集中展示东北亚及全国各地音乐考古遗存研究新成果，共同探讨学术新理念，分享跨学科研究的经验与方法。集思广益、开拓思路，力争取得更多优秀学术成果，共同推进音乐考古学、乐器学的学科建设与高质量发展。

新时代、新起点、新征程,我们要以习近平文化思想为指引,厚植中国式现代化文化根基,不断加强音乐文化的传承与发展,有效推动中华优秀传统文化创造性转化、创新性发展,为民族复兴提供丰厚的文化滋养和强大的精神力量。让我们携起手来,坚持守正创新、协同发展,为建设社会主义现代化强国做出应有贡献!

我谨代表沈阳音乐学院向大力支持本书出版的专家、学者,致以最诚挚的谢意,向一直以来给予我院关心、支持和帮助的业界同仁们表示由衷的感谢!

2024 年 4 月

(沈阳音乐学院党委书记　赵恒心)

目　　录

清华简《五音图》《乐风》试探

天津音乐学院　方建军

最近,在清华大学所藏战国竹简中新发现了五声音阶的高低八度阶名,以及可能为乐谱及其伴奏说明的资料,整理者以《五音图》和《乐风》题为篇名,收录于即将印行的清华简研究报告第十三辑。黄德宽先生对这两篇简文已有很好的介绍研究①,从中获见不少前所未知的先秦音乐史料,其学术价值之重要自不待言。本文在黄先生论作基础上略做引申,对《五音图》和《乐风》的乐学内涵试做初步探索,向学术界请教。

一　《五　音　图》

《五音图》原简应有 37 支,现缺失第 9 和 19 简,另有 8 支简部分残损。竹简经编联后,是一幅配以文字的图案,图中央绘一五角星。从五角星的顶角起,按逆时针方向,以宫、商、角、徵、羽五声为序,分为五组阶名,排列于各角的延伸线之上。阶名之间均以墨块分隔。下面分别予以讨论。

(一) 宫组:上宫_大宫_少宫_歌(简 18)

宫组阶名前缀的“大”“少”,见于曾侯乙钟磬铭文②。“大”“少”分别具低音和高音之义,故“大宫”和“少宫”的音高为八度关系。曾侯乙钟磬铭文阶名无前缀“上”,“上宫”阶名见于《国语·周语下》和洛庄汉墓编磬铭文③。“上”有低音之义,“上宫”即低八度的宫音,我曾有小文论及④。从简文排列次序看,“上”“大”“少”依次递进,“大”比“上”高一个八度,“少”比“大”高一个八度。这样,宫组从“上”到

---

①　黄德宽:《清华简新发现的先秦礼、乐等文献述略》,《文物》2023 年第 9 期。

②　湖北省博物馆:《曾侯乙墓》,北京:文物出版社,1989 年版,第 532—582 页。下引曾侯乙钟磬铭文资料均出自该书,不再重复出注。

③　崔大庸、邹卫平:《洛庄汉墓 14 号陪葬坑编磬刻铭初探》,《汉代考古与汉文化国际学术研讨会论文集》,济南:齐鲁书社,2006 年版,第 146—156 页。

④　方建军:《论古代乐律的“上”和“下”》,《中国音乐学》2022 年第 3 期。

"大"再到"少",是两个八度的宫音。

《周语下》的阶名不仅有"上宫",而且还有"下宫"。"下"含高音之义,"下宫"即高八度的宫音。虽然"下宫"阶名未在《五音图》和其他出土文献出现,但"下角"阶名见于曾侯乙钟磬铭文和郭汉东先生所藏西汉晚期宗庙编磬①,其义与"下宫"相类,即高八度的角。

宫组最末的"歌"字,与其他阶名并举,同样应为阶名。疑其与"鼓"相通。"歌""鼓"二字古音相通,"歌"为见母歌部,"鼓"为见母鱼部,二字双声,古音较近。按曾侯乙编钟宫、角、徵、羽四声对应有高八度专名(或称异名)"巽""猷""终""鼓"(壴、喜),故"歌"可能为"鼓"。但"鼓"为羽的高八度名称,这里误入宫组,类似情况也出现于徵组和羽组简文(详下)。

(二)商组:逝商_上商_右商_左商_少商(简21—35)

本组阶名同样按八度级进的逻辑关系排列,其中"少商"与上述"少宫"相类,勿须多说。"逝商"当为"上商"的低八度商音,"上商"则为"右商"的低八度商音。上博楚简《采风曲目》所见阶名有"徙商"②,《说文》"述"同"徙","迻也";"逝,往也"。③"述""逝"同属乇部,二字形音义皆近。由此而看,"徙商"和"逝商"或可能为同一阶名。曾侯乙钟磬铭文中的"㴼商",据测音为低音区"大"组的低八度商音,与"逝商"为低八度商音的含义也应相当。

"右商"是"上商"的高八度商音,但比"左商"低一个八度。就阶名前缀"右""左"而言,其音"右"低"左"高,"左商"乃"右商"的高八度商音。前面已说过,五角星所列宫、商、角、徵、羽五声,宫音在五角的顶端,以之作为起点,从左至右按逆时针方向,音高由低到高依次排列。这与《乐书要录》的"逆旋"和《宋史·乐志》的"左旋"相仿。若按顺时针方向观此五音序列,音高则是由高到低的羽、徵、角、商、宫。这与《乐书要录》的"顺旋"和《宋史·乐志》的"右旋"相仿。不难想见,如果将五角星作为可以旋转的轮盘,它的外圈用十二律固定,那么逆时针(左旋)形成的五声便为"左",顺时针(顺旋)形成的五声就是"右"。《礼记·礼运》云:"五声、六律、十二管,还相为宫也。"④由此看来,《五音图》或可能是一种"旋宫图"。

在《黄帝内经》中,只有"左宫"(《灵枢·阴阳二十五人》)而无"右宫",其余商、

---

①　李学勤:《西汉晚期宗庙编磬考释》,《文物》1997年第5期;方建军:《论古代乐律的"上"和"下"》,《中国音乐学》2022年第3期。

②　马承源主编:《上海博物馆藏战国楚竹书》(四),上海古籍出版社,2004年版,第164—165页;方建军:《楚简〈采风曲目〉释义》,《音乐艺术》2010年第2期。

③　[汉]许慎:《说文解字》,北京:中华书局,1981年版,第39—40页。

④　[清]阮元校刻:《十三经注疏》,北京:中华书局,1980年版,第1423页。

角、徵、羽四声“左”“右”皆有。曾侯乙编钟有 1 件(中.3.5)的正鼓部铭文为“羽”，右侧鼓铭文是“宫厇”，测音结果正、侧鼓音为小三度的 A_4 和 C_5，与标音铭文吻合。“宫”后一字，裘锡圭和李家浩先生谓“此字不识，有可能从[illegible]（右）得声。”[①]黄翔鹏先生认为，此字乃表示“高一古代音差”，从弦律角度看，其位置“在宫音之右”[②]。后来学者仍有异说，但迄无确解。今以《五音图》例之，或应与“右宫”同义。

(三) 角组：逝角_上角_大角_右角_左角_角反(简 21—36)

角组高低八度序列十分显豁，“逝”“上”“大”“右”“左”“反”，相邻阶名之间均为八度关系。唯“角反”用后缀“反”字，曾侯乙钟磬铭文屡见。

(四) 徵组：上徵_右徵_少徵_□_巽反(简 1—14)

此组阶名的“上”和“少”，其义与上述阶名相同。“右徵”应为“上徵”的高八度、“少徵”的低八度。“少徵”之后所缺一字，当为表示徵的高八度阶名。据曾侯乙编钟铭文，所缺一字可能为徵的高八度专名“终”。

本组最末的阶名是“巽反”，“巽”为宫音的高八度专称，“反”亦有高八度之义，如此，则“巽反”为“巽”的高八度宫音。但是，此组阶名均为高低八度的徵音，而不应出现宫音的高八度“巽”。由此推断，“巽反”原本应纳入宫组，作为宫音的高八度阶名而置于“少宫”之后。

(五) 羽组：上羽_大羽_左羽_终……(简 2—14)

羽组的“上”“大”“左”，含义与上述相同，其间均为八度关系。但是，“终”乃徵的高八度阶名，理应归入徵组，这里误入羽组。

由上所述，可将《五音图》所记高低八度的阶名体系，按照发音由低到高的序列录写如下：

逝—上—大—右—左—少—四声高八度专名—反

音域已达到 7 个八度。当然，这些高低八度的前后缀单字或专名不一定在同一组出现，其间也会有所省略，如徵组从“右”到“少”，即略去“左”。因此，八度阶名的区别仅具有相对的高低意义。从曾侯乙编钟的测音数据看，八度阶名的用法也是如此。

《五音图》里五声的高低八度阶名，见于《黄帝内经》的记载。在《素问》篇的《五常政大论》和《六元正纪大论》章，以及《灵枢》篇的《阴阳二十五人》和《五音五味》章，也有前缀“上”“大(太)”“右”“左”“少”等高低八度阶名[③]，但另有一些高低八度

---

① 湖北省博物馆：《曾侯乙墓》，北京：文物出版社，1989 年版，第 560 页。

② 黄翔鹏：《先秦音乐文化的光辉创造——曾侯乙墓的古乐器》，《文物》1979 年第 7 期。

③ [战国]佚名撰，傅景华、陈心智点校：《黄帝内经素问》，有“少宫与少角同，上宫与正宫同，上角与正角同”云云，北京：中医古籍出版社，1997 年版，第 119 页。

的阶名前缀如"正""判""质""加""钛""桎""众"等,为《五音图》和曾侯乙钟磬铭文所无。其中的"正",可能指正声(中声)组。"加"或与曾侯乙编钟铭文的"珈"相同,如钟铭"珈徵"即为低八度的徵音。"判"通"半",半律即正律的振动体长度减少一半所得之律,恰好是比正律高一个八度的律。因此,"判"与上述《五音图》以及曾侯乙钟磬铭文阶名后缀的"反"同义,只是"判"用作阶名的前缀。

曾侯乙钟磬铭文所建构的乐律体系,是周、楚两种音乐理论的结合,但更多反映出楚音乐理论的元素。清华简一般认为应出自楚墓,由《五音图》和《黄帝内经》所载五声的高低八度阶名,足见楚音乐文化影响之深远。

二 《乐 风》

《乐风》竹简长仅 9.9、宽 0.5 厘米,是迄今所知最短的竹简。本篇原有简 14 支,现存 12 支,第 8 和第 13 简缺失,第 9 和第 10 简残损。

简文由两部分内容组成,第一部分的简 1—5 完整无缺,按简序列下:

宫徵_宫羽_宫商_徵羽【一】

商徵_徵地_商徵_徵角【二】

商角_商羽_羽角_穆_商【三】

羽_羽角_宫羽_宫商_宫【四】

角_乐风【五】

可见是以两个声名作为一个单位,其间以标识号隔开,唯有"穆"音是以一个声名独立其中。第 5 简末尾的"乐风"为其篇名。黄德宽先生指出,这部分内容可能是《乐风》的曲谱,是很有见地的。

我觉得,从简文的构成形式看,作为乐谱是可信的。《乐风》当为一首歌曲作品的名称,它可能是演唱和伴奏通用的乐谱。这种谱式以两个声名组合,并以标识符彼此分开,应是目前所见最早的宫商字谱(宫商谱)。推测其歌词犹同《诗经》中的四言诗,在音乐上应是一字一音。

第 1 和第 2 简的唱词字数均为 4+4 句式结构,配以 8 个声名音符。第 2 简的"徵地","地"字作为声名前所未见,待考。

第 3 简最后的商音,应与第 4 简的第一个音"羽"相连,其唱词字数应为 4+5 句式结构。这在《诗经》中也屡有所见,这里不能备举。第 4 简从"羽角"起,至第 5 简的"角",也是 4+4 句式。需要注意的是,《乐风》的所有阶名均为五正声,只有第 3 简的"穆"属于变化音名。"穆"在曾侯乙编钟铭文里对应的音高是♭B,属于姑洗均(C)新音阶的降第七级音。若将之与其前后的角和商相连,角、穆二音为减五度,其转位为增四度,这在中国传统音乐的旋律中至为罕见。然而,"穆"在楚乐律系统中还可能是清角,这在北宋时湖北安陆出土的楚王酓章钟铭文上有所反映①,我曾做过有关探讨②。若然,则由角至"穆"(清角)为小二度关系,由"穆"(清角)再到商为小三度关系,这样的旋律走向较为自然且较便于演唱。

然而,《乐风》的宫商字谱看不出八度区别,其中哪些音是中声,哪些音是低八度或高八度,存在不确定性,目前还不能准确断定。在这种情况下,若要将之译为今谱,一定会有不同的版本,这里暂置不论。

简文第二部分内容有缺简和残简,内容不全。兹按简序将其列下:

綏郗(次)之下綏郗(次)上(简6)

綏郗(次)下緸大上(简6、7)

綏少下□□□(简7、8)

大下緸郗(次)上(简11)

大下緸郗(次)下(简11、12)

大上緸大下(简12)

简6的"緸郗(次)上",当为"緸郗(次)之上"的省略写法,其用法与"綏郗(次)之下"相类。其余简文当同为省略写法。

黄德宽先生认为,简文的"大上""大下""次上""次下""少下",构成了等次关系,可能表示音区的高低。同时说明,简文"綏""緸"是两个关键性动词,可能指乐器的具体演奏方法。

我猜想,第二部分简文或许可有两种解释。

第一,"大""次""少"应为音区的高低差别,"大"为低音组,"次"(第二、中、间)属中声组,"少"指高音区。又从《五音图》看,有"上宫"而无"下宫",故简文的"上""下"大概指编钟或编磬的上、下两层,而以编钟的可能性更大,因为考古发现的编磬大多仅为单层。"大上"指上层编钟的低音,"大下"即下层编钟的低音;"次上"或"次下"当指上层或下层编钟介于"大"和"少"之间的中声;"少下"则为下层编钟的高音。由此标明上、下两层编钟演奏的"大—次—少"音区范围。

第二,"大""次""少(小)"分别指弦乐器的大弦(粗弦)、中弦和小弦(细弦)。《韩非子·外储说左下》云:"夫瑟以小弦为大声,以大弦为小声,是大小易序,贵贱

① [宋]薛尚功:《历代钟鼎彝器款识法帖》,北京:中华书局,1986年版,第27页;[宋]王厚之:《钟鼎款识》,北京:中华书局,1985年版,第64—65页。

② 方建军:《楚王酓章钟"商商穆"试解》,《黄钟》2015年第1期。

易位,儒者以为害义,故不鼓也。"①所谓小弦大声,即细弦音的频率高;大弦小声,即粗弦音的频率低。"上"和"下"分别指音的低和高。"大上"应即大弦的低音区,"大下"当指大弦的高音区,"次上"和"次下"分别为中弦的低音区和高音区,"少下"乃小弦的高音区。

《礼记·曲礼》曰:"大夫无故不徹悬,士无故不徹琴瑟。"②战国时期楚国的弦乐器以琴瑟类居多。瑟以四柄四岳的 25 弦较为常见,一般分为内 9 弦、中 7 弦和外 9 弦三组,弦径中组粗,内外两组细,每组又有粗细差别。简文仅记述弦的"大""次""少",而未显示弦的内、中、外分组,以之似难推知具体弹奏哪组的哪些弦。而琴虽有 7 弦和 10 弦制式,但弦径自内向外由粗而细,便于分辨大、中、小弦,高低音更易用按指来改变弦长获得。《乐记·乐施》说:"昔者舜作五弦之琴,以歌《南风》。"③以之类比,《乐风》可能就是用琴来伴奏的歌曲作品。

此外,简文中的"綾""繡"二字皆从"糸",似乎也指向弦乐器。它们与"大""次""少""上""下"合写,可能表示用不同指法弹奏大、中、小琴弦的高低音,但具体含义尚待研究。综合考虑,《乐风》的第二部分简文,作为琴的演奏提示和说明的可能性最大。这当然包含不少猜测成分,其中必有不当,尚祈读者批评指正。

---

① 高华平、王齐洲、张三夕译注:《韩非子》,北京:中华书局,2010 年版,第 447 页。
② 《十三经注疏》,第 1259 页。
③ 《十三经注疏》,第 1534 页。

清中期"蒙古乐曲"原装乐器遗存研究

故宫博物院　　刘国梁

摘要：故宫博物院收藏有两箱(20件)"原装"乐器,这批乐器制作精良,风格相近,属清代中期内务府造办处作品。在这20件乐器中,弦乐器有12件,包含:三弦、番部胡琴、月琴、二弦、提琴5种;管乐器有8件,包含:笙、笛、箫3种。这批乐器与乐器箱流传有序,在乾隆二十四至二十七年(1759—1762)各作成做活计清档与《故宫物品点查报告》中有着明确的制作、修复与收藏记载。它们是清代宫廷音乐的重要形式"蒙古乐曲"所使用的乐器。它们中的多件乐器,尤其是弦乐器,多为清代中期存世乐器之孤品,对了解清代中期"蒙古乐曲"的乐器制作、乐队编制与乐器构成等问题有着重要的意义。

关键词：旧藏乐器　　什榜　　番部合奏　　蒙古乐曲

一、两箱"原装"乐器的基本情况与研究、展览现状

故宫博物院收藏有两箱珍贵的乐器,它们是故宫现存仅有的两箱"原装"乐器,现归宫廷历史部典章文物组保管,收储于地面文物库房寿药房中。

因文物分类(不同材质的文物归不同的科组保管)与入柜保管(文物入柜,原文物箱、托架因年久失修,状态不佳且体积较大,与文物分库保存)等历史原因,造成了故宫藏许多文物的文物箱、托架与文物分离保管的现状,尤其是乐器类文物有原有文物箱的很少,所以作为未被分离保管的两箱乐器类文物就显得十分珍贵。

前人对这两箱乐器的研究相对较少。万依、黄海涛先生合著的《清代宫廷音乐》(1985年)一书,在介绍清代宫廷宴飨乐所属的清乐、队舞乐、蒙古乐等乐队时,文旁绘有月琴与胡琴的线描图①,其中月琴的形象应来源于这两箱乐器。这是研究中较早采用这两箱乐器形象的书籍。

---

① 万依、黄海涛：《清代宫廷音乐》,中华书局香港分局、故宫博物院紫禁城出版社联合出版,1985年版,第19页。

袁荃猷先生主编的《中国音乐文物大系·北京卷》(1999)一书收录有这两箱乐器中的四张乐器:月琴、番部胡琴(书中误定名为二弦且未收录弓子)、三弦和提琴①,并在文物说明中指出月琴、三弦、提琴为清代宫廷宴乐蒙古乐之番部合奏所用乐器,这是笔者所见最早将这几件乐器判定为番部合奏所用乐器的书籍。袁荃猷先生还曾于1981年发表《一幅难得的清代蒙古族作乐图》②一文,文中较早注意到《塞宴四事图》中的蒙古乐队问题,并对其进行了较为深入的研究、考证。

除研究外,这两箱乐器中也曾有部分乐器参加过展览。2008年故宫博物院与澳门艺术博物馆联合举办《钧乐天听——故宫珍藏戏曲文物特展》,展出戏曲类文物178件(套)。在此次展览中,这两箱中的两件乐器:故169831三弦、故00169784番部胡琴。它们与单皮鼓、大铜锣、小锣、小铜钹、拍板、月琴等戏曲伴奏乐器一同被陈列于第一单元"昆乱开天"中。这是笔者已知目前这两箱乐器中参展最早的乐器。不过,这两件乐器应不是戏曲的伴奏乐器。

2020年国家博物馆举办"天地同和——中国古代乐器展",此次展览故宫博物院共借出乐器类文物19件套,笔者携这两箱乐器中的四件乐器参展,分别是:故169830月琴、故169786二弦、故169789三弦与故169785提琴。国家博物馆的策展人员应是根据《中国音乐文物大系·北京卷》中所列文物进行商借的。

2021年故宫博物院举办"敦行故远——故宫敦煌特展",笔者有幸参与了此次展览的筹备工作。由于敦煌石窟群的370多个洞窟中绘有约50种7000余件乐器的形象③,因此,此次展览特辟"妙音乐舞"单元,精选14件(套)乐器类文物展现故宫与敦煌,乃至丝绸之路上的音乐文化遗存。当展览需要选择一件葫芦形弦乐器④时,笔者选择了这两箱乐器中的番部胡琴进行展出。

由于这两箱乐器尚未完整进行过数字影像采集,因而笔者在为"敦行故远"展览准备文物图片时,便申请将这两箱乐器全部进行了影像采集。而且,由于材料的不足,以往对这箱乐器的研究较为零散,本文力图对这两箱乐器进行一次整体的介绍,并通过爬梳档案,力图对这两箱乐器原有的保存地点、乐器的原装次序、乐器箱与乐器的制作和修复时间、乐器的用途与同时代绘画中的乐队形象所反映出的乐队编制等问题进行探讨并试图找出答案。这两箱乐器透露出的信息很多,尚有待

---

① 袁荃猷主编:《中国音乐文物大系·北京卷》,大象出版社,1999年版,第155—158页。

② 袁荃猷:《一幅难得的清代蒙古族作乐图》,《故宫博物院院刊》1981年第3期。

③ 敦行故远——故宫敦煌特展妙音乐舞单元说明。

④ 敦煌壁画中出现过葫芦形乐器,但是目前研究者多认为敦煌壁画中出现的葫芦形乐器为弹拨类乐器,而番部胡琴为拉弦乐器。

于进行进一步的深入研究。

(一)两箱乐器之"包装"

所谓"包装"是指这两箱乐器的清代原有箱匣,"包装"由木箱、横屉、琴套三个部分组成。"包装"的最外层为黑漆长方形木箱,箱体通身髹黑漆,漆面脱落、破损严重,多处露出木胎,经询家具文物研究人员,他们指出此类木箱木胎用材以杉木居多,从漏漆处可见在木胎之上、漆皮之下,裹有一层麻布,应是髹漆时使用了"披麻挂灰"的工艺。

木箱由箱盖、箱身、箱锁、把手四部分组成。箱盖与箱身之间由铜合页固定,前由如意云头纹铜面叶与铜锁相连接。铜锁锁鼻犹在,可惜锁头已失。箱身左右各装有一个月牙形铁提手,以方便装卸、搬运。

两个木箱之上还各贴有纸签两个:一箱红色纸签上写"12"、蓝色纸签上写"弘南48",一箱红色纸签上写"13"、蓝色纸签上写"弘南47"。红色纸签为12、13箱之意,蓝色纸签为曾在弘义阁迤南库房存储之意。这四个标签均为近20、30年间库房管理人员所贴。这两个纸签说明,近几十年随着乐器类文物库房的变迁,这两箱乐器也曾改变收藏位置,由弘义阁迤南库房转存北五所寿药房。

两木箱尺寸一致,长111厘米,宽46厘米,高38.5厘米。

表1　乐器箱尺寸 （单位:厘米）

长	宽	高
111	46	38.5

图1　乐器箱图,红色与蓝色纸签:第12箱　弘南48

图 2　乐器箱图,红色与蓝色纸签:第 13 箱　弘南 47

打开长木箱,箱盖内侧黑漆保存完好,漆面光亮,每箱箱体内装有大小一致的三层横屉,横屉为木制,上裹明黄色暗花绸衬,颜色上与黑色木箱形成鲜明对比。

横屉的上、下两端各装有一个绳状软提手,以方便使用者将其取出、放入。每层横屉均能单独取出,而当三层横屉全部放入箱中后,又正好能严丝合缝地将乐器箱装满,可见设计之巧。

横屉中按照所装乐器的不同,装有二到三个固定乐器的横向支撑挡板,将每层横屉隔离为三到四个大小不等的长方形空间,横屉的底板上根据所装乐器形状的不同做有随形凹槽,以适应不同乐器的存储。

在每层横屉的第二格内,贴有长方形白绫签,墨书满文、蒙文、汉文乐器名,除掉重复品,这两项乐器的汉文乐器名有:箫、三弦、笙、番部胡琴、笛、月琴、二弦、提琴,可知这套乐器的原有名称。

图 3　12 箱 1 层

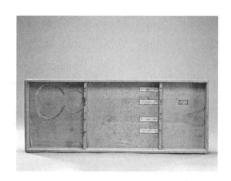

图 4　12 箱 2 层

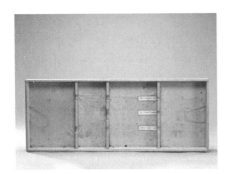

图 5　12 箱 3 层

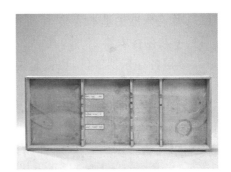

图 6　13 箱 1 层

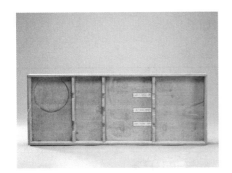

图 7　13 箱 2 层

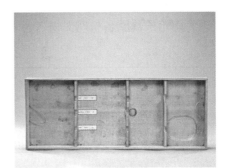

图 8　13 箱 3 层

在黑色乐器箱与黄色横屉之外，每件乐器还都配有相应的红色、黄色布琴套，一般笛、箫为黄色棉套，只是这两箱乐器中之笛、箫从漆色、类型来看，与其他弦乐器不是一套，后配的可能性更大。弦乐器与笙为红色绸套。红色绸套质量一般，可能为近几十年所加。

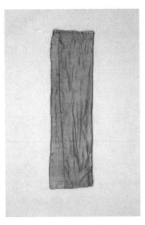

图 9　故 169789　匏描金仙人纹
三弦乐器套

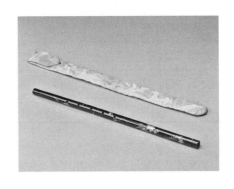

图 10　故 00169834　竹黑漆描金折枝花鸟纹
箫乐器套

（二）现存乐器的基本情况

两箱中共存有乐器20件,其中12箱1、2层各存乐器4件,12箱3层与13箱1、2、3层各存乐器3件,也就是说12箱中共存乐器11件,13箱中共存乐器9件。

这20件乐器中,弦乐器共12件,包含:三弦、番部胡琴、月琴、二弦与提琴5类,其中三弦最多,共5弹(弹为清代三弦计量单位)①,番部胡琴3张,月琴2张,提琴1张,二弦1弹。虽然三弦、番部胡琴、月琴均有2张以上,但它们却件件不同,有的差异还较大。管乐器共8件,包含:笙、笛、箫三类,其中笙最多共5攒(清代笙计量单位)②,笛2支,箫1支。

现将两箱乐器原名与现文物名列表对照如下:

表2 乐器原名列表

12箱	13箱
1. 第一层:三弦	1. 第一层:番部胡琴
2. 第一层:笙	2. 第一层:笙
3. 第一层:三弦	3. 第一层:提琴
4. 第一层:箫	4. 第二层:月琴
5. 第二层:笛	5. 第二层:笙
6. 第二层:番部胡琴	6. 第二层:番部胡琴
7. 第二层:笛	7. 第三层:三弦
8. 第二层:三弦	8. 第三层:笙
9. 第三层:二弦	9. 第三层:三弦
10. 第三层:笙	
11. 第三层:月琴	
合计:20件	

---

① 《乾隆16年农历05月22日闰月奏折文稿》:"月琴二张、压琴一张、提琴二张、胡琴三张、筝二张、笙一攒、管二支、笛三支、箫二支、唢呐四支、海笛四支、三弦一弹、二弦一弹、戏鼓四面、鼓架一副、花梨木响板二副、木鱼一个。"《清宫瓷器档案全集》第378页,中国第一历史档案馆藏。

② 万依、黄海涛:《清代宫廷音乐》,中华书局香港分局、故宫博物院紫禁城出版社联合出版,1985年版,第19页。

表3　乐器文物号与现名列表

12 箱	13 箱
1. 第一层:故 169787 匏三弦	1. 第一层:故 169832 木金漆龙首匏葫芦式藩部胡琴
2. 第一层:故 169836 匏斗笙	2. 第一层:故 169838 匏斗笙
3. 第一层:故 169788 匏三弦	3. 第一层:故 169785 木龙首匏八棱夔凤纹提琴
4. 第一层:故 169834 竹黑漆描金折枝花鸟纹箫	4. 第二层:故 169829 匏描金勾莲万寿纹月琴
5. 第二层:故 169833 竹黑漆描金折枝花鸟纹笛	5. 第二层:故 169837 匏斗笙
6. 第二层:故 169783 木金漆龙首匏葫芦式藩部胡琴	6. 第二层:故 169784 木金漆龙首匏葫芦式藩部胡琴
7. 第二层:故 169842 竹黑漆描金折枝花鸟纹笛(与原标签不一致)	7. 第三层:故 169789 匏描金仙人纹三弦
8. 第二层:故 169831 匏葫芦式三弦	8. 第三层:故 169839 匏斗笙
9. 第三层:故 169786 匏二弦	9. 第三层:故 169828 匏描金仙人纹三弦
10. 第三层:故 169835 匏斗笙	
11. 第三层:故 169830 匏描金仙人纹八棱月琴	
合计:20 件	

故宫博物院乐器类文物藏品虽有 2000 余件,但钟、磬、鼓、笛等金石革竹类宫廷礼乐器占据大半,除礼乐用琴、瑟外,其他弹拨、拉弦类乐器文物很少,除 2 张琵琶外,只有这些弦乐器遗存,因此这两箱乐器显得尤为重要。

(三)两箱乐器的具体情况

我们先来看弦乐器的具体情况,下图为现存弦乐器的尺寸:

表4　弦乐器尺寸　　　　　　　　　　　　　　　　　　　　(单位:厘米)

	三弦					番部胡琴			月琴		二弦	提琴
通长	100	98	91	95	97	78	90	94	104	100	84	88
柄长	80	63.2	66	78	79	55	72	62	81	78	69.5	75
轴长	12	12	12	11.5	11.5	10	10	10	12	11	11	15.5
轴距	1	1	1	1	1	1	1	1	2	1	1	4.5
匏面径	14	14	大 12.5 小 9	14.5	14	大 20 小 10	17	大 20 小 12	21.5	23	11.5	10
匏厚	7	7.5	大 5.5 小 5.4	7.5	7.3	大 6 小 5 铭文	12.5	大 7.8 小 7	7	7.5	6.5	11.5
弦长	90		85	83	89	68	80	82	87	88	69	71.5
弓长						60	68	75				32

弦乐器中三弦最多,共5弹。三弦,又名弦子,是我国重要的弹拨乐器,目前仍在使用。现在我们看到的三弦按照尺寸的区别主要分两类:一类是大三弦,身长约122厘米,常用于北方大鼓书、单弦等曲艺音乐的伴奏和部分歌舞的伴奏中;一类是小三弦,身长约95厘米,主要用于南方昆曲、弹词等戏曲、曲艺音乐的伴奏中。从这5弹三弦的尺寸(91厘米至100厘米之间)来看,它们属于小三弦的范畴。不过,当时的小三弦也不一定只是给南方的昆曲、弹词来伴奏的。

《皇朝文献通考》载:"三弦之制不知其所自起。《唐书·南骠蛮国传》有龙首琵琶、云头琵琶皆三弦,饰以虺皮。马端临考唐有直颈琵琶,皆与三弦相似,《唐书·礼乐志》又有五弦、六弦,今无其器然,则三弦岂亦唐制耶?"①书中认为虽然三弦不知始于何时,但是从形制上看可能与唐代相关。唐代崔令钦《教坊记》中有"平人女以容色选入内者,教习琵琶、三弦、箜篌、筝等者,谓之搊弹家"②的记载,据此可知唐代时三弦已与琵琶、箜篌、筝等流行乐器地位一般③,只是不知其形制是否与今天相同。

明代政治家、文学家杨慎在《升庵集》中考证:"今之三弦,始于元时。"他的依据是宋元之际晏几道的《小山词》:"小山词云,三弦玉指,双钩莫(一作草)字,题赠玉娥儿。"④据此可知明清之三弦与元制一致。

图11 故169787 匏三弦正面

图12 故169787 匏三弦背面

---

① [清]乾隆敕撰:《皇朝文献通考·卷一百六十四》,清文渊阁四库全书本,第13244页。

② [唐]崔令钦:《教坊记》,清乾隆文渊阁四库全书内府抄本,第2—3页。

③ 在后世文献中,也有《教坊记》中之"三弦"改为"五弦"的情况,如宋代陈旸《乐书》、清代胡世安《操缦录》,但多数文献仍沿用原记载,如元代马端临《文献通考》,明代陆楫《古今说海》,明代陶宗仪《说郛》,明代王可大《国宪家猷》,明代王圻《稗史汇编》,明代绣云居士《掌录》,清康熙敕撰《御定渊鉴类涵》等。

④ [明]杨慎撰:《升庵集》卷四十四,清文渊阁四库全书补配文津阁四库全书本,第1270页。

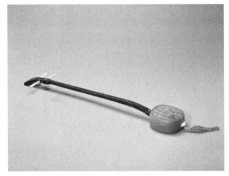

图 13   故 169787   匏三弦侧面

图 14   故 169831   三弦侧面

　　清宫旧藏之三弦柄多为紫檀制成,柄上端凿空以绾弦,弦轴按左二右一排列,柄和槽(音箱)衔接处多饰犀角,镂雕灵芝纹,槽为匏制,上冒虺蛇皮。背面、侧面均有纹饰。槽下系弦扣,下垂黄绒紃。清代宫廷宴飨庆隆舞乐、宴飨番部合乐均用之。这两箱原装乐器中之三弦多数与流传至今的三弦近似,音箱多为椭圆形,但也有一弹为葫芦式音箱,上蒙蟒皮(故 169831)与今日之三弦不同,很有特色。

　　番部胡琴,我们今天已不常见,清宫旧藏番部胡琴琴柄顶端之木制琴头雕刻成龙首形,髹金漆,栩栩如生。龙首后凿空以纳弦,龙首左右设木制琴轴二以绾弦,琴轴两端镶象牙,丝弦沿山口经琴

图 15   故 169831   三弦正面

柄贯穿整个琴面,琴箱底部设梯形木制琴码,琴弦经琴码系于琴底象牙(一说驼骨)坠上,象牙坠下缀黄穗。琴柄为木制,上髹黑漆。琴箱为匏制,蒙革,以增强音箱的共鸣效果,由马尾弓演奏。

　　《御制律吕正义后编》载:"番部胡琴,椰槽,竹柄,二弦,以竹弓系马尾施弦间轧之。"[1]在现存的三张番部胡琴中故 169832 为椰槽与记载最为符合。《御制律吕正义后编》中还有:"槽、轴、柄本用紫檀,槽面桐木,柱用竹,柄首山口、槽周用驼骨为饰。"由此可见,这三张番部胡琴很好地体现了文献中记载的使用紫檀木与椰壳作为音箱的两种不同情况。

---

　　①　[清]允禄奉敕撰《御制律吕正义后编》卷七十五,清文渊阁版四库全书本,第 5765 页。

图 16 故 169783 番部胡琴正面

图 17 故 169783 番部胡琴背面

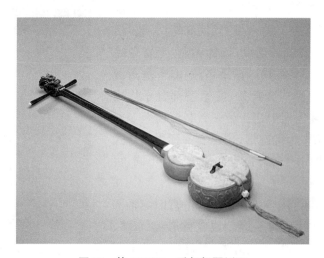

图 18 故 169783 番部胡琴侧面

图 19 故 169832 番部胡琴正面

图 20 故 169832 番部胡琴背面

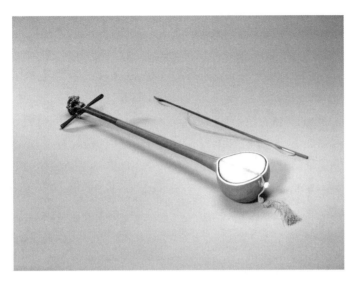

图 21　故 169832　番部胡琴侧面

月琴是当代较为常见的弹拨乐器,起源于阮,常用于民间音乐的伴奏之中,也有器乐的独奏。故宫旧藏之月琴柄与琴项为檀木制成,柄上列品,曲项,柄端设四轴绾弦,左右各二。槽(音箱)为桐木,呈八角形。与今日流产之月琴相比,清宫旧藏之两张月琴音箱更小,琴柄更为细长,保持了月琴较早的形制特征,很有特色。于清代宫廷宴飨番部合乐中使用。

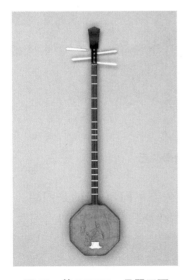

图 22　故 169830　月琴正面

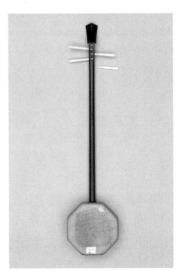

图 23　故 169830　月琴背面

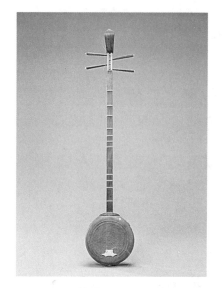
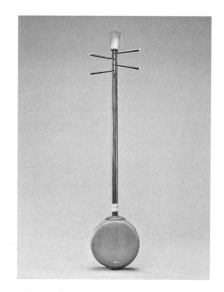

图 24 故 169829 月琴正面   图 25 故 169829 月琴背面

图 26 故 169829 月琴侧面

    清宫旧藏提琴是与我们今日所见之提琴类乐器不同，它指的是四胡。四胡多流传于我国北方，尤其是蒙古族、达斡尔、锡伯等少数民族地区。清宫旧藏之提琴由竹柄、龙首、竹弓、木音箱几部分组成。四轴穿柄以绾弦，弦轴梨形，以檀木制成。轴端、柄端俱饰象牙，均在右侧。柄中间设环，缠丝以增加弦的张力。音箱面设柱，以竹弓系马尾于四弦之间轧之，音箱下系黄綏。清代宫廷宴飨番部合乐用之。

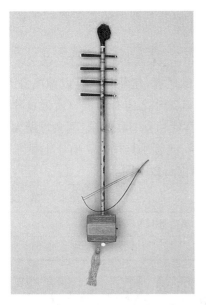 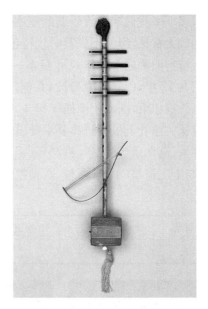

图 27　故 169785　提琴侧面　　　　图 28　故 169785　提琴侧面

　　清宫旧藏二弦以樟木做柄,曲颈,柄端设二轴以绾弦,以桐木做槽,槽为正方形,槽底缀象牙以拴弦,槽背面有孔。清代宫廷宴飨番部合乐中使用。

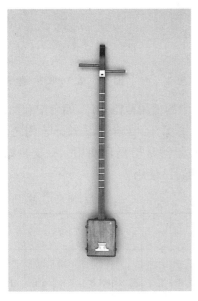 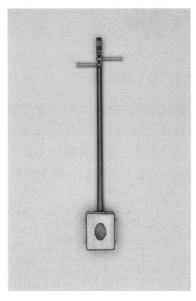

图 29　故 169786　二弦正面　　　　图 30　故 169786　二弦背面

接下来我们来看管乐器的基本情况,这两箱原装乐器中的管乐器——笙、笛、箫均较为常见,但又不失其时代特色。

清宫旧藏之5攒笙尺寸基本一致,由竹管笙苗、木质笙斗、吹管三部分组成。笙苗共17根,中间两根最长,其他依次递减,以像凤翼,笙斗与吹管以像凤身。笙苗以竹箍相束,围成一圈插于笙斗之中,笙苗下端笙斗之内有薄铜页所做簧片,点以蜡珠。笙管上根据音律要求开出音孔。清代宫廷朝会中和韶乐、朝会丹陛大乐、卤簿乐、巡幸乐、祭祀乐、耕耤乐、采桑乐、宴飨乐、凯旋乐均用之。有十七簧笙(大笙)与十三簧笙(小笙)两种,两种笙笙苗数相同,惟簧数不同。

表5　笙尺寸 （单位:厘米）　故169839

通高	笙管最长	笙管最短	笙苗数目	匏
45	38	15	17	高6底3带吹嘴11

图31　故169835　笙1　　　图32　故169835　笙2　　　图33　故169835　笙3

清宫旧藏笛断竹为之,笛子在清代宫廷音乐中的使用范围很广,朝会中和韶乐、朝会丹陛大乐、卤簿乐、巡幸乐、祭祀乐、耕耤乐、采桑乐、宴飨乐、凯旋乐皆用之。

清代宫廷一般备有两支不同调式的笛子在不同月份循环使用。一支为姑洗律,阳月(奇数月)使用,一支为仲吕律,阴月(偶数月)使用。

表6　笛尺寸 （单位:厘米）　故169842

通长	管上端内径	管上端外径	管底内径	管底外径	孔距	1—2	2—3	3—4	4—5	5—6	6—7	7—8	8—9	9—10
68.5	1.6	2	1.4	1.8	正面10孔,背面2孔	6	6.5	2.3	2.3	2.3	2.3	1.8	5.8	1.8

图 34　故 169842　笛

图 35　故 169842　笛局部

图 36　故 169842　笛局部

图 37　故 169842　笛局部

　　清宫旧藏箫与笛在使用上有很多相同之处。首先,清代宫廷一般也备有两支不同调式的箫在不同月份循环使用。与笛子一样,一支为姑洗律,阳月(奇数月)使用,一支为仲吕律,阴月(偶数月)使用。箫的使用场合也很多,朝会中和韶乐、朝会丹陛大乐、祭祀乐、耕耤乐、采桑乐、宴飨乐、凯旋乐皆用之。

表 7　箫尺寸　　　　　　　　　　　　(单位:厘米)　故 169833

通长	吹口直径	管上端内径	管上端外径	管底内径	管底外径	孔距	1—2	2—3	3—4	4—5
57	0.8	1.6	2	1.5	1.9	正面 5 孔,背面 3 孔	2.8	3.8	3.8	3.8

图 38　故 169834　箫

图 39　故 169834　箫局部

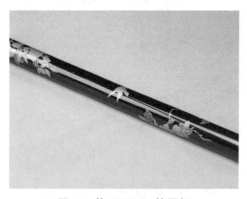

图 40　故 169834　箫局部

图 41　故 169834　箫局部

　　由于之前这两箱乐器未系统的向学界介绍,我们用了较大的篇幅介绍了这两箱乐器的详细情况。那么,这两箱乐器在清宫中地位如何？ 之前存放、收藏于何处呢？

二、两箱"原装"乐器的档案记载与制作时间

(一)《故宫物品点查报告》记载之存放地点

　　查阅《故宫物品点查报告》我们发现书中有这两箱原装乐器的详细记录:"丽字一〇五一金漆箱,1.二弦,2.笙,3.月琴(以上第一格),4.三弦,5.笙,6.三弦(以上第二格),7.三弦,8.笙,9.三弦(照原号缺箫一支以上在第三格);丽字一〇五二金漆箱,1.番部胡琴,2.笙,1.月琴(笔者注:疑序号 1 误,应为 3,以上在第一格),4.提琴,5.笙,6.番部胡琴(以上在第二格),7.三弦,8.番部胡琴(照原号缺笛两支以上在第三格)。"[①]

　　① 　清室善后委员会:《故宫物品点查报告・第二编/第九册/卷五・古董房》,1925 年十二月二十五日,第 62、63 页。

现将《故宫物品点查报告》记载之两箱乐器列表如下：

表8　《故宫物品点查报告》记载之两箱乐器列表

丽字一〇五一金漆箱	丽字一〇五二金漆箱
1. 第一格：二弦	1. 第一格：番部胡琴
2. 第一格：笙	2. 第一格：笙
3. 第一格：月琴	3. 第一格：月琴
4. 第二格：三弦	4. 第二格：提琴
5. 第二格：笙	5. 第二格：笙
6. 第二格：三弦	6. 第二格：番部胡琴
7. 第三格：三弦	7. 第三格：三弦
8. 第三格：笙	8. 第三格：番部胡琴
9. 第三格：三弦	9. 第三格：笛（缺失）
10. 第三格：箫（缺失）	10. 第三格：笛（缺失）
合计：20件	

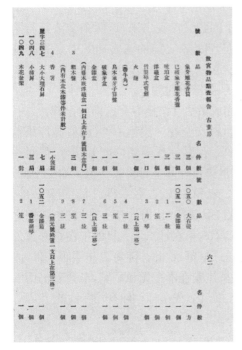

图42　故宫物品点查报告62页

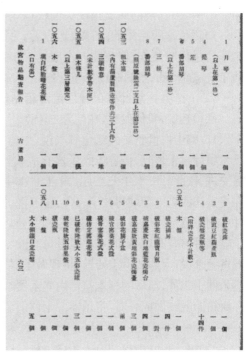

图43　故宫物品点查报告63页

　　通过《故宫物品点查报告》的记载我们可以明确以下三个内容：

　　一、丽字号为千字文号，这一号段文物存于古董房中。也就是说在距今97年前，1925年时这两箱原装乐器存放于古董房中。古董房位于紫禁城北部，是乾东五所之第五所，在清代专司收贮古玩器皿。由此可见，这两箱乐器除是使用器外，还有很高的收藏价值。拿这批乐器中三弦与番部胡琴来说，它们匏器所做之音箱和音箱上的纹饰、字样全部都是在人工干预下自然生长出来的，这是十分难得的。

　　二、在1925年点交时，箱中之笛（2支）、箫（1支）已遗失，可见现有之笛、箫为后配，因此乐器的锦套也与其他乐器不同，且出现了笛箫所放位置与箱屉内之白绫签不一致位置安放错误的情况。

　　三、从所装乐器看，一〇五一金漆箱对应12号箱，一〇五二金漆箱对应13号箱。但是存放顺序有所改变。一〇五一号箱之第一格被放置于12箱第3层，所存乐器完全一致；第二格变化最大，仍被放置于第2层中，但缺少一弹三弦、一攒笙，而代之以一张番部胡琴，且补充了一〇五二号箱丢失的两支笛子；第三格被放置到第1层中，且补充了丢失的一支箫。一〇五二箱第一格与13箱第1层只有一件乐器不同，第二格也与第2层仅一件乐器不同，造成这种情况的原因是13箱乐器的第1、第2层将第一格、第二格的月琴与提琴进行了对调；第三格与第3层所放乐器最为不同，第三格的一张番部胡琴被放置于12箱第2层，一弹三弦被放置于第12箱2层中，第三格的两支笛缺失而代以13箱3层的一攒笙。

　　知晓了这两箱乐器的存放地点后，另一个问题又浮现出来，这两个金漆箱与两箱乐器是何时制作、修整的？在《故宫物品点查报告》之前的清宫档案中是否有这两个金漆箱与乐器的制作修整记载留下来呢？

　　（二）造办处活计档记载之金漆箱制作、乐器修整时间

　　翻检档案，我们发现，在乾隆二十四年各作成做活计清档中有这样的记载："二月十六日，郎中白世秀员外郎金辉来说，太监胡世杰交金花洋漆箱一件（内盛破坏乐器十六项计二十件）。传旨将此乐器有应收什者收什好，在洋器箱内配装几件，得时一并交进，钦此。于本年十二月二十七日郎中白世秀员外郎金辉将收什得乐器二十件，在交出洋漆箱内配装得弦子二件、笙五攒、笛二支、箫一支、二弦一件、达子胡琴一件，并下剩乐器八件俱持进，安在养心殿呈进，奉旨，俱着持出，仍计箱一件，将未装用之乐器八件另装配用，得时一并呈进，钦此。于二十六年六月二十二日郎中白世秀员外郎寅著来说，太监胡世杰传旨，将现做乐器箱送进呈览，钦此。随将黑洋漆箱一件，内盛乐器十二件，新做的杉木箱样内盛乐器八件持进安在奉三无私呈览，奉旨着仍用旧黑漆箱胎股改做成一对，将乐器二十件俱装入二箱内，先呈样，准时再漆，钦此。"[①]

---

　　①　乾隆二十四年农历二月十六日各作成做活计清档（匣裱作）《清宫内务府造办处档案》，中国第一历史档案馆藏，第388—389页。

透过这条档案我们可以分析出以下几点信息：

第一，乾隆二十四年(1759)二月十六日太监胡世杰交来金花洋漆箱一件(内盛破坏乐器十六项计二十件)进行修补。乾隆帝传旨将箱内乐器有应收拾者收拾好，并提出要求要在洋器箱内配装，得时一并呈进。这一事件是目前留存下来两箱原装乐器的时间起点。

第二，同年十二月二十七日内务府将二十件乐器收拾妥当，且在金花洋漆箱内配装十二件乐器，包含：弦子二件、笙五攒、笛二支、箫一支、二弦一件、达子胡琴(笔者注：番部胡琴)一件，并将剩下的八件乐器俱持进。乾隆皇帝传旨要求将未装之八件乐器另做箱装配，得时一并呈进。从提到的乐器名来看，这批乐器与我们现存的两箱原装乐器吻合。

第三，两年后的乾隆二十六年(1761)六月二十二日皇帝亲自过问，要求将现做的乐器箱送进呈览。内务府遂将黑洋漆箱(金花洋漆箱)一件，内盛乐器十二件，并新做得杉木箱样内盛乐器八件持进安在奉三无私呈览。乾隆皇帝传旨要求仍用旧黑漆箱胎股改做成一对，将乐器二十件俱装入二箱内，先呈样，准时再漆。

这是有关这两个乐器箱和二十件乐器的最早制作、修复记载。

乾隆二十六年的另一条档案也对我们认识这两箱乐器有所启发："十二月十三日，员外郎寅著将做得盛□(笔者注：似应为乐)器箱一对持进交太监胡世杰呈览，奉旨位分安错了，着认看，写黄签各贴在乐器上呈览，钦此。本月十八日郎中白世秀员外郎寅著将乐器箱屉内乐器摆得位分，写得名色签持进，安在养心殿呈览，奉旨着交军机处写满洲、蒙古、汉字名色签，钦此。于二十七年正月初十日，郎中白世秀员外郎寅著将乐器箱二件，内盛□(笔者注：似应为乐)器，各写得三样字黄签持进，交太监胡世杰呈览，奉旨着配白绫签写三样字，钦此。"[①]

据此档案可知，乾隆二十六年十二月十三日乾隆皇帝要求改做的一对乐器箱已经做好，他查看时发现乐器的位份(位置)安错了。从这一点我们可以看出乾隆皇帝对这批乐器是熟悉的。他下旨要求懂乐器的人认看，将乐器名写黄签贴在乐器上，五天后，内务府人员将乐器箱屉内乐器摆得位分，写得名色黄签持进养心殿呈览，乾隆皇帝进一步指示着交军机处写满洲、蒙古、汉字三种文字的名色签，二十七年(1762)正月初十日，写有三样字的黄签写好了，皇帝看后仍不满意，传旨着配白绫签写三样字。这才成为我们看到的这两箱内每层横屉中所呈现出的面貌。由此可见，乾隆皇帝对这两箱乐器的重视。

---

①　乾隆二十六年农历十二月十三日各作成做活计清档(油木作)《清宫内务府造办处档案》，中国第一历史档案馆藏，第375、376页。

据这两条档案推算,这二十件乐器制作完成于乾隆二十四年(1759)以前,并于1759年进行了修补。而这两个木箱制作于乾隆二十四年至二十七年之间,最后完成的白绫签应写于乾隆二十七年(1762),也就是说这两个乐器箱距今已有260年的历史。

那么,乾隆皇帝为何会在乾隆二十四年对这批乐器进行修补? 且如此重视这批乐器呢?

三、两箱"乐器"修补之原因初探

这两箱原装乐器中有一件番部胡琴(故169784)背面上部为凤凰、仙山、祥云纹饰,下部为三星祝寿场景,仙山古树间三位寿星乘麒麟持海珠、犀角、珊瑚等宝物而来。琴箱两侧还有:"三星同庆祝万寿""四海来朝贺太平"铭文。而且,在五攒笙的中间也有万字纹、寿字纹字样。这些字样说明这批琴可能为乾隆皇帝、皇太后万寿节时所用。

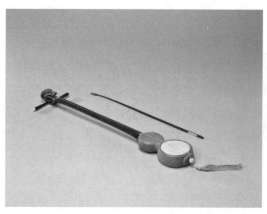

图 44 故 169784 番部胡琴正面

图 45 故 169784 番部胡琴铭文

图 46 故 169784 番部胡琴铭文

图 47　故 00169836　笙　　　　　　图 48　故 00169835　笙

　　乾隆二十五年为乾隆帝五十万寿,乾隆二十六年为其母崇庆皇太后七旬万寿,根据档案记载可知,皇家一般会提前为万寿节做准备,而且这两箱乐器于乾隆二十四年收拾完毕。因此,这两箱乐器应该是为这两次万寿节所准备。

　　那么,这两箱乐器是用到什么乐队中的呢?

四、两箱乐器使用之乐队:清代宫廷宴乐之蒙古乐曲

　　根据上文"两箱乐器的具体情况"所述,这批乐器主要用于清代宫廷燕乐蒙古乐曲之中。而在故宫博物院收藏的《崇庆皇太后六旬万寿图》中便有蒙古乐曲乐队的出现。

图 49　《崇庆皇太后六旬万寿图》中的蒙古乐曲乐队 1

　　在长河畔,一处安置有蒙古包和帐篷的驻地前,绘有两组乐队,他们身穿清式官服,一组 10 人分两排站立于树下,前排乐人手拿:口琴(现多称口弦)、筝、琵琶、箫、管等乐器,后排乐人怀抱:龙首弹弦乐器(后四件弦乐器辨识不清)。从乐人的神态来看:口琴正放在口中拨弄,筝演奏者双手也有动势,二位箫、管演奏者也将乐器放入口中,应是正在演奏。另一组 11 人,分两排坐于地上,前排乐人拿有:口琴、筝、琵琶、胡笳、拍板等乐器,后排乐人怀抱乐器有:龙首弹弦乐器、两件弦乐器(第一件琴身完全被遮挡,似月琴,第二件琴身完全被遮挡,从其有三个琴轴看似三弦)、二弦、番部胡琴(琴身似番部胡琴却无乐弓),此组乐队也呈演奏状。这组乐队比较特别的是,11 人中,有一身穿补服,头戴花翎者,似为官员,坐于乐队前,但他口中也正在演奏口琴。

图 50　《崇庆皇太后六旬万寿图》中的蒙古乐曲乐队 2

　　长河畔一处树下绘有 9 人一组乐队,乐人戴冬帽,着清式便服,分 3 排站立演奏,最前排乐器为筝,乐人左右手呈演奏状,第二排乐器为口琴、琵琶、管、箫,均呈演奏状,第三排乐器为琵琶 2、三弦、琵琶,也处在弹拨之中。

　　清代宴乐(或称燕乐)共包括九部,分别是:1.队舞乐;2.瓦尔喀部乐;3.朝鲜乐;4.蒙古乐;5.回部乐;6.番子乐;7.廓尔喀部乐;8.缅甸国乐;9.安南国乐。[①]其中,蒙古乐是十部中现存乐器和乐曲数量最多的乐部,据故宫博物院藏《笳吹番部合奏乐章满洲蒙古汉文合谱》载:"笳吹番部合奏乐章满洲蒙古汉文合谱"六十七章,笳吹乐清调清汉文合谱六十七章,番部合奏乐章满洲蒙古汉文合谱三十一章。这两箱乐

---

　　① 《清史稿·志七十六·乐八》,中华书局,1982 年版,第 3005—3008 页。

器也正是为蒙古乐曲乐队所用。

乾隆朝《钦定大清会典则例一·卷九十八·乐部一》载:"绰尔多密什帮,总名为蒙古乐曲,绰尔多密为箫吹,什帮为番部合奏。"①由此可见,蒙古乐曲,由"箫吹"和"番部合奏"两部分组成。其中,箫吹又称绰尔都密,乐器用胡箫一,筝一,胡琴一,口琴一,除乐器演奏者外,还有演唱歌章者一或四人,可简单理解为有胡箫伴奏的歌唱。番部合奏,使用乐器较多,有云锣一,箫一,笛一,管一,笙一,筝一,胡琴一,琵琶一,三弦一,二弦一,月琴一,提琴一,轧筝一,火不思一,拍板一等,可简单理解为器乐合奏,也有少量歌唱曲目。

《清史稿·志七十六·乐八》载:"太宗平察哈尔,获其乐,列于宴乐,是为蒙古乐曲。有箫吹,有番部合奏,皆为掇尔多密之乐,掌于什帮处。"②

由此可知,蒙古乐曲是清太宗皇太极于天聪九年(崇祯八年,公元1635年)平定察哈尔部所得。其时,察哈尔为北元林丹汗汗廷驻地,林丹汗是成吉思汗、忽必烈汗的直系后裔,其宫廷音乐被称为北元汗廷音乐,平定察哈尔后,北元汗廷音乐被皇太极收入宫廷后,在清代规格最高的太和殿筵宴、万寿节、大将凯旋时的凯旋宴、赐宴外藩蒙古王公和其他重要宴会时均有使用。

综上所述,故宫博物院藏两箱二十件原装乐器为乾隆二十四年所修复,除笛、箫乐器遗失外,其他乐器至少制作于乾隆二十四年之前。两个乐器箱为乾隆二十四年至二十七年承造。这批乐器很可能是为承应乾隆五十万寿或是崇庆皇太后七旬万寿节蒙古乐曲的乐队所用。之后的节庆活动不知是否仍存在使用的情况?使用结束后,这两箱乐器被放置于古董房中收藏。因此,这两箱乐器对于研究清代中前期的乐器制作有着重要意义。

2014年内蒙古自治区赤峰市阿鲁科尔沁旗复原的蒙古汗廷音乐成功入选第四批国家级非物质文化遗产名录,这两箱原装乐器材料的公开可为乐团提供更为有利的乐器复原的学术支撑。而且,从《崇庆皇太后六旬万寿图》《塞宴四事图》《紫光阁赐宴图》描绘的蒙古乐曲的乐队演奏情形来看,蒙古乐曲番部合奏与箫吹在实际使用中,与史料记载不太相同的是两种形式常会组合在一起,乐器和演奏人员也有着一定的组合规律。这为我们从乐器类文物角度出发,结合同时期纪实性书画类文物与乐谱类文物深入探究乾隆时期蒙古乐曲的演奏情形提供了可能,本篇文章只是这两箱原装乐器的初步研究,目前对于这两箱乐器的研究仍存在着很大的空间,有待进一步的研究。

---

① 乾隆朝《钦定大清会典则例一·卷九十八·乐部一》文渊阁版四库全书本。
② 《清史稿·志七十六·乐八》,中华书局,1982年版,第3000—3002页。

沈阳故宫藏古琴考辨

沈阳故宫博物院　张　莹

古琴，又称瑶琴、七弦琴，为中国最古老的弹拨乐器之一。沈阳故宫博物院收藏古琴 20 余件，以清代古琴为主，其中也不乏有潞王琴，是珍贵的历史资料实物，反映出当时的制琴工艺和古琴文化。本文拟将沈阳故宫博物院藏古琴进行梳理，从古琴的产生与发展，各时代古琴的特点，以及沈阳故宫博物院古琴来源与院藏古琴等方面，挖掘我院古琴的历史和文化价值，以期为研究古琴者提供更多方向。

一、古琴的产生与发展

古琴历史悠久，传说神农氏"削桐为琴、绳丝为弦"创造了最初的琴，为五弦琴。后文王、武王各增一弦，从此七弦琴作为各音皆备的弦乐器出现，在《诗经》《左传》等先秦文献中有不少记载。周代的弦乐器很少，琴是主要的弹弦乐器。它广泛流传在各地：如《春秋左传》成公九年（公元前 582 年）记有晋侯听楚囚操琴弹南音的故事；《韩非子·十过》记载了晋国师旷批评卫国师涓所弹琴曲之事等等；而"伯牙鼓琴遇知音"更是耳熟能详的典故（图 1 元王振鹏伯牙鼓琴图卷，故宫博物院藏）。

元王振鹏伯牙鼓琴图卷，伯牙鼓琴最早见于《吕氏春秋》一书，画的是俞伯牙与钟子期两位知心朋友之间的深厚友谊。图中共为五人，左为伯牙，他面目清秀，蓄长髯，披衣敞怀，端坐石上，双手抚琴。伯牙的对面是子期，也坐在石上，身着长袍，低头静心谛听。两人的身后共有侍童三人站立。作者用生动、准确的笔墨刻画了两个主要人物的外形特征和内心活动，弹琴者的专注，听琴者的入神，都跃然绢上。

目前曾侯乙墓出土的十弦琴应为最早的实物了（图 2 曾侯乙墓出土十弦琴，湖北省博物馆藏）。其琴体仅为现代琴的一半，琴体较厚，琴头微昂，腰部下凹，尾部上翘下有一足，无徽位。制作简朴，但却是研究中国早期弦乐器的主要实物资料。

琴的形制于东汉晚期确定。马王堆 3 号汉墓出土的汉初七弦琴结构简单，音箱较小,共鸣声小,尾部为实木,面板无徽位。东汉至魏晋时期,琴在士人中非常流行。蔡邕所著《琴操》是现存介绍早期古琴最为丰富而详尽的专著,原书已佚,经后人辑录成书,与琴曲5首,并称"蔡氏五弄"。

隋唐时期流行燕乐歌舞,古琴也得到了持续发展,琴乐为社会所重。唐代减字谱逐渐成熟,成为记录琴音乐主要谱式。斫琴唐代也有巨大发展,唐琴在历代都被视为稀世之宝,涌现了一批著名的制琴家,如冯昭、路氏、樊氏;江南的张越、沈镣;还有大名鼎鼎的雷氏制琴世家,其家族所斫的"九霄环佩"为传世名琴。

宋代,社会稳定,琴乐繁盛,当时的皇帝、大臣、僧俗、百姓爱琴者甚多,宋徽宗更是将流传于世的历代名琴收集起来置于宣和殿之"万琴堂"。宋代设立专门造琴的"官琴局",是唐以后制琴史上的一个重要阶段。宋琴形式多样,北宋琴身扁而长,南宋琴身逐渐扁平狭小,尤其是仲尼式古琴,耸而狭,为南宋制琴的典型特点。另外,宋琴的灰胎以鹿角灰为主,北宋晚期还出现了八宝灰(即将金银珠翠珊瑚等碾碎混入鹿角灰共用),以桐面梓底或松杉面梓底最为常见,有蛇腹断、冰纹断、流水断等,牛毛断较为少见。众多文学家如欧阳修、范仲淹、苏轼等均善琴,且琴谱和琴学著作大量出现,"妙指"与"希生"铸就了两宋古琴的繁荣。

元代制琴历时较短,现存实物也较少。元统治者不懂琴乐,但重用琴人,珍藏传世名琴,间接促进了古琴的发展与流传。元琴造型较有气魄,大气沉稳,浑圆中隐有唐风。

明清时期,琴乐流派纷呈。明代皇室热衷琴乐,或修谱行世,或大量斫琴传世,以至于在传世古琴中明琴约近十分之九,制作精美者往往被人视为宋斫,可见明代古琴发展之极盛。

古琴发展至清代相对处于衰落状态,清代皇帝虽爱风雅,但发展呈现了颓势。康熙帝"崇儒重道",对中国古代琴乐文化更是热衷,其在《律吕正义序》中说,"丝乐虽多,惟重琴瑟,其乐最古,其为声为正,然具声变之义者,尤莫如琴"。康熙帝特制了一张古琴的小模型,并命懂琴之人抄录《梧冈琴谱》成满汉合璧本以备学琴(图3 清康熙御制琴模,故宫博物院藏)。

　　清康熙御制琴模,琴模虽小,但所有细节均合大琴之规。琴为仲尼式,面黑漆,金徽。白玉轸足大小如米粒,玉质透润镂刻精美。紫檀岳尾一丝不苟,张以丝弦,配正黄琴穗,处处皆具体而微。长方池沼,槽腹亦如此。龙池上刻贴金方印篆书"康熙御制"四字。

梧冈琴谱(满汉文琴谱)(图4 梧冈琴谱,故宫博物院藏),一函四卷,原汉文本系明代宫中太监黄献所集之嘉靖年间刊印本。此谱开本较大,应为琴文化中的奇品。

　　雍正帝开始重视宫中藏琴,多次对藏琴进行定级、分等和收拾,并在其行乐图中出现了鼓琴(图5清胤禛行乐图——松涧鼓琴图,故宫博物院藏),可见其欢喜之至。胤禛曾令宫廷画家创作多本表现其野逸生活的行乐像册,此图即为其中一开。图中雍正帝身着汉服,临溪而坐,专心抚琴。他舒展优雅、慢拨琴弦的举止,不仅可以感受悠扬的琴声与潺潺的溪水、幽淡的月光及高古的松柏合韵成拍之美,此处仿佛有"此时无声胜有声"的画外之音。

　　乾隆帝自身不通琴艺,却极爱古琴带来的"相赏有松石间意"的雅致情趣。从众多的古琴实物、诗文、绘画上,可以明确看出乾隆帝对古琴的推崇。作为一代"文治武功"的帝王,乾隆帝更着重于古琴代表的正韵雅音,以及儒家传统赋予古琴在修身、治国上的种种象征意义。乾隆皇帝谕令宫廷画家绘制了许多他身着汉族古装的行乐图(图6清弘历观荷抚琴图,故宫博物院藏),画中乾隆皇帝身着汉装,临湖抚琴,远处高山流水,喻其襟怀心境。从中可见他对汉族文人乐天自在生活状态的一种向往之情。

　　在《乾隆御制诗文全集》中,有数篇提及唐侃弹琴,如乾隆十二年(1747)《香山听唐侃弹琴》中写道:"为我作高山,噫吁嚱巍乎高哉欹且崎。为我作流水,徒观其状也则汤汤荡荡渺复称。忽然触景貌秋鸿,遵渚遵陆羽可用为仪"。唐侃,在康熙年间随大将军费扬古出征昭木多,雍正年间封副都统,乾隆时已是告老归家的老人,但御制诗中数次咏颂其为乾隆抚琴,可见其琴艺之高。清末慈禧太后族人叶潜亦是琴坛名家,故宫博物院藏"九霄环佩"即为其所藏。清代统治者虽不能弹奏古琴,但其对古琴珍视的态度对清代古琴的发展至关重要。

二、盛京皇宫乐器贮藏与使用

　　沈阳故宫作为清朝的发祥地、清廷迁至北京后的"盛京陪都",以"一朝发祥地,两代帝王都"的地位一直受到清代统治者的重视。自康熙朝开始,圣祖玄烨以"展祭盛京三陵"为目的,开启清帝东巡的序幕,先后有4位皇帝10次亲临盛京谒陵祭祖。除增建行宫建筑、完善盛京宫殿皇家建筑体制外,康熙十年(1671),内务府开始向盛京皇宫恭送先帝所留武备类遗物,以示不忘祖宗创业之艰。至乾隆时期,宫廷礼器、帝后御用器物、瓷器、青铜器等众多珍贵的艺术品得以送至盛京故宫尊藏,仅瓷器一类数量多达10万余件。这些珍贵的宫廷艺术品奠定了沈阳故宫博物院藏品的基础。在盛京皇宫众多的建筑里,建于清太宗时期的东七间房是最开始用来存放皇家卤簿仪仗和乐器的地方,又称"銮驾音乐楼"。

　　盛京,关外"三京"之一,也是清王朝定鼎中原前在关外建立的最后一座都城。

天命十一年(1626),清太宗嗣位,虽时逢"国丧",登基典礼相对简单,但也"具法驾,设卤簿",通过卤簿仪仗之物来突出"天子"的威严。崇德元年(1636)复定皇家卤簿仪制,确立了封建的尊卑等级地位关系,同时规定"王公等至御前,均不得设仪卫",于是,就用东七间楼来存放皇家卤簿仪仗和乐器,称为"銮驾音乐楼",这也是盛京皇宫贮藏皇家卤簿仪仗的开始。

顺治时期,皇家仪仗已成定制,但迁都北京后,盛京皇宫遗存仪仗、乐器所剩无几。康熙帝一生崇尚节俭,曾三次东巡盛京(雍亲王一次代谒祖陵),为满足东巡期间盛京举行典礼所需,盛京皇宫开始大量贮存从北京运送至此的皇家卤簿仪仗和乐器。乾隆一朝,国泰民安,乾隆帝四次东巡盛京,此时皇家宫廷礼乐规制已成形,且规格更高。此时的东七间房已无法满足贮存如此多的卤簿仪仗和乐器需求,乾隆八年五月(1743)盛京礼部侍郎那尔泰等就乾隆八年东巡留一份卤簿仪仗于盛京存在地点奏:"銮驾关系甚重,盛京唯大清楼内楼上,可以安放,然官弁出入,殊失慎重,请拣用大清牌楼外义学官房十三间存贮",得旨,放在大清门内楼上,余俟到时再降谕旨。"乾隆十一年(1746)增建行宫建筑,因东七间楼需挪改,遂将其内存放的銮驾乐器移至大政殿正北,命盛京礼部"将原贮于东七间楼内的銮驾、卤簿、乐器,移至大政殿后面的五间空房之内存放。"同年七月,又将原有的五间正房两端各添盖一间,成为七间,并改称为"銮驾库"。乾隆中期以后,皇家卤簿仪仗形成定制,留存盛京銮驾库内的卤簿仪仗用具逐渐增多,内务府又奉旨将銮驾库扩建至十一间,与现在盛京皇宫的銮驾库规制相同。

沈阳故宫原藏古琴多为乾隆时期制作,为宫廷礼乐的重要组成部分,是研究清代宫廷礼乐的实物见证。

三、沈阳故宫藏古琴

清统治者虽是从白山黑水中走出来的满族人,但对于传统汉文化及礼仪典制,采取的是兼容并收的模式,清代的宫廷礼乐更是如此。它承袭汉文化传统,以"乐"服务于"礼"来巩固政权,并极力吸收辽宋音乐文化成果,使其典礼音乐、祭祀音乐更趋丰富和完备,形成较为完整的礼乐制度。

清顺治元年(1644),清仿明制在宫廷之中设置教坊司和太常寺神乐观等音乐机构掌管宫廷的礼乐事务。乾隆七年,设乐部,完善了清代宫廷礼乐的管理。如清人陈康祺所述:

"我朝乾隆七年,始置乐部,凡郊庙祠祭之乐;神乐署司之殿廷朝会宴享之乐,和声署司之;宫中庆贺宴享之乐,掌仪司司之;铙歌鼓吹前部大乐,銮仪卫司之;均隶于乐部,而以礼部满尚书一人为之,总理亦曰典乐。旧仿周官遗意云。"①

清代宫廷音乐也历经康、雍、乾三朝的发展,逐渐成熟。按照音乐功用,可分为中和韶乐、丹陛大乐、清乐、筵宴乐、卤簿乐五类。如前文所述,沈阳故宫原藏乐器多因东巡谒陵祭祖驻跸盛京期间礼乐之用,但东巡所用礼乐形式却无史料记载。经对史料的反复梳理,可知东巡所用为中和韶乐。

中和韶乐是清代宫廷用于祭祀、朝会、宴会的音乐,是最高等级的清代宫廷音乐。清代统治者本着"国之大事,在祀与戎"的原则,把祭祀活动放在重要地位。清代祭祀亦分大祀、中祀、群祀三个等级。大祀(如祭天、地、宗庙、社稷等)奏中和韶乐;东巡祭祖虽不在大祀之列,但其规模和地位应与大祀相当。《清通典》载,康熙五十四年(1715)南郊大祀,后"各祭祀、朝会典礼并用钦定雅乐"。乾隆七年(1742)"厘定雅乐,凡坛庙祭祀乐章皆经御定"。清各坛庙祭祀只用中和韶乐,故此处"雅乐"即中和韶乐。乾隆二十六年(1761)仿古乐悬,做成十二镈钟和十二碧玉特磬以后,再为明确"酌古准今,允为宫悬雅乐之定制焉"。由此可知,包括镈钟和特磬的雅乐为中和韶乐。

清中和韶乐乐器,由金、石、丝、竹、匏、土、革、木八种质料所做的乐器(即八音),共十六种。每种乐器,在朝会中用 1 至 8 件不等;在重要的祭祀乐中,依等级的不同而数量不一,但种类都是一样的。即金属:镈钟、编钟;石属:特磬、编磬;丝属:琴、瑟;竹属:排箫、箫、箎、笛;匏属:笙;土属:埙;革属:建鼓、搏拊;木属:柷、敔。

琴是清代宫廷音乐中的重要弹拨乐器。沈阳故宫博物院藏清乾隆款黑漆七弦琴为我院原藏文物(图 7 清乾隆款黑漆七弦琴,沈阳故宫博物院藏)。琴为仲尼式,7 弦 13 徽。肩在 3 徽 6 分的位置,腰在 8 徽 5 分至 11 徽 5 分之间。琴面桐木斫,琴底为梓木斫,无断纹,琴面与底皆髹黑漆,长方池沼,砖瓦灰胎。蚌徽,鸡翅木轸足缺 1。牛角雁足,凤额处鎏金楷书:"乾隆八年制"。

《皇朝礼器图式》中"朝会中和韶乐琴"载(图 8《皇朝礼器图式》朝会中和韶乐琴):

"本朝定制:中和韶乐琴合桐梓为之,髹以漆,七弦皆以朱,前广后狭,上圆下方中虚,通长三尺一寸五分九厘,额阔五寸一分三毫,肩阔五寸八分三厘二毫,尾阔四寸三分七厘四毫,岳山高四分八厘六毫,厚二分四厘三毫;龙口阔一寸二分;龙池长六寸二分三厘七毫,凤池长二寸五分一厘一毫,宽皆六分四厘八毫;兔掌高一寸一分三厘四毫;雁足高八分九厘一毫;轸七长一寸五分三厘

① [清]陈康祺:《郎潜纪闻三笔》卷十,中华书局,1984 年版,第 830 页。

九毫；轸池长二寸七分二厘六毫，宽五分六厘七毫；穿孔以受轸，轸末结黄绒，循上出以绾弦绕龙口下，系雁足左四右三；弦自岳山至龙口，二尺九寸一分六厘。徽凡十三饰以蚌，岳山、焦尾皆以檀槵金几承之，黄锻蒙。祭祀宴飨中和韶乐琴皆同”。

经比对，此琴为典型的清代中和韶乐用七弦琴，同类型琴，沈阳故宫有“乾隆八年制”鎏金款琴 4 张；无款同类型琴 4 张，是珍贵的研究清代中和韶乐的实物资料。

古琴具有极高的审美和艺术价值，如今历经世代的积累，尚有诸多名琴传世。我院除清代中和韶乐用七弦琴外，还有一张潞王琴（图 9 明中和琴，沈阳故宫博物院藏），为 20 世纪 80 年代征集而来。潞王琴，简称潞琴，亦称“中和琴”，为明朝潞王朱常淓所制。朱常淓，字中和，号敬一、敬一道人、敬一主人，时杭州人称之为“潞佛子”，明神宗朱翊钧之侄，潞简王朱翊镠之子，万历四十六年袭潞王爵位。除工书善画外，朱常淓尤喜音律，著有琴书《古音正宗》，曾监斫古琴数百张，形制一致，逐一编号，皆以“中和”名之。

沈阳故宫博物院藏中和琴，桐面梓底，八宝灰漆，琴表有蛇腹断纹和细密流水纹。琴额平头切角，方条状凤舌。琴面十三蚌徽，岳山和承露分斫，冠角浅浮雕环云纹。琴底圆形龙池，方形凤沼，花苞样玉轸，尾托浅浮雕双星纹。龙池上侧刻隶书“中和”二字（图 10 中和琴细部，沈阳故宫博物院藏），下侧刻楷书五言诗并款“月印长江水，风微滴露清；会到无声处，方知太古情。敬一主人”，诗下刻篆书“潞国世传”方印。龙池内纳音稍有凸起，四周刻楷书“大明崇祯己卯孟春潞国制，壹百玖拾捌号”。

按朱常淓《古音正宗·中和吟·中和琴式论》载：“是制也，额起八棱，以按八节；腰起四棱，以按四时；龙池上圆，凤沼下方，以按天圆地方；琴尾作环云，托尾作双星，以按景庆云，乃成天象。名曰中和。”①院藏中和琴在形制、材质、纹饰与上述记载一致。

据相关文献记载和传世情况来看，潞王琴应该制作了三四百张，流散各处。就现在国内外博物馆收藏的潞王琴来看，18 号藏于大都会博物馆（崇祯六年）、68 号藏于新乡博物馆（崇祯七年）、108 号藏于陕西历史博物馆（崇祯八年）、143 号藏于重庆博物馆（崇祯九年）、234 号藏于中国国家博物馆（崇祯十四年）、272 号藏于辽宁省博物馆（崇祯十五年）。我院 198 号琴斫于“崇祯己卯”，即崇祯十二年，符合整个潞王琴的编号序列。此中和琴一直藏于我院，未被人重视，是研究明琴的重要实物。

---

① 朱常淓：《潞藩纂集古音正宗》，[明]崇祯七年（1634）潞藩刻本。

　　除此之外,我院还有两把古琴颇具特色。沈阳故宫博物院藏清黑漆红斑大圣遗风琴为阮元珍藏琴(图11 清黑漆红斑大圣遗风琴,沈阳故宫博物院),仲尼式,长方池沼,七弦十三徽,玛瑙轸足,轸缺一。琴背有隶书"大聖遗风",下方篆字"阮元珍□"。

　　阮元,扬州仪征人,字伯元,号芸台,别号雷塘庵主,晚号颐性老人,占籍仪征,实为邗江公道人。乾隆五十四年进士,选庶吉士,授翰林编修,历山东、浙江学政,迁兵、礼、户三部侍郎。嘉庆时,先后任浙江、江西、河南巡抚,漕运、湖广、两广总督。道光时,迁云贵总督,随后入朝拜体仁阁大学士,加太子太保,进太傅,卒谥号文达,在清一代有"三朝阁老,九省疆臣"之美誉。阮元的文学造诣很深,诗、书、文、画、史俱佳,也善琴。此琴二十世纪五十年代后入藏我院,从漆色、断纹来看与清代琴相近,但琴底铭文未找到相应记载,待以后结合科学分析,再对此琴进行进一步研究。

　　清黑漆时中款七弦琴(图12 清黑漆时中款七弦琴),沈阳故宫博物院藏,仲尼式,长方池沼,七弦十三徽,桐木斫,黑漆,蚌徽,玉轸足,花梨岳尾。琴背铭刻,龙池上方刻大字楷书填绿"时中",琴名下刻行书琴铭:"集苏,暂为小邑仍刺史,尚有清气诗吐虹。野老已歌丰岁语,海山无事化琴工。"右有"愧陶"红印。池沼下填朱"得数堂印"篆书方印。龙池内有"同治拾壹年吴燊堂重修"腹款。此琴二十世纪五十年代入藏我院,"愧陶"和"燊堂"均未可稽考。

　　综上所述,沈阳故宫博物院乐器类藏品以清代宫廷韶乐为主,具有重要的历史和艺术价值。古琴作为乐器的一种,一直藏于宫中,未被人梳理研究。清代古琴多作为礼仪或装饰琴,院藏古琴均出现断弦、琴体缺失、开裂等病害,亟待结合科学的检测分析,制定合理的修复方案进行保护修复。希望此文为研究古琴的同仁提供实物资料,以使今人能挖掘出古琴研究的更多面向。

礼乐大同

——从清宫乐制的发展探析清代多民族融合之路

沈阳故宫博物院　　刘　扬　于　颖

摘要: 宫廷音乐始于西周时期的"礼乐",音乐与礼法制度的结合,让宫廷音乐逐渐成为统治阶级等级尊卑最重要的表现形式。汉代以后礼乐文化的精神内核是以汉族的儒家思想为基础,因此礼乐文化成为中原王朝最核心的文化标识之一,为历朝历代所推崇和传承。

清朝是中国古代最后一个封建王朝,是以满族为主体所建立的多民族大一统国家。清朝在承袭历代传统礼乐制度的基础上,又极力保留了本民族的传统文化,在不断发展和完善的过程中,融入其他民族元素,最终形成独具清代特色的礼乐文化。通过研究清朝礼乐文化的发展轨迹和馆藏的乐器实物可以发现,清朝礼乐制度就是清代"大一统"国家理念下的多民族融合政策的产物。礼乐制度与国家政治政策相互促进、相辅相成。

关键词: 礼乐制度　清宫乐器　民族融合　大一统

一、清宫礼乐制度发展

1. 入关前(草创阶段)

清代宫廷音乐主要分两部分,宴会乐和礼仪乐。宴会乐最早可追溯到努尔哈赤统一建州时期,满族的前身女真族自来是个擅长歌舞的民族,《钦定满洲源流考》中就记载过:"国朝旧俗善起舞。宴乐每用之。"宴会往往是他们表现歌舞的主要场合。据《建州纪程图记》所记,努尔哈赤在建州弗阿拉城举行宴会,宴会到达高潮时,此前被努尔哈赤抓获的乌拉部贝勒布占泰站起身起舞,努尔哈赤十分高兴,被气氛所感染,亲自下场"自弹琵琶,耸动其身"①与布占泰互动。此时"宴会厅外吹打,厅内弹琵琶、吹洞箫、爬柳箕、余皆环立,拍手唱曲,以助酒兴"②。这是关于清

---

①② 潘喆、孙方明、李鸿彬编:《清入关前史料选辑》(二),中国人民大学出版社,1989年5月第1版,第437页。

宫宴会乐最早的记载,努尔哈赤此时作为一名建州部落首领,已经在宴会上使用各种乐器来伴奏,而且从吹、弹、打击各种类型乐器来看,此时满族的宫廷乐器已经受到辽东地区汉文化的影响,乐器种类日渐丰富。但是宴会上努尔哈赤亲自下场与战俘共舞,不分身份等级,这也说明此时的宫廷乐礼制尚未建立,保留了浓厚的满族传统风俗。

随着努尔哈赤军事上的不断胜利,公元1616年努尔哈赤在赫图阿拉建立后金政权。国家建立后节日庆典和相关礼仪活动更加频繁,这一时期的历史文献中出现大量关于清宫音乐的记载。诸如"汗御八角殿,杀四牛、演百戏,筵宴之"①,"五月初三,汗及三大贝勒御殿,为朝鲜国王之弟设宴践行,……备陈汉人百戏,大宴之"②,"召察哈尔国来归奈曼部落衮出斯巴图鲁、敖汉部落琐诺木杜棱、塞臣卓礼克图比至。上率诸贝勒群臣出城迎之,上还宫御殿。来归蒙古诸贝勒跪叩首,行抱见礼,设大宴,备陈乐舞"③,"丁丑,大宴科尔沁国大妃,备陈满洲、蒙古、汉人、朝鲜、四国乐舞"④等。

史料中记载的"百戏""乐舞"应该是音乐、舞蹈、戏曲等多种艺术表现形式的统称,可见天命、天聪朝时期,宫廷音乐已经形成规模,在迎接重要节日、迎送朝鲜使者和蒙古王公、军队凯旋等多种庆祝场合都要演奏宫廷音乐。而且随着后金国土面积不断增大,被征服民族如高丽、汉人、蒙古等族的传统音乐也出现在宫廷音乐中。从中原汉族王朝传统的皇家宫廷礼乐角度去看,这些少数民族音乐是不入流的,但是这些音乐无形中都丰富清宫音乐,成为清宫音乐的多样性特点一个鲜明标志。

礼仪乐不同于宴会乐,更多代表着统治者的身份地位和社会尊卑。礼仪乐往往都是伴随着卤簿仪仗出现,与伞、盖、旗等仪仗配合使用。努尔哈赤身处建州,距离辽东汉族聚集区较近,早年又在辽东总兵李成梁府上当差,受汉文化影响,因此清宫礼仪乐出现的和宴会乐基本一致,早在万历四十年(1612)努尔哈赤攻打乌拉国时,在行军的图中,努尔哈赤就"张黄盖、吹喇叭、唢呐、敲锣鼓而行"⑤。此时的礼仪乐更多的作用是为军队作战壮声势,更多是凸显努尔哈赤个人的地位和声望,封建等级制度已经开始萌芽。

天命六年(1621)之后,随着努尔哈赤连续攻克沈阳、辽阳,进入汉族聚居区后,

---

① 《满文老档》上册,中华书局出版,1990年3月第1版,第552页。
② 《满文老档》上册,中华书局出版,1990年3月第1版,第844页。
③ 《清太宗实录》卷三,第86页。
④ 《清太宗实录》卷五,第112页。
⑤ 《满文老档》上册,中华书局出版,1990年3月第1版,第12页。

受到汉文化的影响,努尔哈赤开始重视礼仪乐,尤其是对乐手的收留。八旗军中有"吹喇叭、唢呐等有用之人,可留城中"①。天命七年(1622)时,努尔哈赤将战争俘虏的人口赏赐给恩哥德尔时,特意让其"拣选通晓汉语、心术公正、且守法、谨慎之人,编为十户。尔等不可自徵,其每年所需银百两、粮百石,由我亲给之。额驸,格格出行,则吹奏喇叭、唢呐,送出界外,若来则出界迎之"②。这时努尔哈赤开始组建宫廷礼仪乐队,专门用于王公贵族出行使用,并且所需费用都由努尔哈赤自己承担,可见努尔哈赤对礼仪乐的重视。

皇太极继位后,皇太极开始着手效仿中原王朝开始进行国家礼仪制度的建设,因此,清宫礼乐进一步得到发展,《清太宗实录》中有大量关于"陈备乐舞"的记载。宴会乐使用频繁的同时,随着国家封建化的完成,礼仪乐作为卤簿仪仗的重要组成部分也建立了等级分明的制度体系,崇德元年(1636)五月,"定内外亲往郡王贝勒等仪仗"③,又相继规定了贝子、镇国公、辅国公、镇国将军等品级的仪仗。至此,清入关前的礼乐制度已经初具规模。

2. 顺治、康熙时期(发展阶段)

清朝入关后,虽然定都北京,但是南方半壁江山仍被南明政权占据,经济上也百废待兴,面对亟待整顿的社会经济和尚未统一的国家,清朝并没有精力创建宫廷音乐制度,只能是承袭明代的礼乐制度。

顺治初年,首先依照明制设置教坊司和太常寺来管理清宫礼乐事务。"设奉銮、韶舞、司乐、协同官、徘长、色长及提点、知观、协律郎等各级乐官;祭祀、宴会、朝会诸乐皆有所司。"④在继承明代礼乐官职的基础上,对其进行了适当的改革。

首先增加了太常寺人员规模,明代太常寺规模只有19人,而清朝则设置达121人。所设职官名目清朝较之明代则更加齐全完备。明朝只设置了,卿、少卿、寺丞、赞礼郎、博士应博士、典簿应典簿、协律郎、司乐等乐官,而清朝除了上述职位外,另外设置有:管理寺大臣、学习赞礼郎、读祝官、学习读祝官、司库、库使、笔帖式等明朝所没有的职位。尤其是学习读祝官和学习赞礼郎两个职位,可见清朝更注重清宫乐手的培养,职能设置更加科学合理。

相比于负责重要场合礼仪乐的太常寺,教坊司则是负责宫中日常宴会乐的机构。教坊司设立有千年的历史,主要人员为政治获罪人员的子女后代,进入教坊司

①　《满文老档》上册,中华书局出版,1990年3月第1版,第185页。
②　《满文老档》上册,中华书局出版,1990年3月第1版,第295页。
③　《清太宗实录》卷29,第566页。
④　《钦定大清会典》(乾隆朝),乐部,卷98,第1页。

后,终生为"乐户籍",处于社会最底层。顺治初年,教坊司承袭明制,继续保留。一直到雍正七年(1729),为了提升机构的管理效率,提高宫廷音乐的质量,清朝正式废除"乐户籍"制度,将教坊司改为和声署,改乐手终生制变为选拔制,现有人员"有出身清白又能通晓者,不妨仍令当差,如无一人一概淘汰"①。

可以看出,明朝末年,政治腐败,经济崩溃,象征中原王朝正统地位的儒家礼乐制度也破败不堪,人们对朝廷对国家失去信心,清朝作为少数民族建立的王朝,迫切需要重新恢复"礼"来实现对整个国家等级观念、伦理道德和社会秩序的构建。宫廷音乐作为礼乐制度最显著的代表,清朝刚迁都北京就着手逐步调整宫廷乐制和机构,革除弊病,力求打造出更高雅,更符合传统"礼"的宫廷音乐。以强化继承中原王朝的正统性和合法性。

3. 乾隆朝时期(形成阶段)

乾隆帝在位六十年,文治武功达到巅峰,国家经济和社会空前繁荣。盛世的背景下,极力推崇儒家文化的乾隆帝想要建立完整的王朝礼乐制度,达到统一思想,教化万民的目的。因此,乾隆帝继续遵循其皇祖、皇考的脚步校订乐章、制定乐制、勘定乐理。

康熙五十四年(1713),康熙帝命诚亲王胤祉编修了《律吕正义》,"是时考正律吕,审定元音,凡器制乐器乐歌皆经亲定,宫商悉协,制度得中。以是月南郊大祀为始,嗣后各祭祀朝会典礼并用钦定雅乐"②。此次编修校订部分乐制,修改了部分乐章,初步制定了独属于清朝自己的礼乐制度。乾隆六年(1741),乾隆帝又在《律吕正义》的基础上续编了《律吕正义后编》,将所定乐章考订宫商字谱。乾隆十二年又再次编纂了《律吕正义后编》。

清初,太常寺负责宗庙祭祀乐事务,教坊司改名为和声署负责朝会宴会乐事务,没有统一的管理部门致使清宫音乐一直存在人员素质参差不齐、人员冗滥等诸多弊端,乾隆皇帝就曾命令太常寺精简人员,应"用精干之人。原额设五六百人,额数太多,应加以淘汰,将钱粮归并酌增,精选实能任事之人承充"③。因此,乾隆七年(1742),设立乐部,将太常寺管理的祭祀乐,和声署管理的宴会乐,以及掌仪司和銮仪卫司各自的音乐职能都统一放置在乐部管理,这强化了皇帝对于宫廷礼乐的管理,将礼乐制度置于乾隆帝的儒家治国思想之下,礼乐制度从此走向正规化,清宫礼乐制度更加完备。

---

① 《清文献通考》,上海商务印书馆,1935 年版,第 6375 页。
② 《清朝通典》卷 115,乐一。
③ 《清高宗实录》卷 170,第 2713 页。

二、清宫礼乐与民族融合

1. 汉族礼乐文化的继承

清朝作为发祥于我国东北地区的少数民族政权,以非汉族的身份取代明朝入主中原,其王朝的正统性是一直受到质疑的。因此清朝统治者虽以满族为主体,但是入关后却大力推行儒家文化,很多政治制度都完全承袭明制。清朝统治者定期祭孔子、康熙皇帝南巡祭拜明孝陵和大禹庙其根本用意就是要向天下人证明,明清王朝更迭与之前以往王朝更迭并无不同,其社会体制、政治架构、经济模式并未发生根本性变革,清朝将继续维护主流汉族文化传统,从而获得广大汉族士族官僚阶层的认同和支持。

中原汉文化的礼乐制度逐渐形成自周朝,"乐"是"礼"的表现,"礼"是"乐"的内涵。正所谓:"成王既夺殷命,袭淮夷,在丰作周官,兴正礼乐,制度于是改,而民和睦,颂声兴。"①周成王利用礼乐制度治国,国家富强、百姓和睦。自此,历朝历代统治者都效仿周朝实行礼乐制度。清朝统治者也不例外,明末国家腐败,礼乐制度名存实亡,清朝迁都北京后就全面承袭明代的礼乐制度,并逐步进行调整,力求恢复周代的礼乐制度。通过"乐"去向全社会推行"礼",以稳固社会秩序,从而达到百姓安居乐业,国家秩序井然的政治局面。同时用"礼"来定制度,明尊卑。以森严的封建制度来强化政权"奉天承运"的合法性和正统性。

2. 富有民族特色的萨满祭祀

清朝作为一个以满族为主体的王朝,其本民族自己的特色文化是清朝短时间内建立全国统一政权的根本精神源泉。因此,如何在继承汉族传统礼乐制度的基础上,在传统的礼乐制度中加入本民族的特色文化,这关系到满族的民族认同,清朝上层统治集团核心的内部凝聚力和向心力的构建。

萨满教作为满族的传统宗教,早期对加强氏族部落的联系纽带起到了关键作用。因此清朝统治在清宫礼乐制度中保留了萨满祭祀礼乐。萨满教的祭祀礼乐主要为坤宁宫家祭(入关前在清宁宫)和堂子祭祀。坤宁宫家祭与其他祭天祭地不同,属于皇家贵族的家庭祭祀。清入关后,将清宫萨满祭祀保留了下来,并对乐器的规模和乐曲的选择都有着严格的规范。堂子祭祀并不在清宫内,而是在北京城内修建的专门的萨满祭祀场所。清宫萨满祭祀很频繁,坤宁宫家祭每日有朝祭、夕祭,每月都要祭天,每年还有春秋两个季节进行大祭。堂子祭祀也有春秋两次祭祀。

---

① 司马迁:《史记》,中华书局,1972 年出版,卷 4,第 133 页。

正如清朝统治者大力推行"国语骑射"一个道理。乾隆帝一方面修订《律吕正义》系列书籍继承汉族礼乐思想，一方面编纂《满洲祭神祭天典礼》，力图通过保留萨满教祭祀，来极力保持本民族的特性。这是清朝作为少数民族政权所建立的独特礼乐制度。但是这种融合的礼乐制度并不是很均衡。汉族的礼乐文化在社会仍旧占据主导地位，《钦定大清会典》中就并未将萨满祭祀礼乐制度列入其中。有趣的是就连顺治帝都对萨满祭祀持有反对态度，顺治十三年（1656），当礼部官员请示顺治帝拜堂子事宜时，顺治帝却说"既然行拜神礼，何必又诣堂子，以后着永远停止"①。这里面固然有顺治帝更加钟爱汉族佛教的因素，但也体现出清朝统治者内心深层次的矛盾。在正统礼乐文化和萨满祭祀文化二者之间作选择，为了稳固国家统治，清朝统治者还是更多倾向于前者。

3. 融入其他少数民族音乐

清宫礼乐制度最大的创新就是将少数民族音乐纳入其中，这主要体现在清宫宴会乐上。清朝虽然是以满族为主体，但是在其自身发展与壮大过程中，凭借强大的军事实力逐步征服了如蒙古、朝鲜、维族等很多民族。随着其他民族纳入到清朝的统一管理，其民族特色音乐也被收入清宫礼乐范围内。例如蒙古乐是皇太极平定察哈尔时所获得，瓦尔喀乐是努尔哈赤平定瓦尔喀部所得，番子乐中的金川乐是乾隆朝时期平定大小金川后所得，班禅之乐是班禅格尔德尼六世主动进贡所得。

传统的汉族礼乐制度也将少数民族音乐纳入其中，受限于"华夷之辩"的思想根深蒂固，历代中原王朝都将少数民族音乐作为"四夷之乐"，少数民族音乐更多是中原王朝统一天下的象征与陪衬，等级尊卑明显。清朝作为少数民族政权在取得全国政权后，继承了纳"四夷之乐"进入礼乐制度的传统。但是却在《钦定大清会典》中将"四夷之乐"的表述改为"四裔之乐"。一字之差，却彰显出了清朝统治者高超的政治智慧。

"夷"是相对于"华"而出现的，是中原王朝以自己为中心对其他少数民族的称呼，其中体现了明显的民族歧视含义。清朝统治者改"夷"为"裔"，则代表其他少数民族都是自己的同胞，都视为自己的兄弟。这种包容、平等的态度对清朝的民族融合起到决定性作用。

试想一下，当其他少数民族的部落首领千里迢迢来到北京朝拜清帝，宴会之上演奏的都是自己本民族的音乐，清朝的民族政策不言自明，复杂的民族问题和宗教冲突在轻歌曼舞和管弦丝竹中得到缓解，独特的礼乐制度起到了政治手段和军事行动难以达到的效果。

---

① 《清世祖皇帝》卷105，第1376页。

三、结　语

　　清宫礼乐制度的发展与清代民族政策紧密相连,为政治服务的属性远远超过音乐本身更被清朝统治者所看重。回溯清宫礼乐制度的创建发展之路,从国家大一统的角度来讲,在强大国家实力的基础上,清朝作为一个以少数民族为主体的王朝,入主中原后,利用礼乐制度实行包容、开放、怀柔的民族政策,逐步建立起一个以汉族为主体的多民族国家,平稳统治将近300年的时间,之前历代王朝都未能做到,这是清朝最大的功绩之一。

中国实验音乐考古研究历程简览

杭州师范大学　朱国伟

摘要:基于前期有关中国实验音乐考古研究方法概念、对象、手段、优势的讨论,本文对该方法成形前的大量复原实践进行回顾整理,认为其前史可追溯至郑觐文古乐器仿制中的部分工作,马王堆墓发掘后,复制工作得到重视,王湘马王堆竽管实验已完全具备实验音乐考古特征,曾侯乙墓文物复制研究有了新高度。20 世纪许多其他复原工作也已有意无意的显示出实验音乐考古色彩,这些复原和研究成为中国"实验音乐考古学"作为一种研究方法得以提出和存在的基础。

关键词:实验音乐考古　复原实践历程　方法与应用

　　"实验音乐考古学"被明确作为一种独立的指导方法,在国内外研究中都不多见,但其在相关研究中被作为一种手段提及则早有所见[①]。从实践上看,将"复原与实验"这一方法运用于音乐考古研究[②],在国内外都已有很长一段历史。

　　国外实验音乐考古的研究实践与"实验考古学"方法的兴起紧密相关,实验考古学方法在二十世纪六七十年代发展之初,便关注到了音乐文物这一对象,如实验考古方法论重要奠基人科尔斯发表的系统论述实验考古的开篇之作《实验考古学》一文中,就大段涉及了音乐文物研究的例说,如在论述实验考古对象的"金属类制品"时,特别以两种铜管乐器为例进行了分析,指出在这些古代发声器上经实验所测知的音响并不一定与古人用音相同,但通过实验知道其"能够"产生哪些音、怎么能够从这些乐器上成功取音这类信息是有价值的,并特别提醒作为音乐实验切忌无端加装乐器附件或妄下绝对性结论。[③]科尔斯随后在 1973 年出版《实验的考古

---

　　① 阿恩德・阿德杰・鲍斯:《音乐考古学:方法和理论思考》,方雪扬译,《黄钟》2014 年第 2 期;Ricardo Eichmann, "Music Archaeology", in Rolf Bader ed., *Springer Handbook of Systematic Musicology*, Berlin: Springer-Verlag, 2018, pp.1008—1011.

　　② 本文所谓"复原",包括恢复文物出土时形态的"复制"及意图恢复文物使用时形态的"重建"两个层次。

　　③ John M. Coles. *Experimental archaeology. Proceedings of the Society of Antiquaries of Scotland*, 1966:99, pp.1—20; J.M. Coles. *Irish Bronze Age Horns and their relations with northern Europe*. Cambridge: Proceedings of the Prehistoric Society(Volume xxix), 1963, p.337.

学》专著,内含"乐器"一节①,在 1979 年修订出版《实验考古学》,在"导言""艺术制品"章节中都有乐器论述部分②。其后实验考古专著以论文集的形式较为多见,很多都包含有发声器的实验考古研究。国外音乐考古学的兴起晚于实验考古学的进展,他们的音乐考古研究者,背景为考古学的和背景为音乐学的各占其半,这个群体对考古学新兴方法保持着敏感的嗅觉,故在音乐考古研究群体进行实验音乐考古研究时,大多是自觉将其纳入在实验考古方法论指导之下,这也是"实验音乐考古"这一名称的来源所在。这些研究的特点是以复原或模拟实验为手段,对音乐文物对象的历史制造方法、用途用法、音响效果等进行实证性的实验研究。

　　以实验音乐考古方法的视角审视中国实验音乐考古的历程,可以发现与国外相同的是,实践在理论之前,中国音乐文物的仿制、复制、复原工作已经大量开展。不同的是,中国的复原工作更多地将"成功复原出文物"本身作为"目的",而非是以复原为"手段"进行的音乐史和音乐考古学的研究。但在复原和应用的过程中,仍然有意无意地生成了许多与实验音乐考古研究目的相似的成果。

一

　　以"实验"为意识和手段进行音乐研究和乐器开发在中国有着悠久的历史③。复原和模拟重建研究是现代实验考古最为基本的手段,而这一手段在中国音乐考古领域也已经有着丰富的实践历程。早在北宋时期,宋徽宗就仿造出土春秋宋公成钟制作了闻名遐迩的大晟编钟④;清代仿制古物的事也很平常⑤。但古代的复原工作多为复古思想的外显,基本不带古史研究性质。

　　民国时期,郑觐文进行了大量古乐器仿制实验。郑觐文 1902 年在江阴协助浏阳古乐门人教授庙堂音乐,开始了律学和乐器制作研究,并在 1906 年赴浏阳学习古乐事宜,1919 年,他被聘任为上海仓圣明智学校古乐教师,开始仿制古乐器;其后郑氏一生与古乐器仿制相伴,其生平年表中几乎每一年都有古乐器仿制的研究或实践记录,并在 1930 年得到教育部批复支持,1931 完成一套 163 种乐器组成的仿古乐器组合。⑥可惜的是,这批乐器资料没有完整保留下来,郑觐文 1930 年完成

①　John Coles. *Archaeology by experiment*. London:Hutchinson University Library, 1973, pp.158—167.

②　John Morton Coles. *Experimental archaeology*. London:Academic Press, 1979.

③　王子初、杨明:《实验音乐考古在中国》,《中国音乐》2023 年第 3 期。

④　李幼平:《大晟钟与宋代黄钟标准音高研究》,上海音乐学院出版社,2004 年版,第 24—28 页。

⑤　王子初:《粗陋的珍宝——江苏常熟博物馆所藏完颜璟编钟辨伪》,《中国音乐学》2010 年第 3 期。

⑥　陈正生:《郑觐文年谱》,《南京艺术学院学报(音乐与表演)》2015 年第 1 期。

的对乐器详释的图书《中西乐器全图考》,及 1933 年修订的更聚焦于中国乐器的《乐器图书》,均不知所终。早在 1918 年,郑觐文完成的《雅乐新编》一书便于"凡例"中说明该书续编将对古乐器的种类和谱式进行阐述,并在该书最后有出售各种仿古乐器的广告①,可见其在研究仿制古乐器方面起步甚早,且有大量生产,可惜这本续编也没有再见到。从 20 世纪 20 年代开始,郑觐文有意识地对研制出的仿古乐器进行开放公众的展览,到后来全套乐器完成后还曾专门在上海"世界社"展出,这些举动使得当代研究者有机会搜罗到当时留下的乐器照片,让今人对这些乐器能有一定程度的了解。②依照当时人的评述文章,可知郑氏仿古乐器,很多是依照《大清会典图》形制制造③,有一部分乃依旧器所造,所依旧器来源有当时文庙乐器和收集的存世古乐器④。遗憾的是,这些仿制乐器的对照原本并没有资料言明,但不乏明清时期的音乐文物,特别是宫廷和文庙雅乐队所用乐器如钟、磬、埙、篪、柷、敔等。其中编钟颇具古意,根据照片可见⑤(图),他们未采用当时文庙常用的圆形无枚钟,而用了 36 枚、底边上弧、貌似合瓦形的先秦甬钟样式编钟。郑觐文的古乐器事业肇始于浏阳古乐的经验学习,据浏阳古乐资料,其创始人邱之稑曾将一枚出土的湖南大铙直接编入乐队⑥,而郑觐文仿制编钟所据图片⑦,正是钟旋不带斡钩的铙钟样式(与明清以来的存世钟不同),其仿制的 16 件套编钟,大小相近,区分音律应借助厚薄的差异,这又是明清的编钟铸造方法。据此推测,郑觐文很可能参照了出土钟的样式,又依照文庙、清宫等处编钟调音方式和音律需求完成了出土钟数量的扩充。如此,从此编钟可知,郑觐文完成了一次音乐文物复原实验。另外,郑氏大多仿制古乐器并非按原样仿制,而多是对其音乐性能进行研究后改制,这些改制收到的评价褒贬不一,但我们可以看到郑觐文作为一名音乐学者已经对仿古乐器制造进行了大量音乐实验,并且很多是从音乐音响问题出发的制作实验,

---

① 郑觐文著、陈正生编:《郑觐文集·雅乐新编》,重庆出版社,2017 年版,第 305、346 页。

② 凌律:《大同乐会民族乐器图片简释——兼谈大同乐会和创办人郑觐文》,《乐器》1982 年第 1 期;陈正生、沈正国《国民大乐——大同乐会郑觐文主制乐器评介》,凤凰出版社,2011 年版。

③ 萧友梅:《十年来的中国音乐研究》,《音乐月刊》1937 年第一卷第二号,转载于陈正生编《郑觐文集·雅乐新编》,重庆出版社,2017 年版,第 467 页。

④ 蔡元培:《大同乐会〈乐器图说〉序》,1933 年文稿,转载于陈正生编《郑觐文集·雅乐新编》,重庆出版社,2017 年版,第 464 页;沈知白:《二十二年的音乐》,《十日谈》1934 年新年特辑,转载于陈正生编《郑觐文集·雅乐新编》,重庆出版社,2017 年版,第 465 页;凌律:《大同乐会民族乐器图片简释——兼谈大同乐会和创办人郑觐文》,《乐器》1982 年第 1 期。

⑤ 陈正生、沈正国:《国民大乐——大同乐会郑觐文主制乐器评介》,凤凰出版社,2011 年版,第 110—111 页。

⑥ 高至喜、熊传薪:《中国音乐文物大系 Ⅱ·湖南卷》,大象出版社,2006 年版,第 235—236 页。

⑦ 陈正生、沈正国所编:《国民大乐——大同乐会郑觐文主制乐器评介》,收有大同乐会编钟图一幅及制作编钟参照图片一幅,疑参照图亦为大同乐会早期所制编钟,据资料早在 1923 年郑觐文所制之钟已被用于欧阳予倩编导的京剧中使用,在 1924 年大同乐会的乐器也列了歌钟。参见《郑觐文集》第 450、485 页。

其中与音乐文物相关的实验完全可视为近现代中国实验音乐考古的发端,只是其具体操作还需进一步挖掘和明确。

二

　　中华人民共和国成立后,出土的音乐文物增多,如 1957 年信阳长台关出土编钟进行试奏取音,中央人民广播电台用此录制《东方红》的故事广为人知。但是时复原工作尚未开展,直至 20 世纪 70 年代初马王堆三座汉墓的出土,首次成批量多种类地出土了古代乐器,出土乐器的研究工作也得到了重视和加强。马王堆汉墓出土的丝竹乐器引起最大关注,博物馆对其进行了复制①。当时李纯一等人对马王堆琴、瑟的研究虽未言明有复原实验,但对弦长与音高推测等方面的研究势必带着实验的成分。而在复原实验上,最值得我们关注的是对马王堆竽管发音的实验探究②。王湘《竽管发音实验》一文利用马王堆汉墓 1 号墓明器竽与 3 号墓实用残竽的数据,重点对组合管(折叠管)进行了复原实验,解释了管塞与折叠管主管双指孔配合可得到两组音的现象,同时还实验了另一种用麦秆做成指孔导管来控制发音管发音的可能性。其后又通过管长数据进行实验,来推测马王堆竽的簧管组合音高,最后复原出了一具竹簧竽。从该实验以数据复原和发音实验来解决乐器的发音和演奏问题来看,是一次较为典型的实验音乐考古实践。另外,李纯一《中国上古出土乐器综论》里对马王堆的出土笛也进行了复制,目的较为明确,即为研究该笛的演奏发声性能③,也是一次典型的实验音乐考古实践尝试。

　　文革过后,在出土资料的研究投入的双重扩量背景下,文物复制工作大量开展。同时,中国音乐考古学迎来奠基时期,许多复制工作最后成了了解音乐史或乐器史的有效实验。只是这一时期基于实验音乐考古目的的复原实验(即为了解决音乐史或乐器功能等音乐历史相关问题而做的专门复原)仍极罕见。改革开放以来的音乐文物研究中,曾侯乙墓乐器及舞阳贾湖骨笛最引人关注,其中也多有复原工作(不一定是"复原实验")的开展。曾侯乙墓乐器从编钟复制开始,陆续扩展到所有乐器的复制,成果发表数量较大,此处择其与实验音乐考古相关的部分成就提

　　①　蔡筱明:《上海展出〈马王堆出土文物展览〉的设计》,《中国博物馆》1985 年第 3 期。

　　②　见王湘:《竽管发音实验》(2 期连载),《乐器科技》1980 年第 1、2 期,文章发表成果署名王湘,但当时应该为集体成果,文中所及研究及实验者主语称"我们",后在李纯一先生专著《中国上古出土乐器综论》(文物出版社)第 418 页也提到过这个实验,主语也用的"我们",应是当时参与马王堆汉墓研究的音乐研究所乐器组共同完成。另外,从王湘先生文章内容分析及复原音位结果看,他未对折叠管延长有效管长的功能有进一步认识,对此李纯一先生著中则有所计算和论述。

　　③　李纯一:《中国上古出土乐器综论》,文物出版社,1996 年版,第 362—364 页。

炼如下：1.编钟方面，复制工作最为复杂、精细，在全面测定原件形制、材质的基础上翻模复制①；复制之后进行了编钟铸造方法、结构部位功能的研究与探讨②；在复制件基础上进行了演奏方法的探索；在复制件音响功能的认知基础上进行了乐曲编创与编钟表演③。2.弦乐器方面，进行了琴瑟的原样复原，有张弦法及演奏法的研究④。3.其他乐器如磬、笙、箫、篪、鼓等，都进行了复原与音乐表演尝试⑤。

　　因曾侯乙乐器的受瞩，古乐的复原表演受到了学者及大众的关注，各方面的乐器制作专家也开始出现关注古代形制及演奏特点者，或仿制或改进，多少带有仿古实验的意味，如篴篪、锦瑟、仿唐琵琶等都是较早的运用考古资料进行复原工作的实验案例⑥。但其工作在研究、复原和实验的探索面向上少有超过曾侯乙墓乐器者。唯在笛类乐器的复原研究上渐渐有了突破，先是童忠良、蒋朗蟾、荣政、李幼平等人为探索贾湖骨笛音响、音阶进行过复原实验（但过程未述）⑦；又有方建军通过观察和仿制对汉代以先的笛乐器进行了制造工艺层面的探索⑧；进入 21 世纪后在贾湖骨笛的复原方法方面有了新的突破，如 2005 年李寄萍选材用了火鸡腿骨，并称用鱼骨刺钻孔得到仿制骨笛，这样在制作方法上进行了复原尝试⑨；2006 年孙毅用原材料"丹顶鹤骨"复原骨笛，制作方法则为现代钻孔的方法⑩；以上复原工作都是为音响研究之目的，由于骨笛为自然生长的鸟骨制器，这些复原不可避免地与原件内径尺寸有差异导致结果易受质疑，在此背景下中国科学院方晓阳团队多年来数次发表关于骨笛精准复原的研究，如 2012 年利用 CT 扫描与三维建模方式复原骨笛原貌、2019 年又加入图像处理技术精度化模型数据⑪，这一研究将为后期骨笛的整体研究奠定良好基础。

---

　　① 曾侯乙编钟复制研究组：《多学科协作攻关的成果——曾侯乙编钟复制的研究与试制基本成功》，《江汉考古》1981 年第 S1 期。

　　② 曾侯乙编钟复制研究组：《曾侯乙编钟复制研究中的科学技术工作》，《江汉考古》1981 年第 S1 期。

　　③ 邹衡，谭维四主编《曾侯乙编钟》，金城出版社/西苑出版社，2015 年版，第 475—518 页。

　　④ 冯光生、徐雪仙：《战国曾侯乙编磬的复原及相关问题的研究》，《文物》1984 年第 5 期；蒋朗蟾《曾侯乙墓古乐器研究》，《黄钟》1988 年第 4 期。

　　⑤ 黄曼华、朱安岚：《湖北荆州博物馆楚乐器系列研究喜获初步成功》，《乐器》1993 年第 3 期。

　　⑥ 高舒：《仿古与师古——记民族乐器的复原与仿制》，《演艺科技》2015 年第 6 期；孙云《上海民族乐器一厂研制仿唐琵琶》，《乐器》1982 年第 5 期。

　　⑦ 童忠良：《舞阳贾湖骨笛的音孔设计与宫调特点》，《中国音乐学》1992 年第 3 期。

　　⑧ 方建军：《先汉笛子的制造工艺和音阶构成》，《中国音乐》1988 年第 3 期。

　　⑨ 但该文主体是研究吹奏方法与音阶形态，制作方法描写匆匆带过。参考李寄萍《骨笛仿古实验及分析推测》，《天津音乐学院学报》2005 年第 2 期。

　　⑩ 孙毅：《舞阳贾湖骨笛音响复原研究》，《中国音乐学》2006 年第 4 期。

　　⑪ 苏润青、方晓阳、潘伟斌：《图像处理技术在贾湖骨笛三维重建模型中的应用》，《西部考古》第 18 辑（2019 年第 2 期）第 323—332 页；方晓阳、邵锜、夏季等：《贾湖骨笛的精确复原研究》，《中国音乐学》2012 年第 2 期。

在复制、复原工作上,新时期的代表人物是王子初先生,据其《碎金风华》一书,仅其为郑州大学音乐考古研究院复制的音乐文物便达 85 套 525 件①,也基于此,他在书末提出了"中国实验音乐考古学"的建设提议!在近年的工作中,其对大云山琉璃编磬的复原又是一次突破之举。大云山出土的成套古玻璃质编磬具玉磬质感,然而因材质特殊且已受损而不能在原件上敲击测音,其成分复杂又没有现代材料的直接参照,所以这种材质的编磬是否能用作音乐演奏无从得知。王子初课题组汇合音乐学家、考古学家、玉石专家、工艺专家、琉璃厂厂商等联合攻关,在进行成分测定后,决定按原配方、原尺寸对这套琉璃编磬进行重制,单就配方就试验了一百多次方才成功;继而按同样配方做多套编磬,看造型一致的磬块是否具有稳定的对应音高,测音得到的结论证明这种材质所做磬块与音高有着较为稳定的对应关系;最后对这套磬进行了调音实验,对其音响性能和调音特性进行认知和评定,解答了这类磬作为乐音乐器的高度可能性。②

<h2 style="text-align:center">三</h2>

以上复原工作主要集中于单种乐器,在乐舞综合呈现方面涉及的事项更加复杂,此类复原有较多尝试的可举雅乐重建与汉唐乐舞复原两块。雅乐重建在音乐学界的讨论在上世纪便被提出③,自 2011 年中国音乐学院成立雅乐研究中心后得到更大范围的关注,举办了若干次主题研讨会议④。关于雅乐或礼乐的重建,讨论的方向涉及乐律⑤、乐器⑥、声部⑦、底稿⑧、仪节与音乐⑨、价值与条件⑩,以及现代意义⑪

① 王子初:《碎金风华:音乐文物的复制、复原研究》,科学出版社,2021 年版,第 449—450 页。
② 王子初:《江苏盱眙大云山一号墓出土仿玉玻璃编磬的复原研究》,《艺术百家》2016 年第 2 期。
③ 孙晓晖:《赋礼乐以新意——"现代社会的礼乐重建"学术研讨会侧记》,《人民音乐》1997 年第 2 期。
④ 西北民族音乐研究中心:《东亚雅乐国际研讨会在京举行》,《交响》2011 年第 1 期;尚永娜:《礼乐重建追根溯源——第五届北京传统音乐节综述》,《人民音乐》2014 年第 1 期;张伯瑜:《求真　求新　求用——"韶乐"研讨会后的思考》,《中央音乐学院学报》2022 年第 1 期。
⑤ 项阳:《由钟律而雅乐,国乐之"基因"意义》,《音乐研究》2019 年第 2 期。
⑥ 方建军:《有关雅乐重建的几个问题》,《天津音乐学院学报》2011 年第 2 期。
⑦ 项阳:《金石以动之　丝竹以行之——中国早期多声音乐思维浅识》,《人民音乐》2015 年第 12 期。
⑧ 李约翰:《中国古代礼乐在当代复原的理念、路径与方法——对于〈韶〉乐复原的思考》,《艺术评论》2022 年第 3 期。
⑨ 赵越:《〈仪礼·乡射礼〉音乐考定与重建报告》,《中国音乐》2018 年第 3 期。
⑩ 田耀农:《中国雅乐兴衰与复建的思考》,《音乐研究》2013 年第 4 期。
⑪ 项阳:《中华礼乐文明、礼仪之邦的历史与现代意义》,《中国音乐》2013 年第 1 期;罗艺峰:《韶乐、韶美、韶义——兼谈〈韶〉乐的现代重建问题》,《艺术评论》2022 年第 3 期;项阳:《〈韶〉乐"依稀"》,《艺术评论》2022 年第 3 期。

等诸多方面。其中项阳、方建军、赵维平等学者都注意到考古材料在雅乐/礼乐复建过程中应具有不可忽视的重要性。中国音乐学院雅乐团和其他古乐团做雅乐表现时也都有配置仿古乐器或复原古乐器,北京、曲阜等地孔庙、文庙的仪式乐舞也会做复原的工作。但目前这些重建所用乐器和音乐的参照标准有一定模糊性,如何使用复原乐器更好地为雅乐重建服务仍是要进一步研究的课题。

唐代乐舞有着更丰富的历史乐谱和历史图像材料,1955 年古典舞《飞天》、1979 年舞剧《丝路花雨》的创编就在舞姿上追求历史资料呈现的元素,但音乐上只是注意到传统音乐音调素材和部分现代化的民族乐器这个层面①,并没有像舞蹈一样有"仿唐"的追求;而 1993 年敦煌艺术剧院推出的大型乐舞《敦煌古乐》则在歌词、音乐、乐器、舞蹈、道具服装等各个方面都进行了仿唐制作,可视为一次开创性的乐舞复原实验,还引发了乐舞创编该不该遵循学术做复古的讨论②;近日,上海音乐学院组织的《丝路之乐·唐韵回响》实验音乐会又一次将这一理念往前推进,用古器古谱,努力还原唐乐舞③,这则可视为中国实验音乐考古的又一成果。

纵观中国音乐考古复原工作历程,已产生了一批有影响的实践、研究成果,这是中国实验音乐考古方法的重要经验来源。中国百年来的复原工作经验是丰富而宝贵的,在已有复原工作经验基础上,使我们具备了论证中国实验音乐考古这一学科方法的充分条件。

四

实验音乐考古离不开复原,又不等于复原。文物的复制、复原工作应是为实验音乐考古的研究目的服务的,而实验音乐考古的研究目的应聚焦于音乐历史问题或古乐器学问题。如国外研究案例较为丰富的模拟古乐器制造过程的重建复原是为了了解历史乐器制作方法及效果;在声学遗迹场所进行复原古乐器的发声测试是为了了解古代声景体验;对出土管乐器的复原和演奏实验是基于乐器使用方法和功能认知的研究。

回顾中国复原实验历程,能明确纳入实验考古性质的音乐文物研究虽不多,但

---

① 张丽民:《中国古典舞音乐研究——乐舞相融六十载精华录》,人民邮电出版社,2017 年,第 25—27,118—165 页。

② 张丽民:《中国古典舞音乐研究——乐舞相融六十载精华录》,人民邮电出版社,2017 年,第 166—176 页。

③ 王琳琳:《上海音乐学院实验音乐会　回到盛唐　寻找遗失乐舞》,https://baijiahao.baidu.com/s?id=1721396786112534656&wfr=spider&for=pc,2022 年 1 月 8 日。

带有历史研究目的的复原实验已有一定数量,只是因大多未有实验过程与数据的规范记录而缺乏实验研究的规式性。值得注意的是 1980 年王湘先生对马王堆竽管的复原研究目的明确,可谓是典型的实验音乐考古性质的研究,可视为中国实验音乐考古实践的开端。但一直到今天,在中国巨量的文物复原例证中,像这样明确以历史研究为目的的复原和实验仍然稀少,他们表现出来的更大共性是"为复原而复原","复制"本身是研究目的,为了成功复原出可供展示的原件而对原件进行研究,复原成功后,"研究"即宣告完成。包括前文曾侯乙编钟所列与实验音乐考古相关的成果,很多并非是"研究"的状态下生成的,而是"复原"工作结束后收藏单位相关人员的再发现,后续的演奏表演探索是复原结束后的"红利"。这样,"复原"与"实验研究"这两个阶段是割裂的,不仅缺乏实验研究性质的方法指导和操作步骤,甚至为了表演效果而不得不改变原乐器形制和其他历史信息数据。像这类成果即使最后得到了一些历史信息结论,也并非是一项完整的实验音乐考古研究。但如前文所述,这些复原案例仍是中国实验音乐考古实践探索历程的重要组成部分。

叶家山 M111 出土编钟的音乐考古学研究

中国戏曲学院　　任　宏

　　摘要:叶家山 M111 出土的 5 件青铜礼乐器,包含 1 件铜镈、4 件甬钟。文章分别对铜镈与 4 件甬钟的形制、纹饰、音响性能、成组方式、编列规模等方面作出细致的考察与分析,认为这批资料填补了西周早期汉江流域乐悬资料的空白,为深入探究早期乐悬的音列结构的阶段性发展、编列组合及其成因、铜镈的传播路径及其文化内涵等问题,提供了弥足珍贵的资料。
　　关键词:青铜镈　甬钟　形制　纹饰　音响性能　文化属性

　　在湖北随州市淅河镇漂河西南的一处南北走向的椭圆形岗地,经 2011 年和 2013 年两次科学考古发掘,共发掘了百余座墓葬和 7 座马坑,其中就包含出土编钟的 M111 大墓。该墓未经盗扰,共出土青铜乐钟 5 件,其中铜镈 1 件、甬钟4 件。

图1

一　青　铜　镈

铜镈保存完好,体呈合瓦型,舞部上方置扁平长方形钮,饰细阴线云纹,下方有桥。舞部素面,中心开方孔与钟腔相通。钟面饰兽面纹,鼻梁处有脊,饰高冠凤鸟云纹,兽面纹上下区分边栏,以云纹为地,间饰凸起程度不同的涡纹。鼓部素面。两铣有扉棱,各饰两只头向下的透雕扁虎。镈口部齐平。(前图左一)

(一) 形制特征

商末至西周中期以前,铜镈多单件出现,因形制差异可分为两类,即立鸟羽纹扉棱镈(以下简称鸟饰镈)和四虎扉棱镈(以下简称虎饰镈)。器物在国内的鸟饰镈,有新干大洋洲镈、湖北石首九佛岗镈、随州毛家冲镈等①,虎饰镈有叶家山M111铜镈、湖南邵东民安镈、湖南省博藏虎饰镈、上博藏四虎镈与故宫藏虎饰镈②。(见图2—图7)叶家山 M111 出土的这件铜镈,因墓葬年代与出土地点明确,为铜镈研究提供可靠的支撑材料。

图2　新干大洋洲镈　　　图3　湖北随州毛家冲镈　　　图4　湖南邵东民安镈

---

① 江西省文物考古研究所等:《新干商代大墓》,文物出版社,1997年版。戴修正:《湖北石首出土商代青铜器》,《文物》2000年第11期。随州市博物馆:《湖北随州出土西周青铜镈》,《文物》1998年第10期。彭适凡等:《中国音乐文物大系·江西卷》,大象出版社,2009年版。王子初:《中国音乐文物大系·湖北卷》,大象出版社,1999年版。

② 高至喜:《商周铜镈概说》,《中国文物报》1989年11月10日。《湖南省博物馆馆藏西周青铜乐器》,《湖南考古辑刊》第2集,岳麓书社,1984年版。高至喜等:《中国音乐文物大系·湖南卷》,大象出版社,2006年版。马承源:《中国音乐文物大系·上海卷》,大象出版社,1996年版。袁荃猷等:《中国音乐文物大系·北京卷》,大象出版社,1996年版。方勤:《叶家山M111号墓编钟初步研究》,《黄钟》2014年第1期。

图 5　湖南省博藏虎饰　　　图 6　上博藏虎饰镈　　　图 7　故宫藏虎饰镈

　　叶家山 M111 铜镈与几件四虎镈的共性颇多,比如长钮有桥,腔体横断面呈梯形,舞部平直、于口齐平,两铣外侈。两侧扉棱都有向下纵步的虎,左右对称各两只;除了上博藏四虎镈的腔体正、背面主要纹饰是卷体龙纹以外,其他几件都是兽面纹。兽面纹的鼻梁处有中脊,上下分区成三,有规律地排列着大小递增的凸出涡纹,前后面共 20 个。

　　在纹饰的细节处也有些差异。与之相近的是商末的邵东民安镈,该镈出土于湖南邵东县毛荷殿乡民安村,兽面纹宽舒对称、中脊侧立、左右涡纹大而高凸,扉棱上的四只虎,雄背高弓,重心向下,尾部或高翘,或卷曲,作迈步状,整体风格雄浑凝重、威风凛凛。与之相比,叶家山 M111 镈的兽面纹的线条紧凑、凝练,晚商时期兽面纹中脊两边的大圆目尺寸缩小。扉棱上的四只虎,昂头、弓背、挺腰、长尾卷曲,也不只强调厚重和力量感,则更注重勾勒身体各部的比例,尤其是立挺着的细腰和高卷的长尾,极有律动感,协调、舒展又不失灵动。整体上看,该镈的兽面纹线条方向、涡纹的大小走向与向下腾跃的四虎搭配起来,恰好与横截面的梯形相辅相成。从纹饰风格上推测叶家山 M111 镈的时期应当稍晚于邵东民安镈。

　　四虎镈的形制个性突出,应当有独特的区域文化背景,只是目前几件同类型的镈,来源多元,或收购、或传世,只有邵东民安镈和叶家山 M111 镈有明确的出处,但二者文化背景也不尽相同,分别是土著文化和中原文化背景。

　　(二)有关早期铜镈文化面貌的思考

　　依照李伯谦先生的研究,从新石器时代晚期开始直到西周时期,几何形印纹陶器都是我国东南与华南地区的考古学文化内涵的重要表征。西周时期以后,这里的文化面貌受到中原文化影响日益增多,文化面貌渐趋一致。在西周时期以前,在东南、华南地区的几何形印纹陶器分布范围与文献记载的"百越"范围相符合,也可被视为是百越文化的遗存。①在此文化分布圈中,依照陶器特征的差异,可分为七个区,其中就包含"赣鄱区"和"湖南区",前者以赣江、鄱阳湖为中心,后者主要覆盖了洞庭湖周围及以南地区。而这两个区域恰恰也与商末周初铜镈的分布范围重叠,由此可知,早期铜镈是百越文化的遗存。

实际上,无论是赣江流域,还是湘江流域的铜镈,在形制特征上既有个性,二者之间也存在着亲缘关系。新干大洋洲铜镈是目前公认的时期最早的铜镈,该镈的立面呈梯形,横截面呈椭圆形,于口齐平,两铣有棱,装饰立鸟羽纹,舞部上方有桥型钮,中央有长方形孔与腔体相通。腔体两面以阴线云雷纹为地,上饰浮雕牛角兽面纹,牛角向上内卷形成圆圈,圈内饰燕尾纹,中间饰变体火纹。②

出自湖南邵东县民安村的铜镈是时期较早的虎饰镈。与新干出土的鸟饰镈相比,相同之处在于腔体的格局和分布,立面都是梯形,口部平直,桥型钮,舞部中央有方孔与内腔相通,两铣处起棱。不同之处在于,民安村镈的腔体瘦长,桥型钮随之瘦高,随兽面纹上收使得鼓部得以出现,两铣处扉棱饰四只向下迈步的虎,腔面有中脊。这是虎饰镈的形制母型。尤为要注意的是,虎饰镈的中脊,采用羽纹上立高冠凤鸟,与鸟饰镈的侧扉棱有着共同的文化渊源。只是新干大洋洲镈扉棱上的小鸟刻绘手法朴实、写实,而民安村镈的中脊上的凤鸟则更为抽象,加上了高冠,具有某种象征意义。羽纹的数量因中脊位置的缘故从 7 个减少到 4 个。

很显然,鸟饰镈与虎饰镈的个性差异,是赣鄱区与湖南区的土著文化的表征。而形制上的共性,即类合瓦型的腔体、两铣有侧扉棱、桥型钮、舞部有方孔通内腔、扉棱或中脊上的凤鸟羽纹,则成为二者文化亲缘关系的体现。

新干大洋洲镈　　　　邵东民安村镈　　　新干大洋洲镈侧扉棱　民安村镈中脊

①　李伯谦:《我国南方几何印纹陶遗存的分区、分期及其有关问题》,《北京大学学报》1981 年第 1 期。
②　彭适凡等:《中国音乐文物大系·江西卷》,大象出版社,2009 年 7 月版,第 41—42 页。

　　与铜铙不同,来自百越文化的铜镈,在西周初期以前的流布范围都不出长江以南,可到了西周中期以后,在中原地区突然华丽转身,在规模上突破以往单件使用的模式,走向了越来越大的编列规模,在配置上逐渐与甬钟、钮钟等搭配组合,共同缔造着大型组合编钟时代的辉煌。那么,铜镈何时以何种方式进入中原?传播路径如何?礼乐功能的拓展或者转变又是如何开展的?诸如此类的问题,以往都因为材料缺环无法探求,如今,叶家山 M111 铜镈与甬钟的出土,让这类思考有了展开的可能性。

　　从地理位置上看,叶家山 M111 位于淅河镇漂河西南,是汉水东面涢水的支流。周围河流水系发达,可以联通长江流域与西周时期的两大政治中心。西周时期,礼乐文化的影响范围日渐南下,M111 墓主就是代表周文化驻扎南方曾国的首位诸侯,或可说是周王室开发南土的政治谋略,该墓出土的甬钟的文化面貌便是体现。与甬钟一同出土的铜镈,属于虎饰镈,其形制特征与邵东民安村镈共性颇多,应当排除中原铸造的可能。那么,结论便指向了两种可能性上:或者是曾国引进技术自己铸造,或者因战事原因获得而来。实际上,无论是哪种原因,都可以认定是有着越族土著文化面貌的铜镈,跨过长江,向北挺进了。更重要的还有,铜镈从北上之初便与有着周文化特色的甬钟搭配成组合,服务于礼乐制度。这也就为铜镈进入中原,被纳入乐悬系统以新的面貌得以繁荣发展奠定了非常关键的一步。从这个层面上说,叶家山 M111 出土的铜镈,成为了解铜镈由南向北传播路径的关键性材料,弥足珍贵。

　　(三)音响性能与器物功能拓展的趋向

　　从形制上看,铜镈与铜铙、甬钟都是合瓦型腔体,这类腔体结构的原生状态是具备发出两个不同基频的,即在正鼓部和侧鼓部分别得到不同音高的两个音。只是由于铜镈的于口平直,口部横截面呈椭圆,两个基频的音高差异、隔离度会受到影响,由此导致铜镈在功能上更偏向礼器,其"乐"功能则逊色于铜铙与甬钟。

　　从实际发音性能上看,湖南邵东民安出土的四虎镈、湖南发现并征集来的四虎镈的测音情况均不乐观,民安四虎镈的侧鼓音发音含混。[①]故宫藏的四虎镈,按照资料介绍说是正鼓音是 $\sharp a^2-42$,侧鼓音 c^1+40,[②]一般来说,合瓦型腔体的原生正、侧鼓音之间,正鼓音低于侧鼓音是具有较大普遍性的,故宫藏这件四虎镈的正鼓音高于侧鼓音超过一个八度,因此该结果暂且搁置。上海博物馆藏四虎镈因钟壁较薄,发音短促,只有一个测音结果 $\sharp g^1+13$,[③]推测是正鼓音的音高。很显然,

---

　　① 　高至喜:《商周铜镈概说》,《中国文物报》1989 年 11 月 10 日。高至喜等:《中国音乐文物大系·湖南卷》,大象出版社,2006 年版。

　　② 　袁荃猷等:《中国音乐文物大系·北京卷》,大象出版社,1996 年版。

　　③ 　马承源等:《中国音乐文物大系·上海卷》,大象出版社,1996 年版。

4 件四虎镈的音响性能都不太理想。与此相比,叶家山 M111 出土的四虎镈,正鼓音 b—7,侧鼓音 d^1—24,[①]两个基频隔离度较好,耳测发音清晰明确,是目前 5 件四虎镈当中音响性能较好的。并且,这件铜镈内腔没有调音痕迹,所得两个音高应为铸造预设的音。

更关键的还在于,叶家山 M111 四虎镈的发音与同出甬钟无缝衔接,共同构建成四声音列结构(详见下文)。而这种音列结构与西周中期到晚期体现在成编甬钟的音高序列完全相同,呈现出周文化的面貌。

结合墓葬出土情况、依照测音结果来推测,商代铜镈的音响效果的独立性可能比较受关注。多件商代铜镈都单独被发现或出土,虽然新干大洋洲商墓的铜镈与 3 件铜铙同出,可惜测音结果不能得到有效支撑,无法确认 4 件铜质乐钟的音高关系。而叶家山出土的这件铜镈与甬钟同组使用,共同得到了符合时期规范的音高,则表明铜镈进入乐悬体制之后,在保留礼器功能的同时,乐功能也受到了有意识的开发,其器物功能得到了拓展。

二　青铜编甬钟

甬钟 4 件,保存完好,均为合瓦型,甬部幹、旋俱备,旋部饰细阳线云纹,有对称四个乳钉,甬中空与钟腔相通,顶部无衡,似一对微小半圆缺口。舞部平,饰对称阴线云纹四组。有枚 18 个,分两组对称分布在钲两侧,钲篆、间隔有纹饰。正鼓部有云纹,部分钟的侧鼓部有纹饰。铣边有棱,钟口于部向上收成弧形。M111:7、M111:11 枚是长尖锥状,二层台结构不明显。钲、篆之间有双细阳线,内有乳钉纹,右侧鼓部有标音纹饰。M111:8、M111:13 的钟枚为短尖锥状,二层台结构明显,钲、篆界隔为双细阳线,内有联珠纹。侧鼓部无标音纹饰。[②]

（一）形制特征

4 件甬钟铸造良好,体量厚重。西周早期成套甬钟的出土材料不多,且体量偏小。陕西宝鸡竹园沟 7 号墓、茹家庄 1 号墓都出土 3 件甬钟,前者的重量在 4.4—7.3 千克之间,后者在 1.9—4.7 千克之间,[③]叶家山甬钟在 12.5—14.2 千克之间,比上述陕西的两套钟重量多达近三倍,应与铜料充足密不可分。

4 件钟的钟腔各部分之间的铸造比例有一定的规范,钲、篆、鼓各区间界隔清晰,鼓部所占比例不大。甬部幹、旋俱备,符合西周初期制度化的"悬奏"规范。

---

①② 　方勤:《叶家山 M111 号墓编钟初步研究》,《黄钟》2014 年第 1 期。

③ 　方建军:《中国音乐文物大系·陕西卷》,大象出版社,1999 年版,附录表六、表七。

表 1　叶家山 M111 编钟形制数据表①　　　　　　　　　单位:厘米　千克

器名	通高	中长	铣长	鼓间	铣间	重量
M111:11	39.5	22.5	26.8	19.9	23.4	12.52
M111:7	42.0	24.0	29.2	17.6	25.2	13.26
M111:13	44.0	25.6	29.5	18.2	25.4	11.70
M111:8	46.2	28.2	32.0	20.7	27.3	14.19
M111:5	44.0	33.5	33.5	20.7	27.5	16.47

　　钲、篆间纹饰有差异。M111:7、M111:11 的钲、篆间饰双细阳线夹乳钉纹,M111:8、M111:13 的钲、篆间饰细阳线内夹着联珠纹。这两种纹饰是目前西周早期甬钟钲篆界隔的代表,也被作为判定甬钟时期的标志之一。只是,以往的成套甬钟,只采用其中的一种。例如,陕西宝鸡竹园沟 BZM7:11、BZM7:12 两件钟、时期稍晚的宝鸡茹家庄 BRM1 乙:28 钟和长安普渡村的长由 4 号钟,钲、篆、鼓之间都出现了疏密程度不等的乳钉纹。晋侯墓地 8 号墓出土的 I、II 式钟则出现了双阳线夹联珠纹,和上述叶家山甬钟的相同。叶家山 111 号墓出土的 4 件甬钟,在钲、篆之间既出现乳钉纹,又出现了联珠纹(有的学者称为小圈、点纹),应是两种早期甬钟的拼组。

　　M111:7、M111:11 两件钟的右侧鼓都有纹饰,具有重要意义。合瓦型的青铜乐钟,先天具备可以发出两个基频的钟腔条件,即在正鼓部和侧鼓部分别可以受激发得到两个不同音高的基频。当敲击正鼓部时,钟体振动节线位于两铣;当敲击侧鼓部时,除了两铣的一对节线外,沿钟面中轴线上又形成另一对节线。②在合瓦型钟腔的振动环境和发声机制中,会形成一个基频为主,另一个基频相对静止的发声效果,从而实现一件钟发出两个基频的特殊性能。当侧鼓部出现特殊纹饰时,可以看作是对这种音响性能的有意识识别与实践,因此,侧鼓部纹饰的出现,便具有很大的意义了。以往,侧鼓部纹饰出现的最早时间大约在西周穆王时期前后,标本可举晋侯墓地 9 号墓出土甬钟中的 2 件。尽管有关叶家山 M111 时期所属仍旧有争议,但无论被认定为康王时期,③还是昭王前后,④都不能否认 M111:7、M111:11 两件钟是至今为止最早出现侧鼓部纹饰的甬钟。

---

　　①　方勤:《叶家山 M111 号墓编钟初步研究》,《黄钟》2014 年第 1 期。

　　②　陈通、郑大瑞:《古编钟的声学特性》,《声学学报》1980 年第 3 期。

　　③　张天恩:《试论随州叶家山墓地曾侯墓的年代和序列》,《文物》2016 年第 10 期。

　　④　黄凤春、胡刚:《说西周金文中的"南公"——兼论随州叶家山西周曾国墓地的族属》,《江汉考古》2014 年第 2 期。

BZM7:12 甬钟

M111:11 甬钟

长安普渡村 4 号钟

BRM1 乙:28

长安普渡村 2 号钟

晋侯苏 I 式钟

晋侯苏 II 式钟

（二）音响性能

1 件铜镈、4 件甬钟都是实用器，虽然内腔都没有明显的调音锉磨痕迹，但由于合瓦型的腔体结构特性，每件钟都可以发出两个基频，测音数据见表 2。①

表 2　叶家山 M111 出土编钟测音数据分析表　　　　　　单位:音分

器　名		M111:5	M111:8	M111:13	M111:7	M111:11
正鼓音	测音数据	B3−7 *B3−3*	♯C4−41 *♯C4−37*	E4−4 *E4*	♯G4−26 *♯G4−22*	♯C5−48 *♯C5−44*
	音列结构	徵	羽	宫	角	羽
侧鼓音	测音数据	D4−24 *D4−20*	F4−32 *F4−28*	♯G4+39 *♯G4+43*	B4+47 *B4+51*	E5+5 *E5+9*
	音列结构	—	—	—	徵	宫
备注					侧鼓部有纹饰	侧鼓部有纹饰

① 方勤:《叶家山 M111 号墓编钟初步研究》,《黄钟》2014 年第 1 期。

为了便于分析,以实际测音数据为基础,参照音高发展趋势,设立以 E 为宫、音分数±0 的标准,转换和调整实际测音数据,其结果用斜体字标示在上表中。

分析结果表明,铜镈和甬钟的正、侧鼓音之间的音程关系并不是完全统一,7、11 号两件钟的双音音程关系相对稳定,大致构成偏宽的小三度,侧鼓部则用纹饰作出标记。8 号钟和 13 号钟的正、侧鼓音是偏宽的大三度,铜镈的双音关系基本上是小三度。

M111:5 与 M111:8 两件钟,也就是铜镈与相邻的甬钟的测音结果,与现场主观听觉呈现出相当的一致性:二者可构成清晰的二度关系。并且,铜镈发出的是最低音,能够与甬钟依次构成徵—羽—宫—角—徵—羽—宫的音高序列,音高可以跨越一个八度又四度。该测定结果足以表明,由此可见,铜镈与甬钟的组合,不仅是形制大小的外在搭配,在音高性能方面也体现出不容忽视的重要意义:

其一,较早地确定了铜镈在组合编钟中的音高位置。

上文谈到过,西周早期以前,铜镈在长江以南大多是单件使用。但是,在黄河流域自商代便有着青铜类乐钟多件成编的使用历史,比如商代北方的编铙。代表周代礼乐文化的甬钟,从出现之初便继承了前代的编列观念。那么,铜镈是从何时、以何种方式被纳入乐悬体制,成为编列中的一员呢?叶家山 M111 出土的组合为我们提供了很好的认识材料。

从音高位置排列上看,铜镈从纳入乐悬体制之初就是作为低音来拓展编甬钟的音域的。一般而言,乐钟的形制大小与音高呈现一定的规律性,即形制越大音越低,反之亦然。考察目前国内保存的虎饰镈的形制与体重,通高在 42.8—44.5 厘米之间,体重在 13.4—16.6 千克之间,铸造体制规格相当。(见表 3)而对比考察叶家

表 3　国内四虎镈数据对比表　　　　　　　　　　　　单位:厘米　千克

器　　名	通高	重量
故宫藏四虎镈①	44.5	16
上博藏四虎镈②	43.8	—
湖南邵东民安四虎镈③	42.8	13.4
湖南省博藏四虎镈	43.6	16.6
叶家山 M111 四虎镈④	44.0	16.47

① 袁荃猷等:《中国音乐文物大系·北京卷》,大象出版社,1996 年版,第 45 页。
② 马承源等:《中国音乐文物大系·上海卷》,大象出版社,1996 年版,第 87 页。
③ 高至喜等:《中国音乐文物大系·湖南卷》,大象出版社,2006 年版,第 53、55 页。
④ 方勤:《叶家山 M111 号墓编钟初步研究》,《黄钟》2014 年第 1 期。

山 M111 铜镈和甬钟,其通高、铣长、铣间和鼓间的数值以及由此得到的振动音腔的空间大小,铜镈的数值是最大的。(见表 1)也就是说,铜镈和甬钟在形制上的大小成序,为音高序列提供了物质基础,而叶家山这件铜镈并不是为了迎合甬钟而设定体制大小,相反,很有可能从编列设定初期就已经安排好铜镈作为最低音,并且这样的设定观念成为后来组合编钟的音高设定规范,被广泛沿用。

其二,为乐悬音列结构的阶段性特点、调音手法等研究提供了新的资料。

铜镈在进入乐悬体制之际,就以正鼓部出现徵音而立足于编甬钟所构成的四声音列下方,在正鼓音序列上共同构成徵—羽—宫—角—羽结构,打破了以往关于"徵不上正鼓"的音高规范,也对"钟尚羽"记载[1]的再认识提供新的实物资料。同时,对于西周早期青铜乐钟铸造预设音高的取音手法、乐律学数理观念的形成等方面,提出了新的可能性。

据多位学者的研究,整个西周时期,无论甬钟的编列规模达到何种程度,即从最初的 3 件到 16 件编列,音列结构都始终保持在"羽、宫、角、徵"四声骨干构成的序列上,如果非要用"宫、商、角、徵、羽"五声结构来命名的话,西周时期的乐钟音列结构都不出现"商"。这已是这个领域的共识。然而,仔细分析不难发现,四声结构要早于五声结构,也就是说早期并非是缺商,而很有可能是因调音技术的发展阶段所致只能在甬钟双音中铸调出羽、宫、角、徵四个音[2]。当然,这种音高结构的发展也并非一蹴而就。根据对西周早期乐悬资料的分析可清楚地看出,西周初期到穆王时期的编甬钟音列以宫—角—宫结构为主,恭王时期前后以羽—宫—角—徵为核心的四声音列结构逐步成为主流,并且延续到两周相交之际。[3]

在这个已知的音列结构发展框架中,叶家山 M111 出土的 5 件乐钟所呈现出来的音高结构,刷新了对于西周穆王时期以前的认识,提供了康昭时期就已经达到"羽、宫、角、徵"四声的新材料。以往的资料是来自 3 件成编的甬钟,并且因无侧鼓音纹饰的确指,只以正鼓音的测定结果作为参照,得出了"宫—角—宫"的音列结构认定。如今,M111 的甬钟中有 7、11 号两件甬钟有侧鼓部纹饰,7 号钟的侧鼓音出现了"徵",就可以在 4 件甬钟的音列结构上构成"羽、宫、角、徵"四声。可贵的是,铜镈的正鼓音清晰的发出整个音列的低音"徵",锁定了四声音列结构。

以往,对于 4 件以上的西周编甬钟的正、侧鼓音设定所呈现的规律,是有共识的。例如,首、次两件钟不用侧鼓音,侧鼓音的使用从第三件钟开始。即首、次两件钟的正鼓音一般构成"羽—宫"关系,第三、第四件钟的正鼓音是"角—羽"关系,若

---

[1]　徐元诰:《国语集解·周语下》,中华书局,2002 年 6 月版,第 110 页。

[2]　孔义龙:《弦动乐悬——两周编钟音列研究》,文化艺术出版社,2008 年 9 月版。

[3]　任宏:《两周乐悬制度与礼典用乐考》,人民音乐出版社,2016 年 10 月版。

编列规模加大,就继续出现高八度的"角—羽"关系。如此,正鼓音形成了"羽—宫—角—羽"序列定格,这样的结果成为认识《国语》中"钟尚羽"记载的支撑材料。叶家山 M111 的 4 件甬钟保持了这个正鼓音序列,即使加入了铜镈,也没有打破这个规范。更能说明,《国语》中"尚羽"的"钟"指的就是甬钟,而并非泛指所有青铜类礼乐器。

以往通过对西周甬钟的测音结果可以看到,除了正鼓音规律性地呈现出上述序列,侧鼓音的结构也在一定程度上从第三件钟开始保持着"徵—宫"关系,由此形成了"徵不上正鼓"的结果。也有学者通过分析认为这种情况与编钟铸调技术的发展有关。①实际上,在叶家山 M111 出土的铜镈的测音结果上,因为钟型并非严格的合瓦型导致双音隔离度不太好,但正鼓音在整个音高序列中清晰地呈现着低音"徵",由此,便提供了铜镈的正鼓音可以出现徵音的新材料。

其三,填补了西周早期汉江流域乐悬资料的空白。

以往对于西周时期乐悬制度与礼乐制度的研究,所依据的材料大致分布在黄河流域,比如晋国、长国、虢国、强国墓地群,还包含王畿范围内的几处窖藏。对于黄河流域以南的礼乐制度推行拓展情况的了解,要晚到春秋时期以后。实际上,周王室早在西周时期就很重视对南国或者南土的征伐,传世文献和金文都有记载,只是苦于礼乐器资料的匮乏,无法做更多的研究。叶家山 M111 地处汉江流域,墓主是诸侯级别,出土的 5 件乐悬资料保存完好,音高性能完备,让我们有机会从乐钟的内在特质方面了解到,早在康昭时期,礼乐制度的影响范围就在汉江流域驻扎,并且在很大程度上与时期相同、地处黄河流域的诸侯国的乐悬面貌保持很大共性,同时又不乏地域特色。这份资料的出现,填补了同时期、同级别、不同地域的乐悬体系音列结构的资料空白,丰富了西周初期乐悬音乐性能的资料,有助于进一步研究乐悬制度的阶段性发展。

三 铜镈、甬钟编列规模的政治含义

青铜礼乐器告别单件单用,逐步演变到由多件构成编列,最早可能要从商代的北方编铙说起。西周初期沿用这种成编列使用的思路,只是不再重用铜铙,转而由新型的甬钟作为主力军,开启乐悬制度化的新时代。在这个划时代的变革中,编列从单一种类的甬钟到甬钟分别与铜镈、钮钟的组合,由西周初期到战国中期之间,呈逐步壮大、多元化的发展趋势,并且,每个阶段都有一定的组合规范。

---

① 孔义龙:《弦动乐悬——两周编钟音列研究》,文化艺术出版社,2008 年 9 月版,第 142 页。

（一）西周早期甬钟编列特征及原因探析

以往对于西周初期礼乐器编列规范的认识，是以宝鸡、普渡村和北赵晋侯墓地的出土乐钟作为支撑材料的：即宝鸡竹园沟 7 号墓、茹家庄 1 号墓和长安普渡村分别出土 3 件成编的甬钟，晋侯 9 号墓则出土 4 件成编的甬钟。四则材料在组合方面的共性是：只出现甬钟，且都是拼凑成组，3 件成编的甬钟是由 2 件加 1 件拼凑而来，4 件成编的甬钟是由 2 件加 2 件拼凑而来。[①]由此也构建了穆王时期以前的编列规范。

叶家山 M111 的 4 件甬钟虽也是拼凑而来，但时期下限要早于穆王时期，因此成为目前可见到的时期最早的 4 件组甬钟。需要追问的是，为何有的是 3 件编列，有的是 4 件编列？制约因素显然不是地域，这五则材料分别出自长安普渡村、宝鸡竹园沟、茹家庄、山西天马—曲村以及湖北随州淅河镇，东西南北分散开来，尤其是出土 4 件编甬钟的叶家山 M111 和曲村 M9，分处西周初期王室疆域的南、北两方。

考察这 5 套编钟的族属，宝鸡竹园沟和茹家庄两套编钟出自强国墓，长安普渡村编钟出自长由墓，曲村晋侯 M9 编钟出自晋国墓，叶家山 M111 编钟出自曾国墓。强国是氐羌的支脉，两套钟的墓主分别是强伯各和强伯辨，分别是两代国君。长国是商王朝的盟邦，长由钟的器主是曾受到穆王的褒奖的长国后裔，高等级贵族。晋侯 M9 的墓主是晋武侯，叶家山 M111 的墓主是曾侯犹，二者都是诸侯国国君，姬姓，周王室的宗亲。[②]

王国维分析殷周制度之差异时认为，周代由"立子立嫡之制"生"宗法和丧服制"，再生"封建子弟之制"，继而认为，周代是宗统而不是君统。[③]所言极是。事实上，整个周代的乐悬编列规模上的差异，一方面因铸调技术日益完善、铜料是否充足有关，另一方面则与器主的政治身份高低密切关联。尤其是在西周早期，礼乐制度推行的初期，铸造调音技术都处在相差不大的水平线上，贵族的政治地位方面的差异就成为区分乐悬编列规模的主要指标。晋国、曾国是周王室的宗亲，政治身份就高些，乐悬规格相对也要高些，表现在甬钟编列上就是 4 件成编。而强国、长国都不是姬姓，不是周王室的宗亲，即使是国君或者重臣，也最多只能用到 3 件成编的规模。

———————————

　　① 卢连成等：《宝鸡强国墓地》，北京：文物出版社，1988 年。陕西省文物管理委员会：《长安普渡村西周墓的发掘》，《考古学报》1957 年第 1 期。任宏：《两周乐悬制度与礼典用乐考》，人民音乐出版社，2016 年 10 月。

　　② 北京大学考古学系、山西省考古研究所：《天马—曲村遗址北赵晋侯墓地第二次发掘》，《文物》1994 年第 1 期。李亚农："长由盉铭文"注释》，《考古学报》1954 年第 9 期。司马迁：《史记·晋世家》，上海：中华书局，1959 年。黄凤春、胡刚：《再说西周金文中的"南公"——二论叶家山西周曾国墓地的族属》，《江汉考古》2014 年第 5 期。

　　③ 王国维：《殷周制度论》，《观堂集林》，中华书局，2010 年 10 月版。

（二）西周早期乐悬编列组合模式的新认识

乐悬，顾名思义是青铜乐钟悬挂演奏。依照文献记载与出土材料，乐悬是西周建立政治大业初期在"乐制"方面的新举措。[①]商代铜铙因甬柄无明显悬挂吊纽，采用口部朝上的摆放方式。西周时期出现的甬钟，因甬部斡旋俱备，可以悬挂起来敲击鼓部，从而得到更为良好的振动效果，音响性能随之得到提高。在这个层面上看，悬挂敲击的甬钟、后来逐步衍生出来的钮钟以及天生具备桥型吊纽的铜镈，因具备可悬挂的设置，成为西周时期乐悬的家族成员，还成为周代推行乐悬制度的重要载体。

西周时期乐悬制度化的发展历程，存在着由小到大、由单种到多元的规模上的不断拓展。以往的资料显示，西周穆王时期以前，分布在北方的诸侯国、方国的乐悬资料，以单一种类为主。如宝鸡竹园沟 BZM7 的强伯各墓出土了甬钟 3 件，稍晚些的茹家庄 1 号墓出土甬钟 3 件、铜铎 1 件。按照悬挂设置的判定，铜铎无法悬挂，也就无法被纳入乐悬家族当中。再有，天马—曲村北赵晋侯墓地 M9 出土甬钟 4 件，长安普渡村长由墓出土甬钟 3 件。可以看到，甬钟是穆王时期以前诸侯级别贵族标配的随葬乐钟。按照"事死如事生"的观念，随葬使用的甬钟恐怕也应当是墓主生前的乐悬规格，由此可知，穆王时期以前的诸侯级别乐悬规格，只采用甬钟这单一种类的钟型。

倘若只关注乐悬钟型类别的话，在叶家山 M111 被发现以前，陕西眉县杨家村窖藏是中原地区较早发现的甬钟与其他钟型搭配使用的资料。该窖藏出土了甬钟 15 件、铜镈 3 件，只有其中的部分甬钟可确定器主是单氏家族第八代族人逨，大部分甬钟和铜镈的器主信息不明确。据考证，逨的家族是姬姓，八代都在周王室做官，逨的官职可能存在调整，上限大致不出六卿之一司徒的属官这个级别。对于其家族窖藏出现铜镈，因材料不足无法继续探析。不过，至少可以获知，乐悬制度化推行的过程中，大概在西周中期的高等级王室官员可能采用甬钟加铜镈的乐悬规格。

叶家山 M111 墓葬的清理发掘，使得这个认识提早到了康昭时期。该墓葬保存情况良好，墓主信息、族属、时期等信息都在诸多学者的论定中逐步明朗。按照上文的测音结果分析，甬钟和铜镈是组合使用的。墓主是首位曾国国君，墓葬出土的礼乐器组合，弥补了康昭时期诸侯级别乐悬可以采用铜镈、甬钟二元组合规格的资料空白。

（三）西周早期铜镈的政治象征意义解析

仍旧需要追问的是，同为姬姓诸侯，为何穆王时期的晋武侯采用 4 件编甬钟，

---

① 任宏：《两周乐悬制度与礼典用乐考》，人民音乐出版社，2016 年 10 月版，第 14—16 页。

而康昭时期的曾侯犺却除了 4 件甬钟以外还有 1 件铜镈？换言之,西周早期的铜镈为何不是所有姬姓贵族都可采用的器物？

考察西周时期的礼乐器,发现铜镈与甬钟同出的只有两处,一处是叶家山 M111,另一处是陕西眉县杨家村窖藏,后者出土 3 件编镈。叶家山 M111 墓主是曾侯犺,是代替父亲去封地为侯的首代曾国国君,其父南公适,姬姓,也是辅佐了文、武王,参与过灭殷之战的功臣。①儿子代替父亲就任,所用器物规模就要体现出南公的规格。为了表达姬姓宗族南公适对于周族的重要战功,又因为曾国的领地在汉江流域,采用北方不常见的铜镈与甬钟搭配,既能体现周族礼乐文化要义,又可以借铜镈表达对百越区域的文化"征伐"。如此,铜镈被纳入乐悬制度中并在此后得以推广,便包含了多重政治文化涵义。

无独有偶,西周中期出现在杨家村窖藏的铜镈,规模加大到 3 件成编,但所代表的政治文化含义却有增无减。据同出有铭文的甬钟可知,这是单氏家族的器物储藏之地,这个家族八代人曾辅佐文王、武王伐商纣立新邦、征荆楚、伐戎狄,到了宣王时期的族人还在王庭做官。②至于 3 件编镈的器主是谁暂时不清楚,但能被第八代族人保存下来,应该也是这个家族的传世重器。环视同时期的礼乐器材料,这 3 件编镈的出现并不是通例,其用意与叶家山 M111 铜镈应该有着异曲同工之妙。更重要的还在于,这 3 件出现在中原政权重镇的编镈,其形制、纹饰上的变化,已然体现出被中原周文化吸收、融合之风格趋势了。

就此可以了解到,西周时期的铜镈,因文化属性与来源不同所被赋予的特殊政治意义,在被纳入乐悬制度之初就得以彰显:只有辅佐周王建功立业的元勋及其后代才拥有使用的资格。

结　　语

叶家山 M111 出土的 1 件铜镈、4 件甬钟,保存完好,性能优良,使得史籍无载的曾国早期乐悬体制的面貌得以揭示。由 5 件不同种类的青铜乐钟组成的乐悬,在现已刊布的音乐考古资料范围内,填补了许多资料空白,也刷新了相关研究领域的诸多认识:

1. 这是时期最早的 4 件成组的编甬钟。

---

① 黄凤春、胡刚:《说西周金文中的南公——兼论随州叶家山西周曾国墓地的族属》,《江汉考古》2014年第 2 期。张天恩:《试论随州叶家山墓地曾侯墓的年代和序列》,《文物》2016 年第 10 期。

② 《考古与文物》编辑部:《宝鸡眉县杨家村窖藏单氏家族青铜器群座谈纪要》,《考古与文物》2003 年第 3 期。

2. 这是时期最早的由铜镈、甬钟构成的组合编钟。

3. 这是具有百越文化面貌的铜镈向北传播的重要见证。

4. M111:7、M111:11 号甬钟的侧鼓部出现的纹饰,是目前可见时期最早的侧鼓纹,经测音结果认定,双音性能优于同出的另外两件甬钟。

5. 铜镈与甬钟共同构成了时期最早的四声音列结构,并且在这个结构序列当中,铜镈被纳入最低音位置,与相邻甬钟构成二度关系。这样的音高设置,符合以往西周早期乐悬音列结构的认识,体现出礼乐制度在汉江流域的推广与实施。

6. 铜镈与甬钟所呈现的未经雕琢的音高性能,为青铜乐钟的音列结构与铸调技术的历史阶段性发展,提供了新的实物资料,也为《国语》中"钟尚羽",以及"徵不上正鼓"的解读提供了新的视角和资料。

7. 4 件编甬钟的出土,再次验证了以往的研究结果:即西周早期的乐悬制度,是以宗亲远近关系来区分高等级贵族礼乐器使用的规格,姬姓宗亲贵族要比非姬姓贵族的规格高,在西周早期则体现为姬姓 4 件甬钟成编、非姬姓 3 件甬钟成编的规范。

8. 该墓出土的 5 件礼乐器,为西周早期诸侯级别的乐悬编列模式提供了珍贵的新材料,成为时期最早的诸侯使用二元组合乐悬的实物资料。

9. 二元组合乐悬资料的出现,使得以往对于西周时期铜镈的礼制意义的辨析与识别,得到了新材料的支持。铜镈在进入周文化的乐悬体制之初,便同时拥有着乐功能与礼制含义的重要承载:作为拓展编钟的低音区音域的重要载体,还成为表彰政治元勋的礼制表达。

解密汉代律量的校测技术

安徽师范大学　史凯敏

摘要：以黄钟律定度量衡的国家标准器制造中，如何保障器物形制、容量、容重的准确是中国科学技术史中的一个谜题。通过对汉代出土度量衡器物和新莽无射律管形制的互校，结合累黍实验，考证古籍所载定律方法，发现汉代实现新莽异径管律及度量衡精密校测的核心技术是以度审容，以水准概，这一技术显示了中国古代音乐科技的高度发展水平。

关键词：黄钟　同律度量衡　以水准概　钟律　古代音乐科技

项目来源：2022年国家社科基金冷门绝学研究项目"中国传统律学中的'定黄钟术'研究"阶段成果，批准号22VJXG004。

同律度量衡制度的实施需要以精密的制造技术为保障，从考古出土的秦商鞅方升，新莽时期的无射律管、铜嘉量、铜斛、铜方升等大量律度量衡考古实物上，所表现出的度量衡标准的高度精确与统一，透漏出秦汉时期已经达到了相当成熟的律度量衡器物制造技术。《汉书·律历志》记载了刘歆所整理的由备数、和声、审度、嘉量、权衡五项内容构成，规定黄钟律管长9寸，积810分，以其音高、长度、容积、容黍之重作为律度量衡计量基础单位，并可互为参验的五则一体钟律制度与方法①，是汉以来历代王朝确定黄钟的重要依据。其中，以累黍为法的衡量方式源头何在？古人如何保证这些计量标准器的准确？有没有特殊的工艺技术？目前相关的探讨很少，但这些问题对探究中国古代音乐科学技术的发展具有重要意义，借助近年来度量衡的研究成果并结合相关考古实物的印证和有关实验，或可破解谜题。

---

① "黄钟为宫三分损益以定五音（宫、徵、商、羽、角）；管长9寸，累黍90为90分以定五度（1引＝10丈＝100尺＝1000寸＝10000分）；管积810分，容黍1200粒为一龠以定五量（1斛＝10斗＝100升＝1000合＝2000龠）；管容黍重为12铢以定五权（1石＝4钧＝120斤＝1920两＝46080铢）"见史凯敏：《黄律与黄钟——汉代律历度量衡制度下的黄钟形制考》，中央音乐学院学报，2022年第1期，第49页。

一、以度审容，以水准概是确定黄钟形制的核心技术

（一）累黍古法难以保证度量衡的稳定、准确

《汉书·律历志》嘉量云："量者，龠合升斗斛也，所以量多少也。本起于黄钟之龠，用度数审其容，以子谷秬黍中者千有二百实其龠，以井水准其概。"孟康曰："概欲其直，故以水平之。井水清，清则平也。"师古曰："概，所以概平斗斛之上者也。"[1]指明定量的步骤，"用度数审其容"后，接下来用两种物质——黍和水分别检测律管的容量。[2]朱载堉《律学四物谱》有精辟总结："古人以度定量，以量定权，必参相得而后黄钟之律可求。"[3]。《中国科学技术史·度量衡卷》指出："'用度数审其容'，明确了容量是长度的导出单位；只要严格地规定出标准器各部位的尺寸，就可以准确地计算出各器的容积。这一做法早在'商鞅铜方升'上已得到证实。"度量衡的研究显示：汉代的长度、容量单位量值均沿用秦制，在四五百年间没有出现实质性的变化。唯独重量单位呈现下降趋势：西汉每斤约为250克，新莽时期约在245克，东汉约合222克[4]。这一特征说明汉代对长度、容量的标准是稳定的，测量是准确的。依据物理原理，在容积不变的前提下，重量决定于物质密度。因而，造成两汉时期重量单位变化的原因是测量时内容物不同。

《汉书·律历志》中以一黍为一分，用1200粒黍测量黄钟龠容积的说法极为相似。有了可以参照的尺度，便可以算出体积的量，尽管古人说"黍滑而齐"是用黍测量的原因，但累黍的真正意义其实在于，当黍广作为一个度量单位的通用参照，运用累黍就可以为物体的长、广、深的计量赋予明确数值，便于面幂、体积等数据的计算。

古人以上党羊头山（山西高平市）的秬黍确定黄钟的真黍。笔者将山西省农科院试验示范育种基地的黍粟专家王纶先生提供的两份高平"上党秬黍"，及从网络购买的几种黍，选择大小中等，体型均匀地进行"累黍定尺"的试验，百粒长211.45—247.7毫米，差异较大，仅有3466号黑糜子（见表1）。

---

① 《汉书·律历志》卷21，第967页。
② 《中国科学技术史·度量衡卷》，第197页。
③ ［明］朱载堉撰：《律学新说》，冯文慈点注，北京：人民音乐出版社，1986年版，第276页。
④ 《中国科学技术史·度量衡卷》，第249页。

表 1 累黍定度实验统计表

单位 mm	黄黍	红黍	朔州黑黍	3465 黑软黍	3466 黑糜子	汉制
来源	淘宝网:陇尚粮仓	淘宝网:田野醉 2 店	淘宝网:朔州恒山名优特产店	山西省农科院东阳试验示范基地	山西省农科院东阳试验示范基地	秬黍
产地	甘肃定西	陕西榆林	山西朔州雁门关	山西高平	山西高平	上党羊头山
90 粒长(mm)	207.51	214.02	224.96	190.97	205.36	207.9
100 粒长(mm)	231.18	238.09	247.7	211.45	229.32	231

图 1 黑软黍 90 粒横累

图 2 黑糜子 90 粒横累

依据对目前各地"秬黍"(某种黑黍)千粒重的统计来看,用累黍来定重(汉 1 斤)的变化区间极大(见表 2),仅有 1 例(丰宁黑黍子)接近西汉 250 克/斤的衡制。

表 2 黑黍重量统计分析表① (单位:克)

序号	品种名称	种子来源	保存单位	千粒重(克)	1200 黍重	合汉 1 斤
1	黑黍子	冀宽城	河北张家口坝下农科所	5.3	6.36	203.52
2	小黑黍	晋大同	山西农科院	6.8	8.16	261.12
3	小黑黍	晋长治	中国农科院	5.6	6.72	215.04
4	黑黍	山西	榆林地区农科所	8	9.6	307.2
5	燕头黑黍	吉林	榆林地区农科所	6	7.2	230.4

① 数据来源于中国作物种质信息网 https://www.cgris.net/query/croplist.php#。

序号	品种名称	种子来源	保存单位	千粒重(克)	1200黍重	合汉1斤
6	黑黍子	鲁利津	鲁潍坊市农科所	5.6	6.72	215.04
7	黑黍子	鲁黄县	鲁潍坊市农科所	5.6	6.72	215.04
8	黑黍子	鲁临沂	鲁潍坊市农科所	5.4	6.48	207.36
9	黑黍子	河北威县	山西品资所	4.8	5.76	184.32
10	黑黍子	河北南宫	山西品资所	4.8	5.76	184.32
11	黑黍子(糜)	围场	承德农校	7.4	8.88	284.16
12	黑黍子(糜)	丰宁	承德农校	6.6	7.92	253.44
13	黑黍子(糜)	宽城	承德农校	6.0	7.2	230.4
14	黑黍子	南皮	保定农科所	4.9	5.88	188.16
15	里县黑黍子	里县	保定农科所	5.2	6.24	199.68
16	大粒黑黍子	高阳	保定农科所	6.2	7.44	238.08
17	获鹿大黑黍	获鹿	保定农科所	6.7	8.04	257.28

　　累黍法很难保证度量衡的稳定、准确,强调要用累黍法测量基础度量单位的原因,一方面是由于黍在3000多年前就是黄河流域古民的主粮,为五谷之首,用之祭祀①,另一方面很可能与量器用于收取税粮的功能有关。《尚书·夏书》云"关石和均,王府则有"②,标准"原器"掌于王官,藏于内府,不轻易示人。对于无法拥有法定度量衡器的贫寒之家来说,可以通过累黍的数量大致估算"差不多"的长度、容量、重量。五量之间具有层累换算关系,由于黍粒本身的大小和积黍密度的差异,在衡器校定中只能作为基础值,否则,就会面临着量器越大,误差越大的问题。因而,度量衡专家丘光明根据汉代"黄金方寸,而重一斤","权水轻重,冬重十三两"提出:"在汉代已经认识到用水和金属的比重来测算他们的重量,并且用一定体积的物质来作重量标准。"③

　　(二)以度审容,以水准概,提高了测量精度

　　"槩"通"概",是"量米时刮平斗斛的器具"④。水的表面张力会使水面高于管口,因此需要以概平水。有人认为这是指先在黄钟律管装入黍粒后,再灌水填充黍

①　王纶、王玉星著:《中国黍粟种质资源研究》,中国农业科学技术出版社,2019年版,第16页。
②　王世舜、王翠叶译注:《尚书》:北京:中华书局,2012年版,第67页。
③　丘光明:《中国古代度量衡》,《考古与文物》,2002年第3期,第95页。
④　高大伦、张懋镕:《汉光和斛、权的研究》,西北大学学报(哲学社会科学版),1983年第4期,第75页。

粒之间的缝隙至满。但经实验发现：由于黍粒轻盈，灌水后，会漂浮于水面（如图3），而失去度量的功能，这种方式显然不是古人测量容量、质量的方法。

《管子·水地》最早记载了以水校量："准也者，五量之宗也……是以水者，万物之准也"，并指出测量时，"至满而止""至平而止"①。朱载堉也认为"以井水准其槩"是用水来测量体积。

图3　累黍定量的实验

　　世之校斗、斛者，或用黍、粟，或用菽、麦，或云麻子轻滑可用。然五谷等物，相殊不远，全在人手轻重为异耳。故俗说有浇量、斛量二者之不同，盖浇则虚而易满，斛则实而容多。况触动振摇，陷亏不定，一手再量，即无同者，诸谷之类，不可以校也如此。《管子》曰："水也者，万物之准也。准也者，五量之宗也。"《汉书·律历志》曰："以井水准其概。"古人用水校量，其有以哉！用水必须使之极平，然后得其真数，否则高低一分，差一分之积矣。却以此升中水尽注于斗，则十升为一斗而不差矣。②（《律学新说·论校量器当以水准概》）

朱载堉明确指出以黍度量存在的缺陷在于，颗粒大小难以一致，且黍粒间松紧密度受人为影响，用于衡量体积误差太大。"以水准概"恰恰解决了量器容积的准确校测问题，只有具备了精确的容积、可度量的深度、径值，才能有效保证量器制造的精度。而测算精确容积更重要的目的，就是根据单位空间"一龠"的容重来确定权衡器的重量（一龠容黍1200粒，重12铢，1石＝4钧＝120斤＝1920两＝46080铢），这对于国家经济秩序的稳定运行极为重要。

二、新莽律管证明以水准概实现了异径管律的高精制造

《汉书·律历志》载："龠者，黄钟律之实也"，还记载了黄钟、林钟、太簇的律管形制规格与设计思路："……为八百一十分，应历一统千五百三十九岁之章数，黄钟之实也。緐此之义，起十二律之周径。……三百六十分，当期之日，林钟之实。……六百四十分，以应六十四卦，太族之实也"③。龠是汉代五量的基础单位，积810分指充实黄钟律管的容积。杨荫浏先生指出："就从他（刘歆）所提起长度与

---

①　《管子校注》，第814页。

②　《律学新说·论校量器当以水准概》卷4，第251页。

③　《汉书·律历志》，第968、963页。

积实的三个律管看,便可以知道,他是以九方分为黄钟面幂,以八方分为太簇面幂,以六方分为林钟面幂。"[1]显然,这是一套管长和面幂同时从初始值9进行三分损益计算的异径管律(见表3),度量衡界研究考定汉代一尺为231 mm,刘歆用的圆周率为3.1547[2]。由此我们可以反推出律管长、径的设计值:

表3 刘歆异径管律形制表

律名	黄钟	林钟	太簇	南吕	姑洗	应钟	蕤宾	大吕	夷则	夹钟	无射	仲吕
律长(寸)面幂(分)	9	6	8	5.33	7.11	4.74	6.32	8.43	5.62	7.49	4.99	6.66
律积(分)	810	360	640	284.41	505.66	224.68	399.55	709.81	315.84	561.45	249	443.62
长 L(mm)	207.9	138.6	184.8	123.19	164.26	109.49	146.02	194.62	129.82	173.09	115.27	153.86
径(分)	3.3781	2.7582	3.1849	2.6004	3.0027	2.4515	2.831	3.2684	2.6694	3.0823	2.5154	2.9061
径 D(mm)	7.8	6.37	7.36	6.01	6.94	5.66	6.54	7.55	6.17	7.12	5.81	6.71

传世的新莽始建国无射律管经测定"内径平均值为0.5771厘米"[3]。这与表1无射律管的推算值5.81毫米仅相差0.039毫米,精确程度令人惊叹!从目前出土所有汉代各式尺的情况来看,其测量精度是难以达到0.1毫米[4]的,那么古人是如何解决异径律管内径测量、制造精度的呢?

关键技术还是"以水准概"。《汉志》虽然并未记载以水校测的具体方法,但从经验推测可能分为两个步骤,先"以水测积",再"以积定径",汉代并未见到可测内径的尺,很难对圆柱体内部直接测量,同时,受尺制精度和技术的限制,用钻头打孔也会存在一定的误差。其实,校测容积的诀窍是用方积替换圆积。例如新莽无射律管的设计要求是长4.99寸,面幂4.99分,积249分,只要用容250分(长宽高为5分×5分×10分)的长方体容器即可取得,当4.99寸的律管无法装满250分(1分可忽略)的水时,就继续打磨内径直到达到所需容积,则此时律管内径自然就是5.81毫米(合汉尺2.5152分),余律准此。出土的汉代律龠可以证明这个推论,如表2推算的新莽黄钟律管容积 $V = \pi r^2 L = 3.1415926 \times (0.78194/2)^2 \times 20.79 \approx$

---

① 杨荫浏:《中国音乐史纲》,上海:万叶书店,1952年版,第152页。

② 《中国科学技术史·度量衡卷》,第224页。

③ 王莽始建国无射律管,历经多次著录,1979年为上海博物院收藏。器身有纵向刻铭二行:"无射始建国元年""正月癸酉朔日制"。正月二字残失,据1969年出土于咸阳市底张湾布里的新莽籥文补正,另有新莽撮铭文、新莽大吕律管刻铭为证。见《中国音乐文物大系·上海卷》,第126页。详见马承源、潘建明:《新莽无射律管对黄钟十二律研究的启示》,《上海博物馆馆刊》第1期,第1—8页。图片于2020年9月笔者摄自国家博物馆"天地同和"古代乐器特展。

④ 《中国科学技术史·度量衡卷》,第199—208页。

10.17毫升,1970年出土的王莽始建国铜龠刻铭文:"律量龠,方寸而圜其外,庣旁九毫,幂百六十二分,深五分,积八百一十分,容如黄钟。"[1]实测容积为9.898毫升,与黄钟律管的计算容积的误差仅为0.27毫升;这段文字也出现在集龠、合、升、斗、斛五量于一体的新莽铜嘉量的器身上[2],经测量新莽铜嘉量右耳部的龠容积为10.65毫升[3],误差仅0.48毫升。可见这种检测的方法既精确又简便,事实上,这也是在当时技术条件下实现异径管律形制要求的唯一可行办法,凝聚着古人对自然物特性的智慧利用。

三、权水轻重,黄钟定衡与秦汉权衡器的标准值达成一致

《后汉书》记载每年冬夏二至灵台祭祀的仪式上,八能之士不但要"候气""测晷影""调五音""占吉凶",还要用水对量、衡进行校量,检测标准是"权水轻重,水一升,冬重十三两"[4]。按照汉代量制,1升=10合=20龠。则黄钟律管1龠(积810分)容水=13/20=0.65两,汉制1两为24铢,则0.65两=15.6铢。新莽黄钟律管内径0.7819 cm,容积$V=\pi r^2 L=3.1415926×(0.7819/2)^2×20.79≈10.17$ cm^3,纯水的密度是1 g/cm^3,如忽略井水纯度的误差,则黄钟管内可容水10.17 g。继而可推出汉代1两为10.17÷0.65=15.66 g,一斤为15.66×16=250.6 g。这与度量衡研究者通过统计有实物可考的59件秦权确定的秦标准量值在250±2克/斤是一致的[5],也与依据出土的西汉权衡器、计重金币厘定的西汉衡制在250克/斤上下是一致的。尤其是作为贵金属的黄金,作为货币记刻自身重量精确度到铢,因此,测量和制造的精度应高于民间日常所用的铁、石、铜等权衡器,据统计,每斤单位量值在250—253克之间,平均值为251.8克(见表4)[6]。这与按照黄钟管容水重量推算的理论值仅差1.2克,证明新莽黄钟龠测量容积的水重与汉代黄钟容810分的

---

① 金秋鹏主编:《中国科学技术史·图录卷》,科学技术出版社,2008年5月第一版,第502页。

② 《中国科学技术史·度量衡卷》,第222页。

③ 传世品,为新莽朝颁布的标准量器,将五种不同的标准量集于一器之中。器外有铭文。中央大圆柱体部分被隔为上下两个筒,其上为斛、下为斗;左耳为升;右耳圆柱体也被分为上下两部分,上为合,下为龠。与《汉书·律历志》所载"嘉量"篇:"其上为斛,其下为斗。左耳为升,右耳为合、龠……"在形体上完全相同。此器今藏台北故宫博物院。

④ "日冬至、夏至,阴阳晷景长短之极,微气之所生也。故使八能之士八人,或吹黄钟之律间竽;或撞黄钟之钟;或度晷景;权水轻重,水一升,冬重十三两。"[南朝宋]范晔撰:《后汉书·礼仪中》,北京:中华书局,第3125—3126页。

⑤ 巫鸿《秦权研究》,《故宫博物院院刊》,1979年第4期,第39页。及《中国科学技术史·度量衡卷》,第186—191页。

⑥ 《中国科学技术史·度量衡卷》,第240页。

设计值是相符合的,是证明汉代人已经认识并利用水的比重为标准,进行律、量、衡器的实际测算和校验的重要证据。

表4　西汉记重金币

序号	器名	铭文(刻画阴文)	实重(克)	折合每斤重(克)	出土时间、地点
1	金饼	斤八两	376	250.7	1982年江苏盱眙县南窑庄出土①
2	金饼	一斤二两九朱	289	251.6	
3	金饼	一斤八两四朱	379	251	
4	麟趾金	十五两十五朱	246.6	252.5	
5	马蹄金	一斤十一两廿朱	434.8	250	
6	马蹄金	斤十两廿三朱	421.4	250.1	
7	马蹄金	一斤十两十一朱	414.2	250.5	
8	马蹄金	斤二两廿一朱	295.8	250.7	
9	马蹄金	斤六铢	257.65	253.69	1975年西安鱼化寨北石桥旧河床(汉上林苑)出土②
10	马蹄金	十五两廿二铢	251.9	253.22	
11	马蹄金	斤一两廿三朱	284.095	253.056	1978年陕西省咸阳市毛王沟村北出土③
12	马蹄金	斤廿朱	266.438	253.30	
13	马蹄金	十五两十朱	224.34	253.44	

北宋景祐年间,首次出现把用水校定黄钟量衡作为法定概念,运用于国家量衡标准的制定,在《宋史》《宋会要》《玉海》中均记载了乐律学家李照发明的"乐秤":"以黄钟管受水平满,注龠中亦平满,合于算法。……以一合之水之重为一两,一升之水重为一斤,一斗之水重为一秤。"④利用水的比重恒定的物理特性作为重量的自然物质标准,这比1959年我国发布《关于统一计量制度的命令》,将"1升4℃的纯水重1公斤"作为法定概念早了900多年。⑤可谓是继承汉代"以度审容,以水测积"技术的创新实践。

① 姚迁:《江苏盱眙南窑庄楚汉文物窖藏》,《文物》,1982年第11期,第10—11页。姚迁:《江苏盱眙南窑庄楚汉金币窖藏》,《中国钱币》,1983年第2期,第35—40页。

② 李正德、傅嘉仪、晁华山:《西安汉上林苑发现的马蹄金和麟趾金》,《文物》,1977年第11期,第74—75页。

③ 王丕忠、许志高:《咸阳发现的麟趾金和马蹄金》,《考古》,1980年第4期,第378—379页。

④ [清]徐松撰:《宋会要辑稿·乐一·律吕一》,刘琳、刁忠民、舒大刚、尹波等校点,上海:上海古籍出版社,2014年版,第343页。

⑤ 《中国科学技术史·度量衡卷》,第385页。

四、以水校测的智慧承自先秦

从《考工记》的记载来看，先秦时代人们对水的特性已经有较深的理解。利用水的物理特性，进行体积的测量也很普遍。《考工记·栗氏为量》："权之然后准之。"前人对此亦有讨论，如："说文水部云：'准，平也'。郑注'准，故书或作水。'杜子春云：'当为水。金器有孔者，水入孔中，则当重也。玄谓准击平正之，又当齐大小'。"段玉裁认为，杜子春的意思是用水来检验容器的铸造精度，"杜意量铸成后，或有衅罅，故以水试之。如加重，则是尚有微孔，是其冶铸未精也"。也有一些学者认为这是用排水法①的原理来得出不规则器物本身的体积大小。如，江永曰："准字古文做水。或是先以方器贮水令满，定其重，乃入金若锡于水，水溢，取出金锡，再权其水，视所减之斤两与分寸，可得金锡大小之比例。后人算金银之法如此，疑古人亦用此法。模范先成，而金锡体异，先权之以知轻重，准以知大小；然后可量金锡之多寡，入模范，使其成适合一钧也。"戴震也释为："以合度之方器承水，置金其中，则金之方积可计，而其体之轻重大小可合而齐，此准之法也。"清代孙诒让辨析诸家释义："江、戴二家亦并依故书为说，与算术合，较杜说为精。"②利用水的物理属性进行测量，无疑显示了先秦时代科学技术的进步。这种方法，直到今天在各种涉及体积测量的实验中仍被广泛使用，尤其是测量不规则物体，尤为实用。事实上，不管是用水测量容器内部容积，还是用排水法测量器物自身体积，这二者并不矛盾，在"律嘉量""律龠"等标准器的制作中，利用这种方法，既可以得到物体自身体积与内部容积的准确数据，也可以验证器物表面的铸造精度，是历代传承保障精密制造的重要检测技术。

结　　语

《虞书》"协时月正日，同律度量衡"作为"先王之法"，是汉代制律定历的纲领，使黄钟律管一器而定律历度量衡"五则"具有了合法性、合理性。农业社会早期使用的累黍法由于黍米大小松紧无定，既无法验证器物是否有些许"衅隙"，也难以保证器物形制的准确。累黍定律不过是假其"古法"之名，为度量衡标准提供一个足够"高大上"的"说法"来掌控农业社会下的经济命脉。以度审容，以水准概是汉代

---

① 物体的体积等于排开液体（水）的体积。
② 《周礼正义》卷78，第十册，第3949—3950页。

确定黄钟十二律及其相关量衡标准器形制的关键环节,是实现律度量衡可互为参校的技术保障。在"以度审容"得出容量理论值的前提下,"以水准概"恰能解决异径管律精确校测的问题,并通过"权水轻重"保障了单位空间内的精确容重。从现存新莽无射律管和秦汉量衡标准器的容量和衡制上,这一关键技术的运用可被佐证,这无疑是中国科学技术史上的一大进步。但遗憾的是,这一技术的价值在很长一段时间内并未被人们充分认识,汉以后的各个王朝崇信累黍之法,屡求真度而不得,只好推辞于"真黍"难寻。数千年来,唯有李照、朱载堉等独具慧眼,突破陈说,指明以水校测的价值,为今天了解古代高度发展的音乐科技和钟律思想提供了宝贵的线索和支撑。

甘肃出土摇响器研究

兰州文理学院　音乐舞蹈学院　朱　迪

摘要:距今8000多年的大地湾文明为甘肃史前文明奠定了基础,在彩陶文化繁荣的音乐考古文物中,甘肃摇响器有鲜明的地域特征和审美意象。与同期其他地区摇响器遗存相比,具有数量较多、保存较好、分布较广、时间跨度大且在时间上有一定连续性,具有鲜明的历史价值和区域文化价值。本文通过分析摇响器的形制、纹饰,进一步推断古代摇响器涉及的演奏方式,以及远古至先秦时期甘肃地区摇响器遗存所反映的黄河流域古代先民的审美意识。

关键词:甘肃音乐文物　音乐考古　摇响器　审美意识

　　黄河流域摇响器的出现普遍早于长江流域。目前最早的摇响器见于河南舞阳贾湖遗址,共出土8件龟甲形响器,属裴李岗文化[①]。甘肃地区最早出现的摇响器为仰韶文化遗存,甘肃地区摇响器出现时间相对较早,涉及文化类型包括仰韶文化、马家窑文化,马家窑文化马厂类型以及齐家文化。

　　甘肃仰韶文化是在甘肃大地湾文化基础上逐渐形成的,属于仰韶文化西缘[②],该时期彩陶数量明显增多,彩陶工艺更加复杂、生动。而这一时期甘肃地区目前仅有一件摇响器遗存,即:庆阳野林寺沟饼状摇响器。虽然仰韶时期先民对于一般陶器的制作与使用已相对普遍,但是摇响器的出现与使用晚于一般陶器。

　　马家窑文化是古代彩陶艺术的鼎盛时期,代表着古代中国乃至东亚彩陶艺术的最高成就。马家窑彩陶是在仰韶文化基础上形成的、极具历史区域文化特点的一支彩陶文化。马家窑文化中甘肃摇响器数量明显增多,相较前一时期,有8件之多,主要分布在东乡、庆阳、临洮、兰州、皋兰等地区,该文化时期摇响器器型丰富多样,先民熟练掌握了摇响器的制作技艺,这在此后的齐家文化时期尤为明显。

　　齐家文化属于新石器时代晚期,事实上,已经进入了铜石并用时代。铜器的出

---

①　赵世纲:《中国音乐文物大系·河南卷》,郑州:大象出版社,1996年版,第12—13页。

②　段小强:《甘肃彩陶与史前彩陶之路》,西北民族大学学报(哲学社会科学版),2019(6)第7页。

现,标志着陶器的逐渐衰落,而齐家文化的甘肃摇响器遗存数量依然可观,有 6 件之多,分布在临夏的积石山、广河、庆阳、秦安、庄浪等地。形式以瓶罐形居多,此外还有葫芦形和球形,有着明显脱胎于大地湾彩陶文明的痕迹,同时也体现了该时期先民对于摇响器器型的探索与创新。

　　新石器时代之后摇响器数量明显减少,在全国来看,仅甘肃、陕西、广东及内蒙古可见。甘肃 2 件东周时期摇响器和 2 件汉代摇响器,青铜时代的商周时期,铜器和青铜乐器占据主导地位,彩陶文明走向衰落,因此商周时期摇响器数量明显减少,而此后的汉代,出现摇响器的地方更是少之又少。

　　梳理甘肃地区摇响器,反映出了历史久远且相对完整的发展线,最早的见于新石器时期的仰韶文化,最迟的见于秦汉时期。此外,不同文化分期中摇响器的造型与纹饰,体现了鲜明的地域文化特征和大地湾陶器对该区域摇响器形式的深刻影响。

一、形制与纹饰中的地域性特征

　　摇响器受不同地域文化的影响而形式各异,根据不同的形态特征,现将甘肃地区遗存的摇响器分为下列几类形式:

　　1. 球形摇响器

　　球形摇响器最为常见,多见于长江流域。而在黄河流域史前文化中,目前仅见于甘肃地区,且在该地摇响器中占比最高。

　　临洮寺洼山 2 件球形摇响器分别出于 1 号大墓与 2 号大墓[①]。1 号大墓摇响器,形如响球,是一号墓墓主人殉葬品,紧挨着殉葬的陶罐,属于马家窑时期文化遗物。2 号墓为婴孩墓,婴孩附近出土一件半球形红陶摇响器,其底部和器身隆起的部分均有镂孔,表面光滑无纹饰。

　　临夏回族自治州东乡县林家遗址出土的 2 件球形摇响器,同属于马家窑文化。其中 1 件平底中空,器身靠底部两侧分别有 4 个镂孔,器身中部有一条齿状附加堆纹。另 1 件器表光滑、无纹饰,靠近底部两侧处有镂孔。庆阳野林寺沟遗址出土 1 件曲颈球形摇响器,属马家窑文化,虽有曲颈,但其鼓腹中空形似球形,底部为小平底,着黑色彩绘,腹部饰叶脉纹,中心对称绘网格纹,颈部绘平行弦纹三周。另外,在庆阳宁县焦村乡西李村遗址出土 1 件典型的球形摇响器,属新石器时代齐家文化器物,该摇响器遍体有大小不一的镂孔。

---

　　① 夏鼐:《临洮寺洼山发掘记》,考古学报,1949(4)第 71—137 页。

　　形制方面,东乡县邻家遗址球形摇响器的小平底是受到了大地湾陶器圆底特征的影响;在纹饰方面,以上几件球形摇响器器身的线纹、弦纹均为大地湾文化四期即仰韶晚期陶器的典型纹饰特征。

　　2. 扁圆形摇响器

　　扁圆形摇响器在黄河流域文化带中同样常见。甘肃地区分别出土了1件仰韶文化扁圆形摇响器和1件东周扁圆形摇响器,此类摇响器数量仅次于球形摇响器。

　　庆阳野林寺沟遗址出土的扁圆形摇响器,属仰韶文化。其形态呈椭圆饼状,鼓腹中空,无镂孔,无手柄,器表有压印纹,两面压印纹分别是方格纹和菱格纹。压印纹同样是仰韶文化彩陶的典型纹饰,压印纹被认为是古代先民在制作陶器时,偶然将捕猎网压在还未定型的陶器器身上而形成,之后先民们便逐渐有意识地在彩陶制作过程中使用此类纹饰。

　　另1件东周时期的扁圆形摇响器出土于陇西县,该器物形如圆饼,两面对合而成,一面略鼓,一面略平,中空,两面分别有凸起的圆点纹、水藻纹包围鱼纹,圆圈纹圈起十字纹、曲折纹。

　　两件扁圆形摇响器虽然时间距离跨度较大,但纹饰由简到繁,均是受到了大地湾彩陶文明的影响。

　　3. 棒槌形摇响器

　　棒槌形摇响器目前见于甘肃、湖北地区。甘肃现存2件棒槌形摇响器,数量虽不及球形摇响器,但其形制极具有代表性。两件棒槌形摇响器均属于马家窑文化——马厂类型考古学文化。

　　其中1件出于甘肃兰州土谷台遗址,该摇响器形态如纺锤状,略扁中空,两端有镂孔,且有对孔可穿绳,器表靠近中部横截面处有一圈附加堆纹。另1件于1956年出土于皋兰县糜地岘古墓遗址,其棒槌形更加典型,似幼儿玩具哗啷棒,由长柄与圆形头部构成,圆形头部横截面处围绕一圈锯齿状附加堆纹,连接长柄,长柄另一端有较小一圈底座,周围有锯齿状纹。

　　以上两件棒槌形摇响器代表了马家窑文化——马厂类型摇响器的特征。马家窑文化是摇响器高度发展时期,其中马厂类型的彩陶已形成较为独特的地方风格,因此在形制方面,也逐渐出现一些器型独特的摇响器,如棒槌形与筒形。

　　4. 筒形摇响器

　　筒形摇响器目前见于甘肃地区,2件分别出于皋兰县糜地岘古墓遗址和秦安县安伏乡杨寺村古文化遗址。

　　皋兰糜地岘古墓遗址出土的1件筒形摇响器,属于马家窑文化——马厂类型考古学文化,呈鼓腹圆筒状,腹中空,无镂孔,小平底,上无封口,有一拱形提梁,通体饰以菱格纹。内里有硬质颗粒,摇动即可发声。秦安县安伏乡杨寺村古文化遗址出土1件筒形摇响器,属齐家文化,其形为圆柱形,两端封闭,平底中空,柱体靠近上下底径处对开有4个镂孔。

筒形摇响器是马家窑文化向齐家文化过渡时期较常见的一类,纹饰与形制方面,明显仍体现出受到大地湾晚期彩陶纹饰和形制特征的影响。

5.葫芦形摇响器

葫芦形摇响器目前仅1例,出土于临夏回族自治州广河县,其形为兽首葫芦形,属齐家文化遗存,兽首小而精致,昂首耸耳,双目内凹,短颈、鼓腹,在脖颈上与鼓腹处有两周镂孔。

6.瓶罐形摇响器

现有的3件瓶罐形摇响器均见于甘肃,属齐家文化。临夏州积石山县大河庄遗址墓地出土1件瓶形摇响器,泥质红陶,鼓腹两端封闭,且无镂孔,顶端形似瓶盖,边缘处有齿状纹装饰。临夏州广河县买家乡盖子坪古墓出土1件粗砂泥质红陶响铃罐,呈折腹罐状,两侧有大耳一对,折腹处封口,与底部形成封闭空间。庄浪韩店也出土1件响铃罐,同样为折腹罐装,折腹处及底部形成相对封闭空间,底部有折线透光纹,内置陶丸,两侧无折耳。

从筒形、葫芦形、瓶罐形形态来看,自马家窑晚期到齐家文化的摇响器,已经逐渐具有鲜明的地域风格,其形态之丰富与独特,侧面说明黄河流域史前摇响器发展的高度。

7.龟形摇响器

最早的龟形摇响器是河南舞阳贾湖龟甲摇响器[1],甘肃这件龟形摇响器出于武山县,且与河南贾湖龟甲摇响器时间相去甚远,武山县摇响器是战国时期遗物,由泥质陶仿龟甲形而制成,清晰可见有龟首、龟背、背部有密集凸起的圆点,中央有脊线,平底中空,内有硬质颗粒数枚。与河南舞阳贾湖龟甲摇响器相同的是,二者形态均为龟甲形,但不同之处在于,舞阳贾湖龟甲摇响器是直接取材于龟甲壳,而武山龟甲摇响器是陶制乐器,其造型并非天然的龟甲形,而是人为地借鉴龟甲摇响器的形态制作而成,有更多的人为创作因素,是人类早期文明中娱乐文化生活的具象体现。

在摇响器的十一种形式中,甘肃涉及了其中七种,分别为球形、扁圆形、棒槌形、筒形、葫芦形、瓶罐形、龟形,其形制之丰富,在其他区域文化中极为少见。形

---

① 赵世纲:《中国音乐文物大系·河南卷》,郑州:大象出版社,1996年版,第12—13页。

制的演变,从最为普遍的球形、到黄河流域常见的扁圆形、再到更为独特的筒形、瓶罐形、葫芦形,形制由简到繁。一方面体现了彩陶技艺,尤其是摇响器制作技艺的高度发展,另一方面,体现了在甘肃地区摇响器器型受大地湾文明的深刻影响。

　　纹饰方面,甘肃地区遗存的摇响器展现了其纹饰由仰韶时期和马家窑时期的繁复多样到齐家文化时期逐渐简约或者省去纹饰的发展过程,取而代之,以复杂的器型来展现摇响器制作技艺的高度发展,而在之后的汉代又出现了复古的审美意识,形态借鉴早期的龟形摇响器,并在器身饰以五种以上不同的纹饰类型。

二、演奏方式的多样性

　　摇响器演奏方式主要由形制决定,根据甘肃地区摇响器遗存的不同形制类型,进一步判断其可能涉及的演奏方式主要有以下几类:

　　1. 握奏式

　　绝大多数摇响器均可用握奏的方式进行演奏,这也是最为原始的一种演奏方式,甘肃摇响器遗存中涉及此类演奏方式的摇响器主要有球形、扁圆形、棒槌形、瓶罐形。这几类摇响器没有可提奏的手柄或可悬挂绳子的对穿孔,也没有可插入木棍的镂孔,因此可推断为主要使用握奏式演奏。

　　此外,筒形、葫芦形和龟形、虽有其他更为明显的演奏方式,但其仍可采用握奏式。摇响器作为原始乐器,或兼具法器功能,因此在分析与推断其演奏的方式时,也需相应地考虑到摇响器的演奏方式并不单一、并不绝对。

　　2. 挂奏式

　　挂奏式主要用于片形摇响器以及棒槌形摇响器。四川广汉三星堆遗址 2 号祭祀坑出土 109 件铜牌形响器[1],为商周时期青铜响器,共分为三式,顶部均有青铜环钮或穿孔可将其悬挂,是最为典型的挂奏式摇响器。根据对甘肃皋兰糜地岘和兰州土谷台的两件棒槌形摇响器形制的分析,两件器身手柄末端有明显的对穿孔可用于悬挂,依此判断其主要以挂奏式演奏。而由于棒槌形摇响器形制特征中有明显可以用于手持的手柄,因此也同样可以握奏式演奏。

　　3. 提奏式

　　提奏式是孔义龙根据甘肃临夏广河县出土的一件兽头摇响器提出的。广河兽头摇响器在其颈部与腹部位置有两圈共 11 个镂孔,孔义龙推测这种兽头除了装饰

---

　　① 严福昌,肖宗弟:《中国音乐文物大系·四川卷》,郑州:大象出版社,1996 年版,第 19—20 页。

作用以外,或许还作为手提的位置来进行演奏①。同样的,甘肃皋兰迷地岘彩绘摇响器器身为圆筒状,鼓腹,上无封口,有一拱形提梁,可以提奏式来演奏。此外,其拱形提梁处也可用于悬挂,以挂奏式演奏。

通过以上分析得知,甘肃摇响器涉及的演奏方式主要有握奏式、挂奏式与提奏式。不同形制摇响器的演奏方式也是多样的,甚至一部分类型的摇响器可分别用以上三种演奏方式进行演奏。

从乐器发展的角度来讲,演奏方式直接体现了乐器发展的进步。从单一的演奏方式,到多样的演奏方式,反映的是摇响器形态演变的多样性,乐器性能的进一步发展以及远古时期先民对摇响器的创造和进一步认识。此外,陶制类乐器作为青铜乐器之前最为普遍的乐器,其演奏方式直接或间接地影响了之后的青铜乐器的演奏,如:以插奏式演奏的晚商铜铙,以挂奏式演奏的周代甬钟、钮钟和镈钟。摇响器形式的多样化影响着演奏方式,而演奏方式为之后青铜乐器的演奏方式奠定了一定的基础。

三、历史意义与价值

甘肃地处黄河流域文化带,以大地湾遗址为代表的新石器时代文明,开启了黄河流域史前文明的序幕。摇响器正是史前文明中最早的一类乐器,也是最具代表性的一类。以上对摇响器的梳理,体现出黄河流域马家窑系统摇响器的发展,总体来说,其特点有历史久远、形式多样、单件数量多、保存较完好、时间跨度大、涵盖文化类型较多,历史发展脉络清晰等特点,是黄河流域文化带具有代表性的一类乐器。具体来讲主要有以下几方面:

1. 数量与形态组合方面

这是人类较早的一批乐器实物,也是甘肃地区目前可见最早的乐器实物,是新石器时代黄河流域先民们的智慧结晶。目前梳理的18件摇响器是黄河流域文化带中保存数量最多的,且分布最为广泛的,这种情况并不多见。

组合形式上,以上摇响器主要以单件为主,而在形式的体现上相对丰富,在目前现有的十一种形式中,甘肃地区涉及七种,且其中筒形、瓶罐形和葫芦形仅见于甘肃,这是明显受到了大地湾彩陶文化的影响,并从大地湾文明中抽茧而出的产物,这与古代先民们的生活方式、使用的生活器具有不可分割的关系,体现了黄河上游文化带先民的文化生活。

---

① 孔义龙,曾美英:《从先秦摇响器看南越王墓摇响器的新生》,天津音乐学院学报(天籁),2009(2)第90页。

2. 乐器发展方面

从摇响器的历史发展来讲，甘肃地区的 18 件摇响器是黄河流域最有代表性的，构成了一条相对完整的发展线，较系统地展示了黄河流域摇响器的形制演变，从最初与长江流域同样普遍的球形，到仅在黄河流域可见的扁圆形，再到黄河流域马家窑文化系统独特的筒形、瓶罐形、葫芦形，形制从具有普遍性特点到逐渐体现地域性的特点，地域文化的影响逐渐加深，体现了大地湾文明对马家窑文化系统陶制乐器的深刻影响。而放眼乐器的发展史，陶制乐器是史前乐器的代表，后被青铜乐器逐渐取代，以上摇响器发展线从史前仰韶文化延续至汉代，衔接了陶制乐器向青铜乐器的过渡，形制上青铜乐器一定程度受到陶制乐器影响，演奏方式上，挂奏式、插奏式是之后青铜乐器中普遍使用的两种演奏方式，而马家窑文化晚期和齐家文化的摇响器是陶制乐器向青铜乐器过渡的关键。

3. 地域方面

1960 年，李济提出了"彩陶之路"[1]的观点，最初是针对安特生"彩陶文化西来"[2]的观点提出质疑。"彩陶文化西来"的观点长期以来饱受质疑，直到 1965 年苏秉琦论证了彩陶的传播方向是由东向西，而非由西向东[3]。韩建业就此观点，理清了以陕甘为起点的两次由东向西的彩陶传播路线[4]。段小强在此基础上进一步梳理，得出甘肃彩陶分别向西、向南、向东三条传播之路[5]。"彩陶之路"普遍被认为是中西文化交流的首要通道，也是"丝绸之路"的前身，对中西文明的形成与发展都产生过重要影响。甘肃摇响器是黄河流域文化带陶制乐器中重要的一类，从仰韶文化到马家窑文化，再到齐家文化，是一条逐渐向西的路，这对应了西线的传播路线，同时也是彩陶之路上的重要一环，是史前音乐文化向西传播与发展的重要一环，也是一带一路上最早的音乐文化交流。

4. 历史文化方面

受生产力水平影响，各地摇响器遗存情况均有不同，相较于南越王墓一次性出土的 16 件汉代摇响器，以上摇响器反映出了陶制乐器晚于一般陶器的发展。该地区摇响器出土数量之多，时间跨度之大，使其成为先秦音乐史中唯一一条相对完整的反映摇响器历史发展的线条，鲜明地体现了不同历史时期黄河中上游地区摇响器的典型形制特征，以及在历史变革中形制的演变。这也是唯一一条从史前新石

① 李济：《古代中国文明》，考古，1996(8)：57—60。
② 安特生著，乐森璕译：《甘肃考古记》，北京：文物出版社，2011 年版。
③ 苏秉琦：《关于仰韶文化的若干问题》，考古学报，1965(1)：51—82。
④ 韩建业：《"彩陶之路"与早期中西文化交流》，考古与文物，2013(1)：28—37。
⑤ 段小强：《甘肃彩陶与史前彩陶之路》，西北民族大学学报(哲学社会科学版)，2019(6)：6—13。

器时代延续至秦汉的摇响器发展线,其始于新石器时代仰韶文化,盛于新石器时代晚期的马家窑文化与齐家文化,衰于青铜器鼎盛的商周时期,较为系统和完整地展现了马家窑文化系统中摇响器的历史发展。而值得关注的是,其得以延续至汉代,并没有因为青铜器的高度发展而彻底消失,清晰地反映了摇响器从新石器时代的出现到高度发展,再从商周至汉的由盛转衰的历史发展。

四、摇响器中的古代审美意识

在整个黄河流域文化带中,甘肃地区遗存的摇响器极具代表性,无论是从该乐器的发展与延续,还是地方彩陶文化对其产生的影响来看,甘肃摇响器都是地方彩陶文化和原始乐器的代表。其形制、色彩、纹饰无一不体现着黄河中上游地区新石器时代大地湾文明的审美特征对原始乐器的深刻影响。

1. 纹饰中的具象审美意识

甘肃彩陶纹饰主要有两大类,分别是几何纹样与自然纹样。距今 6000 多年前的大地湾文化二期,出现了以几何图形装饰彩陶器物的萌芽,这一时期的彩陶纹饰以绳纹、玄纹、平面纹为主。大地湾文化三期的彩陶与西安半坡的彩陶面貌相似,而到大地湾文化四期,也被称为仰韶文化,彩陶逐渐凸显地方风格,纹饰更加丰富,代表性的纹饰有线纹、弦纹、压印纹、绳纹、方格纹、菱格纹、附加堆纹。

甘肃地区最早的摇响器,庆阳野林寺沟饼状摇响器上以压印纹装饰,两面分别是方格纹和菱格纹。关于压印纹,普遍被认为其来源于渔网、编织物或者动物身上的鳞片。先民在制作彩陶时,偶然将渔网或编织物压在未定型的器物上,便有了这类纹饰。之后,人们逐渐有意识地使用这种技艺制作压印纹,使得这类纹饰在马家窑文化时期更加流行。

自然纹样主要来源于植物、动物、景物,有叶脉纹、花瓣纹、动物纹等。另一件庆阳野林寺沟出土的马家窑文化时期球形摇响器,器身饰以叶脉纹、网格纹与弦纹。其中的叶脉纹属于自然纹样,将自然界中看到的叶脉以纹饰图案装饰在摇响器器表,这类纹饰具象、清晰地展示生息之地的各种自然生命。

此外,甘肃摇响器纹饰涉及的附加堆纹、齿状纹、线纹、玄纹等都是先民们对具象事物的构思与运用。

2. "尚黑"的色彩审美

甘肃彩陶在色彩搭配上以浓墨重彩的黑红搭配而闻名,也因此而独具地方风格。这种"黑彩"的色彩风格源于大地湾文明,大地湾二期彩陶数量增多,黑彩风格已初见端倪,在之后的仰韶文明中,彩陶的黑红搭配更加普遍,而此时的彩陶在色彩方面相较前一时期更加浓重,黑彩的彩绘风格在马家窑文化时期达到顶峰。

甘肃摇响器中饰有彩绘的两件均属于马家窑文化时期遗存,两件通体均以黑彩装饰,色彩浓重,极富生命力。其中皋兰糜地岘的筒形彩绘摇响器属马家窑文化晚期的马厂类型,其黑彩风格更为突出,该摇响器细泥红陶,为橙红色,这与器身的通体黑彩形成鲜明的色彩对比,鲜明的底色与浓郁的黑彩形成强烈的视觉冲击,这是古代先民对于色彩的进一步认识与运用。同时,黑彩也被认为是原始先民部落的图腾象征和原始情感、意识的表达,抑或是部落共同情感认同的表达方式。

3.“方圆”的意识的体现

“天圆地方”的意识是古人的一种天象观,曾子言:天道曰圆,地道曰方。“天圆地方”中蕴含的阴阳平衡,使得古人认为“方”与“圆”有阴阳平衡之意。

从器型来看,甘肃摇响器的形制多半以规整的圆为主。除了球形摇响器外,筒形、棒槌形、葫芦形、瓶罐形、扁圆形摇响器中均以规整的圆形为形制基础,如筒形的小圆底、棒槌形的头部、瓶罐形的器身和圆形开口,兽首葫芦形的鼓腹部,而摇响器器身的纹饰多以菱格纹或方格纹为主。

甘肃陇西地区遗存的东周时期扁圆形摇响器,器身形制为规整的扁圆形,两面微鼓,布满圆点纹,其中一面中间一圈圆圈纹,圈住最中央的十字纹,将圈内分为四格,四格中饰以对称的折线纹。另一面圈内饰以鱼纹、水藻纹,圈外饰水草纹。这件摇响器的纹饰和器型相结合,突出地体现了古人“天圆地方”的审美意识和阴阳平衡的观念。

结　语

综上所述,甘肃摇响器是该地区史前文明最具代表性和鲜明特征的乐器,也是黄河流域文化带中数量多,时间跨度大、分布广泛、涉及文化类型多、形制较丰富、保存较完好的陶制类乐器。其形制的演变反映了此类乐器从共性的发展到地域性的发展,独有的形制有着明显脱胎于大地湾文化的历史痕迹;其历史发展脉络相对完整,突出体现了马家窑文化系统中摇响器的特点。从新石器时代仰韶文化的庆阳野林寺沟摇响器到汉代的秦安郭家乡饼状摇响器,几乎贯穿了新石器时代至秦汉的漫长历史时期,相对完整地体现了摇响器的兴衰历程。同时甘肃地区遗存集中反映了黄河中上游文化中原始先民偏爱具象,以及“尚黑”“天圆地方”的审美观。

部分辽金铜镜上的音乐图像学史料

沈阳音乐学院　陈秉义

摘要：本文对部分辽金铜镜上的音乐图像进行分析，为研究辽金音乐史寻找可供参考和研究的音乐史料。其中对民间收藏的部分音乐图像进行了分析和论述，希冀为研究辽金音乐史提供较为准确和详实的三重或四重证据。

关键词：辽金　铜镜　音乐图像　史料

引　言

契丹—辽中国历史上第一个建立在草原上规模宏大的少数民族政权。由于"契丹"曾雄霸东北亚二百余年（东辽），加上耶律大石在中国西北和中亚地区建立"西辽"的近百年，前后共历时三百余年，曾雄霸东北亚和中亚。

由于契丹民族的整体消亡，对这样一个消亡的民族的音乐文化进行抢救、重新整理具有非常重要的意义，而史料的收集与整理至关重要。

笔者在近十余年中，曾多次到契丹—辽活动的东蒙、辽西、吉西地区进行音乐史料的收集，获得了一定数量的第一手资料。其中辽金铜镜上的音乐图像是其中的一部分。今天仅用辽存在于铜镜上的音乐图像进行简要的分析。

但是由于辽朝实行了严格的"书禁"政策，导致到元朝时，人们对辽的历史就已非常模糊。元好问曾感慨"……今人语辽事，至不知起灭凡几主，下者不论也"。所以"元人所修《辽史》，可以说是二十四史中内容最简陋而错误最多的一种，这并非元朝史官不肯尽职。主要原因还是存下来的原始史料太少"（刘浦江语）。

由于契丹民族的整体消亡，给我们了解和研究契丹的民族精神、民族心理和民族信仰等带来了很大的困难，契丹民族音乐文化的深层研究很有可能要等有相当数量的出土文物作为佐证才会有一定的进展。我们很难想象，在契丹—辽灭亡近千年后撰写其音乐史是一件何等困难的事。因此，史料收集是撰写史书或进行学术研究的头等大事。

在中国的民间文物收藏中，最多的是铜钱，其次就是铜镜。铜镜上的音乐史料为我们的研究提供了第一手的资料,弥足珍贵;对铜镜音乐史料进行分析,不仅要进行考古分析、鉴别,去伪存真,还要进行音乐图像学和音乐考古学的研究与分析,能给我们的研究提供了较为准确和详实的三重或四重证据。

铜镜是中国古代文明文化的一个重要代表。在古代,铜镜与人们的日常生活有着密切关系,它制作精良,形态美观,图纹华丽,铭文丰富,是中国古代青铜艺术文化遗产中的瑰宝。

铜镜又称青铜镜,是古代用铜、锡、铅合金制成的镜子。最早出现商代,是用来祭祀的礼器,在战国至秦一般都是王公贵族才能享用,到汉代,铜镜开始走向民间,是人们不可缺少的生活用具。铜镜一般是含锡量较高的青铜铸器。契丹—辽铜镜的种类和制作质量在中国古代铜镜制造史上是最好的一代。

一、契丹—辽小乐器合奏与法事、八音铜镜

辽宋的器乐合奏呈多元发展势头,瓦舍中流行着细乐、清乐、小乐器、鼓、板等多种不同的小型器乐合奏形式。《都城纪胜·瓦舍众伎》记载了细乐所使用的乐器有箫管、笙、嵇琴、方响等;清乐则用笙、笛、觱篥、方响、小提鼓、拍板、扎子等;小乐器是由"一二人作独奏或小型合奏,如双韵合阮咸,嵇琴合箫管,錾琴合葫芦琴,独弹十四弦等"[①]。

在契丹—辽铜镜和辽塔上这种情况也能见到。如两件乐器排箫、琵琶的合奏的铜镜,一是提供了疫情合奏的形式,二是为我们提供了这一时期琵琶的演奏姿势;

图1　契丹—辽六棱两件乐器的
合奏的铜镜

图2　辽宁朝阳槐树洞石塔上的琵琶、
细腰鼓伎乐浮雕

---

① 杨荫浏:《中国古代音乐史稿》,人民音乐出版社 1981 年版,第 374 页。中国古代音乐史教程第 288 页。

契丹—辽法事乐器铜镜为圆形,无钮,上面铸有中国古代乐器十一种,乐器的排列也不尽相同。基本上是:笛、笙、琵琶、箜篌、筝、拍板、鼓、细腰鼓等,对我们研究辽金佛教音乐有一定的参考作用。

图 3　内蒙古敖汉旗博物馆藏带钮法事铜镜　　图 4　内蒙古赤峰博物馆藏辽法事铜镜

据介绍:有许多小的寺院,只有一位和尚,佛教在一定的时间要做法事,因无法组织乐队,在没有音乐的情况下,做法事的和尚便手握青铜八音铜镜,意在有八音伴奏。还有许多居士,在家修行诵经时也用此镜,因此,这类铜镜存世数量较大。

再如沈阳栖角苑收藏的辽代八音铜镜。铜镜上有八个演奏各种乐器的伎乐人,分别是琵琶、箫、锣、横笛、羯鼓、笙、手鼓、尺八。向我们传递重要信息的是该铜镜上的羯鼓和锣。

图 5　沈阳栖角苑收藏的　　图 6　辽"八音铜镜"　　图 7　民间收藏契丹—辽
　　　辽代八音铜镜　　　　　　上的羯鼓　　　　　　陶制羯鼓实物

二、辽代四亭、一亭抚琴镜(筝和瑟)

在契丹—辽铜镜中,抚琴镜数量也很多,有一亭、二亭、四亭、六亭等。仔细分析这种亭镜,可以明显看出,亭中演奏者演奏的不是琴,而是筝。由于契丹—辽史马背上的民族，所谓"亭"实际是契丹人的车上的毡帐，或是用木板建造的，能够安放到马车上的小木房子。"亭"下面的弯钩就是用于固定在马车的。由于这种亭镜在最初命名时定为"抚琴镜"，所以古玩界一直称"抚琴镜"。

我们从抚琴镜上可以看到契丹—辽时的筝是双弧筝，与唐筝很相像，这种筝不仅在铜镜上能够看到，在许多辽塔上也能看到，最典型的是山西灵丘觉山寺辽塔上的双弧筝。

图8、9、10　三枚不同的契丹—辽抚琴镜

图11　抚琴镜局部　　　　图12　辽上京博物馆藏契丹—辽时的"亭"

图13　山西灵丘觉山寺辽塔上的双弧筝砖雕

三、辽塔和佛教建筑上的铜镜

契丹—辽朝是中国铜镜艺术发展的重要时期。辽代的铜镜用途有多种,除作为日常生活的用品外,最为重要的就是它被广泛应用于佛教活动中。

契丹人笃信萨满和佛教,铜镜应用数量最多的是镶嵌在辽塔上,据记载,自"统和"年间(983—1010)开始,辽境内凡建佛塔都要祭献、装饰、悬挂铜镜,辽塔上的铜镜多数悬挂在塔的枋额和所供密宗佛浮雕上面。

从总体上来说,这些铜镜体现了佛光普照,一般在塔的重要部位均有铜镜。

锦州广济寺辽塔上有 360 面,北镇双塔每座塔上有约 344 面铜镜,两座塔上共约 688 面(不包括塔的地宫内)。

辽金铜镜背面均有图案,而且体量很大,最大者直径有 60—70 厘米左右,其图案题材广泛,内容丰富。

此外,佛教在建佛寺时也要在大殿房梁、四隅悬挂铜镜,多数是线刻镜;凡陵墓顶部、门楣、四周都要悬挂铜镜。

进而宫殿、官宅、民居也都兴起了悬挂装饰镜的热潮,并形成一种悬镜避邪的民俗,直到今天仍流传在中国北方。

因时间有限,这里只选取存有筝(瑟)、筌篌和拉弦乐器的铜镜作简单的介绍。

图 14、15　辽宁锦州广济寺辽塔及局部

史料记载,辽朝的南、北两面官制中都设立了铜镜制造机构。从出土的铜镜上的标识来看,辽代铜镜的制造与宋代相似,主要由"镜子局"监造(宋代制镜的部门称"铸鉴局"),也有由地方官府铜器监造坊来制造。

图 16、17　契丹—辽铜镜上的"镜子局"字样

在铜镜中,有许多音乐图像的铜镜。对铜镜进行音乐图像分析,不仅要进行考古分析、鉴别,去伪存真,还要进行音乐图像学和音乐考古学的研究与分析,能给我们的研究提供了较为准确和详实的三重或四重证据。

例如辽宁葫芦岛南票区安昌岘金塔上的铜镜中有 3 枚音乐图像铜镜,分别是辽凤首箜篌、角形箜篌和金弹瑟铜镜。

安昌岘舍利塔建于金天德四年(1152),位于辽宁省葫芦岛市南票区暖池塘镇安昌岘村东山。塔身青砖砌成,八角实心密檐式,高 18 米。有浮雕佛像,莲花台座。塔下有碑刻一座,字迹清晰。

图 18　辽宁葫芦岛南票区安昌岘金塔石碑　　　　**图 19　安昌岘金塔石碑**

图 20、21、22 辽宁葫芦岛安昌岘金塔上的三枚铜镜

辽金时的安昌县（岘）是今葫芦岛南票区暖池塘镇安昌岘村，辽金时修建的七密檐塔尚存。刻字的款式应是金朝款式，镜边缘刻有：安昌县（岘）记官。经专家鉴定，铜镜应为辽朝。被镶嵌在安昌岘塔上。

诗文镜在中国古代最为昌盛的朝代是金朝，这种铜镜也是金朝铜镜中最有特点最能代表其时代的。

在笔者见到的辽、金铜镜上还有一枚拉弦乐器（马尾胡琴）的诗文镜。这枚铜镜上的琴码、千斤清晰可见，改变了我们对"二胡"历史的认知。目前对拉弦乐器的研究中，有学者认为"千斤"最早出现明末，但是这枚铜镜最晚是金朝的。

图 23 金朝拉琴的诗文镜

马尾胡琴（马头琴）是内蒙古地区一种流行的乐器，早在宋代，沈括在《梦溪笔谈》中就有诗中讲述"马尾胡琴"，但"马尾胡琴"究竟是一种什么样的乐器，并没有说清楚。值得提出的是笔者在民间收藏中看到了两种马尾胡琴冥器和多幅拉胡琴的契丹—辽时期的画。两种马头琴冥器中一种是鎏银，一种是铜鎏金。这两组"冥

器"配置一样,均是由五种乐器——马尾胡琴、笛、琴、琵琶、钹组成。其中的马尾胡琴、笛和钹与现实的同类乐器尺寸相差无几,说明契丹—辽时代贵族陪葬品具有统一的形制和专门的作坊。拉胡琴的画上的演奏者的演奏姿势与今天的二胡演奏也没有什么差别。

宋代沈括在《梦溪笔谈·卷五》中有诗五首,其中第三首中有"马尾胡琴"的说法,其诗曰:

马尾胡琴随汉车,曲声犹自怨单于。

弯弓莫射云中雁,归雁如今不寄书。

虽然沈括没有说明"马尾胡琴"的形制,但一般均认为它是一件弓弦乐器,也有人认为"马尾胡琴"就是后来的"胡琴"。

在民间收藏中,笔者也见到了类似奚琴的纸质和绢制画上和书中的奚琴,这种琴的琴头与西夏榆林第十窟东壁胡琴基本相同,从另一个侧面印证了这一时期弓弦乐器的制式和演奏姿势。

图 24　民间收藏的绢画中的奚琴　　图 25　民间收藏契丹书籍中扉页上的奚琴插图

图 26　民间收藏来的辽明器胡琴图　　图 27、28　民间收藏的几种拉弦乐器图像

从以上部分铜镜的音乐史料和收集到的其他史料来看，这些史料毕竟不是表演的现场和乐器的实物，但我们还是能够看出筝、箜篌、拉弦乐器等是契丹—辽时的重要乐器。在史料匮乏的情况下，弥足珍贵，这些材料对我们了解辽朝的音乐历史具有重要参考价值。

民间收藏中见到的多种弓弦乐器图像为我们打开了辽或辽以前弓弦乐器存在的大门，也对目前对"胡琴"的权威解释提出了挑战。我们还可以试想，民间收藏中还有多少我们不知道的"东西"，这些"东西"将要颠覆中国古代音乐史中的一些定论、概念，虽然有许多无法定论的文物，只要它们能够面世，引起史学界的重视、考证，我想经过考证和研究，它们一定会回归到应该属于它们的那段历史。

我们为没有史料进行研究而苦恼，其实我们身边就有大量的古代音乐史料；在中国东北，这里曾经是契丹—辽、金的发祥地，无论是历史遗存还是民间收藏，均保留了一定数量的历史文物，为研究古代音乐史提供了有价值的历史资料。铜镜是目前国内存世量较大的种类，其中部分铜镜上含有珍贵的音乐史料，这些史料对辽代音乐史的研究具有重要的意义。

（本文所有图片均由陈秉义摄影）

史君墓乐舞图像中的交融共生

山西大学音乐学院　刘晓伟

摘要：中古中国丝路两端多民族在中原通过不断地交往、交流，从而创造了以交融共生的民族共同体新格局。这一历史实践，表现在乐舞艺术中，就是北朝到隋唐，音乐范式的变革。西来乐舞对于中原音乐发展与繁荣的重要性不容置疑，但是这一东西方的交流融合如何得以实现？21世纪以来，随着考古领域大量考古资料的新发现，粟特人的研究也取得了很大的进展，他们不仅是丝绸之路商业与贸易的主人，而且自身也承载了丰富的乐舞文化。在这一宏观认知的基础上，我们将目光聚焦到粟特墓葬出土石葬具，聚焦到具有乐舞图像石葬具之一的史君墓，对其音乐图像的交融共生现象做出初步探索。

关键词：史君墓　乐舞图像　交融共生

北朝时期，鲜卑族政权以实现"大一统"为己任，认同并以决绝的勇气推动和实践了中华文化的创新发展，开创了乐舞文化发展的新格局。陈寅恪先生指出"李唐一族之所以崛兴，盖取塞外野蛮精悍之血，注入中原文化颓废之躯，旧染既除，新机重启，扩大恢张，遂能别创空前之世局"①。而从近二十年来考古发现与研究可以看到东西文化借助于丝路的交往交流交融是促成乐舞文化繁荣的重要因素。在政权、宗教与经济多种力量较之于博弈中，经济的力量不容小觑，粟特商人在追逐商业利益的目标下大量进入中原并逐渐形成商业网络聚落，在这一过程中，其自身携带的音乐文化也进入中原，并完成交融共生的历史演变，这些演变的痕迹在历史考古中不断被发现。最具有代表性的是粟特人石葬具上的乐舞图像，现存西安博物院的北周史君墓石堂（2003年发现发掘）就是其中一例，其墓葬中多元文化属性发现以来一直被学界关注。其门楣石刻的双语体系，石葬具中体现的东西建筑文化与宗教观，尤其是五组乐舞图像呈现出的粟特萨保文化杂糅，将北朝民族融合历程

---

①　陈寅恪：《李唐氏族之推测后记》，载《金明馆丛稿二编》，北京：三联书店，2015年7月第六版，第344页。

中乐舞文化交融共生的历史实践真实地刻绘下来,成为理解中古中国民族共同体形成的初始状态的重要材料。

一、墓志:双语的门楣石刻

2003 年,史君墓被发掘,与 2000 年发现的北周安伽墓相距 2.5 公里,该墓葬并未出土传统意义的墓志铭,相关墓主人信息被记录在发现的石堂门楣上(图一),为汉语与粟特语双语。

图一　史君墓双语铭文门楣

大周□州□保史君石堂/君[讳□,其先]史国人也。本居西域,/土[□□□□□□]及延(派?),迁居长安。/目(自?)他有[□□□□□]永运应期,中/原显美。自(?)[□□□]日吕(?)具德。祖阿/史盘陀,为本国萨保;父阿奴伽,并/怀瑾握跄(瑜),重规叠矩,秀杰不\群,立功立事,少挺[□]石,又擅英\声。而君乘灵山□,[□□□]志,\因统之初,乡同推抱,出身为/萨保判事曹主。[□□]五年,诏/□凉州萨保。而天道芒芒(茫茫),□/芳永岁。大象元年□月七日,薨于/家,年八十六。妻康氏,其[□□□□□](同年六月七)日薨。/以其二年岁次庚子正月丁亥朔廿/□□己西,合葬永年县琳(界)。[礼也],长子/毗沙,次维摩,次富□多,并有孝行,乃为/父造石□□区,刊碑墓道,永播。/□□①

而其粟特文铭文经翻译后,提供了更多信息。

[一至三行](时在)大周大象二年,岁在子(鼠)年第一月第二十三日(580年 2 月 23 日)。

[三至十四行]有一位出身史氏家族的人,[定居?]在一个(叫)姑臧(的城

---

① 　西安市文物保护考古所:《西安北周凉州萨保史君墓发掘简报》,文物,2005 年第 3 期,第 31 页。

市),他从皇帝那里[得到?]凉州萨保(s'rtp'w)的[称号?],(并且是)粟特地区的一个显贵(?)。他名叫尉各伽(Wirkak),阿奴伽(Wanūk)之子。阿奴伽是萨保阿史盘陀(Rashtvantak)之子。他的妻子生于西平(Senpen),名叫维耶尉思(Wiyusi)。尉各伽与其妻在西平(Senpen)于亥(猪)年第六月第七日(兔日)结为连理。

[十五至十七行]后来,在亥(猪)年第五月第七日(579 年 6 月 16 日),在胡姆丹(Khumtan=长安)这里,他本人去世。

[十七至二十行]此后在第六月的第七日(兔日),他的妻子也去世,就在此年此月此日(579 年 7 月 15 日)。

[二十至二十八行]凡生于此世间之人,无一能避免死亡(即无人能逃脱死亡的命运)。

[二十二行]人们也难以完满地度过这一人世生活阶段(即人们难以活过人生之大限)。然而,更难的是在人间(或地上的世界),一位丈夫和一位妻子无意识(即无心或偶然)地相互守望(即共同生活?),走过这年年岁岁、日日夜夜,甚至他们还将在天堂里携手共度这段岁月。

[二十九至三十二行]此石制坟墓(即神之居所)是由毗黎沙漫盘陀(Vreshmanvandak)、射勿盘陀(Zhematvandak)和拂卤吐盘陀(Parōtvandak)为了他们的父母的安全而在合适的地方建造的。①

从中文可知墓主人为"史国人也,本居西土,……迁居长安,……授凉州萨保",于"大象元年(公元 579 年)薨于家,年八十六。妻康氏。以其二年(公元 580 年)岁次庚子正月丁亥朔廿□巳日,合葬……"。粟特文可知"出身粟特显贵,史氏家族,在姑藏被授予凉州萨保,他的妻子晚他一个月去世,合葬的石质坟墓是其三个子女建造。"

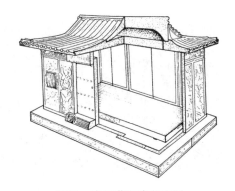

图二　史君墓石堂剖面图

二、葬具:纳骨瓮与石堂中式建筑雕刻

北朝考古发现石质葬具坟墓较为丰富,张庆捷依照葬具形态将这批墓葬分作两大类。"第一类,石椁墓,如虞弘、史君(图二)。

---

① 杨军凯编著:《北周史君墓》,北京:文物出版社,2014 年版,第 48—49 页。

第二类,围屏石榻墓,如安伽、康业等。其中第一类又可分作两型,I型为史君墓石,特点是制作精细,雕绘有斗拱、人字形拱等建筑构件,惊内另有石榻;型为虞弘墓石,特点是制作简单,有专门带双壶门的棹座,起着石榻的作用。第二类又可分作两型。I型是屏风式石榻(或称石棺床),如安伽墓、天水石马坪等地出土的石棺床;I型是双阙屏风型石榻(有的称石棺床),如安阳、Miho的石棺床屏风。"①

(一) 中西建筑文化的交融

史君墓葬具为青石质,由石堂和石榻组成。石堂外壁有十六幅浮雕彩绘图像,内有一石榻,紧贴四壁安置。石堂为单檐歇山顶殿堂式仿木结构(图三、图四),由顶部、四壁及基座组成,内壁绘有九幅壁画,天花板上绘方格纹。从"纳骨瓮"到中式建筑风格的石堂,粟特祆教从西向东的迁徙中,从交往交流到交融共生。

图三　史君墓石椁歇山顶

图四　史君墓石椁斗拱

---

① 张庆捷:《民族汇聚与文明互动——北朝社会的考古学观察》,商务印书馆,第435页。

（二）从纳骨瓮到石葬具

在琐罗亚斯德教中（传播到中原后称祆教、拜火教），根据拜火教的规定，尸体是不洁净的东西，而土壤、火、水都是圣洁之物。尸体放置在特定的场所，而后让犬、秃鹫等动物来食用肉体，这就是早期的"纳骨瓮"（见图五、六、七[①]、八、九、十[②]），后来在中原演变成具有中原建筑风格的石葬具，这一演化过程极其复杂。

图五　撒马尔罕 6—7 世纪祆教纳骨瓮　　图六　乌兹别克斯坦科学院考古研究所藏祆教纳骨瓮

图七　乌兹别克斯坦国家博物馆藏祆教纳骨瓮

---

① 葛承雍：《圣火艺术与拜火文化——北周祆教墓葬中以史君墓为核心》，考古学研究，2019，（00）：253，254，265。

② 《"寂静之塔"与纳骨瓮——来自西域的神秘葬俗》，http://www.360doc.com/content/22/0610/16/44303474_1035466674.shtml。

图八　吐峪沟出土的纳骨瓮

图九　焉耆(喀喇萨尔)所出纳骨瓮

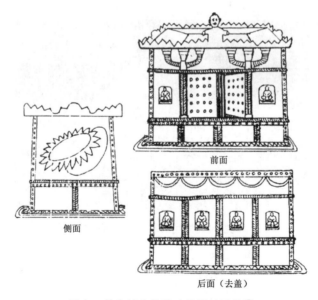

前面

侧面

后面(去盖)

图十　故宫博物院藏建筑型纳骨瓮①

---

① 安昌:《北齐粟特贵族墓石刻考——故宫博物院藏建筑型盛骨瓮初探》,故宫博物院院刊,1999,
(02):77。

纳骨瓮的发现还有很多,从以上图例来看,河西走廊以西的纳骨瓮形制较为统一,在国家博物馆收藏的纳骨瓮已经体现为中原建筑样式(图十一)。

据葛承雍先生考察所知"伊朗、中亚都没有石椁与石棺床,祆教拜火的内容仅仅是在汉地,石棺无论是庑殿顶还是歇山顶,以及石棺床的阙门,都是汉地中原传统形式……"①,这显然是东西文化交融的一种创造。这种交流与交融,离不开丝路的骨干力量——粟特人,也体现出中华文化极大的融合力。

(三)流动的石葬具

"北朝隋唐时期,来华波斯人主要是肩负外交和政治使命的使者,而不是严格意义上的商人。与此相反,中亚两河流域的粟特人,从公元4世纪初到公元8世纪上半叶,在中亚到中国北方的陆上丝绸之路沿线,建立起完善的商业贩运和贸易的网络。"②

1. 流动的区域

了解粟特人在中原的生活轨迹,视野需要还原到宏观的丝绸之路贸易体系(图十一),在丝路沿线,发现了大量粟特人的生活痕迹,由点到面,对于粟特人的理解也逐渐扩大到商路沿线粟特聚落的形成与迁徙推进。

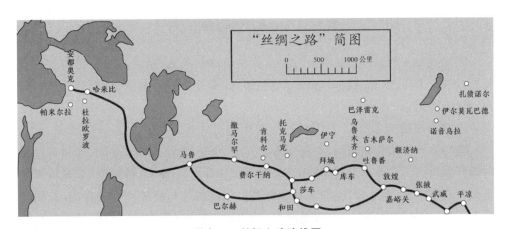

图十一　丝绸之路路线图

① 葛承雍:《圣火艺术与拜火文化——北周祆教墓葬中以史君墓为核心》,考古学研究,2019,(00):252—264。

② 沈睿文:《中古中国祆教信仰与丧》,上海:上海古籍出版社,2019年版,第4页。

"粟特"Sogdiana(索格底亚那),史称"昭武九姓",善于经商,他们是在中亚阿姆河和锡尔河中间的泽拉夫珊河流域的古代民族,据荣新江研究重要的聚居点如下(图十二):

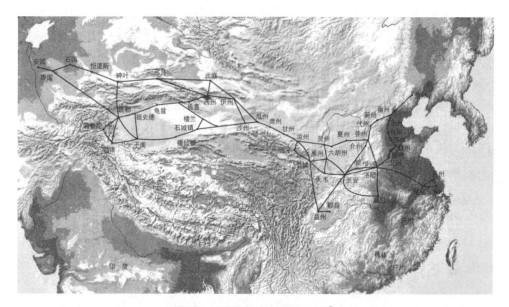

图十二　粟特移民迁徙路线图①

敦煌/沙州、常乐/瓜州、酒泉/肃州、张掖/甘州、武威/姑臧、凉州、长安、并州、代州、汲郡/卫州、魏州/魏郡、邢州/巨鹿、天水/秦州、西平、鄯州/夏州/统万城、同州/冯翊、介州。②

2. 流动的图案

粟特石葬具从北朝到隋,主要分布在天水、西安、太原、洛阳、安阳、青州等过去的粟特聚居区。石葬具呈现出围屏、双阙、石椁(石堂、石室)几种造型(非粟特人的类似葬具也有石、木结合,比如司马金龙墓);乐舞图像与祆教符号并存,有的同时还有乐俑;乐舞图像的方位一般是围屏(故事性)、底座(装饰性),早期是线刻后期浮雕;墓主人有铭文记载的均为萨宝(萨保、萨薄)。

海外 3 件

1. 安阳石棺床(北齐 550—577):

① 荣新江:《中古中国与粟特文明》,生活·读书·新知三联书店,2014 年版,第 4 页。
② 荣新江在《北朝隋唐粟特人之迁徙及其聚落》《北朝隋唐粟特人之迁徙及其聚落补考》《西域粟特移民聚落补考》《古代塔里木盆地周边的粟特移民》粟特聚落系列研究中,揭示了清晰的粟特聚落分布情况。

见美国华盛顿弗里尔艺术馆、德国科隆东方艺术博物馆、法国巴黎吉美博物馆、美国波士顿美术馆，姜伯勤：《中国祆教艺术史》。

2. 日本 MIHO 博物馆石棺床（北周 577—581）

3. 法国巴黎吉美博物馆 Kooris 石棺床（天水 2002 被盗）

国内收藏 7 件

1. 甘肃天水市石马坪（北周到隋）—1982 年

2. 山西太原虞弘墓（隋）—1999 年

3. 陕西西安安伽墓（北周）—2000 年

4. 陕西西安史君墓（北周）—2003 年

5. 河南洛阳安备墓（隋）—2007 年

6. 国博收藏房型石椁（北朝）—2012 年捐赠

7. 河南安阳麴庆墓葬（隋）—2020 年（图十三）

图十三　麴庆夫妇合葬墓石棺床前档上的乐舞图像线描图①

上述石葬具表现出以下特点②：

1. 粟特石葬具从北朝到隋，主要分布在天水、西安、太原、洛阳、安阳、青州等过去的粟特聚居区。

2. 石葬具呈现出围屏、双阙、石椁（石堂、石室）几种造型。

3. 乐舞图像与祆教符号并存，有的同时还有乐俑。

4. 乐舞图像的方位一般是围屏（故事性）、底座（装饰性）。

5. 墓主人有铭文记载的均为萨宝（萨保、萨薄）。

三、图像：时空秩序中的乐舞仪式

史君墓位于今陕西省西安市未央区井上村东，墓西距汉长安城遗址约 6.6 公

---

① 胡玉君：《河南安阳隋代麴庆夫妻合葬墓的发掘》，考古学报，2023，（03）：图版陆.

② 石葬具相关内容参考本人《十四个石葬具：北朝到隋粟特人乐舞文化遗迹及其历史价值》一文。

里，与 2000 年陕西省考古所发掘的北周安伽墓相距约 2.5 公里，南距唐大明宫遗址约 1.6 公里(图十四)。出土石葬具具有中式建筑风格，浮雕精美(图十五)。

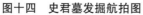

图十四　史君墓发掘航拍图　　　　图十五　史君墓石椁出土状态

(一) 门框：奏乐的有翼飞天、飞天、羽人(道家的生死观与佛国的歌舞)

　　史君墓石墓门由门楣、门柱、门扉、门槛等组成，通高 152 厘米、宽 135 厘米，除门扉之外，均采用减地刻的技法刻绘各种图案，门扉上彩绘贴金，分别用白、黑和红色绘飞天和莲花等图案(图十六)。

图十六　石门与门框上的飞天乐舞图

乐器与乐队（图十七、十八）

左：曲项琵琶、竖箜篌、横笛、竽篥

右：曲项琵琶、排箫、贝

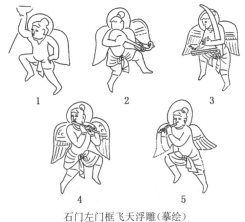

石门左门框飞天浮雕（摹绘）

1. 执长杯飞天　2. 弹奏曲颈琵琶飞天　3. 弹奏箜篌飞天
4. 吹奏横笛飞天　5. 吹奏竽篥飞天

图十七　石门左门框上的飞天（照片与线图）

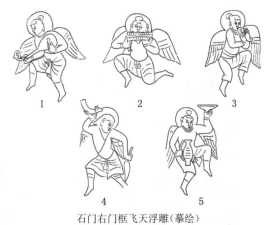

石门右门框飞天浮雕（摹绘）

1. 弹奏曲颈琵琶飞天　2. 吹奏排箫飞天　3. 吹奏海螺飞天
4. 执来通飞天　5. 执胡瓶及长杯飞天

图十八　石门右门框上的飞天（照片与线图）

（二）祭司仪式中的八人乐队

墓室中部偏北置一石椁，长 246 厘米，宽 155 厘米，通高 158 厘米。石椁为一面阔五间、进深三间、歇山顶的殿堂式建筑，由底座、墙板、椁顶三部分组成（图十九）。

图十九　石堂正面图

四面墙板上分别有浮雕的四臂守护神、祆神、祭祀、升天、宴饮、出行和狩猎等图案。

石堂祭祀图像在四臂守护神的两侧,窗棂下是相对的人首鸟身的祆神,窗棂上是两组胡跪的乐人,每组四人(图二十、二一):

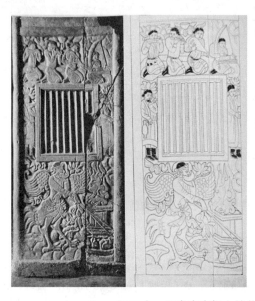

图二十　石堂南窗棂上的伎乐浮雕与线图

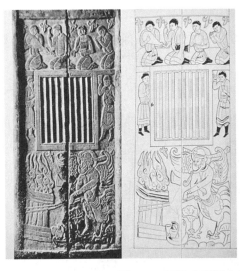

图二一　石堂北窗棂上的伎乐浮雕与线图

乐器与乐队

左:排箫、横笛、琵琶、竖箜篌

右:曲项琵琶、细腰鼓、鼓、筚篥

两组乐人组成一个完整乐队形式,所演奏乐器均为较为典型的"西域"风格,尤其是处于靠近中心门位置的琵琶箜篌,琵琶箜篌的组合在所有祆教祭祀墓葬图像中均处于重要位置,比如安伽墓与虞弘墓。

石椁北面刻五组画面,正中间为男女主人出行;其旁边为两组最大的画面,右为墓主人夫妇在家中对饮的场面,左为在葡萄园宴饮的场面;最外侧两组画面较窄,右为会盟贸易,左为飞天救难的场面(图二二)。

图二二　石堂背面浮雕

（三）中式庭院的饮酒观舞

北朝以来墓葬图像中出现的乐舞场景不同于汉代画像砖石上大量存在乐舞场景，与宴饮歌舞为主。这是以粟特等族群为主的"胡族"生活在中原的传播与被认同。

图二三　石堂背面庭院宴饮浮雕

上图中（图二三），中式的庭院将画面分割为内与外两部分，两部分代表了不同区域中不同的身份与人群。亭子里围绕在主要人物身边的有一组乐队，亭子外面焦点是胡腾舞者。内外因为乐器的使用又浑然一体，亭子里的主人注视着舞者，又将整幅画面构图的焦点聚焦在舞者身上，一幅奏乐舞蹈图跃然而出。舞蹈是来自中亚经丝绸之路传播而来的胡腾舞，舞蹈者应为胡人，观看者应为墓主人史君夫妇。

使用乐器情况：

亭子内为竖箜篌、琵琶、筚篥、曲项琵琶。

亭子外是节奏乐器细腰鼓，一人甩袖顿足起舞。

（四）露天席地的东西共乐

在葡萄园宴饮的场景，则直接是中西的直接对话与交流（图二四）。图像分上下两部分，上半部是男性胡人乐队在奏乐（图二五）。五人乐队围绕着坐在毡子上的五人，毡上最上部两人身穿胡服，头戴胡帽，应为墓主人的祖先记忆。演奏乐器按顺时针依次是琵琶、竖箜篌、曲项琵琶、横笛、细腰鼓。

图二四　石堂背面园林宴饮浮雕

图二五　宴饮浮雕的男子乐队与女子乐队

　　图的下半部是手持笙、竖箜篌、琵琶的三位女乐人站立在五位跪坐在小圆毡上的中式服饰的女士身边(图二五)。

　　两组不同性别,不同风格的乐队被物理性地拼贴在一个大的构图中。女乐人不仅持有西来的乐器琵琶与箜篌,同时持有中原流行的乐器笙。东西文化的交融潜移默化的发生了。

　　(五)进入天国的歌舞接引

　　石椁东侧由两块石头组成,分三组画面,由北向南排列;北侧上刻一祆教的主神和供养人,下为山水和桥梁,桥头有两个祭祀;中间画面上为飞天和翼马,下为桥梁和水兽;南侧为墓主人在飞天的导引下升天的场景(图二六)。

图二六　石堂东壁飞天接引浮雕

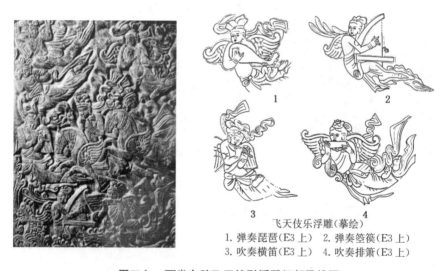

飞天伎乐浮雕(摹绘)
1. 弹奏琵琶(E3 上)　2. 弹奏箜篌(E3 上)
3. 吹奏横笛(E3 上)　4. 吹奏排箫(E3 上)

图二七　石堂东壁飞天接引浮雕细部及线图

　　石椁西侧由两块石头组成,分别刻有三组画面,由南至北分别为说法、墓主人降生、狩猎和商旅。

　　在云冈石窟、敦煌石窟大量出现的飞天乐伎,在这里又出现了,其符号性意义显而易见,这是佛教意味的,从窗棂下的祆神到叙事图像结束的飞天接引,手持曲项琵琶、竖箜篌、横笛、排箫的穿了中式服装的飞天(图二七),然而更有趣的是,在这幅画面中,飞翔的感觉是来源于长在后背的双翼,这样的双翼在佛教中是金翅鸟,在道教中是羽人,在曾经担任祆教萨保的史君墓里,这是多元文化的杂糅,是交流交往交融的产物。

四、文化:东西乐舞的交融共生

在史君墓,与镜像人间的空间变化相对应,音乐由外到内形成三个层次,五个不同场景。

第一是门框(隔离阴阳)上佛教意味的飞天乐伎奏乐。

第二是破子棂窗(内外)上与祆教祭司对应的乐伎奏乐。

第三是石堂东壁、西壁与北壁构成的故事(人生时空),图案又分为三个层次:

(一) 北壁:与男、女主人宴饮对应的男、女乐人奏乐;

(二) 北壁:宴饮中与舞蹈对应的乐舞图;

(三) 东壁:进入天国,飞天奏乐。

乐器组合特征(表一)

表一　史君墓石堂乐舞图像分布表

所处部位	位置	乐器使用情况	舞蹈形态
门柱	左	曲项琵琶、竖箜篌、横笛、筚篥	
	右	曲项琵琶、排箫、贝	
窗棂上方	左	排箫、横笛、琵琶、竖箜篌	
	右	曲项琵琶、细腰鼓、鼓、筚篥	
北壁2	上	竖箜篌、琵琶、筚篥、曲项琵琶	
	下	细腰鼓	一人甩袖顿足起舞
北壁4	上	琵琶、竖箜篌、曲项琵琶、横笛、细腰鼓	
	下	笙、竖箜篌、琵琶	
东壁	上	曲项琵琶、竖箜篌、横笛、排箫	

1. 首先是琵琶与箜篌的典型组合在几个粟特墓葬中均位于关键位置,可能与祆教丧葬仪式有关。

2. 在北壁第4图下部的女子乐舞图中出现了笙与琵琶箜篌组合,典型的东西交融。

结　　论

北朝的东西音乐文化交融共生现象,是不断发展变化的过程。在交往、交流与交融的不同层次,在商贸的基本动力推动下持续推进。其交融性在史君墓体现为拼贴形。

墓葬的两种文字的并列出现、两种葬俗与葬具的演化,宗教属性的多元、乐舞文化的多元并存。

在史君墓的五组乐舞图像中,功能不同、属性不同。虽然有了东西文化交融的笙与琵琶、箜篌的混合型乐队,但东西乐队还是有所区别。核心乐器仍以西来的琵琶、箜篌为主,这也与墓主人粟特族性与祆教信仰有关。

正是经过了北朝持续的交融与共生,才缔造了之后隋唐音乐的包容性和多元性特征,为隋唐音乐的繁荣奠定了基础。

从关中地区唐墓壁画中的竖箜篌
谈中西音乐文化交流

陕西历史博物馆　梁　勉

摘要：据不完全统计，迄今为止，陕西关中地区正式发掘的唐代有笔画的墓达一百多座。其中22座有关于乐舞的壁画。在这些奏乐图中，竖箜篌、琵琶是经常出现的乐器。本文根据对竖箜篌历史的追述、新疆出土的竖箜篌实物的分析、唐墓壁画中出现的竖箜篌图像的描述、分析来论述中西音乐文化交流。

关键词：唐墓壁画　竖箜篌　音乐交流

陕西关中地区在隋唐时代是王畿所在地，这里埋葬了唐代的许多达官贵人，迄今为止，正式发掘的唐墓有3000多座，而有壁画的墓达一百多座。其中22座墓中有关于乐舞的壁画，占到了五分之一。绘有乐舞图像的墓有：李寿墓[①]、执失奉节墓[②]、韦贵妃墓[③]、李爽墓[④]、李勣墓[⑤]、燕妃墓[⑥]、李晦墓[⑦]、李宪墓[⑧]、宋氏墓[⑨]、苏思勖墓[⑩]、朱家道村墓[⑪]、张去逸墓[⑫]、高元珪墓[⑬]、郯国大长公主墓[⑭]、陕棉十厂墓[⑮]等。这些壁画墓在年代上分别属于初、盛、中、晚唐的各个时期。研读这些壁画笔者发现在这些乐舞图中琵琶和竖箜篌的图像经常出现。有竖箜篌的壁画墓有：李

---

① 陕西省博物馆、文管会：《李寿墓发掘简报》，《文物》1974年第9期，第71—88页。
②⑫⑬ 贺梓城：《唐墓壁画》，《文物》1959年第8期，第31—33页。
③ 昭陵博物馆编：《昭陵唐墓壁画》，文物出版社，2006年1月版，第104—141页。
④ 陕西省文物管理委员会：《西安羊头镇李爽墓的发掘》，《文物》1959年第3期，第43—53页。
⑤ 昭陵博物馆：《唐昭陵李勣（徐懋公）墓清理简报》，《考古与文物》2000年第3期，第3—14页。
⑥ 昭陵博物馆编：《昭陵唐墓壁画》，文物出版社，2006年1月版，第172—177页。
⑦ 陕西省考古研究所：《陕西新出土唐墓壁画》，重庆出版社，1998年，第63—67页。
⑧ 陕西省考古研究所：《唐李宪墓发掘报告》，科学出版社，2005年版。
⑨ 张正岭：《西安韩森寨唐墓清理记》，《考古通讯》1957年第5期，第58—59页。
⑩ 陕西省考古研究所唐墓工作组：《西安东郊唐苏思勖墓清理简报》，《考古》1960年第1期，第30—36页。
⑪ 井增利、王小蒙：《考古与文物》1997年第4期，第8—11页。
⑭ 王仁波、何修龄、单暐：《陕西唐墓壁画之研究》（下），《文博》1984年第2期。
⑮ 陕西省考古研究所：《西安西郊陕棉十厂唐壁画墓清理简报》，《考古与文物》2002年第1期，第16—37页。

寿墓(631年)、李思摩墓①(647年)、燕妃墓(671年)、李晦墓(689年)、懿德太子墓②(706年)、陕棉十厂墓、苏思勖墓(745年)、富平朱家道村墓、长安区南里王村韦氏家族墓③。这些墓中绘制的箜篌图有的非常写实,将箜篌的弦数绘制得很清楚,例如李思摩墓、燕妃墓、李晦墓、陕棉十厂墓、苏思勖墓、富平朱家道村墓中的箜篌的弦数清晰可数,而李寿墓的壁画中的箜篌就没有画弓弦,长安区南里王村韦氏家族墓的壁画中的箜篌只画了寥寥几笔,给人非常写意的感觉。这些箜篌的弦数在十几支左右,而根据王子初先生所绘的新疆甘肃两地所见箜篌表统计④,竖箜篌的弦数自五弦至二十余弦不等。造成这一特殊悬殊的原因大致有二:一是这两地的壁画因长年磨蚀,许多细节辨认不清;二是古代画工考虑到构图需要而有所增减⑤。笔者认为关中的唐墓壁画中的竖箜篌图像弦数的多少也是这样的原因。

我国历史上有过多种箜篌,日本著名学者林谦三认为中国所知道的箜篌有三种:一、卧箜篌、二、竖箜篌、三、凤首箜篌。三者虽然都叫箜篌,其实卧箜篌属于琴瑟一类,而其余两者属于所谓竖琴之类,应当加以区分。其中知道最早的卧箜篌,原来就叫箜篌,这应该是中原固有的乐器;而于稍后传入的竖箜篌也被称为箜篌,于是加以卧、竖的冠称,以示区别。这分别造名,大概是在六朝末期(传入最晚的第三种箜篌,一开始就叫做凤首箜篌,所以和别的箜篌没有发生混乱)⑥。

竖箜篌,又称"竖头箜篌""胡箜篌",最早记述它的文献是《隋书·音乐志》:"今曲项琵琶、竖箜篌之徒,并出自西域,非华夏之旧器。"关于它的形制,唐代杜佑《通典》有云:"竖箜篌,汉灵帝(刘宏)好之。体曲而长,二十有二(一作三)弦,竖抱于怀中,用两手齐奏,俗谓之擘箜篌。"范晔的《后汉书·五行志》也曾载:"灵帝好胡服……胡箜篌、胡笛、胡舞,京城贵戚皆竞为之。"汉灵帝刘宏在位年代为公元168年—188年,据此竖箜篌至少也有近两千年的历史了。

箜篌的形象多见于六朝以至唐宋的绘画、雕刻、塑像中。敦煌壁画、新疆的众多石窟壁画中、大同云冈石窟浮雕以及唐代的俑中都有箜篌的形象。在敦煌壁画、新疆的众多石窟壁画、唐墓壁画的奏乐场面,大多可以见到竖箜篌,它是当时极其普通的乐器。根据所见到的资料林谦三先生认为竖箜篌的形制是:"上部有曲形的

① 昭陵博物馆编:《昭陵唐墓壁画》,文物出版社,2006年1月版,第48—49页。
② 陕西省博物馆、乾县文教局唐墓发掘组:《唐懿德太子墓发掘简报》,《文物》1972年第7期,第26—31页。
③ 赵力光、王九刚:《长安县南里王村唐墓壁画》,《文博》1989年第4期,第3—9、19页。
④ 王子初:《且末扎滚鲁克箜篌的形制结构及其复原研究》,《文物》1999年第7期,第50—60页。
⑤ 班丽霞:《竖箜篌考略》,《天津音乐学院学报(天籁)》,2002年第3期,第56页。
⑥ 林谦三:《东亚乐器考》,人民音乐出版社,1962年2月版,第220页。

共鸣膛(槽),下部有脚柱和肘木,张着二十多条弦的是一种角形竖琴。这样的竖箜篌起源于西方是毫无疑问的①。

　　竖箜篌起源于埃及和西亚,埃及法老墓随葬有演奏箜篌的彩绘木俑,年代在公元前3000年,古巴比伦演奏箜篌的浮雕泥版(图一),年代在公元前2004—1595年。②箜篌竖箜篌在公元前两千多年前在亚述也在使用,他们叫做"桑加",有弓形和角形两种形制,是一种小型的抱在怀里弹奏的箜篌,直到公元前1570年,在埃及和克托墓中则出现了1米左右的弓形箜篌,埃及叫做"哈卜"。公元前1420年的底比利斯的纳赫特墓中又出现了2米高的大哈卜,是和竖笛以及长颈琵琶合作的姿态,琴弓上张着13根弦。演奏者是一位女子,她站立着,用两手拨奏。公元前1150年的拉马西斯墓中出土了一幅6位女子演奏各种乐器的伎乐图,其中有一位女子演奏大哈卜的形象。埃及后来产生了近3米的大型哈卜,共有18根弦。不久又出现了20根弦的哈卜,到埃及第26王朝赛伊斯诸王时,则将弦数增加到22根。这种竖箜篌的琴轴在弓形上端,后来传到了波斯,称作cank,但这是一种小型哈卜,与古代亚述人使用的类似。可能哈卜由亚述向埃及和波斯不同方向的传播中,埃及哈卜越发展越大,后来则销声匿迹了。但波斯的小型箜篌,则自动传至新疆,再传入中原,一直到公元13世纪仍在使用。③

巴比伦箜篌浮雕

图一　采自《丝绸之路考古十五讲》

木竖箜篌　公元前五世纪,全长86.7厘米。
且末县扎滚鲁克古墓出土

图二　采自《新疆历史图说》

①　林谦三:《东亚乐器考》,人民音乐出版社,1962年2月版,第221页。
②　林梅村:《丝绸之路考古十五讲》,北京大学出版社2006年8月版,第280页。
③　周菁葆:《箜篌春秋》,《乐器》,2006年第9期,第80页。

竖箜篌自传入中原后,多用于宫廷音乐中,南北朝时期,西域音乐源源不断地流入各朝宫廷,并受到历代统治者的青睐。隋唐时期是竖箜篌发展的鼎盛时期,广泛用于宫廷燕乐中,隋代九部乐及唐代十部乐中的西凉、高丽、龟兹、疏勒以及高昌等伎乐部都使用它,唐代的俗乐也在用它,在唐墓壁画的奏乐场面里,大多有竖箜篌的存在①。竖箜篌后来又传到朝鲜、日本。在奈良东大寺的正仓院中,至今还珍藏着唐代制作的一架漆箜篌和两架螺钿槽箜篌残品。在我国对于竖箜篌的研究一直主要依据石窟壁画、陶俑、文献等二手资料,没有乐器实物来进行对应性研究。1996 年在新疆且末县扎滚鲁克一号和二号两个墓地出土了 3 件属公元前 5 世纪前后的箜篌②。2004 年,新疆鄯善洋海墓地又发掘了 3 件箜篌③。新疆出土的这 6 件竖箜篌,使人们首次目睹了这种曾在中国历史上辉煌一时的外来乐器的真实面目,而且把这种乐器进入中国的时间向前推进了数百年,也可能成为解决箜篌研究争议的钥匙。

1996 年新疆且末县扎滚鲁克出土的箜篌(图二)。且末扎滚鲁克墓地是古丝绸之路南道上且末古国的早期历史文化遗迹,位置大致在今阿尔金山山前、车尔臣河中游一带,即现在且末县境内。箜篌体长 87.6 厘米,系用一块梧桐整木经刮削、雕刻、打磨形成了共鸣腔和颈杆。在颈杆下部凿一榫洞,插一承弦杆,承弦杆上存有 3 道明显的系弦的痕迹,共鸣腔外部口沿存有蒙皮的痕迹。承弦杆上系弦的痕迹和共鸣腔上蒙皮的痕迹,是确定为乐器的重要依据。该乐器经新疆文物考古界、音乐界专家学者鉴定为竖箜篌。它被初定为战国时期(公元前 476—前 221 年)。虽然准确的年代有待进一步分析,但从出土文物特征来看,年代是很早的,不会晚于公元后。此箜篌因共鸣腔比较小,弦数不会太多,可能还处在竖箜篌的较为原始的形态。我们也注意到,且末扎滚鲁克出土竖箜篌的墓葬人的身份不高,竖箜篌制作的工艺水平也较低,看来是民间使用的普及乐器。这 3 件箜篌的出土,可以肯定,竖箜篌传入我国西域是在公元前,而传入中原的时代,也会大大地提前。它们的发现,向我们提供了在公元前、丝绸之路开通之前,就存在着东西音乐文化交流的历史信息④。

2004 年新疆鄯善洋海墓地又发掘了 3 件箜篌,该墓地位于吐鲁番火焰山南麓古车师、高昌地区,只因近今鄯善县而得名,与古之南道上的鄯善国没有关联。该墓地是吐鲁番盆地及周围地区最早的文化遗址。箜篌 M90:12 出土时保存状况较

---

① 班丽霞:《竖箜篌考略》,《天津音乐学院学报(天籁)》,2002 年第 3 期,第 57 页。

② 王博:《新疆扎滚鲁克箜篌》,《文物》2003 年第 2 期,第 56 页。

③ 国家文物局主编:《2004 中国重要考古发现》,文物出版社 2005 年 5 月版,第 91 页。

④ 何芳:《音乐考古的重大发现》,《新疆艺术》1998 年第 2 期,第 14 页。

好,除具有共鸣腔、琴颈和弦杆外,尤为珍贵的是还保留有一根琴弦和大部分蒙皮。洋海墓地的绝对年代为公元前 1000 年至公元前后①。这几件箜篌所属的时代可能也在公元前后。

　　我们再回过头来看唐墓壁画中的竖箜篌图。富平朱家道村墓的奏乐图中的箜篌演奏者坐在地毯上,双手抚琴(图三)。唐墓壁画中所绘制的竖箜篌大都属于这一种,只是弦数从 10—23 根不等。这种竖箜篌的形制应属于角形箜篌。在美索不达米亚和埃及发现了一些年代比较早的箜篌资料,学者大体上是以器物的造型进行分类研究(年代较晚的箜篌也如此分类),它们分有两种基本类型,即弓形箜篌和角形箜篌。②

图三　《考古与文物》1997 年第 4 期封面

　　弓形箜篌整体形制略显弓形,弯度大小有些变化。一般由音箱和琴杆组成,琴杆与音箱连为一体,并明显变细,琴杆略呈弧形,音箱底部也呈弧形。音箱多在下面,琴杆在上,或抱在怀里,或放在地上演奏。角形箜篌,也分为音箱和琴杆两部分,音箱和琴杆相对要直,两者之间为十字形结构,形成一个规矩的夹角,音箱呈长方形,但它音箱在上,琴杆在下,竖式演奏。③

---

　　①　国家文物局主编:《2004 中国重要考古发现》,文物出版社 2005 年 5 月版,第 91 页。
　　②　驹中井爱、江上波夫《东洋考古学》,平凡社,1943 年转引自王博:《新疆扎滚鲁克箜篌》,《文物》2003 年第 2 期,第 59 页。
　　③　王博:《新疆扎滚鲁克箜篌》,《文物》2003 年第 2 期,第 59 页。

　　文中所提及的唐墓壁画中的竖箜篌都属于角形箜篌,这些箜篌的音箱都是弧形,新疆苏巴什佛寺出土的舍利盒上的奏乐图中的箜篌图案与唐墓壁画中的竖箜篌图像一致(图四)。只是前者箜篌没有画弦而已。

图四　采自《新疆历史图说》

图五　采自《昭陵唐墓壁画》

　　有的学者认为中国历史上竖箜篌中还有一种小箜篌。它起源于古代猎弓,具有古代乐弓向古代乐器发展的最初形式。自东汉由波斯经西域传入中原后,曾在历代宫廷中使用。隋唐用于西凉、高丽、龟兹、疏勒以及天竺乐中,在敦煌北魏至唐宋的壁画中,以及唐墓壁画中都有小箜篌的图像。小箜篌许多都是在行进中弹奏,琴弦一般8—10条。例如燕妃墓中的奏乐图中的侍女左手持箜篌,右手弹拨十根弦的小箜篌(图五)。小箜篌一直流传到明末,清代失传,但在史籍中仍有记载。清代《续文献通考》中说:"小箜篌,女子所弹,铜弦,缚其柄于腰间。随弹随行,首垂流苏,状甚美观。……按弦乐器可行走弹奏者惟小箜篌一种而已。"[1]库车出土的舍利盒上的奏乐图中的弹奏竖箜篌的男子就把箜篌的柄叉到他的腰带里,边走边弹奏。

　　箜篌自汉代从西域传入,在我国成为主要乐器之一,到唐代的记录,仍把它称为胡乐,这说明了它的源流,并足以说明它是中外音乐文化交流的产物[2]。

①　乐声:《箜篌的历史与发展》,《乐器》1997年第1期,第26页。
②　常任侠:《丝绸之路与西域文化艺术》,上海文艺出版社,1981年4月版,第34页。

作为图像乐器学研究的创新路径
——以库木吐喇石窟第 68 窟遗存所见七星管乐器为说开

南京艺术学院　　刘文荣

摘要:我国古代乐器种类丰富,乐器文化发展取得了辉煌的成就。相比琵琶、筝、笛等,"七星管"是我国古代较为稀见的乐器。宋陈旸《乐书》有载"七星管",其后《文献通考》等史籍亦给予收录。但史书中记载的七星管乐器为何物,学界一直未有明晰的界定与研判。且早在《通典》等唐籍中出现的"七星"是否为七星管所指? 本文通过对"七星管"大量文献的考证与史料梳理,对库木吐喇石窟遗存所见"七星管"乐器进行了深入剖析,特别是通过对与龟兹有联系的丝绸之路乐器图像遗存的全面考察与细微分辨,笔者发现唐代壁画中存有大量的"七星管"乐器,且与文献所载七星管乐器出现时间相吻合,此以图像形式对"七星管"乐器史料的认识有以图明史、以图证史、以图补史之作用,对中古乐器发展史的认识亦具有重要的史料参考价值,对图像乐器学系统存在的可能具有典型的案例作用。

关键词:七星管　库木吐喇　图像遗存　形制　文本呈现　图像表征　图像乐器学

图像乐器学有别于音乐图像学,是一门新兴的学科,它不仅将丰富的图像乐器和深厚的音乐史积淀互相渗透而寻找到新的学科增长点,同时也吸收国内外最新的相关理论研究成果而运用于图像乐器学学科的建设中去。图像乐器学揭示图像中蕴含的声学原理,图像乐器学是交叉学科,但并非边缘学科。相反,它所蕴含的历史信息符合音乐史研究的需要,使其在交叉研究古老的图像乐器时,能对当今的乐器应用带来启发。

图像乐器学是音乐图像学与乐器学交叉研究成为新学科的必然,图像乐器学研究图像乐器的出现、发展历程以及蕴含的文化交流交融史规律,包括图像乐器学理论的建立与方法的探寻,图像乐器学学科体系的建立与论证等。图像乐器学是运用图像学与乐器学综合的方法解决相关问题。图像乐器学也关注乐器的实践研究与理论总结,这就是图像乐器的复原问题。图像乐器学力争从图像乐器研究的个案中总结规律,探求普遍的图像乐器学研究的规律,从而指导更多的图像乐器个案的研究。

作为能成为独立学科的图像乐器学,它的研究并不是简单地脱离于音乐图像学,也不是简单的对过去(逝去)乐器的发现与关照,更重要的是以图像乐器学的重新审视,挖掘图像乐器背后所蕴含的文化信息、历史信息和民族信息。

下以龟兹库木吐喇石窟第 68 窟为例,予以阐释说明。

古龟兹音乐历史悠久,自汉魏始,特别是南北朝以来,在传往中原的外来音乐中,龟兹乐的影响最大。无论是乐调、乐器、乐曲还是乐人,均对中原音乐产生了极为重要的影响。

库木土喇石窟位于今新疆库车县城约西 25 公里的渭干河畔东崖谷内处,为古龟兹音乐的重要遗迹。其 68 窟主室窟顶有绘横奏吹管乐器,为龟兹地区的稀见乐器,具有重要的史料价值。关于该乐器,以往学者均认为其为横笛。笔者考证,该乐器即为史籍所载"七星管"乐器。

库木土喇石窟为古西域龟兹石窟寺群中的重要石窟之一,其中如第 13 窟、16窟、21 窟、34 窟、46 窟、58 窟、68 窟均有反应音乐题材的壁画内容存在。其 68 窟即绘有本文所论的七星管乐器图像。在损坏较为严重的龟兹西域石窟中,特别是在遗留有不多音乐题材壁画的情况下,库木吐喇石窟保存有史料不多见的七星管乐器,极为珍贵。且在西域石窟中,仅库木吐喇石窟保存有七星管乐器。换言之,库木吐喇石窟第 68 窟是目前所见西域石窟中保存的唯一一例七星乐器,史料价值极高,此对研究中古时期七星管乐器的结构形制具有重要的参考价值,对研究龟兹音乐文化以及中原与西域音乐的交流发展均具有极为重要的历史价值。进言之,以龟兹石窟群唯一仅存的七星管乐器为窥,古龟兹地区对中国传统文化的发展面貌及其特征产生了深远且重要的影响,古龟兹音乐对中国传统音乐文化的阐释、发展传承具有特殊意义并起有重大的作用。本文就库木土喇石窟 68 窟所见七星管乐器形制、出现在龟兹石窟中的历史缘由结合大量的史料与图像进行深入考证,对中原与西域音乐交流的相关文化背景进行细微梳理与分析,并就龟兹音乐对中国传统音乐文化发展所起的历史作用与历史贡献的独特性与不可替代性进行深入挖掘与剖析。

一、库木土喇 68 窟中所见的七星管图像

库木土喇第 68 窟主室正壁窟顶出现有七星管图,其所绘内容有着浓郁的中原

风格,七星管乐器的出现即是如此。

库木吐喇第 68 窟到 72 窟处谷北区北端,各窟前廊南北贯通相连,故有称"五连洞"。第 68 窟是纵券顶中心柱窟,在券顶上则绘制有众多的不鼓自鸣乐器,除七星管所绘以外,此处亦有琵琶、拍板、排箫、笙簧、筝等乐器,均绘制极为立体和写实。

库木吐喇第 68 窟与 11、14、15、17、73 窟等属汉风壁画洞窟,在绘画内容与壁画题材上有明显的中原汉风痕迹,可以看出中原风格文化在此地西渐的影响。而库木吐喇 68 窟中的七星管即是如此。

库木吐喇第 **68** 窟不鼓自鸣中的七星管

二、历史文献记载中的七星管

通过细致校雠辑佚文献,最早载七星管的文献是宋陈旸《乐书》,如其文曰:"唐之七星管,古之长笛也。一定为调,合钟磬之均,各有短长,应律吕之度。盖其状如箎而长,其数盈寻而七窍,横以吹之。旁一窍,幪以竹膜,而为助声,唐刘系所作也。①"

《乐书》后,首载七星管的则是《文献通考》,如其《乐考十一》载:"唐之七星管,古之长笛也。一定为调,合钟磬之均,各有短长,应律吕之度。盖其状如箎而长,其数盈寻而七窍,横以吹之。旁一窍,幪以竹膜,而为助声,唐刘系所作也。

---

① ［宋］陈旸:《乐书》卷 148,四库全书第 211 册,上海古籍出版社,1987 年版,第 681 页。

用之雅乐岂非溺于七音欤。"①《文献通考》编纂于宋元之际,成书于元大德年间。《乐书》成书于北宋建中靖国元年,可以看出,《文献通考》所记"七星管"几乎与《乐书》同。并且通过对《文献通考》与《乐书》的细微比勘,则得出《文献通考》引自《乐书》②。正如《文献通考·自序》云:"凡叙事则本之经史,而参之以历代《会要》,以及百家传记之书,信而有证者从之,……凡一话一言可以订典故之得失,证史传之是非者,则采而录之……命其书曰《文献通考》"③,其对《乐书》的引用即是如此而来。故可以看出《文献通考》大量参考并引述了陈旸《乐书》的内容,七星管即同。

　　除此之外,有明时期"学极奥博"的瞿九思在质疑辨惑的《乐经以俟录》"管"条中有载:"七星管,唐刘系所作,用之雅乐。"④明陈耀文《天中记》卷四十三"杂乐器"亦载:"唐之七星管,古之长笛也。其状如篪而长,其数盈寻而七窍,刘系所作也。顾况《七星管》歌云:'龙吟世泽欲兴雨,凤引九雏警宿焉'。"⑤清张岱《夜航船》卷九载:"女娲氏始作管,唐刘系作七星管。"⑥

　　清《渊鉴类函》卷一百九十"管一"条载:"《文献通考》曰:'唐之七星管,其状如篪而长,其数盈寻而七窍,横以吹之。旁一窍溟以竹膜,而为助声'。"⑦《渊鉴类函》是将七星管归在"竹"属中。并且在"竹为管后"紧接着介绍七星管。

　　另外,《渊鉴类函》"管二"《宫词小纂》等载"七星管"史料,不一一列举,综考,关涉七星管的文献如下:

表一　七星管史料著述一览表

七星管	所出目次	所出著者
唐之七星管,古之长笛也。一定为调,合钟磬之均,各有短长,应律吕之度。盖其状如篪而长,其数盈寻而七窍,横以吹之。旁一窍,幪以竹膜,而为助声,唐刘系所作也。	卷一四八	[宋]陈旸《乐书》

　　①　[元]马端临:《文献通考》,中华书局,1986年版,第1227页。

　　②　按:此在《文献通考》中大量出现的"陈氏《乐书》曰"中也有着直观的表达。如《文献通考》中的"乐考七·金之属""乐考八·石之属"以及"土之属""乐考九·革之属""乐考十·丝之属""乐考十一·匏之属"以及"竹之属""乐考十二·木之属"等多见"陈氏《乐书》曰……"字样。见《文献通考》,中华书局,1986年版。

　　③　[元]马端临:《文献通考》,中华书局,1986年版,第3页。

　　④　[明]瞿九思:《乐经以俟录》卷十三,明万历三十五年史学迁刻本,第231页。

　　⑤　[明]陈耀文:《天中记》卷四十三,文渊阁四库全书本,第3878页。

　　⑥　[明]张岱,刘耀林校注:《夜航船》卷九,浙江古籍出版社,1987年版,第420页。

　　⑦　[清]张英等:《渊鉴类函》第8册,中国书店出版社,1985年版,第129页。

续表

七星管	所出目次	所出著者
唐之七星管,古之长笛也。一定为调,合钟磬之均,各有短长,应律吕之度。盖其状如篪而长,其数盈寻而七窍,横以吹之。旁一窍,幪以竹膜,而为助声,唐刘系所作也。	卷一三八	[元]马端临《文献通考·乐十一》
七星管,唐刘系所作,用之雅乐。	卷十三	[明]瞿九思《乐经以俟录》
唐之七星管,古之长笛也。其状如篪而长,其数盈寻而七窍,刘系所作也。顾况《七星管》歌云:龙吟世泽欲兴雨,凤引九雏警宿焉(鸟)。	卷四十三	[明]陈耀文《天中记》
唐刘系作七星管。	卷九《礼乐部》	[清]张岱《夜航船》
唐之七星管,其状如篪而长,其数盈寻而七窍,横以吹之。旁一窍溟以竹膜,而为助声。	卷一百九十	[清]张英《渊鉴类函》
有曰唐刘系所作七星管。	卷一百九十一	[清]张英《渊鉴类函》
龙吟四泽欲兴雨,凤引九雏警宿鸟。《七星管歌》《通典》。	卷二百十七	[明]胡震亨《唐音统签》
龙吟四泽欲兴雨,凤引九雏警宿鸟。《七星管》《通典》。	卷二百六十八	[清]曹寅等《全唐诗》
顾况有《七星管歌》①。	卷下	[清]张海鹏《宫词小纂》

除以上载"七星管"史料外,由上可见,唐诗人顾况有《七星管歌》,其云:"龙吟四泽欲兴雨,凤引九雏惊宿鸟。"作为记载唐五代诗歌集大成的《唐音统签》,在其中《唐音丁签》中有载"龙吟四泽欲兴雨,凤引九雏警宿鸟"的诗句,并言为顾况《七星管歌》。

此外,以《唐音统签》为重要蓝本而在清康熙时官修刊印的《全唐诗》卷三百十四亦载《七星管歌》,②并述引自《通典》。但是,与《七星管歌》同载的"巫峡朝云暮不归,洞庭春水晴空满"两句,并不是言"七星管歌",是出自张为《主客图》,今见多

---

① [清]张海鹏:《宫词小纂》卷下,清借月山房汇钞本,第103页。
② [清]《全唐诗》,清光绪十三年(丁亥)上海同文书局石印本,第922页。

种文学著作引此两句为颂《七星管歌》，实为误①。

三、"七星管"与"七星"之名实辨考

如上所论，宋时文献即有载"唐之七星管，古之长笛也"等句，充分可以看出，七星管在唐代即已存在。《唐音统签》以及清《全唐诗》所记载的顾况七星管歌出现在《通典》，然而考之《通典》，亦无载顾况七星管歌，但是却出现了七星。《通典》卷一百四十四《乐四》载："七星，不知谁所作，其长盈寻。"②并考唐文献，涉"七星"乐器者，仅见收于《通典》。然《通典》所言七星是否为七星管，换言之，宋文献中所言的"唐之七星管"是否为《通典》所载七星。为此，辑考七星文献，除最早的唐杜佑《通典》外，其后亦有如下：

后晋《旧唐书》卷二十九《乐志九》载："今世又有篴，其长盈寻，曰七星。"③

宋郑樵《通志》卷五十《乐略》第二中有载"竹八"，其中有设"七星"条，是云："七星，不知谁所作，其长盈寻。"④《通志》载《乐志》有卷四九与卷五十仅二，又为《乐略》，我们并未得出较多的七星信息，其载同于《通典》。

宋李昉《太平御览》载："今之七星，古之长笛，一定为调，合钟磬之均，各有短长，应律吕之度。"⑤在前唐籍的基础上，出现了"一定为调，合钟磬之均，各有短长，应律吕之度"等较多的解释。

明陆深《俨山外集》卷二《传疑录下》有"八音"条，在"竹之属"中立有"七星"的条目，惜未做注释。⑥

清《唐书合钞》卷三十八《乐二》载："今世又有篴，其长盈寻，曰七星。"⑦

今存文献中最早对"七星"乐器有明确记载的是《通典》，稽考典籍，后书有将先史转载者，多为依原本辑录，如《通典》载"七星"后，宋《通志》的依原文辑录等。同此，宋陈旸《乐书》载"七星管"后，《文献通考》《天中记》《渊鉴类函》等的原文辑录。

---

① 按：在《唐音统签》与《全唐诗》中，此二句"巫峡朝云暮不归，洞庭春水晴空满"与七星管歌"龙吟四泽欲兴雨"接，且有"以下并见张为《主客图》"。故有判断"巫峡朝云暮不归，洞庭春水晴空满"二句为述《七星管歌》。其实，"巫峡朝云暮不归，洞庭春水晴空满"不仅此二句，前亦有"汀洲渺渺江篱短，疑是疑非两断肠"，题作《主客图》。

② ［唐］杜佑：《通典》，中华书局，1988年版，第3682页。

③ ［后晋］刘昫等：《旧唐书》，中华书局，1975年版，第1079页。

④ ［宋］郑樵：《通志》卷五十，中华书局，1987年版，第643页。

⑤ ［宋］李昉等：《太平御览》，中华书局，1960年版，第2617页。

⑥ ［明］陆深：《俨山外集》卷二，上海古籍出版社，1993年版，第18页。

⑦ ［清］沈炳震：《唐书合钞》卷三十八，清嘉庆十八年海宁查世倓刻本。

即此,再予考论,将史载七星管与七星史料比较如下:

表二　七星与七星管原文著录对比一览

七星	所出著者	所出条目	文献时代	七星管	所出著者	所出条目	文献时代
七星,不知谁所作,其长盈寻。	《通典》卷一百四十四《乐四》	竹八	唐	唐之七星管,古之长笛也。一定为调,合钟磬之均,各有短长,应律吕之度。盖其状如篪而长,其数盈寻而七窍,横以吹之。旁一窍,幎以竹膜,而为助声,唐刘系所作也。顾况《七星管》歌云:龙吟世泽欲兴雨,凤引九雏惊宿鸟。	陈旸《乐书》	俗部·竹之属	宋
	《通志》卷五十《乐略》第二	竹八	宋		马端临《文献通考·乐十一》	竹之属·俗部	宋末元初
今世又有篪,其长盈寻,曰七星	《旧唐书》卷二十九《乐志二》		后晋	唐之七星管,古之长笛也。其状如篪而长,其数盈寻而七窍,刘系所作也。顾况《七星管》歌云:龙吟世泽欲兴雨,凤引九雏警宿焉(鸟)。	陈耀文《天中记》卷四十三	杂乐器	明
今之七星,古之长笛,一定为调,合钟磬之均,各有短长,应律吕之度。雅乐部内咸用之也。	李昉《太平御览》卷五百八十《乐部十八》	笛	宋	七星管,唐刘系所作,用之雅乐。	瞿九思《乐经以俟录》卷十三	管	明
有"七星"的条目,惜未做注释。	陆深《俨山外集》卷二《传疑录下》	八音·竹之属	明	唐刘系作七星管。	张岱《夜航船》卷九	律吕	清
今世又有篪,其长盈寻,曰七星。	沈炳震《唐书合钞》卷三十八《乐二》		清	唐之七星管,其状如篪而长,其数盈寻而七窍,横以吹之。旁一窍溟以竹膜,而为助声。	张英等《渊鉴类函》卷一百九十《乐部七》	管一	清
七星,唐刘系所作,详二。	张英等《渊鉴类函》卷一百九十《乐部七》	管三	清	有曰唐刘系所作七星管。	张英等《渊鉴类函》卷一百九十《乐部七》	管二	清

我们将以上所载七星与七星管逐条条目通过详细辨察比勘,可得如下结论:

其一,考订始载"七星"乐器文献,可以看出,最早为《通典》,其次为《旧唐书》,后有宋籍如《通志》《乐书》等。亦可见唐籍记载为七星,宋始有称七星,且在宋,亦出现有称七星管者。换言之,唐时称七星,宋时,七星与七星管并称。

其二,《旧唐书》首提七星与篪的关系,史料价值重大。《旧唐书》的修撰成书去唐不远,保存了唐史大量的一手资料,其史料来源亦多为唐实录。根据当时修史环境,《旧唐书》作者有条件接触到大量唐代史料,故"全用实录、国史旧本"的《旧唐书》中我们看到了"七星"的记载与表述①。细辨《旧唐书》与《通典》的"七星"所载,《旧唐书》对《通典》有部分征引,并掾据"实录旧本"的基础上,提出了篪与七星的关系。

其三,由宋李昉《太平御览》载"今之七星,古之长笛"以及《乐书》载"唐之七星管,古之长笛",可以看出,七星名称在宋时仍在使用。但通过对宋籍的大量考察,发现宋时已多称七星管之名。

其四,我们将《太平御览》与《文献通考》所载七星与七星管的材料比较如下:

《太平御览》对七星的描述:

> 今之七星,古之长笛,一定为调,合钟磬之均,各有短长,应律吕之度。

《文献通考》对七星管的描述:

> 唐之七星管,古之长笛也。一定为调,合钟磬之均,各有短长,应律吕之度。

可以看出,二籍所载文字雷同且多数未变,只在于"七星"和"七星管"名称的变化上。再结合《通典》载"七星,不知谁所作,其长盈寻"。故可以得出,宋文献所载的"唐之七星管",与唐籍所载的唐之七星为同种乐器所指。

其五,《唐书·乐志二》及《旧唐书·乐志九》均载:"今世又有篪,其长盈寻,曰七星。"宋籍等载:"唐之七星管,其状如篪而长,其数盈寻而七窍。"唐籍称七星,以宋时所定名的七星管来言唐之所属乐器,有称唐代的七星管,故有"唐之七星管"如是所称。

其六,《渊鉴类函》在《文献通考》的基础上,增添了许多新的考证史料。《渊鉴类函》卷一百九十《乐部七》"管二"目中有载"唐刘系作七星管"②。是书该卷"管三"目中"七星"条有载"七星,唐刘系所作"③,即同是云刘系作七星及七星管,充分

---

① 〔清〕赵翼:《廿二史札记》上册,北京:中华书局,1963 年版,第 312 页。

②③ 〔清〕张英等:《渊鉴类函》第 8 册,中国书店出版社,1985 年版,第 130 页。

可以看出,七星与七星管同。

四、"七星管"之"管"释

延上所考,由宋定名所称之七星管上溯至唐称的七星,换言之,即唐籍所称的七星,宋籍多称其名为七星管。缘何如此,此种现象,在宋籍将七星管列为"管"类乐器中即可以看出。

其一,陈旸《乐书》在述七星管前,首先引《广雅》云:"管象篪长尺,围寸,有六孔,无底。"次又引《风俗通》《说文》云:"管,漆竹长一尺,六孔。"复次又引《蔡邕章句》:"管者,形长一尺,围寸。"以三者所引,陈旸遂得出结论,并开启七星管的介绍,如其文云:"以三者推之,管象篪而六孔,长尺围寸而无底,十二月之音也。唐之七星管,古之长笛也。"

其二,《文献通考》在释七星管前,先云"旧志以篪为管是不知篪春分之音,而管十二月之音也"。接着类次叙述管之分类,如"双管、七星管、双凤管、太平管、骆驼管、跋膝管、拱辰管、昭华管、箫管、尺八管、中管"。特别是在述"尺八管"的同时,言其是为"尺八"之管,其曰:"足黄钟一均声,或谓之尺八管……尺八,其长数也。"① 故尺八管亦称尺八,其与七星管又称七星同。并且,从侧面亦看出,《文献通考》明确释篪与管的不同,在以目次的叙述中,再次强调"七星管"为管类乐器,亦是对七星管"其状如篪"的印证。

其三,那么,缘何在唐时称七星,宋时又称七星管。即如前文所述尺八,唐时称尺八,宋陈旸《乐书》亦称尺八管。《旧唐书》载:"尺八长短不同,各应律管,无不谐韵。"②《乐书》载:"箫管之制六孔,旁一孔……或谓之尺八管。"③《庚和录》载:"唐人有谓之尺八者,今箫或其遗制也。"④ 明杨慎《丹铅余录》有云:"唐人乐器有名尺八者,今不复有。"⑤ 如七星管一样,甚至唐时所称的尺八,宋时既有称尺八管,又仍称尺八者。如宋沈括《梦溪笔谈》有云:"后汉马融所赋长笛,空洞无底……正似今之尺八。"⑥ 此外,还有唐所称的箫,陈旸《乐书》亦称箫管。充分说明,唐籍所称七星,

---

① 按:《文献通考》此载虽无述"陈氏《乐书》曰",但其与陈旸《乐书》卷一百四十八所载同。分别见［宋］陈旸:《乐书》卷一百四十八,四库全书211册,上海古籍出版社,1987,第685页;［元］马端临:《文献通考·乐考十一》,中华书局,1986年版,第1227页。

② ［后晋］刘昫等:《旧唐书》,中华书局,1975年版,第2720页。

③ ［宋］陈旸:《乐书》卷148,四库全书第211册,上海古籍出版社,1987年版,第685页。

④ ［清］何梦瑶撰:《庚和录》,南海何氏刊本。

⑤ ［明］杨慎:《丹铅余录》,四库全书本。

⑥ ［宋］沈括:《梦溪笔谈》,上海古籍出版社,2015年版,第38页。

即是宋所称的七星管。

其四,明瞿九思《乐经以俟录》置"七星管"为"管"条目下。《渊鉴类函》"管一""管二""管三"均载七星管史料。如释"七星管"为"管一"条目下①,并在"管二"条目下有增《文献通考》载刘系制七星管,同时亦载其他管类乐器如"唐宣宗善吹芦管"等②。

其五,清张岱《夜航船》卷九《礼乐部》亦先述"管",然次再云七星管,如其文曰:"女娲氏始作管,唐刘系作七星管。"

其六,《渊鉴类函》在介绍七星管前,亦有大量对"管"的文字说明:"管者,形长一尺围寸,有孔,无底,其器今亡。《广雅》曰:管象篪长尺,围寸,有六孔,无底。《风俗通》曰:管漆竹长一尺,六孔,十二月之音,象物贯地而牙,故谓之管。增唐志……竹为管。"③

即此,载七星、七星管为管属乐器者,再总表如下:

表三　七星管乐器所属类目统计表

乐器著录名称	所出目次	所出著者
七星	竹	《通典》卷一百四十四《乐四》
七星	竹	《通志》卷五十《乐略》第二
七星	竹之属	明陆深《俨山外集》卷二《传疑录下》
七星	管三	张英《渊鉴类函》卷一百九十一《乐部七》
七星管	俗部·竹之属	陈旸《乐书》卷一四八
七星管	竹之属·俗部	马端临《文献通考·乐十一》
七星管	管	明瞿九思《乐经以俟录》
七星管	管一	张英《渊鉴类函》卷一百九十《乐部七》
七星管	管二	张英《渊鉴类函》卷一百九十一《乐部七》

《通典》《通志》以材质分为八音竹属类乐器,明陆深《俨山外集》以大类的八音为总分,又将七星置于八音中的竹之属,并且在竹之属中列管类乐器。《乐书》《文献通考》以竹之属并以俗部用乐为分,《乐经以俟录》《渊鉴类函》直接以管类乐器对七星管而分。可以看出,宋籍以其释宋称七星管的同时,上溯言唐时,亦称其为七星管。后籍袭宋籍述七星管者,延其所载。

---

①② ［清］张英等:《渊鉴类函》第 8 册,中国书店出版社,1985 年版,第 130 页。

③　［清］张英等:《渊鉴类函》第 8 册,中国书店出版社,1985 年版,第 129—130 页。

综合以上对涉七星管文献的辑录与分析,下就其反映出的信息作形制的判断。《乐书》及《文献通考·乐十一》对七星管有着极为详细的记述,先以《广雅》《说文》等释管,后释七星管。先得出"管象箎长尺,围寸,有六孔,无底",后并得出"管象箎而六孔,长尺围寸而无底"。此外,通过《乐书》与《文献通考》对"跋膝管"的记述,亦能得知"七星管"的形制信息,如其文载:"跋膝管,其形如笛而短,与七星管如箎而长者异矣。"[①]同可见,七星管似箎为长。通过《乐书》与《文献通考》详载七星管资料,可以看出,七星管,管身竹制,横吹,吹嘴下有形,旁有膜。所幸的是,《乐书》在详载七星管文字的同时,亦披图如下:

图 1　宋陈旸《乐书》中的七星管图

五、文本依据与图像意涵——敦煌壁画所见七星管乐器形象的表现

追溯龟兹库木吐喇第 68 窟汉风洞窟的表现,桥头堡河西走廊敦煌壁画中出现有大量的七星管乐器图像,更为难得的是,敦煌石窟为中国古代七星管乐器图像出现最多的地方,为后世保留有众多珍贵的七星管历史图像遗存。敦煌石窟集中保存的七星管图具有极高的历史价值与艺术价值,是反映七星管乐器造型与艺术风格的重要场所。本文考镜源流,探赜索隐,根据诸多文献资料所载以及文献所披七星管图,对敦煌莫高窟壁画中的七星管乐器进行了全面而深刻的观察、分析和梳理,现刊布如下。

据笔者统计,出现于莫高窟的七星管图有:第 258 窟南壁(图 2a、图 2b)、第 98 窟南壁(图 3a、图 3b、图 4a、图 4b)、第 146 窟主室北壁西侧(图 5a、图 5b)、第 238 窟南壁(图 6)、第 144 窟北壁东侧(图 7)、第 85 窟南壁东侧(图 8)、第 76 窟东壁(图 9a、图 9b)、第 148 窟主室东壁门南(图 11)、第 158 窟主室西壁南侧(图 12)、窟顶西侧(图 13)及东侧、第 61 窟主室南壁西侧(图 14)、第 379 窟南壁[②]、第 112 窟北壁、第 156 窟主室北壁、第 231 窟北壁西侧、第 360 窟南壁、第 138 窟主室南壁、第 172 窟主室南壁、第 192 窟南壁西侧、第 100 窟主室南壁西侧、第 327 窟窟顶东披、第 468 窟主室南壁西侧。

---

①　分别见——[宋]陈旸:《乐书》卷一四八,上海古籍出版社,1987 年版,第 684 页;马端临:《文献通考》,中华书局,1986 年版,第 1227 页。

②　按:因篇幅关系,以下余图见表五。

图 2a　莫高窟 258 窟南壁七星管　　　图 2b　莫高窟 258 窟南壁七星管线描（笔者绘）

如中唐 258 窟南壁《报恩经变》西侧乐队前起（北起）第 3 身七星管（图 3a 及线描图 3b）。由图观之，乐伎横持管，管首朝右，管尾朝左，双手持管演奏，且双手一里一外，即右手手心朝里按音演奏，左手手心朝外按音演奏，管身较长，且管首下部有见明显的曲折形七星管特征。

图 3a　莫高窟 98 窟主室南壁七星管　　　图 3b　莫高窟 98 窟主室南壁七星管细部

如莫高窟 98 窟出现有典型的七星管 2 身，分别在主室南壁西起第四铺《报恩经变》中下部西侧乐队后排前起（北起）第 3 身七星管（图 3a、图 3b），在该铺经变中下部东侧乐队前排前起（北起）第 2 身七星管（图 4a、图 4b）。该 2 身七星管较为写实，横奏，吹口下有七星管明显的特征。另外，其管身较长，特别是与同窟横奏的横笛笛身比较，明显较长，可见乐器绘制的写实，此亦反映出乐工在音乐上修养与其时乐器形制外观熟悉，反之，亦说明七星管乐器在其时的常见程度。

图 4a　莫高窟 98 窟主室南壁七星管　　　图 4b　莫高窟 98 窟主室南壁七星管细部

再如,莫高窟第 146 窟主室北壁西起第一铺《天请问经变》中,东侧乐队前排前起(南起)第 3 身的七星管(图 5a、图 5b)。该图所见,横奏,管身较长,双手持管,呈按音状,管首吹管下见清晰的七星管特征。

图 5a　莫高窟 146 窟主室　　图 5b　莫高窟 146 窟主室　　图 6　238 窟南壁七星管　中唐
　　　北壁七星管　　　　　　　　北壁七星管细部

另外,第 238 窟南壁观无量寿经变东侧乐队前起(北起)第 3 身七星管(图 6),此与同乐队中的笙、竽篥等乐器图像均极为写实,如笙斗、参差的笙苗清晰可见,竽篥哨片绘制清楚。

第 144 窟主室北壁东起第一铺下部平台东侧乐队中①，自南向北（前起）第 2 身的七星管（图 7）、第 85 窟南壁东起第一铺《报恩经变》中下部东侧乐队前排前起（北起）第 1 身七星管（图 8）、第 76 窟东壁七星管（图 9a、图 9b）亦极为写实。

图 7　144 窟主室北壁东侧七星管

图 8　莫高窟 85 窟南壁七星管

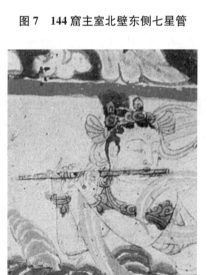

图 9a　莫高窟 76 窟东壁七星管

图 9b　莫高窟 76 窟东壁七星管细部

莫高窟第 100 窟、第 146 窟既出现有横吹的七星管，又出现有横笛，乐器绘制极为写实。如同处五代时期的第 468 窟北壁药师经变东侧乐队前起（南起）第 2 身

———————————

① 按：自南向北（即前起）分别绘有羯鼓、横笛、笙、拍板四件乐器，均极为写实。

和南壁观无量经变中西侧乐队前起（南起）第2身的两支横笛极为写实，非为七星管。可见，并不是画工在笛身上的随意绘制所为。

莫高窟112窟主室南壁东起第一铺《观无量寿经变》中部东侧乐队前起（北起）第2身的横笛①，极为写实，非七星管。同样，在112窟，在主室北壁东起第二铺《报恩经变》中下部平台东侧中出现七星管，其在后排前起（南起）第2身即为七星管。

现将敦煌壁画中出现的七星管图统计如下：

表五　莫高窟出现七星管统计

时代	窟号	七星管数量	位　　置
盛唐	第148窟	1	主室东壁门南《观无量寿经变》中下部平台南侧临近中心榭台处，乐队后排西起第3身
	第172窟	1	主室南壁《观无量寿经变》中下部平台东侧乐队共有8人演奏乐器，后排北起第1身
	第379窟	1	南壁《观无量寿经变》西侧乐队中共有4人演奏乐器，北起第3身
中唐	第112窟	2	北壁东起第一铺《药师经变》中下部平台东侧乐队共有4人，分2排演奏乐器，后排南起第2身
			北壁东起第二铺《报恩经变》中下部平台东侧乐队共有4人分2排演奏乐器，后排南起第2身
	第158窟	3	主室窟顶西披南起第四铺《西方净土变》中下北侧乐队共有3人演奏乐器，西起第1身
			主室窟顶东披南起第四铺《东方净土变》中下南侧乐队共有3人演奏乐器，西起第2身
			主室西壁南侧
	第231窟	1	主室北壁西起第一铺《药师经变》中下部西侧乐队共有6身演奏乐器（分2排），前排前起（南起）第3身
	第238窟	1	南壁西起第一铺《观无量寿经变》东侧乐队共3人演奏乐器（处1排），前起（北起）第3身
	第258窟	1	主室南壁《报恩经变》西侧乐队共演奏乐器6身（分2排），前起（北起）第3身
	第360窟	1	主室南壁西起第二铺《观无量寿经变》中下部东侧乐队共有6身演奏乐器（分2排），前排前起（北起）第2身

① 按：该铺《观无量寿经变》共有4组乐队，分上下2层，乐器绘制极为写实。上层6身乐伎在演奏乐器，下层6身乐伎在演奏乐器，上层乐伎间即是著名的反弹琵琶舞姿，以其表现出点足吸腿的绚丽妙曼舞蹈造型著称于世。

时代	窟号	七星管数量	位　置
晚唐	第 85 窟	1	南壁东起第一铺《报恩经变》中下部东侧乐队共有 8 人演奏乐器，分 2 排，前排前起(北起)第 1 身
	第 138 窟	1	主室南壁西起第三铺《阿弥陀经变》下部下层东侧乐队共有 5 身演奏乐器，处一排，前起(北起)第 3 身
	第 144 窟	1	主室北壁东起第一铺《报恩经变》下部平台东侧乐队共有 4 人演奏乐器(处同排)，南起第 2 身
	第 156 窟	2	主室北壁西起第一铺《报恩经变》中部东侧乐队后排前起(南起)第 2 身(共有 8 身演奏乐器)
			主室北壁西起第二铺《药师经变》中部西侧东侧乐队前起(南起)第 3 身七星(共有 5 身演奏乐器)
	第 192 窟	1	192 窟主室南壁西起第一铺《阿弥陀经变》中部西侧乐队前起(北起)第 1 身七星(共有 3 身演奏乐器)
五代	第 61 窟	1	主室南壁第 5 铺《报恩经变》东侧乐队后排前起(北起)第 2 身七星
	第 98 窟	2	主室南壁东起第一铺《报恩经变》中下部西侧乐队共 6 人演奏乐器，分 2 排，后排前起(北起)第 3 身
			主室南壁东起第一铺《报恩经变》中下部东侧乐队共 6 人演奏乐器，分 2 排，前排前起(北起)第 2 身
	第 100 窟	1	主室南壁西起第一铺《报恩经变》东侧乐队前排前起(北起)第 3 身(共 8 身演奏乐器，分 2 排)
	第 146 窟	1	主室北壁西起第一铺《天请问经变》东侧乐队前排前起(南起)第 3 身(该侧乐队共 5 人，分 2 排)
	第 468 窟	1	主室南壁中铺《观无量寿经变》西侧乐队前起(北起)第 2 身(该侧乐队共 3 人，处 1 排)
	第 76 窟	1	主室东壁
西夏	第 164 窟	1	主室南壁东起第一铺《阿弥陀经变》下层东侧乐队前起(北起)第 1 身(该铺乐队共有上下 2 层，该下层东侧共 2 身演奏乐器，处 1 排
	第 327 窟	1	窟顶东披

　　通过对莫高窟七星管图出现时代的考察，七星管最早出现于盛唐窟中，如 148 窟东壁门南《观无量寿经变》中下部平台南侧临近中心亭台处，后排前起第 3 身中的七星管（图 10）。

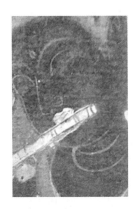

图 10　148 窟主室东壁门南中的七星管　　　　图 11　158 窟西壁南侧中的七星管

　　中唐时期，莫高窟出现了较多的七星管乐器，如仅 158 窟出现了 3 身较为明显的七星管乐器，分别在主室西壁南侧《涅槃经变》（图 11）、主室窟顶西披南起第四铺《西方净土变》中下北侧前排前起西起第 1 身（图 12），以及窟顶东侧中的七星管乐器。

图 12　158 窟窟顶西侧南端中的七星管　　　图 13　莫高窟 61 窟主室南壁七星管

　　莫高窟晚唐时期洞窟中，七星管乐器出现亦较多。如 156 窟出现有典型的 2 身七星管，分别是主室北壁西起第一铺《报恩经变》中，东侧乐队后排前起（南起）第 2 身，以及该窟同壁第二铺《药师经变》中，西侧东侧乐队前起（南起）第 3 身是为七星管。

　　五代时期，莫高窟中的七星管出现仍较多，除 98 窟出现典型的 2 身七星管外，61 窟主室南壁第 5 铺《报恩经变》东侧乐队后排前起（北起）第 2 身亦有七星管乐器（图 13）。

敦煌藏经洞遗书中五代时期的 S.3929《节度押衙董保德重修普静塔功德记》，其中有记载画工的音乐修养与绘画技巧，这为我们审视七星管乐器的真伪性提供了重要的线索。如其文云："厥有节度押衙知画行都料董保德等……故得丹青之妙，粉末希奇；手迹及于僧繇，笔势邻于曹氏。画蝇如活，佛铺妙似于祇园；邈影如生，圣会雅同于鹫岭。而又经文粗晓，礼乐兼精……刹心四廊，图塑诸妙佛铺；结脊四角，垂拽（曳）铁索鸣铃，宛然具足。新拟弥勒之宫，创似育王之塔……清风鸣金铎之音"①。可见，敦煌壁画的绘制与营造是不缺技艺精湛、礼乐兼精的"节度押衙知画行都料"等级别的画工。

敦煌莫高窟壁画是保存古代音乐内容不容忽视的场所，也是七星管出现最多的石窟。下将敦煌石窟各时代出现的代表性七星管图录如下，亦可反观七星管在古代的丰富表现。

表六　莫高窟出现七星管图录统计

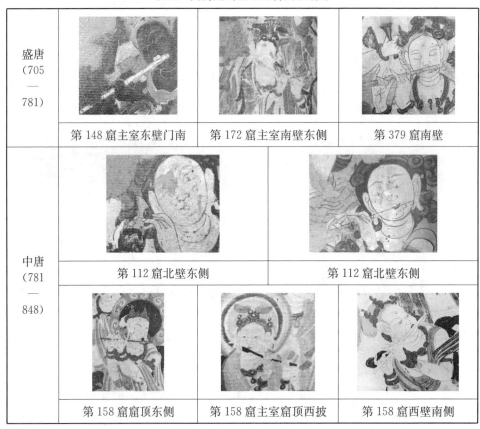

盛唐 （705 — 781）	第 148 窟主室东壁门南	第 172 窟主室南壁东侧	第 379 窟南壁
中唐 （781 — 848）	第 112 窟北壁东侧		第 112 窟北壁东侧
	第 158 窟窟顶东侧	第 158 窟主室窟顶西披	第 158 窟西壁南侧

---

① 黄征、吴伟：《敦煌愿文集》，岳麓书社，1995 年版，第 387 页。

续表

中唐 （781 — 848）			
	第 231 窟北壁西侧	第 238 窟南壁西侧	第 258 窟南壁
晚唐 （848 — 914）			
	第 85 窟主室南壁东侧	第 138 窟主室南壁中铺东侧	第 144 窟主室北壁东侧
	第 156 窟北壁西侧	第 156 窟北壁西侧	第 192 窟南壁西侧
五代 （907 — 959）			
	第 61 窟主室南壁西侧	第 98 窟主室南壁东侧	第 98 窟主室南壁东侧
	第 100 窟主室南壁西侧	第 146 窟主室北壁西侧	第 468 主室南壁西侧

续表

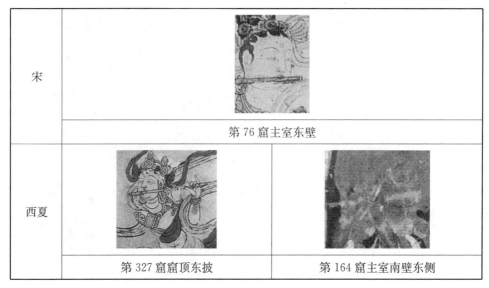

宋	第 76 窟主室东壁	
西夏	第 327 窟窟顶东披	第 164 窟主室南壁东侧

结　　语

职是之故，通过以上对七星管文献详细考察，结合图像的再考察，我们可得结论如下：

首先，早在唐时，七星管乐器即已存在，其时名为七星；

其次，七星管为竹制管属类乐器；

其三，七星管发音律制极为稳固，通过不同按音孔的开闭，能够吹出不同的音调与丰富的乐曲，且能与金石类乐器组合演奏；

其四，七星管其器身似篴而长，孔数为八，横奏，其中一孔覆以竹膜；

其五，七星管历五代至宋时已发展为较常见且成熟的乐器，如以雅、俗、胡分，则属俗部之乐；

其六，七星管溯至唐时为刘系始作。在唐代，刘系创造了在管身贴膜的七星管，大为流行，并达到了助声的效果。

余　　论

中国古代丰富的乐器图像内容及其遗物资料是中国古代乐器发展史研究的重要佐证，在文献研究的同时，努力发掘相关的图像乐器与形象史料，描摹反映其时乐器发展史更多的全貌,促进对其时乐器发展史有更全面的认识。如此,对中古乐器的发展、流变以及取得的音乐文化会有更为深刻和全面的认识。敦煌莫高窟该批七星管图像乐器的发现,对笛管类乐器形制的演变与发展的研究具有一定的作用。在以文字形成的史书记载古代音乐文化的同时,遗存中弥足珍贵的乐器图像资料所显现的直观历史印证,亦是中国古代音乐艺术的重要组成部分,此为以图像暗含或表现实物声学的图像乐器学的研究带来了一定案例支撑。

从文献视角看新石器时代陶鼓的音声功能

华南师范大学　郑小龙

摘要:《周礼》记载了陶鼓用于中春、中秋、祈年、蜡祭时的祭祀功能,基本属于春耕、秋收、年终农闲三个阶段的节令场合。古籍文献中陶鼓、农时等材料,可以追溯到距今约 6400 年的濮阳西水坡遗址。自西水坡遗址发展到约 2000 年后的陶寺遗址,在社会复杂化进程中,陶鼓逐渐成为王级大墓独占的器物。鼓—雷—龙的文化结构,成为古人天命观、生命观、王权观的显层符号,构成了中国古代天文与人文的内在呼应关系。

关键词:陶鼓　农时　苍龙星宿　音声功能

本文为 2021 年国家哲学社会科学基金艺术学项目"中国新石器时代晚期音乐文化研究"(立项编号:21BD057)、2024 年广东省哲学社会科学规划青年项目"中国史前时期陶鼓文化研究"(立项编号:GD24YYS10)的阶段性成果。

　　著名考古学家张光直先生认为经过巫术沟通天地人神,是中国古代文化的典型特征。[1]从陶鼓的文化功能角度来看,亦能反映出中国古代文化的这种典型特征。既往学者关于陶鼓的文化功能研究提出了不同的观点,其中陶鼓音声的祭祀功能基本获得了学者们的关注,展现了陶鼓作为乐器最为关键的功能。[2]

　　从目前所见的考古资料来看,陶鼓主要出土于新石器时代的墓葬、灰坑,少量出土于房址。陶鼓作为葬具、随葬品的功能可以从考古资料中获得相关认知,但陶鼓作为乐器最重要的音声功能无法在考古遗物之间直接体现出来。关于陶鼓的音声功能,《周礼》《礼记》等文献提供了极为重要的线索,证明陶鼓在周代是用于农业祭祀仪式的乐器。

---

[1]　张光直:《考古学专题六讲》,北京:文物出版社,1986 年版,第 13 页。

[2]　费玲伢:《新石器时代陶鼓的初步研究》,《考古学报》,2009 年,第 3 期,第 315、316 页。陈星灿:《红山文化彩陶筒形器是陶鼓推考》,《北方文物》,1990 年,第 1 期,第 28 页。王冬力:《论小河西文化陶鼓》,《吉林师范大学学报》,2018 年,第 1 期,第 33 页。

一、文献材料中陶鼓的农业祭祀功能

古籍文献中关于陶鼓的文字记载较少,主要见于《周礼·春官》《礼记·礼运》《礼记·明堂位》,三者均使用土鼓之名,可知土鼓是以土为腔的鼓乐器,因而专名为土质之鼓。

《礼记·礼运》篇记载土鼓自远古时代就曾用于祭祀鬼神的活动。"夫礼之初,始诸饮食,其燔黍捭豚,污尊而抔饮,蒉桴而土鼓,犹若可以致其敬于鬼神。"[①]古籍文献材料显示,礼的发生与初民用食物敬献鬼神的祭祀活动相关,而且在礼之初的时代,土鼓就在祭祀仪式过程中发挥着沟通人、神的作用。

《礼记·明堂位》:"土鼓、蒉桴、苇籥,伊耆氏之乐也。"[②]与《礼记·礼运》相比,《礼记·明堂位》的乐事活动除了土鼓以外,还增加了苇籥这一乐器,并明确指出是用于伊耆氏之乐。苇籥是一种苇秆制成的乐器,伊耆氏在蜡祭中吹奏的一种管乐器。关于伊耆氏、苇籥、土鼓的关系,可从《周礼·春官·籥章》篇中获得更多信息。

《周礼·春官·籥章》:"籥章掌土鼓、豳籥。中春昼击土鼓,吹《豳诗》以逆暑。中秋夜迎寒,亦如之。凡国祈年于田祖,吹《豳雅》,击土鼓,以乐田畯。国祭蜡,则吹《豳颂》,击土鼓,以息老物。"[③]

《周礼·春官》关于土鼓的记载,比《礼记·明堂位》更为详细,因为《周礼·春官》对土鼓祭祀功能的记载具体到岁时节令、祭祀对象、祭祀内容、掌乐官员等信息。如祈年和蜡祭都为纪念伊耆氏而举行的盛大祭祀活动,籥章为专门负责祭祀活动的乐官,乐器是专为祭祀活动而设的土鼓、豳籥。

根据《礼记·郊特牲》的记载,蜡祭始于伊耆氏时代,一般在岁终祭祀农神和自然神,如先啬、司啬、农、邮表畷、猫、虎、坊、水庸、昆虫。祭祀目的为息老物,使天地万物得以休养生息,报谢对农业生产作出贡献的神灵。

在周代乐官体系中,籥章是专司土鼓、豳籥的乐官,负责吹奏《豳诗》《豳雅》《豳颂》乐曲。籥章所掌乐器、声章源自远古伊耆氏之乐,与籥师的职能迥异。豳籥即远古时代伊耆氏之乐的苇籥,在后世发展过程中采用豳地所产之竹制成。[④]籥章所掌《豳诗》《豳雅》《豳颂》乐曲已无从得知,汉儒郑玄认为《诗经·豳风·七月》与《豳诗》《豳雅》《豳颂》存在内在关联。

①　[清]孙希旦撰:《礼记集解》,北京:中华书局,1989年版,第586页。
②　[清]孙希旦撰:《礼记集解》,北京:中华书局,1989年版,第851页。
③　[清]孙诒让撰:《周礼正义》,北京:中华书局,1987年版,第1905页。
④　付林鹏:《〈周礼·籥章〉与周部族的岁时活动》,《民族艺术》,2014年,第3期,第121、122页。

从记录陶鼓功能的文献来看,《周礼·籥章》较《礼记·明堂位》《礼记·礼运》更突出了节令特征。中春、中秋、祭蜡是农耕开始、结束、农闲的三个重要节点,是为强调农时的重要性而设定。农时对于指示农业活动具有关键性的作用,错过了农时就意味着失去生存必备的食物来源,对于以农为本的民族来说,掌握农时是基本的生存知识。《豳诗》《豳雅》《豳颂》已不可见,但三者演化而来的长诗《七月》仍然传承了农事诗的思想精髓。

《七月》记录了农夫一年中从春耕到秋收的劳作生活,从正月开始整理农具耒耜预备春耕,二月开始翻地松土,三月采桑养蚕,八月收获庄稼,十一月猎狐貉。列举了每个月份重要的物候现象以及农事活动,足见农时对于农业收成的重要性。诗中常见到的植物、动物的节律变动,表明古人通过观察身边动植物的动势规律用以提示农耕的时间参照。闻一多评价《七月》是一篇韵语的《夏小正》或《月令》[1],《夏小正》和《月令》的内容都是记录先秦时期天文历法、物候气象、农业知识的典籍,《七月》作为诗体结构仍然延续着先秦古人重视农业和天时的思想。

关于"中春昼迎暑气,中秋夜迎寒气"的问题。中春和中秋是指示农耕开始与收获的重要时令。在春天迎接的是暑,是阳,所以仪式在白昼举行;秋天迎接的是寒,是阴,所以仪式在夜晚举行;太阳是暑气、阳气的代表,而太阴即月亮为寒气、阴气的代表。[2]中春迎暑气是万物生命复苏、生长的关键期,中秋迎寒是万物生命枯萎、步入冬眠的阶段,是古人阴阳哲学、生命哲学观念的反映。

祈年与蜡祭则是岁终祈求来年农业丰收的大型祭祀活动。老、庄的"归真反本"思想即根植于冬季蜡祭礼仪活动,蜡祭的本义在于给自然生命的周期性结束以息老送终,而在息老送终的背后则蕴含着辞旧迎新的寓意。[3]

《周礼·春官·籥章》透露的农业祭祀活动来源甚古,其中的乐官、乐器、乐曲均为古制,与周代其他类型的祭祀和乐事活动迥异,中春、中秋、祈年、祭蜡等时节分布,隐含着古人顺应天时的农耕思想。土鼓与岁时节令、农时息息相关,在特定农时期间担任沟通人神的媒介。周代土鼓—时令—农耕的组合形式已经成为先民头脑中固定的思想结构体系。

二、考古材料中的陶鼓与农业祭祀遗存

考古材料表明,自新石器时代早期开始,中国境内已有农业遗迹。至新石器时

---

[1] 闻一多:《神话与诗》,上海:上海人民出版社,2006年版,第151页。
[2] 叶舒宪:《中国神话哲学》,北京:中国社会科学出版社,1992年版,第81页。
[3] 叶舒宪:《中国神话哲学》,北京:中国社会科学出版社,1992年版,第102页。

代中期,显现出一定程度的农业发展水平,当时人类自主栽培的粮食作物为粟、黍、生产工具有如石磨盘、石镰、石磨棒、骨匕、骨针等,还发现了多处储存粮食的窖穴。

1. 农业祭祀和农时遗存

在中国自给自足的农业社会中,农耕是生活的主要来源方式,人们对于生活的根本期盼就是农业丰收,难以想象没有农业祭祀的农业社会是什么样的状况。考古材料表明,中国新石器时代的农业社会也离不开农业祭祀活动,在出土陶鼓的遗址中,有一部分遗址也保留了祭祀遗迹,如易县北福地、民和阳山、襄汾陶寺等遗址。

陶寺遗址的祭祀遗址比较特殊,因为它除了祭祀功能外,还兼具观象授时的功能。ⅡFJT1 观象台有可能是兼观天象授时与祭祀功能为一体的多功能建筑。[①]

古人最先认识的天象应当与他们的生活密切相关,从农业社会的角度讲,这种关系则体现在为农业生产及相关祭祀所提供的时间服务。[②]先民对于农业时令的掌握离不开日月星辰的暗示,如立表测日影可知白昼时间,夜晚观星辰可知夜间时间,月亮的盈亏可知月份的更替,恒星的方位转换可知年份周期的循环。

农业经济的繁荣表明当时人类掌握了相关作物生长的农业知识,农时的掌握无疑是困难且极其关键的高文化知识。《尧典》:“乃命羲和,钦若昊天,历象日月星辰,敬授人时。”[③]上古圣王的首要职责便是敬授人时,对于时间的掌握决定了农业的丰歉情况,无疑是关系到氏族部落生存繁衍的大事,起到至关重要的作用。

新石器时代彩陶保留了日月星辰及象生性动物、植物纹饰,部分陶鼓亦饰绘彩陶纹饰。根据既往学者们的研究[④],新石器时代彩陶鸟纹是古人太阳崇拜的反映。与日鸟纹相对的是另一系统纹饰马家窑文化蛙月纹。彩陶纹饰的意义可能是关系到农业丰产、关系到史前人类生存繁衍命脉的知识。彩陶纹饰中的鱼纹、蛙纹、鸟纹、植物纹、天体纹证明先民已经重视观象自然,鱼群的洄游、候鸟的迁徙、草木的荣枯都是随时节的转换而生。先民对于时间的掌握源于天上日月星辰的周期性转换,而地上的动植物生灵因天时而变的事实,也早已被先民洞穿。《易·系辞下》:“古者包牺氏之王天下也,仰则观象于天,俯则观法于地,观鸟兽之文,与地之宜。”[⑤]

①　何驽:《山西襄汾县陶寺城址祭祀区大型建筑基址 2003 年发掘简报》,《考古》,2004 年,第 7 期,第 23 页。

②　冯时:《中国天文考古学》,北京:社会科学文献出版社,2001 年版,第 258 页。

③　十三经注疏整理委员会:《尚书正义》,北京:北京大学出版社,2000 年版,第 33 页。

④　王小盾:《论新石器时代鸟崇拜兼及月蛙信仰的起源》,《中原文化研究》,2016 年,第 3 期,第 114 页。严文明:《甘肃彩陶的源流》,《文物》,1978 年,第 10 期,第 72 页。王仁湘、贾笑冰:《中国史前文化》,北京:商务印书馆,1998 年,第 87 页。王仁湘:《关于史前中国一个认知体系的猜想——彩陶解读之一》,《华夏考古》,1999 年,第 4 期,第 55 页。

⑤　十三经注疏整理委员会:《周易正义》,北京:北京大学出版社,2000 年版,第 350 页。

伏羲氏"仰观于天、俯察于地"的传说,正是史前人类生存方式的缩影。

彩陶的纹饰意义正如后世《蜡辞》中"土反其宅,水归其壑,昆虫毋作,草木归其泽"的神辞,亦如《七月》等农事诗对于四季物候的认知。在农业种植水平不断上升的时代,日月星辰、草木虫鱼都为先民农耕提供了时间和物候依据。

2. 濮阳西水坡遗址的陶鼓与龙崇拜

濮阳西水坡遗址最令世人瞩目的成果当属第二期遗存的蚌塑龙虎图,是该遗址的重大发现,展示了中国人"龙"崇拜的早期来源。

关于龙虎图所蕴含的意义,目前学者们基本认可其为星象图。新石器时代龙虎图经历了漫长的发展过程,逐渐完善而形成汉代"四灵"星象,同时也说明在西水坡遗址之前二十八宿可能有着更为古远的源头。①

苍龙星宿在文献记载中始终具有授时的作用,这一点在《周易·乾卦》②中有完整记录:

> 初九,潜龙勿用;
>
> 九二,见龙在田,利见大人;
>
> 九三,君子终日乾乾,夕惕若厉,无咎;
>
> 九四,或跃在渊,无咎;
>
> 九五,飞龙在天,利见大人;
>
> 上九,亢龙有悔;
>
> 用九,见群龙无首,吉。

苍龙星宿的伏没正好位于春分至秋分的半年之中,其间有三个重要节点:"九二"春分日,"九五"夏至日,"用九"秋分日。③

苍龙星宿之所以能够作为农业春播的信号作用,在于苍龙"抬头"与春天的第一声雷鸣互通,雷鸣惊醒蛰伏的生物,雨水滋润了草木的生长,是万物生命复苏的标志。古人视龙为司雨之神,对农业生产和人类繁衍起到至关重要的作用。"从龙字的发音上看,'long'音正是记录了雷的隆隆声。"④雷—龙互通的观念,在古籍文献中也能找到许多证据,如《左传》《周易》《论衡》《山海经》《淮南子》《说文》等。

濮阳西水坡先民除了蚌塑龙虎图外,也有着使用陶鼓的传统。在新石器时代众多出土陶鼓的遗址中,西水坡遗址出土陶鼓数量较多,《濮阳西水坡》发掘报告

① 冯时:《中国天文考古学》,北京:社会科学文献出版社,2001年版,第285页。

② 十三经注疏整理委员会:《周易正义》,北京:北京大学出版社,2000年版,第2—8页。

③ 陈久金:《周易"乾卦"六龙与季节的关系》,《自然科学史研究》,1987年,第3期,第206—211页。

④ 徐山:《雷神崇拜》,上海:三联书店上海分店出版社,1992年版,第5页。

"附录"了82件陶鼓,其中第一期遗存6件、第二期遗存41件、第三期遗存30件、第四期遗存5件。(见表1)

表1　濮阳西水坡遗址出土陶鼓统计表①

期数	编　号	总数
第一期	H31、T178⑧、H332、H318、T178⑦、H1	6
第二期	出土1件陶鼓: H178、T352⑫、H37、H42、T260⑤、T355⑧、H275、T354⑭、T353⑦C、T353⑦A、T236⑤、H226、T229⑥、Y3、H124、H26、T234⑤、T235⑤、H169、H227、T183④、T289④、T171⑤、T156③、H225、H228 出土2件陶鼓: H359、T260⑥、H202、H163、H20、H224 出土3件陶鼓: T160④	41
第三期	出土1件陶鼓: T254⑤、T352⑨、T260④、T359③、T256⑥A、T249④、T246⑤、H284、T250⑤、T213⑥、T213⑤、F3、T222④、H94、H70、T171④、H196、T290⑥、T204⑥、H67、T128④、T128③ 出土2件陶鼓: H65、H65(同编号)、H316、T157③	30
第四期	T224④、T138③、T117③、T201④、T202③	5

《周礼·春官》中土鼓—农时的组合模式服务于农业耕种,成为先民头脑中稳固的文化意象。春分至秋分半年的时间段是苍龙星伏没的时间段、雷发声和收声的时间段、农耕春播和秋收的时间段,也是土鼓用于农业祭祀仪式的重要节点。土鼓本质仍然为鼓,拥有鼓声如雷的特征,仅是材质比较特殊的陶质鼓而已。鼓类乐器由于其音声特质似雷,因此古人形成了鼓声—雷声互通的文化心理。古籍文献中也有关于鼓声与雷声互通的记载,如《周礼》《风俗通义》《山海经》《周易》《论衡》《诗经》等。

　　事实上,经过复原后的陶鼓音质确实很好。例如永登乐山坪陶鼓由甘肃匠人制作红陶鼓框后,以牛皮为鼓革,音响效果极佳。邹城野店22号墓陶鼓以鳄鱼皮

---

① 南海森:《濮阳西水坡》,郑州:中州古籍出版社,2012年版,第887—911页。

为鼓革,表明鼍鼓确有着突出的优越性。①(见图 1、图 2)

图 1　复原后的永登乐山坪陶鼓②　　**图 2　复原后的野店 22 号墓陶鼓**③

西水坡遗址 M45 葬有大巫、首领,另有三人为墓祭的人牺,鼓、龙(农时)、巫、祭祀成为西水坡遗址极具特色的文化现象。《籥章》中土鼓—农时的组合模式,与西水坡遗址陶鼓、龙星崇拜一致,陶鼓音声似雷声,人间的鼓声是对天上的雷(龙)声的模拟,是先民一以贯之的天人感应思想的体现。雷声具有强大的威慑力,同时也是万物生命复苏的信号,史前人类崇雷、崇龙、崇鼓的心理渊源于此。

三、陶鼓内蕴的天命思想

中国上古时代的思想体系是围绕太阳的运动而结构起来的;其特点是将万事万物理解为一个从生到死、由死复生的过程。④伴随着农耕春播到秋收的时间轮回,濮阳西水坡蚌塑龙虎图展示了约 6400 年前古人的宇宙观。苍龙星宿从春分到秋分环天运行的半年,也是阳气升腾、万物生长的半年。秋分后至下一个春分期间,苍龙星宿潜入地平线,也是阴气渐盛、万物蛰伏的半年。在这样的时间轮回中,天地万物重演着由生入死、由死复生的循环。

先民这种朴素的宇宙观具有强烈的实用价值,它植根于先民的农耕文化,蕴含着古人极为重视的生命观。春雷作为生命复苏的信号,处于由死复生的转折阶段,起到惊醒蛰虫、滋润万物的作用。天雷由春分日发声、秋分日收声,这是维持农作

---

① 王子初:《碎金风华:音乐文物的复制、复原研究》,北京:科学出版社,2021 年版,第 97、98 页。
② 王子初:《碎金风华:音乐文物的复制、复原研究》,北京:科学出版社,2021 年版,第 96 页。
③ 王子初:《碎金风华:音乐文物的复制、复原研究》,北京:科学出版社,2021 年版,第 97 页。
④ 王小盾:《楚宗庙壁画鸱龟曳衔图——兼论上古时代的太阳崇拜和生命崇拜》,《中国文化》,1993 年,第 1 期,第 58 页。

物整个生命阶段的必备条件,也是关系到人类生存的命脉。古籍文献也记载了天雷对于古人农业生活的重要作用,如《礼记》《风俗通义》《淮南子》《周易》《说文》等等。

天雷作为自然现象,先民在长期的观—听活动中认知到天地万物复生始于春雷。人间之鼓是效仿天雷的功能而产生,陶鼓的音声特性俨然成为生命复活的信号。雷—龙作为天鼓具有天文效力,陶鼓作为人间之鼓具有人文效力,二者均通过声音媒介使蛰伏的万物复生。

鼓是用来模拟雷声以壮声威和启蛰生物的器物,正是这样的应用日广并逐渐制度化,鼓的乐器属性才慢慢被开发出来。①先民鼓—雷—龙互通的文化心理,延续到周代形成八卦、八方、八音理论,至汉代文献形成更为丰富的理论体系,东汉班固《白虎通德论·礼乐》②将八卦与八音理论进行整合,从中仍可看到鼓—雷—春—东方—震的配属关系。(见表2)

表2　八卦与八音配属表③

八卦	乾	兑	离	震	巽	坎	艮	坤
自然现象	天	泽	火	雷	风	水	山	地
方位	西北	西	南	东	东南	北	东北	西南
季节	秋末冬初	秋	夏	春	春末夏初	冬	冬末夏初	夏末秋初
八音	磬	钟	琴	鼓	箫	笙	柷	埙

20世纪法国历史学家布罗代尔提出了著名的长时段理论,"结构"是长时段理论的重要概念。④在人类与自然长期和谐共处的过程中,已经形成了一种天然、稳定的文化"结构",这种"结构"往往在人类历史长河中生生不息、绵延不绝。所以在文明社会中常有蒙昧时代文化成分的延续。⑤

鼓—雷—龙的文化心理在古人思想中形成了稳固的结构体系。天上之鼓、人间之鼓与农耕时令组成的文化结构,成为古人宇宙观、生命观的外在表现。鼓动既有鼓声之动荡,也有发动生物启蛰之功。

如今我们仍然可以在中国的民俗空间与鼓—雷—龙文化心理相遇。如铜鼓是中国南方少数民族普遍流行的乐器,其主要功能之一便是在农耕时节用于求雨祭

---

①　班一:《对中国鼓乐器初始阶段相关问题的探讨》,《音乐研究》,2017年,第3期,第77页。

②　[清]陈立撰,吴则虞点校:《白虎通疏证》,北京:中华书局,1994年版,第124页。

③　严洪昌、蒲亨强:《中国鼓文化研究》,南宁:广西教育出版社,1997年版,第5页。

④　何兆武:《历史理论与史学理论》,北京:商务印书馆,1999年版,第808页。

⑤　张光直:《考古学专题六讲》,北京:文物出版社,1986年版,第10、11页。

祀仪式。①云南南传佛教信仰族群的象脚鼓、大小头鼓、蜂筒鼓,德昂族的水鼓,彝族尼苏人的烟盒鼓,以及哈尼族和瑶族的各式鼓乐器都成为伴随谷物生长全过程的"主题音乐"。②

因此,在中国古人的农耕思维中,苍龙星宿和惊雷是天命在人间发出的信号,农事过程的鼓乐是对天命信号的回应。对于先民来说,能否准确把握天命——农时,是关系到农作物的丰收与否的前提条件,也是关系到人类生存的命脉。在远古时代能够掌握农时的人,几乎等同于接收到了天命的旨意。西水坡遗址的天文星象图展示了约6400年前先民对于宇宙星空的天文认知水平,同时龙虎图也映照出当时的人文精神空间。

西水坡 M45 的规模在仰韶文化中是空前的,墓主人具有一种特殊的身份——司天占验,更可能就是早期的巫觋或部落首领。③西水坡遗址至陶寺遗址陶鼓的发展进程,与中国古代王权的来源相吻合。西水坡遗址的墓葬随葬品数量基数都不大,82件陶鼓均出土于灰坑或探坑,未见到墓葬随葬陶鼓。即便是 M45 这样特殊的墓葬也不见随葬陶鼓,陶鼓在仰韶文化边缘区域尚未进入到随葬品的行列。但在同为"大体平等聚落阶段"的仰韶文化中心地带的姜寨(M76、M131)和北首岭(77M17)遗址开始有少量墓葬随葬陶鼓的风俗,也是新石器时代较早随葬陶鼓的墓葬。"中心聚落阶段"随葬陶鼓墓葬逐渐显现出贫富分化、阶级分化趋势。至陶寺遗址"都邑国家阶段",距濮阳西水坡遗址大约2000年后,陶鼓成为王级大墓的随葬品。

陶寺遗址的4件彩绘龙盘均出土于一类甲型大墓,不见其他墓葬。一类甲型大墓中的鼍鼓、石磬、土鼓、龙盘的固定搭配形式,是作为礼器而设定的,它们显示出王级大墓主人对农业祭祀权的独占。

龙星崇拜对后世文化影响深远,至商周时代,甲骨文和金文中的龙字仍然取象于苍龙星宿的形象。④鼓—雷—龙的文化结构成为古人天命观、生命观、王权观的显层符号,构成了中国古代天文与人文的内在呼应关系。

结　语

新石器时代考古出土的陶鼓主要分布于墓葬、灰坑、房址,从这些实物信息中

① 万斗云:《中国南方民族铜鼓文化起源考辩》,《贵州民族研究》,1990年,第3期,第31页。
② 申波:《云南民族鼓乐的生态意象》,《云南艺术学院学报》,2014年,第1期,第60页。
③ 冯时:《中国天文考古学》,北京:社会科学文献出版社,2001年版,第299页。
④ 冯时:《中国天文考古学》,北京:社会科学文献出版社,2001年版,第307页。

难以找到陶鼓音声功用的信息。《周礼》记载了陶鼓用于中春、中秋、祈年、蜡祭时的祭祀功能,基本属于春耕、秋收、年终农闲三个阶段的节令场合,陶鼓主要用于农业耕种的三个重要节点。陶鼓用于农业祭祀的时节分布,隐含着古人顺应天时的农耕思想。陶鼓与岁时节令、农时息息相关,在特定农时期间担任沟通人神的媒介。陶鼓—农时的组合形式在先民头脑中形成固定的文化结构体系。

新石器时代彩陶上流布甚广的动物纹、植物纹、天体纹与先民农事活动关联甚密。濮阳西水坡遗址的蚌塑龙虎图证明先民已懂得观测苍龙星宿的回天运行来指导农事活动。苍龙星宿在天宇运行的半年时间,与农业耕作始、终的时间同步。西水坡遗址出土的陶鼓、蚌塑龙虎图,与古籍文献中周代陶鼓—农时的组合模式吻合。

伴随着农耕春播到秋收的时间轮回,濮阳西水坡蚌塑龙虎图展示了古人的宇宙观。在春分和秋分为界限的时间轮回中,天地万物重演着由生入死、由死复生的循环。天上的苍龙星宿和雷、人间的鼓声,是天地万物复生的信号。自西水坡遗址发展到约 2000 年后的陶寺遗址,彩绘龙盘和陶鼓成为王级大墓独占的器物,墓主人垄断了对天文知识的解释权。人间的王成为天之子,是传达上天旨意的桥梁。鼓—雷—龙的文化结构,成为古人天命观、生命观、王权观的显层符号,构成了中国古代天文与人文的内在呼应关系。

需要说明的是,由于考古材料的匮乏,难以单从考古材料中得知新石器时代陶鼓的音声功能。由于年代久远,古籍文献记载的陶鼓音声功能无法与新石器时代考古材料实现互证。因此,本文尝试从文献视角解读新石器时代陶鼓的音声功能,仅为一开放性的思考,不妥之处还请方家指正。

参考文献:

1. [清]孙希旦撰:《礼记集解》,北京:中华书局,1989 年版。

2. [清]孙诒让撰:《周礼正义》,北京:中华书局,1987 年版。

3. 叶舒宪:《中国神话哲学》,北京:中国社会科学出版社,1992 年版。

4. 冯时:《中国天文考古学》,北京:社会科学文献出版社,2001 年版。

5. 十三经注疏整理委员会:《周易正义》,北京:北京大学出版社,2000 年版。

6. 王子初:《碎金风华:音乐文物的复制、复原研究》,北京:科学出版社,2021 年版。

7. 严洪昌、蒲亨强:《中国鼓文化研究》,南宁:广西教育出版社,1997 年版。

浅议长治分水岭对子墓葬出土乐器

华南师范大学　贾伯男

摘要:长治分水岭墓葬群为同一族属,在六组夫妻墓中,有四组出土了乐器,时期从春秋中期到战国早期。这些墓葬虽然地处晋文化核心区域,但与晋文化又有所不同。从青铜礼器及其他随葬品出土的情况看,男主人的地位更加地尊贵,但显示身份等级的礼乐器则完全不能体现这一现象。尤其是 M14 和 M26;M25 和 M12 这两组墓葬中,女性墓葬出土了大量乐器,而男性墓葬却并未出土乐器,这与以往的认知不同,也进一步加深了关于乐器作为礼器功能下移的探讨。而由于周代的宗法制度,使得该区域族群的影响力超越了国家的影响力。长治分水岭墓葬群也是目前较早出现乐器明器的墓葬。分水岭封闭的环境和驻军之地的特性也为礼乐发展相对滞后埋下了伏笔。

关键词:长治分水岭　乐悬　族群

长治分水岭东周墓地位于今山西省长治市区,从 1954 年至 1972 年,共发掘了 600 余座墓葬,其中绝大多数为东周时期的墓葬,在这 600 多座墓葬中,有 6 组墓葬被判定为五鼎以上的大型夫妻异穴合葬墓,而其中的四组出土了乐器。关于墓主人的身份,史学界历来有两种说法:一者,长治地区为赤狄属地,赤狄被晋灭后,将赤狄首领看押于此,因此长治分水岭的墓主人为赤狄首领;二者,晋灭赤狄后,派遣心腹大将来此镇守赤狄旧地,因此第一代墓主人为晋国将军。这两种说法均有一定的道理,但还没有实证,史学界赞同后者多。

一、同一族群中的夫妻墓

长治分水岭墓葬中的六组夫妻墓由西向东排列为:第一组 M269、M270;第二组 M126、M127;第三组 M26、M14;第四组 M25、M12;第五组 M35、M36;第六组 M20、M21。其时间跨度为春秋中期偏晚到战国中晚期,其中第一组 M269、M270 时间为春秋中期偏晚,处于晋国统治时期,《长治分水岭东周墓地》将其归为第一期;第二至四组跨越春秋晚期到战国早期,处于赵国控制时期,《长治分水岭东周墓地》将其归为第二期;第五、六两组时间为战国中期到战国中晚期,属于韩国控制时期,《长治分水岭东周墓地》将其归为第四期。由此可见长治分水岭墓地虽然历经几个诸侯国的统治,但它是经过严格规划的,由西到东,由早到晚排列的墓葬群,因此可判断其应为同一个族群的墓地。

　　长治分水岭墓地中,由西向东的前四组对子墓均出土了乐器,而后两组墓葬中的器物基本被盗一空。这四组夫妻墓时间跨度从春秋中期到战国早期,其时间上有延续性,葬式大都为一棺一椁,除M14为7鼎墓葬外,其余均为五鼎墓葬。证明在200多年的时间中这个族群的首领其地位并未发生大的改变。规格约为大夫到卿之间。其乐器基本摆放在椁的南侧,多为西侧南端,但也有例外者,如M127。

　　四组墓葬中M269、M270、M25、M12保存完好,M126、M127、M14椁室坍塌,M26有两处盗洞。根据《长治分水岭东周墓地》中的数据显示,在600多座墓葬中,有165座铜器墓,其中有20.7%的墓葬出土了兵器;16%的墓葬出土了铜容器(如鼎、簋);3.66%的墓葬出土了乐器,只有6座墓。可见,对于当时生活在长治分水岭的族群来说,战争在他们的生活中占有极其重要的地位,而M14和M25两座女性贵族墓中出土了大量的兵器,这在当时都是十分罕见的。而铜容器作为礼的代表,基本被族群的贵族享用,乐器虽然也具有礼器的功能,但还包含了享乐的功能,这是一种更奢侈和规格更高的礼器。

二、形制纹饰及铸造规范

(一) 纹饰一脉相承

1. 甬钟

甬钟均为长甬,除M269外,其余甬钟纹饰较为简洁,M269甬钟兽头单旋,干饰雷纹,钲间篆带及舞顶饰蟠螭纹,两鼓面饰象兽纹,这在长治分水岭有些特殊,中间是两蟠螭。M270甬钟为方形单旋,钲间篆带及舞顶饰蟠虺纹,鼓部素面。M14和M25甬钟均以阳线间隔,鼓部装饰蟠螭纹,M14甬钟篆带纹饰模糊,M25甬钟篆带素面。

2. 纽钟

纽多为长方形纽,其中M25纽钟为长方形双螭衔纽,M126纽钟双螭衔方环形纽,这种双螭衔纽在纽钟里十分罕见,应为当地族群的独特审美所致;舞部多为蟠虺纹,M25纽钟舞部素面;篆带除M126纽钟外,其余均为蟠虺纹;鼓部多为蟠虺纹或蟠螭纹。

图 1　M126 纽钟①

3. 编磬

青石质,素面,无纹饰。出土时基本为两排,5 个左右一组罗列放置。

4. 镈钟

长治分水岭东周墓地中只有 M25 出土了 4 件编镈。这 4 件编镈,形制相同,双螭交衔纽,鼓部饰三周蟠螭纹。

六座墓的出土乐器,整理上纹饰有着一脉相承的特点,乐器纹饰较朴素,花纹较少,通高偏小,符合三晋地区镈钟的特点。每套乐器纹饰统一,不存在拼合现象。

(二) 制作规范性

出土了乐器的 6 座墓葬中除 M270、M269、M25 完好无损外,其余均有坍塌现象,其乐器多有损毁,摆放也有些混乱,因此,本文不采用器物编号,而采用乐器从小到大的顺序进行排序,以方便分析。

1. 甬钟

长治分水岭墓葬群中 M269、M270、M25 三座墓葬甬钟的鼓间:铣间,舞广:舞修数值见下表。

表 1　甬钟鼓间:铣间与舞广:舞修数值

墓号编号	比例关系	1	2	3	4	5	6	7	8	9	标准差
M269	鼓间:铣间						0.78	0.78	0.79	0.79	0.005
	舞广:舞修						0.78	0.79	0.78	0.84	0.025
M270	鼓间:铣间	0.62	0.62	0.63	0.51	0.54	0.59	0.53	0.58		0.043
	舞广:舞修	0.63	0.63	0.62	0.65	0.58	0.63	0.63	0.62		0.019

① 中国音乐文物大系总编辑部编:《中国音乐文物大系·山西卷》,大象出版社,2000 年版,第 68 页。

续表

墓号编号	比例关系	1	2	3	4	5	6	7	8	9	标准差
M25	鼓间：铣间	0.90	0.94	0.91	0.92	0.89					0.017
	舞广：舞修	0.62	0.62	0.66	0.68	0.79					0.062

在上面三组甬钟里 M270 为明器，M269 与 M25 为实用器。M269 甬钟，鼓间：铣间；舞广：舞修的比值均在 0.8 左右上下浮动，符合大多数晋系甬钟的数据，且标准差的离散度相对较小，因此，属于较规范的一套编钟。而 M270 鼓间：铣间与舞广：舞修比值偏小，因此编钟整体较扁，而 0.6 左右的比值基本与不计音律的扁钟①近似，这也符合它明器的身份。而 M25 的舞广：舞修的比例较小，鼓间与铣间比值较大，上扁下圆。这种形制与大多数镈钟类似，与大多数甬钟相比，显然镈钟的音质较差。从数据上看，三组甬钟的各部比值有较大的差距，且除 M269 外，其余两组标准差的离散度较大，因此，制作并不规范。

2. 纽钟

长治分水岭墓葬群中 M269、M270 夫妻座墓葬纽钟的鼓间：铣间，舞广：舞修数值见下表。

表 2　纽钟鼓间：铣间与舞广：舞修数值

墓号编号	比例关系	1	2	3	4	5	6	7	8	9	离散度
M269	鼓间：铣间	—	—	0.81	—	—	0.74	0.66	0.74	—	0.053
	舞广：舞修	0.79	0.78	0.75	0.78	0.79	0.8	0.77	0.79	0.76	0.015
M270	鼓间：铣间	0.49	0.49	0.58	0.49	0.58	0.55	0.5	0.43	0.8	0.101
	舞广：舞修	0.67	0.65	0.64	0.63	0.59	0.56	0.62	0.61	0.66	0.033

由上表可知 M269 纽钟的各项数值与甬钟一样均为当时比较规范的晋系钟型，但其离散度较大，因此制作并不十分规范，而 M270 纽钟与其甬钟一样，鼓间与铣间；舞广与舞修的比值较小，器型较扁。M269 与 M270 属于春秋中期的夫妻墓葬，但前者为实用器，后者为明器，前者的数据与当时的实用器数据类似，而后者在制作时器型上有明显的差异，应不是以前者为参考，或产生了变形，但两座墓葬中的乐器器型在各自墓葬中基本保持一致，因此虽然离散度偏大，规范性不强，但还有其一定的统一性。

---

① 扁钟，是一种特殊类型的青铜钟类乐器，也是少数民族乐器。主要是古代巴族人使用，所以以前也有人称之为"巴钟"。这种乐器既不设固定的音律，也不成编列使用。它与铜鼓、钲、铎类乐器一样，只是一种起信号作用的响器。

3. 编磬

《周礼·冬官考工记·磬氏》中详细记载了磬成熟时期的各部分比例及调音手段:"磬氏为磬,倨句一矩有半,其博为一,股为二,鼓为三。参分其股博,去一以为鼓博。参分其鼓博,以其一为之厚。已上,则摩其旁;已下,则摩其端。"①即以股的宽度作为一,股的长度就是二,鼓的长度则为三。把股的宽度均分成三份,去掉一份就是鼓的宽度;把鼓的宽度均分成三份,一份就是磬的厚度。因此,依据《考工记》鼓上边:股上边为3:2;股博:鼓博为3:2,以此为依据对比长治分水岭东周墓地出土编磬的情况。

表 3　编磬鼓长:股长与股博:鼓博数值

墓号编号	比例关系	1	2	3	4	5	6	7	8	9	10	11	离散度
M270	鼓长:股长	1.5	1.52	1.26	1.42	1.48	1.59	1.4	1.77	1.62	1.84	1.78	0.171
	股博:鼓博	1	1.07	1.43	1.21	1.31	1.06	1.13	1.43	1.06	1.22	1.3	0.144
M126	鼓长:股长	1.13	1.59	1.52	1.46	1.52	1.56	1.53	0.93				0.224
	股博:鼓博	1.23	1	1.21	1.2	1.19	1.31	1.47	1.29				0.124
M127	鼓长:股长	1.54	1.16	1.63	1.44	1.41	1.44	1.53	1.43	1.53	1.63		0.129
	股博:鼓博	1.28	0.98	1	1.19	1.35	1.28	1.18	1.02	1.14	1.13		0.120
M14 第一组	鼓长:股长	1.32	1.37	1.07	1.54	1.47	1.39	1.54	1.58	1.53	1.79	1.38	0.174
	股博:鼓博	1.5	1.33	1.28	1.36	1.13	1.22	1.37	1.29	1.16	1.2	1.47	0.114
M14 第二组	鼓长:股长	1.50	1.41	1.50	1.54	1.49	1.54	1.42	1.72	1.5	1.46	1.60	0.083
	股博:鼓博	1.36	1.31	1.19	1.21	1.11	1.22	1.25	1.19	1.14	1.18	1.24	0.068
M25	鼓长:股长	1.58	1.46	1.55	1.52	—	1.47	1.46	1.48	1.57	1.38		0.061
	股博:鼓博	1.07	1.1	1.89	1.39	1.64	1.29	1.06	1.1	1.4	1.43		0.260

由上表可知,编磬整体比值不稳定,离散度较大,规范性较差,甚至还有股长大于鼓长的情况,如M126的8号磬。即使是统一墓葬出土的编磬,其离散度也有大有小,如M14。鼓长与股长的比值通长在1.5上下浮动,股博与鼓博的比值一般小于1.5,证明两者长度较相近。

4. 镈钟

在长治分水岭墓葬群中,只有M25(男)出土了4件镈钟,其鼓间:铣间,舞广:舞修的计算数值见下表。

---

① ［清］孙怡让撰:《周礼正义》,中华书局,1987年版,第3350—3356页。

表4　镈钟鼓间:铣间与舞广:舞修数值

墓号编号	比例关系	1	2	3	4	离散度
M25	鼓间:铣间	0.87	0.83	0.76	0.77	0.045
	舞广:舞修	0.73	0.76	0.76	0.8	0.025

编镈鼓间:铣间,由小到大数值越来越小,证明于口越来越扁;舞广:舞修,由小到大数值越来越大,证明舞部越来越圆。《沈括·梦溪笔谈·卷二十六·补笔谈卷一》中关于钟体的圆扁有着独到的科学见解:"古乐钟皆扁,如盒瓦。盖钟圆则声长,扁则声短。声短则节,声长则曲。节短处声皆相乱,不成音律。后人不知此意,悉为圆钟,急叩之多晃晃尔,清浊不复可辨。"①因此,根据M25镈钟的钟型可知,其越大的钟越扁,敲起来余音越短,越适合演奏节奏快的曲子。

三、编　列　情　况

长治分水岭墓地的乐悬编列情况为甬钟＋纽钟＋编磬的模式,其中规格更高的卿大夫级墓中有编镈的出土。这符合中原地区的乐悬特点,而整个乐悬中,编镈的地位最高,其次为甬钟,纽钟与编磬为旋律乐器,该墓地出土的乐悬编列较为规范。(见表5)

表5　长治分水岭对子墓出土乐器情况

分期	时间	墓葬	用鼎	规格	性别	乐器出土情况			
						甬钟	纽钟	编磬	编镈
第一期	春秋中期	M269	列鼎5件	大夫级墓	男	9	9	10	
	春秋中期	M270	列鼎10件(5+5)	大夫级墓	女	8(明)	9(明)	11	
第二期	春秋晚期	M126	列鼎应为5件	大夫级墓	男	有	仅有一件完好	8	
	春秋晚期	M127	残鼎足1	大夫级墓	女	有	有	10	
	春秋战国之交	M26	列鼎5件	大夫级墓	男				
	春秋战国之交	M14	列鼎7件	大夫级墓	女	2	8	22	
	战国早期	M12	列鼎5件	卿大夫级墓	男				
	战国早期	M25	列鼎5件	卿大夫级墓	女	5	9(明)	10	4

① [宋]沈括:《梦溪笔谈》,上海古籍出版社,2015年版,第192页。

从数量上看,从春秋中期到战国早期,甬钟的数量有所减少,而镈钟只在较高规格的 M25 中出现,纽钟与编磬的数量前后较一致。与同时期、同规格的墓葬相比,该墓葬群的编镈出土数量是同等墓葬中出土最少的,只有战国时期的潞城潞河 7 号墓编镈与其数量一致,但潞城潞河 7 号墓属于下大夫级墓,因此战国早期的 M25 镈钟的数量不仅没有僭越,反而有所滞后。甬钟数量与镈钟一样均为同时期、同规格中最少的,同等级多为 16 件。编磬的数量除 M14 外,在当时也属于数量较少的,与之数量相当的仅有春秋晚期的侯马上马 1004 墓 10 件编磬(大夫级墓);春秋晚期至战国早期侯马上马 5218 墓 10 件编磬(大夫级墓);战国时期潞城潞河编磬 10 件(下大夫级墓);战国中期章丘女郎山编磬 8 件(大将军墓)。M14 中出土该遗址中数量最多的列鼎和编磬,22 件编磬在当时僭越十分严重,仅有临淄淄河店 2 号的 24 件编磬可以超越,但应看到的是,7 件列鼎看似奠定了墓主人高贵的身份,但在乐器中最贵重的镈钟没有出现,而甬钟只出土了 2 件,其象征意义远远大于其乐器功用,因此在这套乐悬中,22 件编磬既有音乐上的考量,又有礼制上的考量。纽钟的数量出现了不同的情况,M269 与 M270 在当时大夫级墓中属于出土纽钟较多的墓葬,甚至与一些国君墓相同或超越,①而当时 9 件纽钟大多出现于国君级的大墓中,可见长治分水岭部族中第一代大夫的显赫地位或卓绝的功勋。此外,长治分水岭 M270 纽钟也是目前为止所能查阅到的资料中最早出土明器纽钟的墓葬,此外 M25 中的纽钟也为明器,这一点也值得注意,一方面 M270 在当时数量冠绝同规格的墓葬,但同时却是明器,说明该乐器的象征意义远大于其音乐功用。

长治分水岭墓葬在其所处的时间段中与众不同,春秋中期到战国早期的 150 年间正是社会发生大动荡大变革的时期,开始出现"礼崩乐坏",乐器的各种僭越开始出现,各种打破传统葬俗的情况频繁出现。该墓葬群的编钟在此 150 年间不仅数量上没有僭越情况,还略显滞后,而在战国中晚期才大量出现的乐器明器在此地春秋中期就已经出现,其间跨越 300 年,这种现象在当时是十分罕见的。

由于长治分水岭的乐器中有大量的明器,且损毁严重,目前仅有 M269 墓中的甬钟里的最大 4 件进行了测音。

---

① 如同时期的国君级大墓临沂凤凰岭编钟(9 件),沂水刘家店子铃钟(9 件),琉璃阁甲墓编钟(9 件),春秋晚期遣邡编钟(7 件)等。

表6　4件甬钟测音数据

编号	133	134	135	136
正鼓	$^\sharp f^1-28$	$^\sharp g^1-14$	b^1-7	$^\sharp c^2+5$
正股音音位	徵	羽	宫	商
侧鼓	$^\sharp g^1-14$	$^\sharp a^1+7$	$^\sharp c^2+30$	$^\sharp d^2+27$
侧股音音位	羽	变宫	商	角
正侧鼓音分差	214	221	237	232

关于M269的甬钟目前只余4件,其具体件数历来有两种说法,一是8件,一是9件。通过测音可知,该套甬钟音列最低四个正鼓音音位为:徵—羽—宫—商,而春秋早期甬钟的正股音音位出现的两种情况,一种是以8件一组的:羽—宫—角—羽—角—羽—角—羽;一种是以9件一组的:徵—羽—宫—商—角—羽—商—角—羽,因此通过M269最大4件甬钟的排序可以知道,其音列应为9件一组的,而不是有些学者所引用的8件。

这4件甬钟正侧鼓音分差从214到237不等,没有到达成熟时期的小三度,但当时也有这种正侧鼓音相差近似大二度的编钟,因此并不是特例。

结　　语

长治分水岭墓葬出土的乐器其器型纹饰继承了晋国的传统,有较统一的纹饰,但制作并不规范,制作情况与传统有所差异。长治分水岭墓葬群可能为同一族属,在六组夫妻墓中,有四组出土了乐器,时期从春秋中期到战国早期。从青铜礼器及其他随葬品出土的情况看,男主人的地位更加尊贵,但显示身份等级的礼乐器则完全不能体现这一现象。该墓葬群乐悬没有统一的严格的要求,随意性较强,但这也是乐悬中礼的功用下移的表现。长治分水岭在春秋中期到战国早期的100多年中,乐悬基本没有发展,这在当时十分罕见,说明其族群处于一个相对封闭的状态,这与它的地理位置息息相关,文化较少受到国别更改的冲击。从乐悬上看,族群的影响力远远超越了国家的影响力。

参考文献:

1.[宋]沈括:《梦溪笔谈》,上海古籍出版社,2015年版。

2.[清]孙怡让撰:《周礼正义》,中华书局,1987年版。

3.边成修、李奉山:《长治分水岭269、270号东周墓》,《考古学报》,1974年第

2 期,第 63—85、162—173 页。

4. 中国音乐文物大系总编辑部编:《中国音乐文物大系·山西卷》,大象出版社,2000 年版。

5. 杨建军:《三晋东周铜器墓初论》,《中原文物》,2005 年第 3 期,第 33—46 页。

6. 韩炳华、崔剑锋:《山西长治分水岭东周墓地出土青铜器的科学分析》,《考古》,2009 年第 7 期,第 80—88 页。

7. 山西省考古研究所:《长治分水岭东周墓地》,文物出版社,2010 年版。

8. 李夏廷、李建生:《也谈长治分水岭东周墓地》,《中国国家博物馆馆刊》,2012 年第 3 期,第 15—31 页。

9. 滕铭予:《长治分水岭墓地的分区、年代及相关问题》,《考古学报》,2023 年第 1 期,第 1—28 页。

中国出土斜吹乐器探微

安阳学院　　王俊涛

摘要："斜吹"这一概念本世纪初才进入人们的视野。虽该吹奏方式鲜被提及，但在古代音乐生活中真实存在着。河南舞阳出土骨笛即为斜吹，距今已有 9000 余年。此外，青海和新疆也出土了类似斜吹的骨笛；而文献中也有斜吹乐器龠和籥的零星记载。除出土实物和文献记载之外，在我国的新疆阿勒泰地区依旧使用着较为原始的斜吹乐器冒顿潮儿、斯布斯额。文章以出土斜吹乐器为研究对象，以官方发掘为主，民间收藏为辅。从斜吹乐器出土地、形制与音阶的对比以及出土斜吹乐器各自所属的文化解析三方面为切入点，力图通过出土实物窥探"斜吹"在我国历史中的地域分布、传播交流以及其蕴藏的文化内涵。

关键词：斜吹乐器　骨笛　文化内涵

在"斜吹"的概念被纳入学界之前，横吹、竖吹学界是比较认同的。"横吹"：吹奏角度与地面平行，在管身一端开有吹口且管内一侧用异物堵住；"竖吹"：吹奏角度与地面垂直，管身一端开有山口，空管吹奏；"斜吹"：无山口、吹孔、中空、无簧，以管身一端的开口直接作为吹孔，嘴角与管身向左或向右成 45°角构成吹孔；在我国少数民族中有一部分斜吹乐器采用的是口含齿抵，管身与脸平面呈锐角。

一、出土斜吹乐器地域分布

（一）河南出土斜吹乐器地理位置

贾湖骨笛出土于河南舞阳，河南舞阳地理坐标为东经 113°40′，北纬 33°40′，贾湖处于我国东西、南北交流的要冲。远古时期舞阳地区河流众多，但由于地势低洼流水不畅，水患成灾现象严重，但也正是这些水患给农作物带来了肥沃的土地。舞阳县在一万年前就有人类在这里生活，这一地带各个历史时期都留下了文化遗存。

（二）青海出土斜吹乐器地理位置

青海两支骨笛，一支出土于朱家寨遗址，该遗址位于西宁市大堡子乡，坐标为东经 101°49′,北纬 36°34′。这里拥有广阔的河谷平原,河流众多,西宁河的一条支流在小寨村附近汇入湟水(西宁河),在这条河流的两侧有着不同的文化遗址,而朱家寨遗址则处于西岸,水资源的利用有着悠久的历史。都兰诺木洪遗址位于柴达木盆地南部的诺木洪乡,地理坐标为东经 96°44′,北纬 36°38′。东边有一条海西哇河,距离海西哇河不远有诺木洪河,在遗址西面有一条干河,可能是当时居民取水的地方。

(三) 新疆出土斜吹乐器地理位置

新疆巴楚县托库孜萨来遗址地理坐标东经 79°04′,北纬 39°98′。位于天山南麓、塔里木盆地和塔克拉玛干沙漠边缘。这里曾是古丝绸之路的重镇,依山而建,出土大量汉文、婆罗谜文、回鹘文、阿拉伯文文书、钱币、丝质毛织物等文物。

(四) 民间收藏斜吹乐器地理位置

民间收藏的骨笛共两处,均位于内蒙古。其中一支出土于内蒙古敖汉旗兴隆洼遗址,距今大约 7250—8000 年。兴隆洼文化是中国东北地区迄今所知最早的新石器时代考古学文化之一。另一支骨笛出土于内蒙古自治区赤峰市松山区初头郎乡三座店村出土的骨笛,距今 5600 年,属红山文化。但该笛在红山文化各地区的发掘报告中,均未记载。但民间反而有很多属于红山文化的乐器,东胡先生收藏有红山文化的特磬、陶鼓、陶埙等。

小结

出土斜吹乐器,均位于黄河以北地区且东西跨度大,黄河以南地区暂未有斜吹乐器出土。笔者认为斜吹乐器可能是当时社会发展的产物;分布极为零散,笔者认为可能与民族迁徙有一定的关联抑或是社会发展到一定水平各地域人们具有了一定的共识。

二、出土斜吹乐器形制及音阶对比

(一) 科学发掘斜吹乐器形制、音阶对比

1. 形制对比

河南舞阳出土骨笛,均为鹤骨。形制分为多种:二至八孔,二孔、五孔、六孔、八孔各一支,其余均为七孔骨笛。

二孔骨笛 2013M57:23,一端已破损,长 21.4 cm,直径 0.7—0.8 cm;五孔笛 M341:1,长 20.9 cm,直径 0.45 cm;六孔笛 M341:2,长 17.3 cm,直径 0.3 cm;八孔笛 M253:4,器身较为光滑,骨笛一端音孔已残,长 22.7 cm,直径 0.45 cm。七孔骨笛虽然出土数量最多,但保存较为完整的只有一支 M282:20,制作精良。通长 22.2 cm。

青海西宁朱家寨出土的骨笛管身较细,八孔,为鹰骨所制,距今 3555—2690 年,残长 15.4 cm,专家们推测该笛长度在 16 cm 左右,一端保存完整,另一端残损严重,呈 30 度角折损,完整一端有 5 孔,其余三孔在残损一端,孔距排列均匀。诺木洪骨笛是兽类长骨制作而成,残长 8 cm,管身留有四孔;据另一件出土的实物推测,该骨笛应为七或八孔。

新疆唐王城骨笛,材质为鹰骨。属南北朝的骨笛,距今已有 1600 多年。已残;据他地出土骨笛来看,这支骨笛断裂部分应为笛身的中段,管身留有 3 孔,现存管长 10.5 cm,宽 1.7 cm。据调查,这支骨笛是墓主人从朅盘陀国带回去的纪念品,材质为鹰翅膀骨。

2. 音阶对比

贾湖骨笛可吹奏七声音阶及变化音,这是学界的共识,笔者就不再赘述。青海出土的两支骨笛,文化为承继关系,距今约 3000 年。虽诺木洪出土的残损严重,但专家一致认为这两支骨笛音乐性能应一致。李纯一在《中国上古出土乐器综论》中提到朱家寨骨笛音高的数据并分析:分别从完整端和残存端为吹口对其进行音高测试,李纯一认为吹口有可能是残存端,残存端的音列排列较为规整,似乎是按照五声调式调音,空筒音到第四孔均在一个音域内,而完整端空筒音到第四孔的音似乎也是按五声音阶排列。但笔者认为完整端吹出的音没有一定的规律可言,若残端也是完整的,是否两端音高一致呢?抑或是因为残了才会有这种情况发生?

新疆出土的骨笛,音高数据暂无,笔者暂按现存鹰骨笛可吹七声音阶来分析。

(二) 民间收藏斜吹乐器形制、音阶对比

民间收藏的有两处均出土于内蒙古,其一是敖汉旗出土的 5 孔骨笛,猫头鹰的翅骨所制,两段已烂,全长 18 cm。该笛吹奏方式与贾湖骨笛一致,可走完整的七声音阶。其二是内蒙古赤峰市松山区初头郎乡三座店村出土的骨笛,该骨笛在东胡先生手中,长 15 cm,开 5 孔,音孔等距离排列,肖兴华、陈佩君曾对其进行了测音:骨笛的音阶为大二度和小三度关系,由上第一孔至第五孔为“D、E、G、A、C”。

 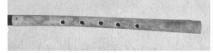

图 1　敖汉旗遗址出土骨笛(左)①;赤峰骨笛自东胡先生公众号东胡之光(右)

① 孙孝良:《骨笛神韵——8000 年前骨笛研究》,赤峰学院学报(汉文哲学社会科学版),2015(36)(07)。第 8—10 页。

从二者音阶看,敖汉旗骨笛可奏七声音阶,赤峰骨笛可吹五声音阶或二者兼备。从做工看,赤峰明显优于敖汉旗。从出土实物看,敖汉旗骨笛整体十分粗糙,似乎骨笛材质十分干燥,大概是因脱水严重所致;从钻孔上看,敖汉旗、赤峰骨笛音孔处均未见刻痕,但赤峰骨笛的下端口开有两个小孔应是调音所用。

（三）出土斜吹乐器形制、音阶之差别分析

根据出土实物来看,河南出土骨笛形制多样,青海和新疆出土骨笛较为单一。河南骨笛部分管身开孔两侧有明显的刻痕,而他地出土的骨笛并未发现有刻痕。

贾湖骨笛属于新石器时代,生产工具多为石制,偶然得到骨质材料,要有十足的准备才能够着手,故而要在打孔前进行一系列的工作。笔者认为青海骨笛应有划痕的,只是后期被磨掉了。新疆出土的骨笛为南北朝时期,该阶段是我国朝代更迭最为频繁的时期,制骨技术自然不在话下。或贾湖人开孔技术不是很成熟,开孔前需做标记以防对管身造成无法弥补的伤害;而青海新疆地区的古人乐器制作技术已到炉火纯青的地步,根本不需要做标记;或和新疆现存的斜吹乐器一样开孔也不需要测量,用自己的手掌来确定开孔位置,稍加调整便可吹奏。

贾湖骨笛音阶最为完备,可吹四至七声音阶及变化音,他地出土骨笛似乎也能吹出五声音阶和七声音阶。为什么新石器时代的骨笛反而更为优越呢? 笔者认为,新石器时代,选择做乐器的材料有限,偶得"稀奇"的材料,定要大肆"开发"。而商朝时期出土了大量的乐器,据资料显示大都为铜制或石制。而南北朝时期更是出现了很多新的材料,[①]出土的实物更是证实了这一点。

小结

从出土斜吹乐器的比较可知。选材上:古人不约而同的选用禽类肢骨,笔者结合当时的社会背景及史料发现,可能是因地制宜的结果,但青海、新疆、内蒙古有鹰崇拜的迹象而贾湖人是否与青海、新疆、内蒙古人一样具有图腾崇拜未可知;形制上,贾湖明显优于其他地区,笔者认为可能是新石器时代贾湖人遇到新材料,势必要"物尽其用";而他地骨笛所处时代文明已向前迈进了一大步,势必会选择材料易寻找、易加工且易演奏的乐器。

贾湖在音阶、形制、做工等方面均优于他地,笔者分析,可能是贾湖人在物资匮乏的时代,偶然发现新物品,务必"物尽其用"。而青海和新疆出土斜吹乐器所处时代人类文明已向前迈进,有更多选择的余地,自然就抛弃了骨质斜吹乐器,而新疆出土骨笛可能与"胡乐"的传入有关。

---

① 杨荫浏:《中国古代音乐史稿·上》,人民音乐出版社 1981 年版,第 41 页。

三、出土斜吹乐器所属文化解析

(一) 河南出土斜吹乐器所属文化解析

在裴李岗墓葬中不是所有的墓葬都有出土骨笛,笔者对《舞阳贾湖》中记载的349 座墓葬进行了整理,发现仅 15 座墓有骨笛出土。这些墓葬随葬物品少于 10 件的有 6 座,大于 10 件小于 20 件的有 5 座,大于 20 件少于 60 件的有 4 座,只有 1 件随葬品的有 97 座,剩下均无随葬品。由此可知不是人人都有资格陪葬大量物品,随葬骨笛的墓主人可能是部族的最高统治者。

另外,研究发现墓中同出有叉形器、龟响器的有 3 座;同出骨笛和龟响器的有 6座;同出骨笛和叉形器的有 3 座;同出龟响器和叉形器的有 2 座。龟响器及叉形器尤其是龟甲所体现的宗教色彩过于浓重,学界一直有这样的说法:贾湖骨笛是乐器的同时也是一件法器,其主人是巫师。

贾湖遗址出土的龟甲体内有数量的石子,吴钊认为应称之为“龟铃”。江苏邳县刘林发掘了 52 座古墓,其中有 6 套随葬龟响器;大墩子遗址出土龟响器 16 套;山东泰安大汶口出土 11 套龟响器。而龟响器大都放在腰间、胸口或膝上。笔者分析:龟响器应是一件乐器的同时也是一件具有宗教色彩的法器。

在北美印第安现今还有一些原始部落保持着原始的宗教仪式。汪宁生曾深入调查过易洛魁人如何制作龟响器。[①]而该响器是北美印第安部落中祭祀使用的主要工具。有三种材质,其中龟响器是每年重要节日上举行仪式性舞蹈时才能够使用。易洛魁部落中有一个宗教——长房宗教,其最主要的法器便是龟响器。龟响器的使用有两个重要场合。其一为驱鬼治病,易洛魁人认为生病是鬼怪在作祟,须请神祇中的巫医会社帮忙,而参加的人须满足两个条件中的一个:须曾受过该仪式治疗;梦到过有关神祇。他们会戴上面具手拿龟响器,举行驱鬼仪式,贾湖的龟响器是不是也是类似的用法呢?

笔者猜测贾湖中的叉形器可能是类似手柄的物件,其出土时有的和龟甲在一起,有的握在死者手中。参照易洛魁人的龟响器,笔者认为极有可能叉形器和龟响器是组合使用的,再加上出土的龟响器龟甲和腹甲上开有小孔,无不让人联想到易洛魁人的宗教用具,如此一来笔者更坚信贾湖出土的“龟响器”是宗教用具了。

如此看来,贾湖骨笛与龟响器同出一墓,绝不是因缘巧合而墓葬无不透露浓厚

① 汪宁生:《释大汶口等地出土的龟甲器》,《故宫文物月刊(台湾)》,1994 年,第 11 卷第 12 期,第 78—79 页。

的宗教色彩,这些大墓的主人极有可能是在宗教上具有较高地位的人,甚至贾湖聚落都可能是裴李岗文化的宗教中心。①

（二）青海、新疆出土斜吹乐器所属文化解析

青海和新疆出土的骨笛材质一支兽骨、两支鹰骨,民间收藏的骨笛也为鹰骨。目前在新疆阿勒泰地区依然在使用鹰骨笛,当地人为何热衷于使用鹰骨呢? 笔者认为应与当地的信仰有关。

鹰崇拜在文献中的记载可追溯到先秦时期。在《吕氏春秋》《礼记》《淮南子》中均有太皞、少皞的记载。太皞即鸟神,少皞是其母吞神鸟卵所生,名为"挚",挚同鸷,是一种很厉害的鹰。据史料编纂时间可知在秦之前鹰崇拜已存在。据出土实物来看,在新石器晚期已有鹰崇拜。目前出土最早的实物是安徽凌家滩的"玉鹰"。国内现今有鹰崇拜的民族有:哈萨克、彝族等。曾有学者对鹰崇拜的民族进行研究,发现这些民族按照语系分均为突厥语民族,除我国这些民族外,国外的图瓦、阿塞拜疆、楚瓦什、巴什基尔、阿尔泰等也有鹰崇拜的习俗且均属突厥语民族。②笔者发现,这些民族属于草原游牧民族,他们所崇拜的鹰,现在也成为了草原文化的象征之一。在游牧民族的墓葬中,曾出土了多件含有鹰元素的文物:青铜鹰首、金猎鹰形缀饰、鹰形金冠饰、鹰形彩陶罐、鹰纹骨管器。而彝族人坚信自己是鹰的儿子,在主持宗教活动的法器上,有鹰的纹饰,比摩在主持宗教仪式时,要戴挂有鹰爪的神帽,他们认为这样作法才能灵验。

青海和新疆在中原政权的统治之下分属游牧各民族。1982 年,青海出土了一处吐蕃墓葬群,其中三号墓中有大量的鹿与鹰文化符号。新疆地区古时称为西域,西域先后被匈奴、鲜卑、柔然、高车、恹哒统辖,在西汉时期,西域的右匈奴十分盛行萨满教③。由此可见,鹰作为一种图腾崇拜由来已久的,而音乐上则体现在用鹰骨做笛。

小结

出土骨笛所体现出的宗教因素异常浓烈,笔者通过北美印第安人祭祀活动中所用的"龟响器"推测与"龟响器"同墓出土的骨笛是贾湖人宗教仪式中所用的乐器。新疆、青海骨笛所用骨头为鹰骨,而新疆、青海自古就有鹰崇拜现象,而鹰骨笛可能是鹰崇拜在音乐上的表现。

---

① 韩建业:《裴李岗文化的迁徙影响与早期中国文化圈的雏形》,《中原文物》2009 年第 2 期,第 11—15＋40 页。

② 陈作宏:《突厥语民族神鹰母题的文化特色》,《民族文化研究》,1994 年第 4 期,第 18—25 页。

③ 田卫疆:《新疆历史》五洲传播出版社 2002 年版,第 20 页。

结　语

其一、从地域分布上看,横跨中国的东西且呈"V"形分布。出土斜吹乐器主要分布于我国的河南、青海、新疆,以及内蒙古,大都分布于我国的黄河以北地区。

其二、从形制及音阶来看,河南均比他地出土骨笛完备。出土乐器的形制以三孔和七孔为主。材质大多是飞禽类肢骨。笔者分析,青海和新疆出土斜吹乐器所处时代可能出现了更为方便、易加工、易演奏的乐器,古人把重心放到了其他乐器上,故而出现这种差异大的情况。

其三、从文化上来看,骨笛所体现出的宗教文化既有共性又有个性。共性:可能同时具有宗教器物与乐器的功能。个性:河南是祭祀仪式所用,他地可能是对图腾崇拜在音乐上的体现。笔者通过北美印第安人在大型祭祀活动中使用的"龟响器"推测,贾湖墓中与"龟响器"同出土的骨笛应是祭祀活动中使用的乐器。而青海新疆出土斜吹乐器,体现出的是游牧民族对鹰的崇拜在音乐上的体现。

学界有学者认为,斜吹乐器是一点多发的;抑或"一脉相承",笔者结合其出土位置、形制音阶及其各自文化分析,出土斜吹乐器的起源是多元的。

参考文献:

[1] 冯沂:《河南舞阳贾湖新石器时代遗址第二至六次发掘简报》,《文物》,1989(01)。

[2] 陈作宏:《突厥语民族神鹰母题的文化特色》,《民族文化研究》,1994(04)。

[3] 河南省文物考古研究院,中国科学技术大学科技史与科技考古系:《舞阳贾湖》上、下,北京:科学出版社,2015年版。

[4] 王子初:《中国音乐文物大系·新疆卷》,大象出版社,1999年版。

[5] 吴汝祥:《青海都兰县诺木洪搭里他里哈遗址调查与试掘》,《考古学报》,1963(01)。

[6] 西仁·库尔班:《鹰与塔吉克文化》,《新疆大学学报》(哲学社会科学版),1993(02)。

[7] 席永杰、张国强、杨国庆:《内蒙古敖汉旗兴隆洼文化八千前年骨笛研究》,《北方文物》。

[8] 杨玉璋、张居中、蓝万里、程至杰、袁增箭、朱振甫:《河南舞阳县贾湖遗址2013年发掘简报》,《考古》,2017(12)。

区域音乐博物馆建设的思考
——以哈尔滨音乐学院音乐博物馆为例

哈尔滨音乐学院　　顾伟泉

摘要：文章以哈尔滨音乐学院音乐博物馆为例，从用户群体分析、文物展品、音乐家遗存等馆藏资源建设，展陈与运营保障，与其他音乐博物馆合作与矛盾等维度阐述了区域音乐博物馆的现状与不足。指出了政府及主管部门应为音乐博物馆的正常运营提供便利的重要性；而音乐博物馆则应当加大对馆藏资源开发与建设的力度，应该打造一批"博物馆＋音乐"的专业化专家型的馆员队伍，同时强调了音乐博物馆加强馆内外学术交流活动的重要意义。

关键词：音乐博物馆　音乐家遗存　黑龙江流域　李西安　汪立三

音乐博物馆是弘扬音乐文化、传承音乐艺术、满足公众对音乐文化的认知需求的场所，我国的音乐博物馆是随着我国经济快速发展和人民生活水平提高，人们对文化生活的需求越来越高而产生的一种独特的文化载体。它以展示音乐艺术为主要内容，通过实物、图片、文献等形式，展示音乐的历史、发展、风格、技巧等方面的内容。

在我国，音乐博物馆的发展还处于初级阶段，虽然有一些地方已经建立了音乐博物馆，但总体来说，音乐博物馆的数量还比较少，规模也比较小。这主要是因为音乐博物馆的建设需要投入大量的资金和人力资源，而且音乐博物馆的建设也需要得到政府的支持和认可。然而，尽管如此，随着我国文化产业的不断发展，音乐博物馆的建设也得到了越来越多的重视。政府已经开始加大对音乐博物馆的扶持力度，鼓励各地建立音乐博物馆，推广音乐文化。同时，音乐博物馆也已经开始积极地与音乐机构、演出团体等进行合作，共同推动音乐文化的发展。

哈尔滨音乐学院音乐博物馆的前身是黑龙江音乐博物馆，2015 年 9 月落户于哈尔滨音乐学院后更名为哈尔滨音乐学院音乐博物馆（以下简称"哈音博物馆"）。它建筑面积 2900 多平方米，是图书馆整体建筑的一部分。主要展陈板块有黑龙江流域音乐发展简史，黑龙江流域俄侨与西方音乐传入，抗战、解放战争、新中国成立后的音乐活动,以及黑土地走出的音乐家等,收藏与陈列的文物等展品 8000 余件。

哈音博物馆定位于黑龙江省区域性高校博物馆,建馆九年来,已经被央视、省市新闻媒体多次报道,并多次出现在学者的科研论文和研究生的毕业论文中,因此它是一座比较典型的地方性的区域音乐博物馆。

一、音乐博物馆现状

(一)馆藏资源建设与叙事逻辑

1. 馆藏资源建设

音乐博物馆是一个集音乐文化、历史、艺术于一体的特殊场所,旨在保护和传承音乐文化,因此馆藏资源建设是博物馆建设的核心内容,在国家文物局关于公布施行《博物馆定级评估办法》(2019 年 12 月)等文件中,对珍贵藏品规模等都有明确规定。哈音博物馆目前的馆藏资源体系主要分为两大部分:

(1)黑龙江流域音乐文化相关展品,5900 余件

音乐文物藏品 1000 余件;老唱片 3000 张;乐器等普通藏品 1900 余件。

(2)龙江音乐家遗存

李西安遗存 2000 件,主要有手稿、节目单、视听资料和书刊等;汪立三遗存 1000 件,主要有其家中的 WESTON 三角钢琴,与贺绿汀、东山魁夷等大量书信,《"东山魁夷画意"组曲》《他山集(序曲与赋格五首)》等手稿,照片,录音带,画作等。

另外,馆内还有 98 块展板,以图文叙事方式向观众集中展示了黑龙江流域音乐文化发展历史。

2. 叙事逻辑

音乐博物馆的叙事逻辑通常以音乐的历史和文化为主线,通过不同的展品和展示手段来呈现音乐的发展和演变。在一座好的音乐博物馆中,它的叙事逻辑一定会构成一个严谨的知识结构。以哈音博物馆为例,它的叙事逻辑主线是黑龙江流域音乐文化的历史沿革:

(1)区域古代音乐文化。主要是东北古代先民的音乐活动与音乐贡献,以及金代以后受到的汉民族音乐文化的影响;

(2)近现代音乐文化。主要有闯关东时期汉民族音乐文化的大量传入,随着中东铁路的修建西方音乐文化的传入;

(3)抗日战争、解放战争时期的音乐文化。主要有音乐文物首次发表中文版《国际歌》词谱的《新青年》(原件),《义勇军进行曲》创作的时代背景,东北抗联、哈尔滨口琴社、古风音乐会等抗战时期、延安鲁艺到龙江的音乐活动,《人民音乐》创刊等;

（4）解放后和抗美援朝的黑龙江音乐活动；

（5）"哈尔滨之夏"音乐会与张权、郭颂等人的贡献；

（6）黑土地走出的百名音乐家。

以上这六个部分，构成了一部黑龙江音乐简史概览，形成了一个严谨的知识结构。而另外两个专题展——李西安、汪立三的遗存资料展，这两个专题展都分别用了两位音乐家"我愿在八千公尺设下自己的帐篷，为最后攀登到顶峰的人，铺下几块小小的石子"，"把美好的音乐带到北大荒去"这样感人肺腑、荡气回肠的名言作为主题，起到了画龙点睛的教育作用。

（二）音乐博物馆用户群体分析

音乐博物馆与普通博物馆相比较，其用户群体的共性与特性并存。普通博物馆虽然也分为综合博物馆、历史博物馆、自然科学博物馆等等，但总体上看，与音乐博物馆相比，其主要用户群体几乎涵盖了社会群体的全部，特点并不突出，差异性不大。而音乐博物馆的用户群体，既有与普通博物馆相同的一部分社会群体（主要由培养兴趣的中小学生、区域史学爱好者、旅游者构成），更有一大部分由音乐人与音乐爱好者构成的群体，这就对音乐博物馆的专业性、学术性等各方面提出了更高的要求。如图1所示。

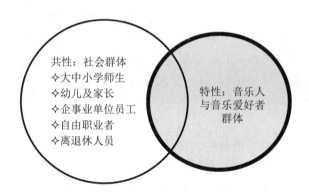

图1 音乐博物馆用户群体分析图

哈音博物馆作为高校音乐博物馆，开馆九年来的主要用户群体则更突出了音乐人的群体，包括校内外音乐专业师生，国内外到哈尔滨出差的音乐家等等。

（三）展陈与运营保障

1. 黑龙江流域音乐文化藏品展陈

由于馆内未能装修，展览面积不够，因此只展陈200件左右的文物藏品，根据要求会临时换展，譬如红色音乐文化展等，但一直未能全部展陈，大部分藏品仍旧"躺在"库房；3000张老唱片也未能得到有效利用。

2. 音乐家遗存展陈

李西安先生遗存资料常年展陈,已经获得学界来宾的高度赞扬;而汪立三先生遗存资料展正在筹备中,可望在 12 月初布展完毕,并于"2023 汪立三诞辰 90 周年暨钢琴及室内乐创作(哈尔滨)研讨会"期间开展。

3. 运营保障

仅哈音学校用办学经费支撑,图书馆 4 名馆员兼职管理和接待,并无专职音乐博物馆工作人员。曾经多次尝试用学生志愿者参与接待讲解,但一般都因"课业紧张"为由,未能取得良好效果。在策展、布展工作中,我们也与艺术学系、作曲系等合作,在成为他们的实训研习基地后,这些系的研究生和本科生们参与了展品登记、策展、布展、数字化等工作,取得了良好效果。

尽管运营保障相对困难,但哈音博物馆及其相关展品已经多次出现在知网的学术论文库中,其作者既包括哈音师生、黑龙江学者、记者,也包括中国音乐学院、西安音乐学院等院校师生。

4. 与区域内其他音乐博物馆的关系

在黑龙江还有另外两座音乐博物馆,一是在大剧院的哈尔滨音乐博物馆,二是在金上京历史博物馆中的金代音乐文化展览馆。这两座音乐博物馆的宗旨是为拉动地方旅游经济服务的,因此资金相对充足,都进行了装修布展。虽然这两个馆舍的藏品规模和数量远不如哈音博物馆,但还是有一部分藏品与哈音博物馆性质重合,更是拉走了很大一部分社会公众用户群体。

二、音乐博物馆的窘境

(一) 客观条件、支持力度不足

受到区域经济发展不均衡的大环境影响,九年来一直没有对哈音博物馆馆舍进行装修改造,虽然藏品比较丰富,但大部分藏品还是没有展陈,还有一些乐器展品需要必要的维修。杨民康教授在调研了哈音博物馆库房后,深有感慨地说:"如果把这些藏品全部展出来,就是一部生动的黑龙江音乐史!"因此,如何把哈音博物馆更多的文物展品都陈列出来,的确是任重道远。

而受到政府支持的哈尔滨音乐博物馆、金代音乐文化展览馆却在资金、人员配置等问题上得到了基本满足。尤其是主城区内仅有的两座音乐博物馆——哈尔滨音乐博物馆与哈音博物馆,从叙事逻辑上看,两座博物馆都把黑龙江流域音乐文化作为主线进行宣传,具有高度相似性,且仅相距 3.5 公里 8 分钟车程,显然这种生态布局是失衡的。

（二）扩充馆藏靠捐赠

区域音乐文化展品,尤其是具有一定经济价值和研究价值的珍贵文物、著名音乐家遗存手稿等的搜集渠道更多的是靠捐赠,仅靠采购是行不通的。以哈音博物馆为例,目前的所有藏品全部来自个人捐赠。这些捐赠品,有一部分是个人主动捐赠,还有一部分则是通过我们主动去谈,从音乐传承音乐研究的意义和博物馆的专业管理等视角去感化捐赠者,当然谈话者的博物馆职业素养是打动捐赠者的重要影响因素之一。

（三）学术性不足

《博物馆定级评估办法》中对成立馆内由高级职称人员构成的学术委员会、馆员的科研业绩成果都有明确的指标要求,这对于刚刚起步的音乐博物馆来说,还相距甚远。以哈音博物馆为例,哈音图书馆编制内 4 人即是博物馆的全部馆员。依靠音乐博物馆资源发表的南核论文仅有 2 篇,仅有在研省哲学社会科学青年项目 1 项。说明音乐博物馆自身学术性不足。

三、区域音乐博物馆的建设要素

音乐博物馆属于小众类型博物馆,尤其是在经济欠发达地区内建设区域音乐博物馆更是应该把握住一些基本要素,这样才能使音乐博物馆得到一个相对健康的可持续发展。

（一）环境要素

1. 硬件支持要素

（1）宏观布局

地方政府及音乐博物馆主管部门首先要在宏观布局上把控好各级音乐博物馆的建设,在叙事逻辑上避免大量重合,在突出区域音乐文化特点的同时,避免资源的浪费。譬如,应当将区域内音乐文化特点按照分类逻辑进行布局,哈音博物馆的叙事逻辑主线在黑龙江流域,那么哈尔滨音乐博物馆的叙事逻辑则应当在哈尔滨"音乐之城"的形成与发展上,而金代音乐文化展览馆则集中展览金代的音乐文化。这样就使得在区域内馆际之间的叙事逻辑形成互补,各具特色。

（2）标准化建设

应该严格按照国家颁布的博物馆建设标准,加大对音乐博物馆的展品搜集、布展、资金和人员等方面的投入,在加大投入的前提下,按照《文物法》等相关法律法规进行强制性的标准化建设。

2.软件支持要素

（1）政策

音乐博物馆人员队伍相对弱势,队伍并不稳定,因此要在政策上给予音乐博物馆人员在编制、职称晋级、科研立项上必要的支持和倾斜。使之能够建立起一批专业化、职业化的音乐博物馆人才团队。

（2）音乐博物馆研究

作为"音乐＋博物馆"的文化现象,强烈呼吁音乐学界、博物馆学、考古学界加大对这一领域的研究和支持力度,破除文献垄断的壁垒。目前的状况是,在音乐学界研究成果极少;在博物馆学界更被作为不具有代表性的"小众群体"而被忽略。几年前笔者曾试图对某地出土的部分艺术品进行实物或照片上的进一步考证,但遭到相关单位的断然拒绝……;笔者还曾试图对另一处出土的乐器照片进行实物考证,结果得到的答复却是"不知所终"。如何破除这些文献垄断的壁垒,是亟须解决的一个难题。

（3）人才培养

具有"音乐＋博物馆""音乐＋考古"这样交叉学科知识背景的人才少之又少,更多的音乐博物馆工作人员都是"半路出家",且多做的是理论研究。而在具体的实践工作中,既有研究能力,又有动手实操能力的人才更加罕见,所以加大人才培养力度,势在必行。

（二）内部要素

1.馆藏建设

虽然馆藏资源建设是核心,但任何一座音乐博物馆都不可能做到"大而全",尤其是区域音乐博物馆更应当根据自身所在区域音乐文化特点,办馆定位,馆藏展品规模,服务用户群体特征等方面加大对馆藏资源开发、建设、解读、研究的力度,即所谓的"馆藏为王",根据区域性馆藏做文章,这也是区域音乐博物馆之所以存在的意义所在。

2.培养专家型馆员

音乐博物馆用户,尤其是在高校中的音乐博物馆用户中有一大部分是音乐研究者,他们都将在博物馆中的参观活动当做自己田野工作的一部分,其中既有来寻找研究课题的博硕士研究生,也有一些检索学术信息的专家学者,因此他们一般都不满足于30分钟走马观花的介绍。在哈音博物馆的实践中,笔者经常被要求全程讲解参观时长在2小时以上,而针对博硕士研究生的集中讲解场次多次达到4小时的时长。因此,将这些内容都叙述清楚,就需要"博物馆＋音乐"专家型馆员。笔者在参观其他音乐博物馆时,也发现了一个奇怪的现象,能把一个博物馆讲述清楚的馆员都是个别年龄偏大的资深馆员,而年轻馆员一般都在背诵生硬的讲解词,无法与观众形成互动,无法将"文物活起来",因此各音乐博物馆的职业化专家型人才梯队的建设成为了普遍存在的问题。

3. 学术活动

音乐博物馆的学术活动是其能保持生命力的一个重要手段,这不仅仅是由于国家相关法规、文件的要求所致,也是深刻解读音乐文物中蕴含着的音乐文化的要求。馆员在加强与外界学术交流活动的同时,更应该立足于本区域音乐博物馆的叙事逻辑,深耕每一件文物展品,将其更多的学术价值呈现给观众。

结　　论

相对于其他类别的博物馆群体而言,音乐博物馆还是一个小众群体,以哈音博物馆为例,它的前身是 2006 年注册登记的民营性质的"音乐博物馆",距今还不到20 年。虽然目前看来还不够完善,但作为区域音乐博物馆却发挥了重要作用,目前依旧频频出现在当地媒体中,说明社会公众对音乐博物馆的欢迎程度仍然热情高涨,因此,我们有理由对区域音乐博物馆的未来充满着期待。

《谭维四档案》"曾侯乙墓田野
工作笔记"的初步整理

湖北省博物馆　　王纪潮

摘要:湖北省博物馆收藏的《谭维四档案》内容丰富,其中涉及音乐考古的有曾侯乙墓发掘、编钟编磬复制研究、音乐考古学教育等原始文献,最重要的是曾侯乙墓考古发掘田野工作笔记、日记等。

整理过程中,该笔记及其他相关文献反映出许多正式报告疏于或无法顾及的情况,对深入了解该墓的发掘背景、决策过程、田野工作细节和音乐考古学科草创之处的工作有极大的帮助。该档案的整理研究是曾侯乙编钟铭文申报世界记忆文化遗产项目的组成部分,对工作推进和音乐考古学的文献学研究有重要意义。

关键词:《谭维四档案》　考古田野笔记　记忆遗产

一、整 理 缘 起

1978 年在随州发掘曾侯乙墓及曾侯乙编钟等文物的出土是中国音乐考古史上标志性的事件。该音乐文物的出土为学界研究先秦时期的历史尤其是音乐史提供了极为难得的材料。无论从中国考古还是世界考古史上看,该发现当之无愧是最伟大的发现之一。

布赖恩·费根(Brian M.Fagan)在评选 20 世纪十大考古发现时讲过两个标准:一、改变考古学家解释过去的方法,二、深刻地影响大众。[1]当时秦始皇兵马俑被评选为世界十大考古发现。严格地说,秦始皇兵马俑的发现其本质是补充秦朝历史,而曾侯乙墓则揭示出公元前 5 世纪中国文明前所未知的高度。所以罗泰2018 年在本馆召开编钟发现 40 周年国际会议上说,"曾侯乙墓之于考古学的意义

---

[1] 　Brian Fagan，"The 10 Greatest Archaeological Discoveries of the Twentieth Century"，*Discovering Archaeology*，Nov/Dez 1999.

超过了秦始皇兵马俑,甚至是超过了埃及历史上最著名的法老之一图坦卡蒙的图坦卡蒙陵墓。曾侯乙墓的发掘打开了中国古代人类精神文化的新窗口,曾侯乙编钟上的铭文和实物组合的研究,为我们带来更加生动和深刻的理解。"曾侯乙墓是中国考古最伟大的发现,没有之一。①曾侯乙墓的考古发现和拓展研究的领军者正是谭维四。

前两年联合国教科文组织负责世界文化遗产管理的专家学者来本馆参访,认为曾侯乙墓这样伟大的考古发现应该申报世界遗产。去年曾侯乙编钟铭文正式入选第五批中国档案文献遗产名录,今年又被中国政府正式推荐为申报 2024 年世界遗产的名单。以此为契机,促使本馆开始建立曾侯乙墓专门档案。谭维四档案是该档案最核心的项目。

就我所知,世界伟大考古的发现者都有专门档案或研究,相关的田野工作笔记都已出版,如特洛伊的发现者海因里希·施里曼、乌尔王陵的发掘者查尔斯·伍莱、图坦卡蒙王陵的发掘者霍华德·卡特等。伍莱的考古笔记等档案已开放研究,有多种出版如:

Ur：*the First Phases*, Penguin Books Harmonds Worth, 1946(《乌尔:第一阶段》)

A forgotten Kingdom, Penguin Books, 1953(《被遗忘的王国》)

Spadework：*Adventures in Archaeology*, Penguin Books 1953(《手铲:考古学历险记》)

Excavations at Ur：*A record of 12 Years' Work*, 1954(《乌尔的发掘:12 年工作记录》)

Alalakh, *An Account of the Excavations at Tell Atchana 1937—1949*, Oxford University Press, 1955(《泰尔·阿查纳发掘记述》)

因此及时收集曾侯乙墓发掘、研究、展览的原始档案,尤其是谭维四档案对中国的考古学、博物馆学、音乐考古学和世界记忆遗产档案都有重要意义。

事也凑巧,2023 年 6 月的某天,张翔和我说起本馆新的领导班子刚刚上任,今年恰逢曾侯乙编钟出土 45 周年,应该有适当的展览。我很赞同其想法,认为可以办一个关于曾侯乙墓和编钟的文献展览,随即和张翔一起找方勤说此事。方勤非常支持,建议还要在考古博物馆、随州和其他馆展出扩大影响。本馆领导决定在年底举办,陈列部即安排人员开始征集展品和档案整理。

---

① "中外学者讨论曾侯乙墓价值:中国考古百年最重要发现,没有之一"《长江日报》2018 年 9 月 21 日),http://www.cssn.cn/kgx/kgdt/201809/t201809214567914.shtml。

二、整理情况

整理工作从 7 月份开始,得到相当多的领导、当年参加发掘、研究、展览等工作的同仁和有关人士的关心和支持,11 月底完成了大致分类。

谭维四夫人白绍芝、女儿谭白英、谭白明得知本馆建立曾侯乙墓专档的工作,非常支持,愿将谭维四已分类整理好的全部材料捐赠给本馆。谭夫人尚在医院中,嘱其女儿秋天返汉后即办好此事。故谭维四档案的整理工作从 10 月 8 日谭白明返汉后才开始。

本馆陈列部的工作人员经过一个多月的初步清理,将其中可用于该文献展览的材料选出,其中较重要的就是谭维四当年在随州擂鼓墩工地的田野考古工作笔记。从 1978 年至 1979 年,有关曾侯乙墓及曾侯乙编钟的发掘、研究,谭维四保存有笔记、日记、札记、信札、草图、公文、便笺、各种文件和文章手稿、照片(包括部分底片)、各种票据和报表等。目前尚无法统计具体件数和总数,初步估计应有千余件。其中重要的就是有关曾侯乙墓现场发掘的日记和工作笔记。主要是四种:《1978 年 3 月 21 日至 1979 年 3 月谭维四工作笔记》(下简称笔记)及《1978 年元旦至 1979 年 3 月 26 日谭维四工作笔记》《1977 年至 1978 年 6 月谭维四工作日记(1977 年为隆中工作)》《1978 年元旦至 5 月 14 日日记》。见下图:

图 1　《1978 年 3 月 21 日至　　　　图 2　《1977 年至 1978 年 6 月谭维四
1979 年 3 月工作笔记》　　　　　　工作日记(1977 年为隆中工作)》

图3 《1978 年元旦至 1979 年 3 月 26 日
谭维四工作日记》

图4 《1978 年元旦至 1979 年 3 月 26 日
谭维四工作笔记》

这四种笔记、日记都有曾侯乙墓发掘的内容,其中最重要的是《1978 年元旦至 1979 年 3 月 26 日谭维四工作日记》。在谭家清点时,它专门放在书房的曾侯乙墓的专门文件夹中,这是谭维四认为与现场考古发掘关系最密切的部分原始文件。而其他的笔记、日记则在不同的卷宗,没有刻意记录。从内容上看,该工作日记较详细地记录了当年在擂鼓墩现场发掘的各方面情况,其中还有相当多的时代背景记录,对全面了解改开之初的社会情态有极高的史料价值。从时间上看,包括了曾侯乙墓勘探、发掘、清理、随州现场的第一次编钟原件演出、1979 年在本馆第一次展览和去北京参加国庆 30 周年展览的记录,是了解编钟出土到展览的第一手资料,很多记录弥补了正式考古报告和新闻报道的不足,丰富、生动、有趣,是一份极为精彩的田野考古工作笔记。

我们拿到该笔记在库房稍稍翻阅后,感到它非常珍贵和重要,除用作核心展品外,应该尽快整理出版。我们当时就和文物出版社及家属联系,该社也很积极表示要出版,谭白英、谭白明也代表全家授权,整理随即进行。

该笔记的原塑料封皮已遗失,笔记原件的商品信息如下:

塑料日记/50 开　100 页　70 克书写纸/武汉市国营汉光印刷厂/98　1977 年 11 月印制。

不包括封一、封二、封三、封四和"农业学大寨"的多个彩图插页,笔记共 170 面。除个别空页外,都有文字记录。字迹的墨水颜色有多种,显系不同时间的记录,表明该笔记是最原始的田野考古文献。

我用了差不多一周时间做该笔记的录入,目前尚有若干暂没有识别的文字没有录入,录入文字约 23000 字。

三、整　理　原　则

该笔记整理原则参照古籍整理。我们希望保持笔记内容原有的书写格式、文字、标点。但尚未和出版社商定,现列如下,请各位专家提意见。

1. 出版时,笔记每页影印,附整理文字,便于阅读和研究。

2. 笔记中的文字脱落、订误和补遗用(),表示修改以不影响文意。

3. 字迹不清无法释读或涂抹的文字用□表示,明显错字用【】表示。

4. 原文有下划线和删除者,分别用<u>下划线</u>和~~删除线~~表示。

5. 重要人物、事件、当时术语和背景略加注释。

6. 笔记有时间者,在目录中标注,方便核对查询。

7. 笔记最后附有"通讯录",该通讯录的内容基本上与发掘工作有关,一并保留。

总之,该笔记是曾侯乙墓考古和曾侯乙编钟研究的第一手文献资料,保持原样对今后的研究特别重要。以上整理原则或有遗漏,欢迎各位专家补充、完善。

四、笔　记　亮　点

在沈阳会议上,我做介绍时,因笔记尚未整理完成,且会议的报告时间有限无法展开。我只列出 6 条亮点。沈阳会议之后,该笔记全部整理完成,这里对会议上所讲的笔记亮点略作说明。

1. 最早的曾侯乙墓田野考古笔记。

按照考古规范,考古人员撰写田野工作笔记是基本要求。故《曾侯乙编钟出土45 周年文献》展览筹备组在筹备展时,先后征集了四位当年参加发掘者谭维四、黄锡全、杨定爱、黄文新的工作笔记。时间上,该笔记最早的日期是 3 月 21 日,而曾侯乙墓发掘现场总指挥黄锡全的日记是 4 月 6 日。3 月 21 日还只是墓葬发掘的前期勘探,日记记录发现了盗洞和扰乱坑,显示了记录者的极度焦虑。

2. 记录了正式考古报告忽略或限于体例无法记录的许多第一手现场资料。

这方面内容丰富也最有故事性,大致可以分为三方面:一是不同时间段的各地各单位参加考古发掘工作的人员、工作组和领导小组人员名单;二是各发掘阶段的任务、分工、困难、解决方案,如确认擂鼓墩是一超大型墓葬之后,在没有无人机时代,最难解决的是如何拍墓葬全景照片的技术问题,谭维四多次去武汉军区空军司令部联系飞机航拍;三是墓葬发掘及研究文物时的学术研究和建议,这些意见有的是专家的,有的是各级领导的,都在后来的实践中逐步得到解决和印证,显示出该墓葬发掘研究过程中的科学态度、民主协商和开放精神。如有关曾侯乙墓文物出土后如何科学保护和研究,谭维四和湖北省博物馆方面基本按照当时国家文物局局长王冶秋的意见处理。

3. 记录了各级领导、文博界同仁和解放军在曾侯乙墓发掘过程的作用、风采,生动而真实。

曾侯乙墓的发掘是 70 年代最重要的考古发现,其发掘的中国特色就体现各级领导的重视和支持,尤其是当时武汉空军随州雷达修理所全力的支持和配合。如 5 月 4 日的笔记中记录了雷达修理所王家贵的发言要点:"王付(副)所长;办公室人员要分工。1.现场发掘指挥、组织;2.政治工作;3.行政工作:伙食管理、车辆管理、接待工作;4.财经开支的管理;5.大概的进展。"

4. 记录了曾侯乙墓文物及曾侯乙编钟的研究、利用的早期规划,是音乐考古学发展初期最重要的文献史料。

曾侯乙编钟的出土是中国音乐的大事件。从田野笔记中,可以看到中国音乐界一开始就介入其中,为后续的编钟研究打下了非常好的基础。如第 83 页笔记记录了曾侯乙编钟首次在随州炮兵 71 师司令部舞台演出的节目单。该页笔记不是谭维四的笔记,我向冯光生询问,他一眼看出是黄翔鹏先生的笔迹。这反映出该演出的节目安排、编钟音乐性能的首次测试是在音乐研究的专家指导下进行的。

5. 记录了 1978 年特别是三中全会改革开放的形势下,全国人民意气风发的精神面貌等时代气息,令人感动。

曾侯乙墓的发掘和整理正是中国改革开放初期,从笔记中可以感受到当年全国各行各业尤其是文博工作者的开放进取的精神面貌,特别是笔记中有中央关于"真理标准"大讨论的文件精神传达内容,时代感尤其强烈。

6. 真实再现了以谭维四为代表的老一辈考古学界的高贵品质和人性的光辉。

这方面的内容在谭维四的田野笔记和工作日记中较多,大致有几方面的内容,一是强调文物的安全第一,二是强调团结协助不要搞本位主义,三是讲政治,在发掘中做好宣传教育工作。

五、结　语

谭维四的《曾侯乙墓田野考古工作笔记》只是《谭维四档案》中的一种,但具有极高的史料价值和展览价值。把它整理好、利用好是文博工作者的本职和义不容辞的任务。

此外，这里也提一下我们在《谭维四档案》的初步整理中，不时为其资料保存之细致、完整、持久而感慨，特别是这些档案涉及的时间跨度之长（1950年至其病重住院）、范围之广（考古、文博、教育、法制、科研、传播、外交等），令我们十分钦佩。他关心文博，重视学术、注重人才、提携后进、重友轻财、疾恶如仇的品质，在档案中不时出现，他退休后仍跑了全省50多个县市，了解文博现状，帮助解决问题，让我们感动不已。特别是他努力做音乐考古教育和普及工作，用很简陋的方法制作五度生律表和教学挂图，一遍又一遍誊抄的教案等，令人唏嘘。

整理该田野考古笔记，举办曾侯乙墓文献展只是《谭维四档案》整理工作的开始，有许多方面还需要感兴趣中国音乐考古史、中国文博史、社会史的学者们来参加整理，湖北省博物馆将提供一切研究方便。

附识：该文是为沈阳音乐学院举办的第一届音乐考古遗存会议撰写的。最近会议方面要出论文集，我补充了第四部分"笔记亮点"的具体内容。由于整理谭维四笔记及《曾侯乙编钟出土45周年》展览已基本完成，有些新情况现在说明一下，供音乐考古界同仁参考。

一、《谭维四档案》中的"曾侯乙墓田野发掘工作笔记"的重要性整理小组有一个逐步认识过程。开始我仅仅是认为它是重要音乐文物发掘原始记录，重点是它的原始资料性。这方面与国外重要的考古发现原始档案没有什么区别。在沈阳会议和湖北省博物馆举办《曾侯乙编钟发掘45周年文献展》期间我们查阅了国外一些相关研究，并和湖北省博物馆的张翔、张明、曾攀及加州洛杉矶分校的罗泰、王子超等人有过多次讨论，现在大家比较一致的看法是，该田野笔记除其史料意义外，更重要的是反映了与西方传统的、带有殖民主义色彩考古学不一样的中国考古学体系，在考古学理论建设和音乐考古学的发端上非常重要。罗泰还专门为展览写信说："曾侯乙墓是世界考古学史上的伟大发现，它的重要性并不次于埃及的图坦卡蒙墓。两者相似的是，它们的墓主人在文献史料上并没有留下很明确的痕迹，反而通过考古学家的努力工作才得名于后世。两者不同的是，曾侯乙墓除了出土各类灿烂的瑰宝以外，还给中国古代科技史——尤其是音乐学、声学和天文学——提供了庞大而全新的资料，让我们不但更加享受古曾国的物质文化之美，而且还帮助我们深入了解当时最高级知识分子的思想体系里。"

二、在2023年4月到2024年2月，英国牛津大学格里菲斯研究所为纪念图坦卡蒙墓出土100年举办了卡特侄女捐赠的卡特发掘该墓的档案文献展。展览分16

个单元,全面介绍图坦卡蒙墓发现后的文化影响。从欧美主流媒体对该展览的报道和策展方的介绍看,该展览除展示当年卡特发掘图坦卡蒙墓文献、照片记录外,最主要的意义是具有强烈的批判精神,反思殖民主义考古学在图坦卡蒙墓发掘时所造成的遗憾。如合作策展人之一的理查德·布鲁斯·帕金森(Richard Bruce Parkinson)指出:"图坦卡蒙墓的发现不仅仅是黄金宝藏:挖掘档案让我们超越了殖民主义流行的刻板印象,它记录了在墓上工作的现代和古代人的人性。挖掘工作不是由一位英勇的英国考古学家完成的,而是由现代埃及团队成员完成的,他们经常被忽视,并被写在故事之外。我们希望这次展览能对它所纪念的这一著名发现进行情境化、赞美、质疑和批评。"①正式基于图坦卡蒙档案文献展的特色,湖北省博物馆在筹备《曾侯乙编钟发掘45周年文献展》时,特别强调了在曾侯乙编钟的发掘、演出、研究及传播中的广泛参与性,首次完整介绍了全体参加发掘的工作人员包括武汉大学的考古专业学生,这也是谭维四田野笔记的重要特色。

三、该曾侯乙墓田野工作笔记是《谭维四档案》的一部分,如需全面了解曾侯乙编钟的发掘和研究,应综合该档案中其他相关的日记、公文、信札、研究论文、考古报告手稿等资料才会有准确的判断。

2024 年 3 月 19 日

---

① Tutankhamun: Excavating the Archive-A Bodleian Libraries Exhibition, April 2022—February 2023, https://www.bodleian.ox.ac.uk/about/media/tutankhamun.

谭维四档案中的音乐考古

湖北省博物馆　张　明

摘要：1978年，湖北随县曾侯乙墓的发掘震惊世界，担任考古领队的是著名考古学家谭维四(1930—2020)。2023年正值曾侯乙编钟出土45周年，谭维四家属将谭先生保存的考古资料及个人资料悉数捐赠给湖北省博物馆。这批资料涉及谭维四的田野考古笔记、工作笔记和个人日记，以及曾侯乙墓、纪南城、越王勾践剑等重大考古发现的工作资料，其中不乏曾侯乙墓考古发掘报告及现有研究资料尚未公布过的原始档案记录及照片。在40余年的研究中，谭维四先生保存了与国际博协乐器专委会(CIMCIM)、国际传统音乐协会(ICTM)、夏鼐、饶宗颐、黄翔鹏、李学勤、程贞一等海内外重要机构与知名学者的往来信函，形成对曾侯乙墓音乐文物的认识、研究与展示过程的学术脉络。

经初步分类，谭维四档案中的音乐考古资料可分为发掘、复制、研究、展览与传播四部分。此外，谭维四先生还保存着与中国艺术研究院、武汉音乐学院音乐考古教学相关的文件、书信等，是我国音乐考古事业起步、发展、研究和教育各阶段的珍贵见证。

关键词：谭维四　曾侯乙墓　音乐考古

谭维四(1930—2020)是著名的考古学家、武汉大学考古专业的创建人之一、湖北省博物馆原馆长，曾主持发掘曾侯乙墓。谭维四先生终其一生致力于湖北考古文博工作，特别是对曾侯乙墓音乐文物的研究与保护，推动了中国音乐考古的学科发展。

谭先生去世后，家属将其保存的资料无偿捐赠给湖北省博物馆，湖北省博于2023年10月开始资料清理工作，形成了谭维四档案(下称谭档)。档案以公文、书信、日记、照片等形式见证了中国音乐考古事业从起步到发展的四十年历程，涉及学科建设、人才培养、跨界合作、专题研究等多方面，在音乐考古方面有着重要的学术意义和史料价值。

一、谭维四与音乐考古

(一) 谭维四其人

谭维四,1930 年 4 月生于湖南长沙,1950 年至 1952 年在湖北人民革命大学工作,1952 年至 1964 年先后在湖北省文物管理委员会、湖北省博物馆、湖北省文化局工作,1954 年参加北京大学第三期考古训练班,被称为中国考古界"黄埔三期"学员。1964 年,谭维四进入湖北省博物馆工作,历任文物考古队队长、业务秘书、副馆长、馆长,1992 年 7 月退休。2013 年,谭维四入选湖北文化名家,2020 年因病逝世。

在湖北省博物馆工作期间,谭维四主持或领导了江陵楚郢都纪南城、凤凰山秦汉墓等一系列重要的考古工作,尤其是 1978 年主持发掘了曾侯乙墓。曾侯乙墓出土了以曾侯乙编钟、编磬、琴、排箫、竹篪等为代表的 125 件先秦音乐文物,被誉为 20 世纪中国考古的最重大发现之一。

(二) 谭维四的音乐考古事业

发掘工作结束后,谭维四组织编写了《曾侯乙墓》考古报告,该报告于 1999 年 12 月荣获首届郭沫若中国历史学奖二等奖[1],为该奖项全部 25 部著作中唯一的考古发掘报告专著。谭维四又积极联合全国六家科研和大专院校及生产厂家,成立曾侯乙编钟复制研究组,与国内外来自音乐、古文字、科学技术史等不同学科的学者紧密合作,1983 年首批 34 件编钟被成功复制,1984 年全套编钟复制完成,获文化部科技成果一等奖,极大地推动了实验音乐考古的研究工作。[2]

1988 年正值曾侯乙编钟出土 10 周年,谭维四发起并联合湖北省对外文化交流协会、武汉音乐学院主持召开了首届《曾侯乙编钟国际学术讨论会》获得成功,会后在美国加州大学圣迭戈分校物理学教授程贞一等人的合作下,主持编撰学术讨论会论文选集《曾侯乙编钟研究》,中、英两种版本于 1992 年、1993 年分别由湖北人民出版社、新加坡世界科学出版社出版。

在曾侯乙编钟复制研究获得成功的推动下,谭维四首倡并主持在湖北省博物馆建立编钟古乐厅、成立编钟乐团,首次让古代音乐文物在博物馆内奏响,实现了将音乐文物的动态陈列,达到了声形并茂、视听共赏的艺术效果,受到了国内外观众的高度赞赏,开创了音乐考古科普教育的新局面。

---

① 《1999 年 12 月 20 日〈曾侯乙墓〉荣获首届"郭沫若中国历史学奖"的获奖通知原件》,曾侯乙墓档案,湖北省博物馆藏,档案号 23F283P。

② 湖北省博物馆官方微信公众号:《讣告》,https://mp.weixin.qq.com/s/zv68HBH3gstpD0n78uovgw。

1992年，湖北省博物馆与武汉音乐学院音乐研究所合作，应地方文博部门之请，在对当地出土音乐文物作了充分调查研究的基础上，成功开发、设计了荆州《楚乐宫》、宜昌三游洞《巴楚乐宫》、武汉《东湖磨山楚天台古乐演奏厅》、长沙市博物馆《中华南方古乐厅》、韶山《韶乐宫》等展演项目，成为当地的文化窗口，取得了显著的社会效益与良好的经济效益。在上述各项开发创新的基础上，湖北省博物馆编钟乐团联合武汉音乐学院音乐系成立中华编钟乐团，携带复、仿制的钟、磬古乐，参与建国三十五周年庆典、香港回归庆典等重大国事演出，先后到东京、美国圣迭戈、华盛顿、法国巴黎等各地巡回展演，受到国内外的广泛赞誉，为我国的对外开放及中外文化交流作出了有益贡献，使音乐考古学从教室走向了社会。①

退休后，谭维四仍任武汉音乐学院音乐学系音乐考古专业客座教授等职，讲授"考古学概论""音乐考古概论"课程，培养音乐考古人才。同时，谭维四依然笔耕不辍，主要学术成果有《20世纪中国文物考古发现与研究丛书·曾侯乙墓》《古代文明探索之旅丛书·乐宫之王——曾侯乙墓考古大发现》《中国重大考古发掘记——曾侯乙墓》等，先后获湖北省文教方面社会主义建设先进工作者、曾侯乙编钟复制研究工作重要贡献奖等众多荣誉称号。②

二、谭维四档案与音乐考古

2023年12月12日，"中国记忆——曾侯乙编钟出土45周年文献展"（下称"中国记忆"）在湖北省博物馆开幕，该展览以155件（套）珍贵档案文献回顾了曾侯乙墓的发掘过程，并首次全面公布发掘工作人员名单、编钟测音及复制原始资料、曾侯乙墓音乐文物的研究与展示历程。展品以谭维四档案为主体，是这批资料的首度公开展示。

（一）档案的形成及初步整理

1. 形成

2023年1月，曾侯乙编钟档案文献入选第五批中国档案文献遗产名录，并被国家文物局正式推荐申报联合国教科文组织世界记忆名录（Memory of the World）。以此契机，湖北省博物馆开始搜集、整理并建立曾侯乙墓档案，其间与谭维四家属取得联系并获得了大力支持，2023年10月，谭维四家属正式向湖北省博物馆移交捐赠资料。

---

① 整理自《谭维四自述主要工作业绩》，谭维四档案，湖北省博物馆藏，档案号23TWS123P。
② 整理自《谭维四退休以来老有所为的工作简况》，谭维四档案，湖北省博物馆藏，档案号23TWS124P。

经整理发现,谭维四先生保存着1950年代至去世之前的绝大部分文字材料及影像资料,文字材料以纸质手稿和印刷品为主,影像资料主要有底片、胶片、幻灯片三类,以及3.5英寸软盘、磁带、优盘等多种数字媒介。这批资料与曾侯乙墓其他发掘者、研究者及相关人士捐赠的资料共同组成了湖北省博物馆曾侯乙墓档案。

2. 整理

谭档一经入馆,便按照博物馆藏品管理要求进行了清点和数字化工作。截至2024年3月,已整理建档370余套资料,包括文件、日记、工作笔记、往来书信、简报、杂账、考古资料(包括绘图、地图)、照片、实物等。建档流程如下:

初步分类→编号→命名→登记基本信息(含年代、数量)→丈量尺寸→数字化拍摄或扫描→以无酸材料重新进行包装→入库存档

在整理过程中,工作人员发现谭维四先生将曾侯乙墓发掘相关的原始文件(包括个人的工作日记、与国家文物局领导往来的重要书信)单独存放,除了发掘工作本身,谭的记录也反映出1978年的时代背景和个人视角。由于谭维四先生字迹较难辨认,这批手写资料经扫描后由与谭馆长共事多年的王纪潮先生释读,录入文字约23000字。

根据资料的内容相关性,工作人员在登记信息表中增加了"分类"一栏,对档案进行了"发掘""研究""复制""展览""传播""个人"等标签备注,以便日后查询。在"中国记忆"策展期间,标签查询为展品分组、展览文本框架的构建提供了极大便利。

谭档保存着大量行政文件、发掘现场记录,围绕重要墓葬的考古工作展开,包括发掘经过、组织过程、任务分配和工作成果等。同时,个人在参与过程中的回忆与感受,包括日记、诗歌和新闻稿件在内的作品,是制度管理、技术运用和实际生活的关联集合,也是考古工作中的微观组成部分。这些内容在展览中以辅线的形式补充了考古工作与生活的细节,让考古、文博工作的时代切片更为生动、鲜活。

3. 分类

(1) 笔记类

这一部分包括谭维四手写的考古田野笔记、工作笔记和个人日记,时间跨度是谭档中最长的,从1950年代北大考古训练班笔记开始,一直持续到2016年,1970年代数量最多,约有120本,曾侯乙墓的工作笔记就在其中。

在日记中,谭维四记录了曾侯乙墓发掘人员的集合过程,其中不乏来自1970年代湖北省亦工亦农考古训练班的学员。在1970年代,为配合国家农田水利基建,湖北省博物馆先后在宜昌、荆州等地展开考古工作,因人员严重不足,曾举办过长江流域考古训练班、纪南城亦工亦农考古训练班等短期考古培训班。来自湖北

省内外文博机构的工作人员和各公社推荐的工农兵学员以边学习边实践的方式，经过考古学、中国历史、田野技术等集中培训，具备了考古理论与实践的基础。在1978年的夏天，为支援曾侯乙墓这个前所未有的大型墓葬的发掘，谭维四写信向湖北齿轮厂、武汉印染厂等单位请求调派参与过考古短训班的学员①，从训练班中走出的近百位学员承担了曾侯乙墓及之后许多重要墓葬的考古发掘工作，成为湖北及各省市的考古业务骨干。谭维四信件成为这一转变历程的关键环节。

（2）考古档案类

这批资料的形式最为丰富，包括各级行政单位公文及非正式文件、大量手稿、信札、讲义、照片、音像、展览资料、书籍等。主要涉及以下几类墓葬群：

- 擂鼓墩一号墓（曾侯乙墓）
- 江陵纪南城楚郢都
- 江陵凤凰山汉墓
- 江陵望山楚墓
- 盘龙城商代遗址
- 大冶铜绿山古矿冶遗址
- 湖北省内其他考古遗址

（3）博物馆工作

这部分资料涉及湖北省博物馆日常工作和展览文件、省内重大文化活动文件及过程记录、湖北省内其他文博单位业务工作、国内外文博机构交流合作、国家文物局历年政策文件，其中包括湖北省博物馆建馆三十周年系列活动筹备、湖北省博承担的历次国内外重大接待、国家文物局对博物馆建设的重要指示文件，不仅是湖北省博物馆的馆史资料，也是1970至80年代中国博物馆发展、湖北省内文博机构成长历程的重要写照，更记录了社会各界对曾侯乙墓音乐文物的关注与合作情况。

（4）讲义、手稿类

谭维四有着中国传统知识分子惜字的习惯，保留了自己撰写及收到的所有文字资料。目前整理内容可以分为以下四类：

- 1970年代湖北省亦工亦农考古训练班讲义
- 谭维四历次讲座、会议讲稿
- 谭维四个人论著手稿
- 学界交流手稿

---

① 谭维四考古工作日记（1978年3月21日至1979年3月），谭维四档案，湖北省博物馆藏，档案号23TWS006P-1。

其中包括谭维四在武汉大学、武汉音乐学院的讲座、课程讲义,是音乐考古专业早期的教材资料。

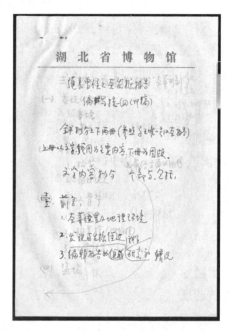

谭维四手书《随县曾侯乙墓发掘报告编写提纲》①

（5）信札

谭维四有使用复写纸保存个人稿件的习惯,包括写给他人的部分信件,可与收到的信函对照阅读。来信包括以个人名义及作为湖北省博物馆馆长收到的信函,内容包括国内外文博机构及知名学者的交流与合作,例如国际传统音乐协会（ICTM）主席艾伦·希克曼（Ellen Hickmann）、夏鼐、饶宗颐、黄翔鹏、李学勤、商承祚、马承源、程贞一等知名学者。

此外还有谭维四收到的活动请柬,如 1978 年 10 月随县擂鼓墩一号墓出土文物展览请柬、1984 年 9 月 4 日曾侯乙编钟音乐会与编钟复制研究成果验收会等。以及谭维四个人的家书,还有与青年学者的往来书信。

（6）其他个人资料

这部分包括 1950 年至 2020 年谭维四的学习资料、奖状、证件、票据、生活照等,是新中国成立以来武汉市民及知识分子日常生活的生动史料。

---

① 《随县曾侯乙墓发掘报告编写提纲（草稿）》,谭维四档案,湖北省博物馆藏,档案号 23TWS080P-1。

（二）谭档中的音乐考古

1. 目前发现的重要档案

目前整理归档的重要音乐考古档案主要有：1978 年 3 月 6 日襄阳地区文化博物馆负责人王少泉从随县致谭维四的便函；与曾侯乙墓音乐文物相关的田野笔记；曾侯乙墓考古现场记录；曾侯乙墓音乐文物历次展览资料；与曾侯乙编钟相关的研究手稿；黄翔鹏、李学勤等音乐考古专家对曾侯乙墓音乐文物的研究资料及手札；曾侯乙编钟相关历次学术研讨会资料；江陵雨台山律管研究及复制过程资料；谭维四撰写的音乐考古专业讲义、教材。

其中 1978 年 3 月 6 日襄阳地区文化博物馆王少泉来信，向谭维四报告随县城郊 34518 部队（即武汉空军雷达修理所）施工中发现一座古墓的情况。这是湖北省博物馆首次收到擂鼓墩发现疑似重要墓葬的消息，成为曾侯乙墓发掘工作的标志性源起。① 此外还有谭维四代表曾侯乙墓发掘领导小组与武汉军区的往来文件、时任湖北省省委书记韩宁夫批复的曾侯乙墓正式发掘请示报告、曾侯乙墓发掘成员名单、发掘期间考古工地参观人员记录等直接相关的资料。另外，谭维四还保留了 5 份尚未送去发掘现场张贴的禁止参观告示，以及文物从随县运输至武昌的工作人员的火车票，此类工作中使用到的耗损类资料极难保存下来，成为曾侯乙墓发掘过程的特色资料。

曾侯乙墓发掘原始材料

---

① 《1978 年 3 月 6 日襄阳地区文化博物馆负责人王少泉从随县致湖北省博物馆文物考古队队长谭维四的便函》，谭维四档案，湖北省博物馆藏，档案号 23TWS037P。

　　2. 谭档中的曾侯乙墓音乐考古

　　经初步分类,谭维四档案中的音乐考古资料可按照用途分为考古发掘,曾侯乙音乐文物的复制与研究,曾楚音乐文物的展示、传播与交流,以及人才培养四大类。其中曾侯乙编钟的档案资料又可按照时间顺序细分为发掘、复制、研究、展览与传播四部分。

　　(1) 考古发掘

　　1978 年,谭维四出任湖北省随县擂鼓墩古墓发掘领导小组成员、办公室副主任兼考古发掘队队长,主持了曾侯乙墓的发掘。除了谭维四亲笔记录的田野考古笔记、工作笔记和个人日记,还有曾侯乙墓考古现场由绘图、测量、文字记录、摄影等专职工作者共同完成的现场记录,形成曾侯乙墓原始发掘档案。谭档以大量原始资料重现了曾侯乙墓的发现、汇报、调查、决策、勘探、清理等过程,其中包括中央及省地县各级领导的高度重视,各文博单位和武汉大学的无私援助,尤其是解放军的大力支持。展现了 1978 年考古工作者艰辛的田野工作,生动反映了党和国家领导人、社会各界对文物考古事业的关心、关怀。

　　作为历次工作简报、汇报、新闻稿件的主要撰写者,谭维四参与了当时来到发掘现场的知名学者的每一场讨论。在 1978 年 6 月至 7 月,谭维四记了文化部艺术研究院音乐研究所王湘、黄翔鹏关于曾侯乙编钟音律的讨论内容,北京大学中文系裘锡圭对编钟及竹简铭文、墓主时代、曾随关系的分析,故宫博物院顾铁符对殉葬礼制和木椁及墓葬意义的讨论;科学院历史研究所李学勤对年代与墓主身份的讨论,以及科学院自然科学史所华觉明对编钟铸造技艺的分析[1],在保存完整的田野考古发掘资料的同时,也记录了这批音乐文物最初的研究过程和初步成果,是中国音乐考古学发展初期的重要文献。

　　曾侯乙墓考古现场记录以随清随记的方式逐日逐条对考古过程进行记录,因此能够保存文物出土的最初状态。曾侯乙墓考古报告在发掘工作结束 11 年后正式出版,由于时间周期长、器物繁多、工作庞杂,报告的撰写者在资料交接过程中可能存在细节疏漏,考古现场记录与发掘报告的结合对照,对曾侯乙墓出土文物研究具有很高的参考、修正价值。

　　例如在现场记录中,曾侯乙编钟钟架部分铜人的耳洞上存在"圆木塞"[2],这一纪录在现场照片中得到佐证,现场记录所绘制的线图显示这种圆木塞类似耳铛形状。而在正式出版的考古发掘报告中,铜人耳洞记录为"可能系挂耳饰,出土时已

---

　　[1] 《1978 年 6 月至 7 月随县擂鼓墩一号古墓的研究讨论》,谭维四档案,湖北省博物馆藏,档案号 23TWS034P。

　　[2] 《1978 年随县擂鼓墩 1 号墓田野记录》,谭维四档案,湖北省博物馆藏,档案号 23TWS013P-4。

不存在。"①现场记录的这一细节为编钟钟架装饰、战国早期服饰研究乃至曾侯乙编钟复原陈列都提供了重要的参考。作为战国早期编钟的标准器,曾侯乙编钟信息的更新也将为其他先秦音乐文物的研究提供新的参照。

（2）曾侯乙墓音乐文物的复制与研究

曾侯乙编钟、编磬的复制科研项目促进了先秦时期音乐学、声学、冶金铸造技术等重大课题的学术研究、展示传播和文物保护工作。曾侯乙钟磬的复制在音乐考古、公共考古、多学科合作方面有划时代的意义。为准确、科学地阐释曾侯乙编钟编磬的科技成就,满足公众欣赏先秦音乐需求,开创了全新的科研、展示和管理模式。曾侯乙编钟复制研究项目原始档案分别存放在谭维四、冯光生等主要负责人处,目前已全部归档湖北省博物馆,正在集中清点。以复制项目为基础展开的曾侯乙音乐文物性能、铭文、纹饰、形制研究在实验音乐考古、先秦礼乐制度传统史学领域都具有开创性。1988年,谭维四在任湖北省博物馆馆长期间,发起并联合湖北省对外文化交流协会、武汉音乐学院主持召开了首届《曾侯乙编钟国际学术讨论会》,这是首次对国内外曾侯乙编钟研究的成果汇总,引起了西方乐器研究者的广泛关注。1991年,国际博物馆协会乐器专业委员会将曾侯乙墓出土音乐文物收入《国际乐器藏品名录》,开启了湖北省博物馆与国际博物馆界的联系与合作②,在中

---

① 湖北省博物馆编:《曾侯乙墓》,文物出版社,1989年版,第78页。

② 《1991年国际博物馆协会乐器专业委员会(CIMCIM)与舒之梅馆长的往来信函及译件》,曾侯乙墓档案,湖北省博物馆藏,档案号23F136P-1。

国博物馆发展史上创立了一个重要的时间节点。

在研究方面,谭维四还保留了展出部分知名学者、科研人员、科学出版单位的信札、文稿、编辑意见等,反映了曾侯乙墓在学术界的影响和重要性,以及研究工作的艰巨、严谨和科学,为音乐考古学的学术史回顾理清脉络。

在发掘期间与后续展览过程中,谭维四与国际博协乐器专委会主席艾伦·希克曼、夏鼐、饶宗颐、黄翔鹏、李学勤、商承祚、马承源、程贞一等海内外著名学者的往来信函,展示了自发掘以来学界对曾侯乙墓音乐文物的认识与研究过程。

在谭维四个人学习资料中有大量的读书卡片,其中有一个自制资料盒,装有一整套"编钟复制大事记"卡片,记录了曾侯乙编钟所进行的实验音乐考古的全过程。

知名学者手稿与信札

1978年6月23日商承祚来信　　6月14日李学勤来信　　1979年夏鼐来信　　黄翔鹏手稿

(3) 曾楚音乐文物的展示、传播与交流

"国有盛典,便有编钟"[1],在 45 年的展演期间,1978 年 8 月 1 日在随县炮师某部礼堂举办的首场编钟音乐会,1979 年 9 月 20 日中国历史博物馆(今国家博物馆)举办的"曾侯乙墓出土文物展览"均使用了编钟原件。1984 年国庆期间编钟乐团赴京在怀仁堂汇报演出,1997 年香港回归庆典上与谭盾合作的《天·地·人》交响乐演出、中日邦交正常化 20 周年赴日展演采用的是钟磬复制件。

历次展演的筹备过程资料,以及对复制件音乐性能、表演创作的讨论,无不展现出前辈们近半个世纪的艰辛努力,他们通过考古发现了孔子时代的声音,通过实验复原了 2400 年前的古乐,并将这一科研成果及时地展示和推广,让音乐文物成为文化交流的"金色名片",他们的工作对今天音乐考古学科建设与公共科普走向

---

① 冯光生:《百年盛事　千载佳音——曾侯乙编钟在港参加回归庆典》,曾侯乙墓档案,湖北省博物馆藏,档案号 23F135P-1。

具有实用参考价值。

（4）人才培养

谭维四保留着与中国艺术研究院、武汉音乐学院音乐考古教学相关的文件、书信等，其中包括武汉音乐学院音乐考古专业筹建、创立、教学、展演、首届本科生毕业论文批改稿及答辩会合影等资料。资料显示，谭维四先生始终在关注、参与音乐考古的学科建设、学术研究，注重实验音乐考古和科普推广工作，尤其特别重视与青年学者的交流。

这一类别还包括国内外古乐排演培训、湖北省博物馆主办的四届国际音乐考古培训班、中国博协乐器专委会历次会议与活动、曾侯乙编钟出土 40 周年学术研讨会的相关资料，可与曾侯乙墓档案对照结合，是我国音乐考古事业起步、发展各阶段的珍贵见证。

三、谭维四档案的价值

谭维四档案涵盖了 1978 年曾侯乙墓的发掘、1984 年曾侯乙编钟的复制成功和 1988 年曾侯乙编钟国际学术研讨会的召开，这三个时间点分别是中国考古学、实验音乐考古学和考古研究国际合作的标志性事件。对谭档的整理是对曾侯乙墓这一重大考古成果的"回访"，是曾侯乙编钟申报世界记忆文化遗产项目的组成部分，对工作推进和音乐考古学的文献学研究有重要意义。

（一）学术史价值

1. 1970 年代中国考古事业的典型范本

谭档详细记录了当年考古工作的人员构成、工作情况与田野生活，上可追溯到 1950 年代北大考古培训教学经历，下可呼应今日湖北省内纪南城、盘龙城等正在进行当中的考古发掘工作。谭维四档案的整理，披露了 45 年来不为人知的诸多工作细节，不仅对曾侯乙墓的学术研究、湖北省未来的考古发掘工作、曾楚文化研究有重要意义，也是对改革开放之初中国考古学史的一次系统回顾，将作为 1970 年代中国考古事业的辉煌见证，在理论与实践方面补充中国考古学史的连贯性。

2. 音乐考古学发展历程的生动写照

谭维四主持发掘的曾侯乙墓是中国音乐考古事业的里程碑之一，对曾侯乙墓音乐文物的研究、复制与展示推广工作是音乐考古事业走向教育化、国际化的标志性进程。谭档以真实、丰富、权威的资料串联起上述工作，在音乐考古学的学术史回顾中具有不可替代的史料价值。

（二）理论价值

在谭维四记录的发掘工作人员名单中，除了发掘领导小组成员，还包括炊事员、采购员、民工等后勤人员的姓名①，这份名单与谭维四日记中的来员名单互为补充②，从群众路线出发，对官员、学者、技术人员、民工进行了平等的记录，以文字的形式保留了曾侯乙墓考古工地各司其职、井然有序的工作现场。

正如罗泰（Lothar von Falkenhausen）所言："曾侯乙墓是世界考古学史上的伟大发现，它的重要性并不次于埃及著名的图坦卡蒙墓。……四十五年以后的现在，我们不得不敬佩当时的专家学者，以及大量的技工和民工，在相当艰苦的条件下认认真真地完成了大规模的发掘工作，仔仔细细地记录和研究了他们的重要发现。当时的参与者有一些还健在，大部分恐怕已经去世了，但无论如何，他们的贡献是不朽的，可以称之为考古英雄。"③

现代考古学的基础是西方殖民主义。在经历了新过程考古学、法国新马克思主义学派、人类学等学科及学术思潮的影响，1970 年代的西方考古学已逐渐开始反思弊端，并关注人类思想和能动性对文化的塑造。这与同时代展开的曾侯乙墓考古工作所呈现的既注重集体主义和专业性、又重视民众（包括亦工亦农考古训练班学员）参与的状态既有观念上的根本不同，又存在不可思议的巧合。然而西方学界并不了解 1970 年代的中国考古工作，《牛津博物馆考古手册》提及"考古资源与博物馆之间有着密切的关系，然而中国的研究者却很少调查这背后的历史和制度原因"④。作为 1970 年代中国考古工作的典型样本，曾侯乙墓考古档案可以在中西方考古学之间建立理论与实践的双重对话，谭档对细节的记录恰好为对话提供了全新的视角。

（三）人文价值

1. 正确的引导

对谭维四档案中考古部分的整理与研究，可以体现在曾侯乙墓相关展览中，将系统展示曾侯乙墓考古工作的发掘过程、人员构成、培训经历，全景展现中国考古

---

① 1978 年 5 月 10 日《湖北省随县擂鼓墩一号古墓发掘工作方案》（附成员名单），谭维四档案，湖北省博物馆藏，档案号 23TWS020P-8。

② 谭维四考古工作日记（1978 年 3 月 21 日至 1979 年 3 月），谭维四档案，湖北省博物馆藏，档案号 23TWS006P-1。

③ Lothar von Falkenhausen：《中国记忆——曾侯乙编钟出土 45 周年文献展祝辞》（2023 年 11 月 24 日），曾侯乙编钟档案，湖北省博物馆藏，档案号 23LT001P。

④ Siyu Wang and Kan Hang, *Museums and archaeologial exhibitions：History, institution, and reality in China*, Alice Stevenson, *The Oxford Handbook of Museum Archaeology*, Oxford University Press, 2022, 423—434.

事业的发展历程及文博展览、社教、文保修复等工作的时代变迁。这样的展示工作将考古学术成果转化为公共考古的教育资源,正确引导观众了解并尊重考古文博工作,摆脱"晒宝""猎奇"思路,倡导树立对文物、文化遗址的保护意识,以此提升展览的社会影响力和教育意义。

2. 人性的光辉

谭维四先生所保留的海量档案,展现了一位考古文博工作者的勤奋与责任感,对青年后辈是巨大的鼓舞和教育。回顾谭先生在湖北省博物馆的工作历程,他一直主张多渠道合作,不遗余力地推广音乐考古事业,以开放的合作态度为湖北省博物馆带来多方交流与合作契机,对未来博物馆事业的发展有积极的借鉴作用。

谭维四档案不仅有知名学者的往来信件,也有王子初、李幼平等当时的青年学者的来信,这些年轻学人在文字中所表达的学术理想在谭先生的书斋中专辟一处存放,足见他对音乐考古事业的重视与期待。当年的年轻人如今已经成长为音乐考古学界的中流砥柱,音乐考古的学科建设与人才培养事业已落地生根,开枝散叶,王子初、李幼平等学者的努力足以告慰前辈。

3. 世界的记忆

早在 2001 年,谭维四先生就关注到曾侯乙墓出土文物所具备的世界文化遗产价值①,在 2004 年 1 月 12 日谭维四写给随州的信函,依然在讨论"擂鼓墩能否申报世界文化遗产"②。20 年后的今天,曾侯乙编钟的申遗工作正式启动,斯人虽已去,但谭维四先生仍以他所整理、保存的珍贵档案参与到申报工作当中。关于曾侯乙墓发掘、编钟编磬复制研究等原始文献成为后期研究工作的基础,在 2023 年启动的世界记忆名录申报材料中,这批档案属于核心材料。

结　语

作为湖北省博物馆最重要的藏品,在过去的 45 年里,围绕曾侯乙编钟的研究、展示和文化传播工作从未停止。谭维四是曾侯乙墓发掘最重要的参与者,对湖北考古事业起步阶段做出了开创性的贡献,他保存的珍贵档案,填补了对曾侯乙墓的考古发掘过程以及学术研究历程的部分记录空白。

谭维四以平实的文字记录了众多前辈考古工作者、文化工作者、驻地解放军、中国科学院、哈尔滨工业大学、中国艺术研究院、武汉大学、武汉音乐学院等各领域

---

①　《2001 年 7 月 4 日考古专家谭维四对随州擂鼓墩申报世界文化遗产提出的建议》,谭维四档案,湖北省博物馆藏,档案号 23TWS111P。

②　《2004 年 1 月 12 日谭维四写给吴文英的信函》,谭维四档案,湖北省博物馆藏,档案号 23TWS074P。

专家和社会人士付出的艰辛劳动、作出的巨大贡献,其现场性和即时性具有不可替代的史料价值,对中西考古学对话、博物馆发展史、音乐考古学科建设历程都具有重要的研究价值。

谭维四档案的整理与研究既是对曾侯乙编钟出土 45 周年的最好纪念,更能激发新时代文博工作者进一步挖掘研究、传播弘扬以曾侯乙编钟为代表的中国礼乐文化的使命感。在整理过程中,年轻的工作人员好像跟着谭维四先生重新发掘了一次曾侯乙墓,体会到在艰苦环境下充满激情和惊喜的日日夜夜,也跟着他回顾了新中国考古事业的发展历程、博物馆事业的起步与发展阶段,更看到他对音乐考古事业的关注和期待。

作为中国记忆,曾侯乙墓文物及背后的故事将会继续。目前曾侯乙编钟正在积极申报联合国教科文组织"世界记忆名录",谭维四档案的建立与使用,将进一步推动挖掘曾侯乙编钟的世界意义和价值,不断扩大曾侯乙编钟在海内外的影响力,让两千多年前的金石之声永续流传。

我们感谢谭维四先生为音乐考古事业做出的贡献,感谢他为我们留下的一切。

音乐考古学视域下的区域音乐史研究
——河北地区战国时期燕赵音乐文化

中央音乐学院　申莹莹

摘要：河北地区战国时期音乐以燕赵音乐文化为代表，考古出土乐器集中于燕、赵、中山三国，有甬钟、钮钟、镈、磬、铙、铎等。就燕、赵两国乐器乐悬制的演变来看，至少到战国早期，周礼乐制度于该地区仍在一定程度上得以坚守，到了战国晚期，礼乐崩塌的局面已经形成。多民族背景下，音乐文化的交融与共生在乐器遗存上也有鲜明体现，包括中山国乐器形制、编列与音列的华化及赵国乐器纹饰的楚音乐文化特征等。

关键词：燕下都遗址　涉县赵墓　中山王　墓　礼乐　楚文化

20 世纪 80 年代以来，我国区域音乐史研究快速发展，涉及华东、华北、东北、西北、西南、中南的部分地区及港、澳、台。其中，既有以音乐生活、音乐家、音乐创作等为主题的专题史研究，也有综合性的通史成果，区域音乐史研究在我国音乐史整体序列的构建中所发挥的作用日益凸显。

河北地区古属燕赵，战国时成型的燕赵音乐文化泽被后世，是该地区传统音乐文化的母体。然而从文献记载来看，除了《史记》中悲歌慷慨的易水寒歌，弹弦跕躧的燕赵女乐以及《诗经》中的邶地风谣外，尚难形成对战国时期燕赵音乐文化更加多面、深入的认识。所幸这里的音乐考古发现较为丰富，由音乐考古学视角进行观察，可以更好地证史、补史。

需要说明的是，战国时期的"燕赵音乐文化"范围并非仅指燕国与赵国地域，还包括两国文化辐射下的周边部族与国家，于河北地区而言，主要是指地处燕、赵之间，由鲜虞族建立的中山国(图一)。

目前考古发现的该地战国时期乐器也主要集中于这三个国家，乐器种类有甬钟、钮钟、镈、磬、铙、铎、銮、铃(表一)。

从三国的音乐文化遗存中，可以看到西周礼乐传统的传承与衰落，华夏民族、游牧民族音乐文化的融合，以及南方楚音乐文化北渐在燕赵大地上引起的回响。

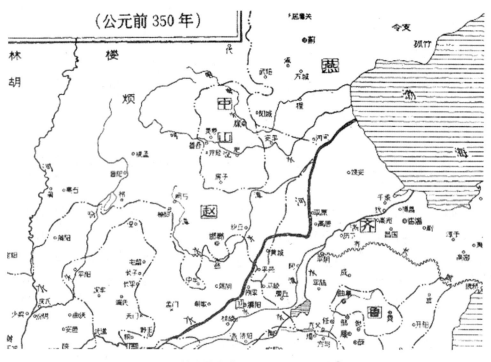

图一　战国前期燕、赵、中山国形势图①

表一　河北地区出土战国乐器统计表

出土地点	甬钟	钮钟	镈	磬	铙	铎	銮	铃
保定易县燕下都遗址	29	28	19	81	1		11	23
邯郸涉县北关赵墓	16	9	4	10				
石家庄平山县中山王墓		17		15		8		9
合　　计	45	54	23	106	1	8	11	32

一、乐悬制的演变——周礼乐的传承与衰落

宫廷礼乐的用器情况主要体现在燕、赵两国的乐器遗存中。从这些乐器的编列、组合及音列等乐悬特征的演变看，至少到战国早期，周礼乐制度于该地仍在一定程度上得以坚守，战国晚期，礼乐崩塌的局面已经形成。

① 沈长云等：《赵国史稿》，中华书局 2000 年版，附录图版。

（一）守制到僭越——燕国礼乐器的编列、组合变化

燕国是周初分封的重要姬姓诸侯国之一，始封之君名"奭"，《史记·燕召公世家》载："召公奭与周同姓，姓姬氏。周武王之灭纣，封召公于北燕。"[1]召公奭乃周文王庶子，武王及周公旦的异母兄弟。武王去世后，成王年幼，召公曾与周公一起辅政。由于与周室的密切关系，燕国较多地继承了周文化衣钵。

战国时期的燕国疆域以今北京为中心，含冀北、蒙南、晋东北、鲁西北及辽西的广大地区。今河北省保定市北部的易县，是燕国通往齐、赵等国的咽喉要地，为燕南部的政治、经济和军事重镇，也是当时燕国除国都"蓟"外设立的陪都，又称燕下都。二十世纪五、六十年代，在易县东南的多次大规模勘察与发掘过程中，发现战国时期墓葬28座，其中第16号、8号、30号三座大墓出土了大量陶质钟、磬及石编磬，是先秦时期燕国音乐考古的重大发现。

M16考古年代最早，属战国早期，位于东城九女台燕国君陵区。M8与M30约当战国晚期，M8位于与九女台相邻的虚粮冢墓区，可能是燕王或其配偶墓；M30位于西城的辛庄头墓区，由墓葬规模及随葬器物观察，应是仅次于国君的高级贵族墓[2]。三墓均曾被盗，16号墓最严重，仅存陶器、石器、蚌、骨器及少量铁器。8号和30号墓情况稍好，特别是30号墓，在该墓的墓室和盗洞中还幸存了大量器物，包括鼎、簋、豆、壶等。

从三墓的乐器遗存（表二）中，可窥见战国早期至晚期燕国乐悬制度演化的轨迹。

表二　燕下都遗址出土乐器　　　　　　　　　　单位：件

墓号	镈	甬钟	钮钟	磬	铙	錞	铃
16号墓	10	16	9	15		8	9
8号墓				24		3	13
30号墓	9	13	19	42	1		1

先谈甬钟，《周礼·春官·小胥》载："凡县钟磬，半为堵，全为肆。"郑玄注："钟磬者，编县之二八十六枚，而在一虡，谓之堵。钟一堵，磬一堵，谓之肆。"[3]郑注在

---

① ［汉］司马迁撰，［宋］裴骃集解，［唐］司马贞索引、张守节正义：《史记》，中华书局1982年版，第1549页。

② 河北省文化局文物工作队：《河北易县燕下都第十六号墓发掘》，《考古学报》1965年第2期，第101页；乔梁：《辛庄头30号墓的年代及其他》，《华夏考古》2004年第2期，第60—61页；河北省文物研究所：《燕下都》，文物出版社1996年版，第730页。

③ 李学勤主编：《周礼注疏》，北京大学出版社1999年版，第606页。

后世影响深远,也引起了不小的争议。就出土乐器情况看,西周晚期编甬钟以 8 件一组为主要的编列形式,到了春秋早期,扩展到 16(8＋8)件成编。春秋中期,8 件式组合的常制被突破,9、10、11 件等编列形式逐渐增多。到了战国早期,各地出土的编甬钟数量很多都超过了 16 件,常由数个编列拼合而成,编组方式更是多种多样。在这种情形下,燕下都 M16 的 16 件组编甬钟,遵循了西周晚期甬钟 8 件组编列传统。M30 战国晚期 13 件组甬钟,从数量上讲,也没有僭越。

再来说镈。目前考古发现的春秋晚期至战国早、中期编镈以 4、8、9 件成编者居多,超过 9 件的如山西太原春秋晚期晋国赵卿墓与江苏无锡鸿山战国时期的几座越墓。赵卿墓编镈 19(5＋14)件,同墓出土的鼎、簋礼器数量也已远超卿、大夫 5 鼎 4 簋的配置,于周礼而言是严重的僭越,这些随葬器物是春秋晚期晋国卿族力量凌驾于公室之上的明证。江苏无锡鸿山邱承墩、老虎敦、万家坟出土的陶瓷编镈,是中原与越地文化结合的特殊产物,并不属于严格意义的周礼制系统。比较而言,燕文化属周的嫡传因子,M16 墓主应为战国早期燕国国君,该墓 10 件组编镈的出土,更多显示出的是周礼乐制度内部的松动。

钮钟,最早见于西周晚期,春秋、战国时期迅速播及开来,逐渐成为金石乐悬中的主角。春秋早期至战国早期,9 件组钮钟是常见编制,如河南三门峡上村岭 1052 号虢太子墓编钮钟、山西长治分水岭 M269 编钮钟等。到了战国晚期,则以 13、14 件组居多。燕下都战国早期 M16 采用了春秋以来习见的钮钟 9 件组编制,而战国晚期 M30 的 19 件钮钟则是一次编悬数量上的突破,目前能出其右的先秦墓葬钮钟主要是部分楚系乐钟,如湖北江陵天星观 M2 编钮钟(22 件)、湖北枣阳九连墩 M1 编钮钟(22 件)等。

石磬,西周中期开始加入乐悬组合[①]。春秋战国之际,常见 10 件成编出土,燕下都 M16 编磬 15 件同出的情况是比较少有的,其后战国晚期 M8 编磬 24 件[②],M30 编磬 42 件就更是罕见了。特别是 M30,墓主身份低于国君,出土编磬数量却远超同期国君墓的规制,僭越程度可见一斑。

整体而论,战国早期燕下都 M16 除镈与石磬的数量稍显逾矩外,甬钟、钮钟的编列是恪守周制的。战国晚期,M30 石磬与钮钟的数量大增,出现了严重的僭越。与之相对的,镈与甬钟的编制却有所缩减,反映出大型钟类礼乐器的衰落。

乐器组合方面,《周礼·春官·小胥》郑玄注堵、肆时云:"诸侯之卿大夫,半天子之卿大夫,西县钟,东县磬,士亦半天子之士,县磬而已";贾公彦疏:"天子诸侯县

---

① 王清雷:《西周乐悬制度的音乐考古学研究》,文物出版社 2007 年版,第 89 页。

② 23 件出于杂殉坑,1 件出于方坑。河北省文物研究所:《燕下都》,文物出版社 1996 年版,第 679—681 页。

皆有镈""卿大夫士直有钟磬无镈"①。照此,则天子、诸侯之乐悬钟、磬、镈皆备,诸侯之卿大夫可用钟、磬,士有磬无钟。郑注与贾疏是否可信?《仪礼》的记载给出了参照。该书详细记述了周代部分礼仪活动的行礼过程,其中"大射"是重要的诸侯礼,行礼前:"乐人宿县于阼阶东,笙磬西面,其南笙钟,其南镈,皆南陈。建鼓在阼阶西,南鼓。应鼙在其东,南鼓。西阶之西,颂磬东面,其南钟,其南镈,皆南陈。一建鼓在其南,东鼓,朔鼙在其北。一建鼓在西阶之东,南面。簜在建鼓之间。鼗倚于颂磬西纮。"②这里提到的乐悬摆列无论是在阼阶还是西阶,均是磬、钟、镈、鼓的组合,钟磬乐悬之外还有设于建鼓间的笙箫类竹管乐器簜。再来看"乡饮酒",该礼旨在选取乡内贤德的士人以进献诸侯,虽为乡大夫级别的贵族主持,仍从士礼。行礼时以瑟、笙之类丝竹乐为主,乐悬只有磬无钟。一般认为,《仪礼》写定于战国,也有看法指出书中反映的实际是东周时期的礼仪制度。由此看来,郑玄与贾公彦对于周礼乐用器的解读至少是合于东周之制的。

　　反观燕下都出土乐器,除去国君夫人级别的 M8,M16 与 M30 都采用了甬钟、钮钟、镈钟、石磬等的多元组合。M16 为国君墓,钟、镈、磬的礼乐器组合方式与文献所载周礼制相合。战国晚期 M30 的墓主虽为燕国高级贵族,但级别低于燕王,镈的使用就显得与周制不符了。不过就目前的考古发现来看,春秋战国时期卿大夫级别墓葬中随葬镈钟的情况并不少见,如河南淅川徐家岭楚国大夫墓 M10 编镈(8 件)、山东临淄缁河店齐国上卿"国楚"墓 M2 编镈(8 件)等。周礼之中,镈与其他种类乐钟相较,更多地承载了礼的功能,是身份与地位的象征。春秋中期以后,诸侯征伐的脚步加快,对周室礼制的僭用更加频繁。与此同时,各国内部的卿族力量也逐渐成长起来,如鲁国三桓、晋国六卿、齐国田氏……不少国家都面临着臣凌君权的局面,镈钟频繁出现于卿大夫级别贵族墓葬,正说明了这一问题。

　　除了以上钟、磬类礼乐重器,燕下都的三座墓葬还有一些与车马器同出的銮、铃器。《周礼·夏官·大驭》载:"凡驭路,行以《肆夏》,趋于《采荠》。凡驭路仪,以銮和为节。"郑玄注"銮"与"和",均是"以金为铃"。銮置于马车前端的车衡,和置于后面的车轼。唐贾公彦引《韩诗传》认为,行车时"先马动,次銮鸣,乃和应"③。燕下都遗址战国早期 M16 到晚期 M8,銮与铃均与车马器同出,应该就是郑玄所注之"銮"与"和"。《诗经》中銮的出现频率很高,如《小雅·蓼萧》:"和銮雍雍,万福攸同",《小雅·庭燎》:"君子至止,銮声将将",《大雅·韩奕》:"八銮锵锵,不显其光"等,这些诗篇或是对君王、重臣功绩的称道,或是用于祭祀、宴饮的颂赞之辞。銮在

---

①　李学勤主编:《周礼注疏》,北京大学出版社 1999 年版,第 606—607 页。

②　李学勤:《仪礼注疏》,北京大学出版社 1999 年版,第 300—302 页。

③　李学勤主编:《周礼注疏》,北京大学出版社 1999 年版,第 855 页。

其中的使用,显示出较高规格的礼制内涵。就考古发现而言,也可与这些记载相印证:目前銮的出土主要集中于西周时期墓葬,如陕西宝鸡竹园沟弓鱼国墓地 M4、M7、M13,山西天马—曲村晋国墓地 M6081、M6195,河南平顶山应国墓地 M95、M84 等,这些墓葬多为棺椁墓,且往往有鼎、簋等青铜礼器伴出。可见,銮与铃的使用在周代的确具有一定的等级规制。战国时期燕下都遗址銮与铃的组合出土,也在部分层面上反映了周礼乐文化的延续。

此外,M30 还出土 1 件陶铙,这在春秋、战国时期的音乐考古发现中是罕有的。有学者认为,M30 铙与钟磬乐器的组合是殷商与周礼乐因素的结合①。

春秋战国时期,燕国墓葬中多陶器,特别是仿铜陶质明器,这是有着深层的经济原因的。与其他中原国家相比,燕国孤悬北方,既要应对北边山戎等游牧民族的侵扰,又要防备与之南境接壤并逐渐强大的中原各国。从春秋早期燕桓侯迁都临易(今河北容城一带)起到战国时代,燕都几迁于蓟、易之间,正是迫于这样的压力。地理位置的疏离,一定程度上限制了经济的发展。虽然燕昭王时期,励精图治,延揽人才,燕国一度出现过强盛的态势。但经济实力较其他中原强国仍显薄弱。易县燕下都大型墓葬中出土的钟类陶质明器,也从侧面反映了这一点。作为与周室同宗又最早一批受封的燕国,曾经的趾萼连晖,到了诸侯侵伐日益激烈的战国时代,也惟余一声叹息了。

(二)坚守与突破——赵国编镈与编钮钟音列

赵本事周,西周末年幽王时始事晋。晋又是周初受封的重要姬姓诸侯国,与周室血脉相连。从这些角度讲,赵国与周文化关系密切。战国时的赵国疆域包括今冀南、豫北、晋中及陕东北的一隅。

目前已知的赵国乐器遗存主要出自河北邯郸涉县 1 号战国墓,包括青铜材质的编镈 4 件、甬钟 16 件、钮钟 9 件及石编磬 10 件。这些乐器的编列形式,十分符合西周至春秋以来的乐悬常制。

该墓出土的编甬钟,钟胎较薄,音质较差,无调音痕迹,应为明器。同为明器,燕国甬钟为陶质,赵国却选用青铜,透露出燕赵两国经济实力的悬殊。与燕国偏安北方不同,赵国地处中原往来交通的中心,疆域辽阔,土地肥沃,除农业经济外,手工业及商品经济也十分发达,是当时争霸中原的一支劲旅。《战国策·赵策二》有云:"当今之时,……莫如赵强,赵地方二千里,带甲数十万,车千乘,骑万匹,粟支十年……秦之所畏害于天下者,莫如赵"②,是对战国初期赵国实力的客观描述。

① 贾伯男:《易县燕下都出土乐器编列研究》,《中国音乐》2019 年第 1 期,第 110—111 页。
② 〔汉〕刘向集录:《战国策笺证》,上海古籍出版社 2006 年版,第 1017 页。

编镈与编钮钟的音质颇佳,是实用乐器。

4 件镈耳测音阶:

序号:1 　　　　2 　　3 　　4
阶名:羽—羽甫页 宫—角 角—徵 徵—变

9 件钮钟耳测音阶①:

序号:1 　2 　　3 　　4 　　5 　　6 　　7 　　8 　　9
阶名:和—闰 徵—变 宫—徵曾(残)角—徵 羽—宫 商—中 角—徵 羽—宫

西周传统音乐重视羽—宫—角—徵四声,《周礼·春官·大司乐》有云:"凡乐,圜钟为宫,黄钟为角,太簇为徵,姑洗为羽"。另:"凡乐,函钟为宫,太簇为角,姑洗为徵,南吕为羽。"另:"凡乐,黄钟为宫,大吕为角,太簇为徵,应钟为羽。"②目前出土的西周编甬钟音列也是以羽—宫—角—徵四声为定式。两周之交,随着新的钟型—钮钟的出现,编钟音列的四声格局被突破,山西闻喜上郭村 M210 西周末期编钮钟音列不仅五声齐备,且在侧鼓音位增设变徵③。春秋战国时期,这种情况进一步发展,五声、六声、七声甚至更多样式的音阶频繁出现于编钟音列。涉县赵墓编钮钟音列正是顺应了这种历史的潮流,多种变音的使用,显示出战国时代编钟已进一步挣脱礼的束缚向乐的功能转变。

与之相对,涉县编镈正鼓音列则保留了传统的羽—宫—角—徵结构,与春秋中期以来 4 件组编镈常见的正鼓音列结构也是一致的。有学者曾就春秋战国之际编钟音列发展中的这一现象作如下评论:"春秋中期,当甬钟突破规范、扩大编列丰富音列之时……镈的编列和音列皆符合西周后期以来青铜乐钟的编列和音列规范。即镈从甬钟手里接过编列、音列规范体现者的接力棒。"④这样的见地是极具史学价值的。

总体看来,战国早期,燕、赵地区无论是在礼乐器的编列、组合方面还是音列方面,至少在一定程度上仍遵循着周代礼乐文化传统。随葬礼乐器中明器数量增多,既有着深层的经济原因,也是周礼乐衰微的征兆。战国中、晚期,僭越礼制的现象越发严重,"礼崩乐坏"的局面已经形成。

二、多元音乐文化的交融与共生

两周之际,除华夏族外,我国还生活着许多其他民族。《国语·郑语》载:"当成

---

① 镈与钮钟耳测结果采自吴东风、苗建华主编:《中国音乐文物大系》(河北卷),大象出版社 2008 年版,第 9、37 页。

② 李学勤主编:《周礼注疏》,北京大学出版社 1999 年版,第 586 页。

③ 王子初:《周乐戒商考》,《中国历史文物》2008 年第 4 期,第 14 页。

④ 王友华:《先秦编钟研究》,广西师范大学出版社 2013 年版,第 307 页。

周者,南有荆蛮、申、吕、应、邓、陈、蔡、随、唐;北有卫、燕、狄、鲜虞、潞、洛、泉、徐、蒲⋯⋯是非王之支子母弟甥舅也,则皆蛮、夷、戎、狄之人也。"①这里提到的荆蛮与戎狄正是对生活在周都洛邑以南及西北边少数民族的概称,他们的生活方式与文化习俗与周有异,然长久以来与周人之间通过战争、贸易等方式接触,彼此间互有渗透与交融,与华夏文化共同构建起灿烂的先秦文明。其间,与河北地区燕赵音乐文化发生关联的主要是北方戎狄部族为代表的游牧民族音乐以及南方的楚音乐文化。

(一) 中山国钟、磬乐器的华化特征

鲜虞,是两周时期活跃于我国北方的游牧民族白狄的分支,最初生活在今山西五台山一带,后穿过太行山孔道,循滹沱河东迁至今河北地区,春秋末年,建立"中山"国。战国时期的中山疆域以石家庄地区为中心,北至保定南部徐水一带,南至邢台北部宁晋、隆尧一带。

中山与周本属两个不同的文化系统,然而它长期处于中原华夏诸国环绕之中,公元前 406 年又亡于魏,此后魏治中山近 30 年,直至公元前 380 年左右才得以复国②,后又与赵、燕等国频繁地兵戎及经济往来。在民族间长期浸润与交融的过程中,中山形成了重礼尊儒的文化传统,华夏族文化对其产生了深远且巨大的影响。

二十世纪七、八十年代,河北石家庄市平山县三汲乡发现春秋至战国时期的中山国遗址,共发现大小墓葬三十余座,其中还包含一座战国中期中山国国君"𰯀"的墓葬。

"𰯀"(公元 343—313),是战国时期中山国末数第二位国君。"𰯀"墓墓葬规模庞大,外葬坑有椁室、西库、东库、车马坑、葬船坑、杂殉坑及 6 座陪葬墓,出土各类文物一万多件,其中含钟、磬乐器 30 余件。

编钮钟共 17 件(图二),包括西库编钮钟 14 件及葬船坑钮钟 3 件。这些钮钟均为青铜材质,形制相似,制作规范:合瓦形腔体,平舞,素面。方环形钮。钲、篆、鼓部分明,螺旋形枚共 36 个,钟体结构明显受到周文化的影响。西库的 14 件编钮钟与 13 件组编磬同出,是该墓的重要礼乐用器。14 件成编的编列形式在战国晚期华夏诸国中也是中规中矩。

该套钮钟的音质较好,虽有 5 件因残破不能发音,然据前、后钮钟及葬船坑 3 件钮钟的测音数据,可对这几件残钟的原有音高进行推测(表三)。

---

① 徐元诰:《国语集解》,中华书局 2002 年版,第 461 页。
② 段连勤:《北狄族与中山国》,河北人民出版社 1982 年版,第 107 页。

XK:40　　　　　　　　　　XK:41

图二　中山王　墓西库编钮钟(部分)①

表三　中山王　墓编钮钟测音数据及推测音高表②

出土位置	编号	实测音高	推测音高
西库	XK:40(1)	♯F4＋16(正)　　♯A4＋18(侧)	
	XK:41(2)	破,不发音	♯G4(正)　　B4(侧)
	XK:42(3)	♯A4＋0(正)　　♯C5＋18(侧)	
	XK:43(4)	破	♯C5(正)　　F5(侧)
	XK:44(5)	♯D5－15(正)　　♯F5－5(侧)	
	XK:45(6)	破	♯F5(正)　　♯A5(侧)
	XK:46(7)	破	♯G5(正)　　B5(侧)
	XK:47(8)	破	♯A5(正)　　♯C6(侧)
	XK:48(9)	破	♯C6(正)　　F6(侧)
	XK:49(10)	♯D6＋10(正)　　♯F6＋41(侧)	
	XK:50(11)	F6＋9(正)　　♯G6＋25(侧)	
	XK:51(12)	♯G6＋26(正)　　B6＋93(侧)	
	XK:52(13)	♯A6＋11(正)　　♯C7＋70(侧)	
	XK:53(14)	♯D7＋60(正)　　G7＋40(侧)	
葬船坑	ZCK:1	♯C6＋26(正)　　F6＋63(侧)	
	ZCK:2	♯D6＋14(正)　　♯F6＋56(侧)	
	ZCK:3	♯G6＋32(正)　　B6＋30(侧)	

---

①　河北省文物研究所:《墓——战国中山国国王之墓》(下),文物出版社 1995 年版,图版二〇五。

②　表中实测音高数据采自①,第 579 页。

由西库 14 件钮钟的测音结果分析,需要调整的音位有一个:XK:53(14)为最高音的一件,该钟侧鼓音 G7 在整套钮钟的测音数据中仅出现一次。考虑到编钟高音区音位易出现偏离的现象,加之与 XK:53(14)呈八度对应关系的 XK:49(10)与 XK:44(5)正、侧鼓音皆为♯D—♯F,推测 XK:53(14)侧鼓音原设计音高应是♯F7。整体来看,该套钮钟为♯F 宫的可能最大,正鼓音呈五正声排列,正、侧鼓音列可构成一个宫、商、角、羽曾、徵、羽、徵角的七声下徵音阶。这种音阶排列常见于战国时期 9 件组编钮钟,如山西平陆尧店夔龙钮钟、山东诸城公孙朝子钮钟等。与中原地区同时期 11、13、14 件组编钮钟常用的十声、十二声音列[①]相较,墓 14 件编钮钟的七声音列倒是显得更加保守与遵礼。

墓石磬共 15 件(图三),包括西库编磬 13 件及葬船坑残磬 2 件。西库编磬应为完整的一套,形制相同,大小相次,青色或白色石灰石磨制,素面无纹。顶倨句角度相近,倨孔圆形,磬体符合《考工记》中石磬股二鼓三的规制,磬底弧曲。从该组编磬的形态来看,与西周中晚期以来出土石磬的形制一脉相承。13 件组的编列形式在当时也非孤例,如山东阳信西北村战国早期编磬、诸城臧家庄战国中期公孙朝子编磬等。

XK:102—1　　　　　　　　　　　　XK:102—2

图三　中山王　墓西库石编磬(部分)[②]

除乐器遗存外,中山国出土的一件铜盖豆上还铸有狩猎与宴乐图(图四)。

图中既有大型钟磬乐的演奏,又有执干戚起舞的场面,乐器演奏者与舞者长衣长裙,俨然已是华夏民族的装扮,一派周室诸侯歌舞升平的景象跃然眼前。

除了音乐遗存外,平山墓葬群出土的其他器物种类、形制、铭文字体也都与同时期的华夏文化遗存十分相似,墓出土的三件铸铭礼器,甚至反复引用《诗经》,

①　王友华:《先秦编钟研究》,广西师范大学出版社 2013 年版,第 363—371 页。

②　河北省文物研究所:《䂞墓——战国中山国国王之墓》(下),文物出版社 1995 年版,图版二〇九。

图四　中山王　墓铜盖豆宴乐图①

并有同于《左传》《大戴礼》的文句②。就连公元前 314 年中山国会齐伐燕时,也是打着正"君臣之名"以维护"礼义"的大旗。

凡此种种,不难看出此时的中山,至少其统治阶级,已经深深地华化了。

大概正是由于文化间的长期融合,不会再生"排异",赵惠文王三年(前 296),赵国灭亡中山,这个曾经的"千乘"强国,在先秦文献中竟然就此消失无踪,再未起波澜。

(二) 赵国乐器的楚文化因素

先秦时期,河北地区多民族音乐文化交流不仅止于华夏族与北方游牧民族文化的互融,还表现在南方楚文化北渐对中原周文化的影响。

楚国是位于我国长江流域的一个非姬姓国家,是周人眼中的荆蛮之族,西周成王时,得到王室承认,受封以"子男之田,姓芈氏,居丹阳"③。之后的楚国,以荆山(今湖北一带)为据点,逐渐发展壮大起来。

春秋早期开始,楚国不断向北扩张,先是收服了随、申、蔡、许、邓、黄等与之邻

---

① 图片取自河北博物院。
② 李学勤:《平山墓葬群与中山国的文化》,《文物》1979 年第 1 期,第 39—40 页。
③ [汉]司马迁撰,[宋]裴骃集解,[唐]司马贞索引、张守节正义:《史记》,中华书局 1982 年版,第 1691—1692 页。

近的江汉流域小国,并自号称王,随后多次挑起与郑、宋等国的战争,问鼎中原。当时黄河中下游的许多国家,如陈、宋、郑、卫等国,曾纷纷表示依附于楚。《国语·周语》载,单襄公受周定王委派出使楚国,绕道陈国时,看到沿途一派楚地景象,甚至国君陈灵公也弃正式礼服着楚装外出,不禁发出了这样的感叹:"陈,我大姬之后也,弃衮冕而南冠以出,不亦简彝乎?"①可见楚文化北渐中原的势头之强。

　　春秋时期,晋国国力强盛,曾长期作为中原盟主号令诸侯,也是楚国争霸的主要对象。终春秋一世,两国间战争迭起,碰撞不断。此外,也包括出于政治原因的通婚与会盟。

　　1993年,山西天马—曲村遗址北赵 M64 晋侯邦父墓地出土了一套"楚公逆"钟,为我们了解两国间的早期往来提供了线索。学界一般认为楚公逆即楚王熊咢,时代相当于西周晚期宣王之世。近来有学者结合新的考古发现,推断"楚公逆"是指楚王熊渠②。若此,则晋楚相交的下限或可进一步向前推至西周中期偏晚的孝、夷之际。这套楚公逆钟共 8 件,大小相次,钲、篆间以双阴线及乳刺为界,平面柱状枚,形制与中原地区出土的陕西宝鸡伯各钟、河南平顶山魏庄编钟等西周早期甬钟无明显区别(图五)。此时的楚钟,尚不具有自身独特的楚系特征。

　　1. 楚公逆钟之一③　　　2. 宝鸡　伯各钟之一④　　　3. 平顶山魏庄钟之一⑤

图五　楚公逆钟与中原地区西周早期甬钟对比

① 　徐元诰:《国语集解》,中华书局 2002 年版,第 68 页。
② 　靳健、谢尧亭:《"楚公逆"的年代及相关问题新探》,《江汉考古》2022 年第 2 期,第 82 页。
③ 　项阳、陶正刚主编:《中国音乐文物大系》(山西卷),大象出版社 2000 年版,第 48 页。
④ 　方建军、黄崇文主编:《中国音乐文物大系》(陕西、天津卷),大象出版社 1996 年版,第 29 页。
⑤ 　赵世纲主编:《中国音乐文物大系》(河南卷),大象出版社 1996 年版,第 79 页。

　　春秋中后期,随着国力的日益强大,楚钟纹饰开始向繁复、精致的方向发展,逐渐形成了特征鲜明的楚系风格:饕餮纹、蟠螭纹等动物纹饰多见于钟的正鼓、钲、篆等重要部位,主体纹饰的细部,还常装饰有龙纹、几何纹等细小纹饰[①],整体风格华丽,呈现出一种层叠装饰的视觉效果,颇具立体感。这种纹饰不仅在楚地流行,随着楚文化的北渐,也快速波及了中原的不少地区。1988 年,山西太原市南郊金胜村 M251 出土一套春秋时期 19 件组编镈,根据纹饰的不同,可分为两式:夔龙夔凤纹镈 5 件与散虺纹镈 14 件。其中夔龙夔凤纹镈的纹饰已与周系夔纹有很大不同,特别是鼓部纹饰——正中是兽面纹,头顶饰双夔龙,两侧补以夔凤纹,并用鳞纹、瓦棱纹、三角回纹作填充(图六)。这种复杂绮丽的纹饰与南方楚系乐器很是相似。有关该墓墓主,多数学者认为是春秋晚期晋国赵氏家主赵简子。赵氏作为晋国六卿之一,长期位居国家政权的决策层,在晋楚争霸的过程中发挥了重要作用。与政治往来相伴随的是文化互通,由此看来,赵氏乃至整个晋地器物显示出的楚文化因素也就不难理解了。

图六　赵卿墓镈 M251:203 鼓部纹饰[②]

　　再来看邯郸涉县战国赵墓镈钟与钮钟的纹饰,二者篆、鼓部皆饰以细密蟠螭纹,镈钟的鼓部于兽面纹之上饰蟠螭纹、云雷纹、重环纹、致密点纹等。这样的纹饰风格,既是承自春秋晚期三晋的赵氏一脉,又与河南新郑战国饕餮纹钟及湖北江陵天星观编钟等楚系乐钟的鼓部纹饰十分接近(图七),可视作楚文化北渐中原的遗绪。

---

　　① 　邵晓洁:《楚钟研究》,中国艺术研究院博士论文,2008:46—51[2023-02-21]. https://kns.cnki.net/kcms2/article/abstract?v=3uoqIhG8C447WN1SO36whBaOoOkzJ23ELn_-3AAgJ5enmUaXDTPHrB78aMlo7mCtr7ThxgjfkxA2YG9VCSsJjtm0bOOvkUPU&uniplatform=NZKPT.

　　② 　山西省考古研究所等:《太原晋国赵卿墓》,文物出版社 1996 年版,第 83 页。

 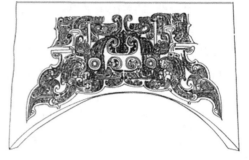

1. 涉县赵墓 2 号镈鼓部①　　　　　　2. 湖北江陵天星观钮钟鼓部②

图七　涉县北关赵墓编钟鼓部纹饰与楚钟纹饰对比

　　除了中山国钟、磬乐器形制、编列与音阶的华化特征及赵国镈与钮钟纹饰的楚文化因素，还有研究者注意到战国晚期燕国镈类乐器钮式与北狄文化"崇山"观念的密切关联，提出燕下都 M16 战国早期镈的周系双夔龙状钮到 M30 战国晚期"山"字形钮的演变，是姬姓燕国在不断吸收与借鉴游牧民族文化过程中逐渐形成的国家文化特色③。近来，又出现了新的研究视角：由涉县北关编镈与钮钟枚饰与齐地公孙朝子钟的一致及涉县甬钟与临淄大夫观钟形制的相似，谈赵、齐文化间的交流④。这些发现，于燕赵音乐文化研究而言都是十分有益的探索。

　　出土乐器以外，文献中也还可以找到一些战国时期燕赵音乐与周边音乐文化交流的蛛丝马迹，如《战国策·燕二》载：燕昭王二十八年，大将乐毅会同五国之力伐齐，"济上之军，奉令击齐，大胜之。轻卒锐兵，长驱至国。齐王逃遁走莒，仅以身免。珠玉财宝，车甲珍器，尽收入燕，大吕陈于元英，故鼎反于历室，齐器设于宁台"⑤。这次伐齐，势如破竹，燕军攻入齐都临淄，齐王逃至莒地，齐国的珠玉财宝、车马兵甲、珍贵器物一概被燕国所收，其中就有齐国的大吕钟。"大吕"是一件乐钟还是一套编钟的总称？它的形制、样式、音高如何？这里都未作详细描述。这样碎片式的记载今天看来似乎已难以考证，但也为我们了解燕赵与齐鲁地方音乐交流

　　①　吴东风、苗建华主编：《中国音乐文物大系》（河北卷），大象出版社 2008 年版，第 9 页。

　　②　王子初主编：《中国音乐文物大系》（湖北卷），大象出版社 1999 年版，第 44 页。

　　③　吴迪：《先秦时期燕赵音乐文化史料研究》，天津音乐学院硕士学位论文，2018：21［2023-2-21］. https：//kns. cnki. net/kcms2/article/abstract? v = 3uoqIhG8C475KOm＿zrgu4lQARvep2SAkZIGkvqfmUZglMdu7fCR485NHnXuvv-Jfh9aIxJUwFW0ORzoudH1B-GhmeU0yr3E8&uniplatform＝NZKPT.

　　④　王迎来：《河北涉县出土战国编钟研究》，中国矿业大学硕士学位论文，2020：47—48［2023-2-21］. https：//kns. cnki. net/kcms2/article/abstract? v = 3uoqIhG8C475KOm＿zrgu4lQARvep2SAkyRJRH-nhEQ-BuKg4okgcHYv_no6＿MY0sMF91pXKpyKDqBrZN4fyS7lC8Eb-NNBlGs&uniplatform＝NZKPT.

　　⑤　［汉］刘向集录：《战国策笺证》，上海古籍出版社 2006 年版，第 1748 页。

留下了可资追寻的线索。

结　论

由音乐考古学角度考察，河北地区战国时期的音乐文化呈现出两种突出的发展趋势。

其一是周礼乐文化的传承与衰落。燕国与赵国是周族传统文化的重要因子。战国早期燕下都 M16 陶甬钟、陶钮钟及涉县赵墓青铜乐钟的编列都是与周礼相合的。赵墓编钮钟音列虽已五声齐备，且出现了徵曾、变等变音形式，但同出编镈的正鼓音则仍采用了"羽—宫—角—徵"的周族传统音阶结构。战国晚期，燕下都 M30 石磬与钮钟的数量出现了严重的僭越。与之相对的，镈与甬钟的编制却有所缩减，反映出大型钟类礼乐器的衰落。乐器组合中镈的使用，也是以卿、大夫级别僭用了国君之制。整体看来，战国早期，燕、赵地区至少在一定程度上仍遵循着周代礼乐文化传统。到了战国中、晚期，僭越礼制的现象越发严重，"礼崩乐坏"的局面已经形成。

其二是多民族音乐文化的交融与共生。中山国作为白狄族建立的国家，地处中原华夏文化圈内，受周文化传统的长期浸染与同化，出土的钟、磬乐器无论是形制、编列还是音列都显示出鲜明的华化特征。"四战之国"的赵国，地处南北交通要道，周边民族关系复杂，出土乐器除与生俱来的周文化基因之外，又凸显出南方楚音乐文化因素，主要表现在钟乐器纹饰方面。北邻山戎南接中山的燕国，在长期与游牧民族的交往中也形成了自己新的乐器文化特色。此外，无论是出土乐器还是文献记载，都透漏出先秦时期的燕赵文化与东边齐鲁文化的密切关联。

从周礼乐传统的传承与衰落，到中山国乐器的华化，赵国乐器的楚文化特征以及燕国乐器的"崇山"观念……不同时代、民族的音乐文化此起彼落、交会融合，灌溉出一朵朵五色斑斓的音乐文明之花，在先秦时期的燕赵大地上盛放。这种交融共生的音乐文化，也同时开启了该地区后来音乐的序幕。

草原丝绸之路视野下的辽代胡旋舞研究[①]

杨育新[②]

摘要：在辽强大军事实力的辐射下，草原丝绸之路沿线各部落、民族逐渐以辽为汇聚中心，进行不同文化、宗教、艺术的交流和融通。在此文化背景下，唐代著名健舞——胡旋舞流传至辽代会是怎样的形态和样貌？本文在进行史料简要梳理的同时，对舞人脚下小圆毯的作用和意义提出自己的见解，并以舞蹈图像研究角度切入，论述了朝阳北塔伎乐砖雕、辽代玉带板及民间收藏辽代绢画中的胡旋舞的形态、样貌及其文化意涵。

关键词：草原丝绸之路　胡旋舞　辽塔　伎乐砖雕

由契丹族建立的辽代，在享国近 200 余年间，牢牢控制了草原丝绸之路，使当时的欧洲、中亚、西亚许多地区和国家只知有"契丹"，而不知有"宋朝"，认为契丹族建立起的辽朝是继唐朝以后的中国实际统治者。根据《辽史·太祖纪》载，突厥、吐浑、党项、小蕃、沙陀、室韦诸部，这些草原丝绸之路上的部族在辽建元初期多被太祖征服，并俘掠了大量有伎艺者。据《辽史·部族表》和《辽史·营卫志》记载，辽朝有近百个小国或部落与辽朝有军事、文化、艺术上的交往，并有诸如五十九个国家与其建立了朝贡关系。草原丝绸之路沿线各民族逐渐以辽为汇聚中心，进行不同文化、宗教和艺术的交流和融通，辽代音乐舞蹈得到了极大的丰富和发展。

一、史料中的胡旋舞及形态

关于胡旋舞的研究，历来引起敦煌学界、音乐学界和舞蹈学界的广泛关注，我们综合《通典》《旧唐书》《新唐书》《册府元龟》《乐府杂录》的记载，以及唐代白

① 教育部人文社会科学青年基金项目《中国辽塔束腰伎乐砖雕图像研究》(21YJC760096)阶段成果。沈阳音乐学院 2018 年院级科研项目《草原丝绸之路视野下的辽代胡旋舞研究》(2018WLY01)结题成果。

② 杨育新(1982—)，沈阳音乐学院舞蹈学院副教授。

居易、元稹等留下的关于胡旋舞的诗歌,可以了解到胡旋舞包含在唐代十部乐之"康国伎"中,最早应于北周武帝迎娶突厥阿史那皇后时传入中原。康国,在今乌兹别克斯坦撒马尔罕附近,与安、曹、石、米、何、史、穆、毕等国一道组成粟特城邦,统称"昭武九姓",唐代又称"九姓胡"。该粟特城邦原是为匈奴所破由祁连山西迁至中亚的古老民族,后归突厥,其唐朝时期康国、史国、米国等纷纷向唐朝进贡胡旋女及方物,胡旋舞由此风靡长安。白居易诗云:"天宝季年时欲变,臣妾人人学圜转,中有太真外禄山,二人最道为胡旋。"《旧唐书》中记载了武延秀"久在蕃中,解突厥语,常于主第,延秀唱突厥歌,作胡旋舞"。[1]同样善胡旋的安禄山,其母为突厥巫师:"安禄山,营州柳城杂种胡人也,本无姓氏,名轧荦山。母阿史德氏,亦突厥巫师,以卜为业。"[2]以上记载,从一个侧面反映出胡旋舞与突厥的文化关联。阴法鲁先生认为胡旋舞"本来流传于我国新疆及中亚一带,未必即以康国、石国为限"[3]。

同时认为胡旋舞应为一个舞种:"《胡旋》和《胡腾》可能是当时西域舞蹈中的两个舞种,所谓西域包括现在的我国新疆地区和苏联中亚地区。这两个舞种是就舞蹈的具体动作说的,前者以旋转为主,后者以跳跃为主。"[4]从舞蹈技术技巧层面看,旋转可以分为多种类型,历史上的胡旋舞应是融合了多种旋转才能成就其艺术价值。旋转以足部支撑部位划分,有半脚掌转和平脚转;从功能划分,可分为技术性旋转和连接性旋转等多种类型。所以,在进行舞蹈图像辨析时要进行多方位考量。

《新唐书》中记载:"……又有胡旋舞,本出康居,以旋转便捷为巧,时又尚之。"[5]"康国乐,工人皂丝布头巾,绯丝布袍,锦衿。舞二人,绯袄,锦袖,绿绫浑裆裤,赤皮靴,白裤帑。舞急转如风,俗谓之胡旋。乐用笛二,正鼓一,和鼓一,铜钹二。"[6]这段文字史料向我们展示了胡旋舞人着胡服旋转如风的舞容舞态及其伴奏乐器。在《乐府杂录》中,将胡旋舞列于俳优类,并描述了胡旋舞的高超技艺不仅在于"旋转如风",还在于"纵横腾踏,两足终不离于毽子上"。[7]其中,毽子应为毯子,是一种波斯小毯子。从文字记载上看,胡旋舞是身体高速旋转,且两足始终不离开小毯子的炫技性舞蹈形式。我们从敦煌莫高窟壁画、克孜尔石窟壁

---

①　刘昫等:《旧唐书》卷183《外戚传》,第4733页。

②　刘昫等:《旧唐书》卷200《安禄山传》,第5367页。

③④　阴法鲁:《阴法鲁学术论文集》,中华书局,2008年5月第一版,第172页。

⑤　欧阳修、宋祁:《新唐书》卷35《五行志》,第921页。

⑥　[唐]杜佑撰,王文锦等点校《通典》卷146,北京:中华书局,1988年版,第3724页。

⑦　[宋]欧阳修、宋祁:《新唐书》卷35《五行志》,第921页。

画、墓葬壁画及各类文物图像中都可以看到,胡旋舞者脚下所踏小毯子多为圆形或椭圆形。

为何胡旋舞者脚踏小圆毯呢?笔者认为至少有以下几点原因:首先,作为炫技型舞蹈表演,脚踏小圆毯就在一定程度上限制了舞者脚下的活动空间,提高了技术难度,与此同时舞者需要在高速旋转中手持彩帛、完成一系列手臂动作带动彩帛的舞动飘扬,具有极强的观赏性;其次,波斯进口的小圆毯由品质优良的松软羊毛和蚕丝、棉丝织就,可以满足完成旋转动作所需的兼具阻涩和光滑感的地面要求。无论胡旋舞者身处何地,地面状况如何,其圆毯都可以为舞者提供一方能够完成高难度旋转动作的场地;第三,波斯地毯向以精美绝伦的华丽纹饰著称,为本就很炫目的胡旋舞锦上添花;最后,小毯其状圆形,亦与舞者旋转之圆相得益彰,提高了舞蹈的整体视觉效果。所以,今天学者在辨析舞蹈文物图像时,除舞姿外,舞者脚下的小圆毯也成为其判断是否为胡旋舞的根据之一。

二、辽宁朝阳北塔伎乐砖雕胡旋舞寻迹

我们在大量被学界论证并普遍认可的文物图像中,可以看到多种胡旋舞舞姿静态造型。这些造型大多运用身上的彩帛翻飞表现其旋转如飞,身体动作多为提胯吸腿、全脚掌或半脚掌立于小圆毯之上,双臂上下摆动使彩帛随势飘动。根据这些舞蹈图像的舞姿特征,笔者初步论证了现存的辽塔伎乐砖雕、玉带板乐舞文、辽代绘画作品中存留的胡旋舞形象,这些图像在一定程度上弥补了因"契丹书禁甚严"而造成的存世文字记载不足的遗憾。

坐落于辽宁省朝阳市的辽代北塔,其束腰伎乐砖雕现存 30 身伎乐形象。经观察,所有伎乐人头部均有圆光,表示其为佛教中处于次高果位的菩萨。其中乐器演奏伎乐天共 15 身,分别为琵琶伎乐人 2 身、琴 1 身、筚篥 2 身、笛 2 身、排箫 1 身、笙 1 身、拍板 2 身、大鼓 1 身、毛员鼓 1 身、细腰鼓 1 身、方响 1 身。以上乐器涵盖了萨克斯乐器分类法全部种类——弦鸣乐器、气鸣乐器、膜鸣乐器和体鸣乐器四类。其束腰有 15 身舞蹈伎乐砖雕,经分析,其舞蹈形态类似民间舞和古典舞中的原地舞姿转,舞人头部有圆光,双脚于花瓣形小毯上交替点地,膝盖微曲以降低重心,体态呈现"三道弯"特征,双手执帛上下舞动,周身彩帛飞舞,动感十足,其瞬时定格的舞蹈体态特征可与史书记载相佐证。另外,此种原地舞姿转也大量存在于中国古典及包括维吾尔族在内的许多少数民族舞蹈中。

由于契丹族所建辽朝地处塞外,视野开阔,辽塔多为不可登临实心砖塔,塔身以浮雕形式雕刻巨大佛教造像,使人远望即见佛像,具有极强的宗教象征性和感召

力,成为中国历代佛塔样式中独具特色者。随着观者由远及近,塔身上的胁侍菩萨、飞天、佛号、转角金刚等形象逐渐进入视野。当观者近距离仰望佛塔时,塔身束腰部分的壶门砖雕逐渐清晰起来,多表现欢愉的乐舞场面。此外,佛教信众还会以顺时针方向转塔,同时视线会被吸引到离观者最近的束腰砖雕上,随着观者的绕行,一帧帧静态乐舞画面会在观者脑海中形成动态连续映像。特别是留存至今的15身舞蹈伎乐天,均为正向不同角度的舞姿造型,除主力腿、动力腿和双臂因表现旋转时不同时间点的静止姿态呈现不同变化以外,其构图和舞姿呈现趋同(见图1)。笔者认为,其目的是既要表现胡旋舞"万过其谁辩终始,四座安能分背面"瞬间定格的速度感,又可以与其他演奏伎乐天的风格、表演形态、面向保持一致。

此外,前文所述善舞胡旋的安禄山,为营州(今朝阳)柳城杂胡,后成为平卢军节度使,治理营州,统领卢龙军治理河北省东部、辽宁省南部等地。此地作为草原丝绸之路上的一个要塞,聚集了大量胡人,多种文化在此地交融碰撞,胡旋舞在此受到普遍欢迎并流传至后代成为可能。

图 1　辽代朝阳北塔束腰伎乐砖雕线描图(杨育新描摹)

三、敖汉水泉辽墓玉带板胡旋舞寻迹

玉带最早于战国时代由胡人骑兵腰间佩戴的"蹀躞"传入中原,后来逐渐被中原文化吸纳,隋唐时期还成为一种官服配饰,并代表一定等级,唐代以后各朝代均有传世和出土。玉带上的雕刻图案多为乐舞文、花鸟纹、动物纹等。唐、五代及辽代的玉带乐舞文多为胡人形象,宋代开始变为汉人装束的乐舞形象。从一个侧面表明了辽代一方面延续了唐代开放的民族文化观念和民族政策,同时也与草原丝绸之路上各民族和地区保持着密切的文化交流。

敖汉水泉1号墓出土的辽代乐舞文玉带板,一组8方及1尾,延续了唐朝的制作工艺和表现风格。8枚方玉带板分别以浅浮雕形式刻画了卷发深目的胡人形象,戴胡帽、着胡服、蹬胡靴,坐于圆毯之上,分别演奏拍板、鸡娄鼓、鼗鼓、琵琶、长

**图 2　敖汉水泉 1 号墓
玉带板乐舞伎纹饰拓片①**

鼓、筚篥、笙及横笛还有一人作持杯饮酒状。另一枚尾玉板为长方形,刻画了一名胡人脚踏圆毯起舞,旁有一胡人献宝的热闹场面(见图 2)。笔者认为,该胡人所跳应为胡旋舞。在实际表演中,此种旁腿勾脚抬起,主力腿脚跟落地的动作可出现在持续旋转中具有的联接功能的舞姿转中。用阴刻纹表现披帛飘绕翻飞于身周,以及长袍衣角的飞卷表现出充满力量感与速度感的旋转动作。

四、民间收藏辽绢画胡旋舞寻迹

王家勋先生收藏辽代绢画中,有一幅表现契丹贵族饮宴的歌舞场面。画面右侧是几名贵族打扮的契丹人在边饮酒边观看歌舞,中间位置是两组男女双人舞,左侧是乐队伴奏,其演奏乐器包括大鼓、横笛、笙、唢呐等乐器。

图中一对双人舞舞人(见图 3),分别脚踏小圆毯,女舞人着窄袖长袍,接"假袖",腰间束带,头梳飞天髻,头略向右看向男舞人,双臂上举,右臂环于颈前,彩袖随身体的旋转而飘舞,脚穿软靴,右腿主力腿脚尖着地,左腿动力腿提膝,其舞姿应为胡旋舞。男性舞人为契丹人,髡发,着窄袖胡服,长袍,腰间系带,脚穿胡靴,于

图 3　王家勋收藏绢画辽代宴乐图(陈秉义摄影)

---

①　《中国音乐文物大系(内蒙古卷)》,大象出版社,1999 年 10 月版,第 255 页。

圆毯上作极具草原民族风格的蹲踏步,双手各执栓有红绸的类似铲状道具,呈现出今天内蒙古"筷子舞"的整体样貌。据笔者分析,其铲状物应为羊肩胛骨。其判断依据首先是其形状似铲,类似新石器时代就开始应用的利用不同动物肩胛骨制成的骨铲,其中羊肩胛骨较小。后来动物的肩胛骨被用于殷商时期的占卜,上面布满甲骨文及占卜所用的灼烧痕迹。这种占卜习俗至少到元代都一直延续着,《元史》记载成吉思汗每次出征之前都命耶律楚材进行占卜,同时他自己灼羊肩胛骨以相符应。今天北方少数民族的民间信仰中依然认为羊肩胛骨具有一定的神性。该图男舞人手持羊肩胛骨舞蹈具有一定的宗教意涵,其处于低位与高位的女舞人相对而舞、遥相呼应,其让我们联想到今天东北秧歌中"上装"(女角)与"下装"(男角)之间的互相对答。综上,手持羊肩胛骨舞蹈本身具有一定宗教含义,为与之共舞的胡旋增加了一层草原民间信仰的神秘性。

结　　语

草原丝绸之路上东西文化以大辽为中心进行着广泛而深入地交流碰撞,为唐代胡旋舞的继续流传提供了文化土壤。存世的许多音乐舞蹈图像也在默默呈现着这一切。但我们知道,只有在图像与文本相互印证中才能得到历史的真实。在缺乏文字记录的条件下,对辽代乐舞的研究,仍需要继续进行下去。本文在写作过程中,运用了一些图像学研究方法,并就其中的舞蹈形态与我院民间舞专业宋欣副教授进行了多次探讨并试验其动作完成的可行性和功能性,将研究结论进行实践检验。未来,笔者将对以辽塔伎乐砖雕为主的辽代乐舞图像进行全面收集、横向比对和考证,探讨图像创作意图、伎乐人所属文化背景、所体现的文化习俗,并阐释图像所蕴含的民族历史、文化特征、社会环境、宗教信仰、艺术传统等意蕴,即契丹民族"文化中的音乐",以开拓辽代音乐文化研究领域。

中国东北地区契丹—辽①音乐文化遗存②的研究

沈阳音乐学院　　刘　嵬

东北,古称营州、辽东、关外,是中国辽阔疆域中东北方向领土的总称,是一个历史悠久的地域文化概念。其区域划分以山海关为界,包括黑龙江省、吉林省、辽宁省和内蒙古东部区域(即东五盟市,含赤峰市、通辽市、呼伦贝尔市、兴安盟、锡林郭勒盟)。辽金时期,设有东北路统军司、东北路招讨司等官职,赋予东北地区以区域管理的意义。东北地区拥有着悠久的历史文化,鲜明的地域文化特色。是一个多民族深入交融、自然资源富足、区域文化特征突出、自然地理单元完整的区域。

在漫长的历史文化演进过程中,东北先民创造了丰富的文化遗产。东北地区音乐文化遗存是东北各民族人民民俗精神的诠释,是各民族特色音乐文化在特定时间和空间的文化创意表达,是与世代东北人民日常生活密切关联的各种传统音乐文化的历史见证。契丹—辽时期作为统治广袤北方200多年的重要历史时期,创造了独具风格的音乐文化,通过与中原汉族以及各少数民族的交往、交流、交融,共同建构和丰富了东北音乐文化的内涵,为东北音乐文化的多元化发展奠定了基础,使东北地区的音乐文化相互兼容,包容开放,形成了一个既共性又个性的东北音乐文化区,形成了一个较为统一的"大中国"文化圈,为后世中国经济文化的统一发展奠定了基础。契丹—辽音乐文化遗存为我们展现了北方先民音乐生活印记与音乐文化的发展状况,为我们了解当时音乐文化发展留下了宝贵的历史资料,为构建完整的东北古代音乐史提供了丰富且有力的历史依据。

一、东北地区契丹—辽音乐文化遗存的概况

由契丹族建立兴起于中国东北地区的契丹—辽王朝(907年—1125年),先后经历了九帝,称霸东亚地区200多年。其建立的上京临潢府(今内蒙巴林左旗东南

---

① 由于契丹立国国号经历了"契丹"—"大辽"—"辽"—"大契丹"—"辽"多次变更,故本文中采用契丹—辽的称呼。

② 遗存是人类活动所遗留下来的物质以及和人类活动有关的自然界的物质。包括遗迹和遗物两类。

波罗城）、中京大定府（今内蒙宁城县西南大名城）、东京辽阳府（今辽宁辽阳市），以及上京路、蒲峪路、咸平路、胡里改路和临潢府路都位于东北地区，这直接反映了契丹—辽王朝对中国东北地区的重视程度。此外，契丹—辽时期的皇家园林和山陵，贵族的封地和墓葬，皇宫、行宫和捺钵之地、城镇、都市、交通、寺庙等建筑设施均遍布于中国东北地区。因此，中国东北地区所保留的契丹—辽王朝的历史遗迹①和遗物②数量甚多。

　　与中国历史上的其他朝代不同，辽朝实行了严格的"书禁"制度。因此，关于辽代的文字史料很少。金末元初著名的历史学家元好问曾经感慨地说："……泰和中，诏修《辽史》，书成，寻有南迁之变，简册散失，世复不见，今人语辽事，至不起灭凡几主，下者不论也。"③从本段文字中我们可以得出结论，仅凭部分文章记载，对契丹—辽历史进行详实研究是极其困难的。因此，历史遗迹与遗物的研究对于契丹—辽时期音乐的研究显得尤为重要。

　　从历史记载及考古发现来看，契丹—辽在东北地区的活动范围极其广泛，据不完全数据统计，在中国东北地区发现了属于契丹、辽、金、女真时期的各种古城700多座，墓葬200多座、寺庙100多座、古塔200多座、辽金碑刻300多通、铜镜600多面。④经过对上述历史遗存的研究我们发现不同的地区会有不同的历史文化特点。如考察契丹的春捺钵活动地点主要在今吉林的松源、白城一带；考察契丹—辽的佛教文化，主要在辽宁的辽西地区；考察与了解契丹族的活动，主要在内蒙古赤峰所辖的敖汉旗、宁城县、翁牛特旗、巴林左旗、巴林右旗、阿鲁科尔沁旗和内蒙古的通辽地区等。⑤

　　从考古学的角度来看，现存的塔、寺、墓等历史遗迹上的砖雕、石雕、壁画和文物等，为当时的音乐史留下了大量真实生动的图像记录，这些砖雕、石雕、壁画和文物中收集到的图像数据比后世的文献数据更生动、直观、可靠。因此，音乐图像学和文献学是研究一个历史时期音乐史的两个重要来源和组成部分。

---

　　① 遗迹即遗剩之痕迹。在考古学中，遗迹是遗存的一个重要组成部分，特指古代人类在生产、生活等社会实践中所遗留的痕迹。遗迹通常不可移动，如洞穴、城址、聚落址、居址、墓葬、贝丘、窖藏、窑址、矿坑、灰坑、灰沟、道路等。见于《中国考古大辞典》第13页。

　　② 遗物即遗剩之物品。在考古学中，遗物是遗存的另一个重要组成部分，特指古代人类所遗留的可移动之实物，包括各种工具、礼乐器、家具武器、生活用具、艺术品、装饰品、货币以及人类与动物遗骸、农作物等。见于《中国考古大辞典》第25页。

　　③ 《故金漆水郡侯耶律公墓志铭》，《元文类》卷五一，《四部丛刊》本，转引自刘浦江《松漠之间——辽金契丹女真史》，北京：中华书局，2007年版，第27—28页。

　　④ 王禹浪、都永浩主编：《文明碎片——中国东北地区辽、金、契丹、女真历史遗迹与遗物考》，黑龙江：黑龙江教育出版社，2013年版，第2页。

　　⑤ 陈秉义、杨娜妮著：《中国古代契丹—辽音乐文化考察与研究》，上海：上海三联书店，2018年版，第11页。

二、东北地区契丹—辽音乐文化遗存的分析统计①

通过对东北地区契丹—辽音乐文化遗存的考察与整理研究,我们可以发现东北地区契丹—辽音乐文化遗存多以音乐图像及音乐实物形式分布在内蒙古自治区及辽宁省地区的辽塔(石塔、石经幢)、墓葬壁画(石版画、木版画)、博物馆、文管会及民间收藏之中。黑龙江省与吉林省音乐遗存相对少些。

（一）辽塔、石塔、石经幢上的伎乐砖雕、石雕

至辽代,佛教逐渐渗透到契丹族,建塔之风很快在辽国盛行。通过记录和实地考察发现,辽代修建的辽塔无论是否有佛寺的地方均可修建。从辽五京到各州县,高塔拔地而起。在东北地区契丹—辽时期所建辽塔、石塔、石经幢上存有大量的伎乐砖雕、石雕,这些音乐文化遗迹为我们了解辽代的音乐,尤其是佛教音乐提供了丰富的音乐图像资料。

目前,在我国残存的百余座辽塔(包括石塔、石经幢)中有30余座上存有乐舞伎乐图像(见表1),其中除内蒙古赤峰市开化寺石经幢以外,辽宁省共计20余座,占总数的60%,特别是辽西地区是辽塔遗存最多的地区。

表1　东北地区伎乐砖雕塔(石经幢)统计表

类型	省份	城市	塔　　名
塔	辽宁省	朝阳市	青峰塔(辽安德州),东平房辽塔,八棱观塔,云接寺塔,大宝塔,槐树洞石塔
		阜新市	闾州辽塔(塔山塔),灵峰塔(塔营子塔),红帽子西塔山塔(辽投下州)
		锦州市	北宁崇兴寺双塔,义县广胜寺塔(辽义州),广济寺塔
		葫芦岛市	兴城白塔峪白塔(俗称玲珑塔),妙峰山双塔,兴城磨石沟塔
		鞍山市	析木金塔,析木银塔,香山寺双塔
		辽阳市	辽阳市白塔
		大连市	永丰塔
		沈阳市	辽滨塔,塔湾舍利塔
石经幢	辽宁省	朝阳市	北塔石经幢
	内蒙古自治区	赤峰市	开化寺石经幢

---

① 本文所做统计基于现有公开资料中可辨认为音乐文化遗存的数据统计。

（二）壁画墓、画像石墓，石宫中的乐舞壁画、石版画、木版画

20 世纪 20 年代，法国神甫闵宣化（Jos.Mulle）等对辽庆陵的调查常被视作辽代陵墓考古的开端。目前，已发现的 200 余座辽代墓葬中，部分墓葬为壁画墓，其分布范围大体在辽上京、中京和燕山以南的南京和西京之间，即今天的内蒙古、辽宁、北京，以及河北和山西北部一带。从墓葬分布来看，上京和中京一带的壁画墓基本上是契丹贵族的墓葬，而在南京和西京地区发现的壁画墓，基本上是辽代汉族的墓葬，这一地理分布的差异不仅反映了辽代南北分治的情形，而且为我们从文化人类学的角度观察辽代社会文化提供了一个有利的切入点。[①]

在全部契丹—辽壁画墓中，属于东北地区范围的辽代乐舞壁画墓的分布范围大体在辽上京、中京地区，即今天的内蒙古、辽宁一带，这些墓葬多为契丹贵族陵墓。除了这些绘于墓室的壁画外，近年在内蒙古和辽宁两地辽代画像石墓、石宫、木棺、木门和木椁上也可见乐舞伎乐图像。（见表 2）

表 2　东北地区乐舞壁画墓、画像石墓、石宫统计表

类型	省份	城市	墓葬、石宫名称
壁画墓	内蒙古自治区	赤峰市	翁牛特旗解放营子辽墓，敖汉旗喇嘛沟辽墓，羊山辽墓（3 座）一号墓、三号墓，阿鲁科尔沁旗宝山辽壁画墓，耶律羽之墓，巴林右旗永庆陵（辽庆陵），巴林左旗哈拉哈达辽墓，大契丹国夫人萧氏墓，大营子村辽墓
		通辽市	哲里木盟库伦旗辽墓（8 座），扎鲁特旗辽墓，奈曼旗陈国公主墓
	辽宁省	沈阳市	叶茂台七号、十七号辽墓，辽萧义墓
		阜新市	辽萧和墓（关山辽墓群）
		朝阳市	孙家湾辽墓，姑营子辽代耿氏家族 4 号墓
画像石墓石宫	辽宁省	锦州	锦西大卧铺辽金时代画像石墓
		朝阳	辽宁朝阳新华路辽代石宫
		辽阳	辽宁辽阳县金厂辽画像石墓

（三）博物馆、文管会及民间收藏中的音乐文物

在东北地区许多博物馆、文管会，例如内蒙古自治区赤峰博物馆、通辽博物馆、敖汉博物馆、巴林左旗辽上京博物馆、扎旗文管会、内蒙古博物馆，辽宁省辽宁博物

---

①　贺西林、李清泉著：《中国墓室壁画史》，北京：高等教育出版社，2009 年版，第 236 页。

馆、朝阳博物馆、朝阳北塔博物馆、朝阳喀左文管会、阜新博物馆,这些地点和遗址保存了大量的辽代音乐文物,具有很高的学术价值和研究价值。(见表3)

表3 部分东北地区国家级博物馆契丹—辽音乐文物统计

省份	城市	博物馆名称	部分相关音乐藏品
内蒙古自治区	赤峰市	敖汉博物馆	辽 胡人乐舞文玉带、八音法器铜镜、黄釉埙
		辽上京博物馆	绿釉埙、铸铁舞伎坠饰、乐器法事铜镜、契丹三人击鼓石雕、青铜琵琶女像、叶蜡石击腰鼓人物石雕、吹笙画像砖残片
		赤峰博物馆	弹琵琶青铜乐俑
	通辽市	通辽博物馆	猪首埙
辽宁省	沈阳市	辽宁博物馆	仙人抚琴铜镜、山奕侯约图(佚名)、卓歇图

此外,一些民间收藏家的藏品中有部分音乐文化历史遗迹和文物,同样值得我们关注。许多藏品具有珍贵的文物价值和史料价值,弥补了博物馆收藏的空白,为我们深入了解与研究契丹—辽时期的音乐提供了更多的参考资料。

结　语

东北地区音乐文化有着悠久的传承历史和深厚的文化底蕴,它不仅是东北人民文化支撑,也是我国传统音乐文化宝库中的无价之宝。东北地区契丹—辽音乐文化遗存的研究将为我们了解北方先民音乐生活与音乐文化的发展状况、为建构东北古代音乐史、为完善中国音乐发展史提供重要的理论与史料依据。

在21世纪的开端,中国又面临着一个大发展的历史时期,重新审视东北音乐文化,发掘继承其优秀历史文化精髓,对于古代、现代和将来的中国音乐文化的发展,是十分必要的。

契丹—辽细腰鼓文图考辨

原　媛①

摘要：契丹是曾经驰骋于中国北方大地的一个强悍的民族，他所建立的辽政权雄踞北方二百余年。契丹—辽在大量接受中原汉文化的同时，又保留和不断创造着独特的契丹文化。在契丹—辽所遗存寥寥的乐舞资料中，鼓类乐器多有出现，且种类各异，其中细腰鼓尤为常见，在北方民间音乐中影响至今。本文主要依据《辽史·乐志》和陈旸《乐书》中的史料，对契丹—辽时期的细腰鼓种类、形制进行文图考辨，并结合遗存的契丹—辽乐舞图像资料，再现这种鼓的演奏场面。在此基础上，思考契丹细腰鼓对中原鼓文化的吸收，及对后世北方民族鼓乐的影响。

关键词：契丹—辽　细腰鼓　《辽史·乐志》　《乐书》　乐舞图像

一、《辽史·乐志》和陈旸《乐书》对契丹—辽细腰鼓文图考证

（一）《辽史·乐志》中的细腰鼓

在《辽史》《契丹国志》《全辽文》等辽代相关古籍中都有对契丹鼓乐器的记载，其中《辽史·乐志》叙述的最为集中和全面。该文献所记录的辽时期的雅乐、大乐、散乐、鼓吹乐、横吹乐等几类音乐中均出现了不同种类的鼓，包括建鼓、鼗、毛员鼓、连鼗鼓、杖鼓、第二鼓、第三鼓、腰鼓、大鼓、㧖鼓、羽葆鼓、节鼓、小鼓等十余种。根据细腰鼓"广首纤腹"②的特点可得知，在这十余种鼓里面，鼓身中部造型纤细的毛员鼓、杖鼓、第二鼓、第三鼓、腰鼓均属于细腰鼓类的乐器。《辽史·乐志》所提到的细腰鼓，便是本文主要的研究对象。

在《辽史·乐志》的大乐、散乐中均出现了细腰鼓类乐器。关于辽代大乐的概念，书中是这样介绍的："大乐……用之于朝廷，别于雅乐者谓之大乐。"③所以，大乐应属辽代宫廷的燕乐，它继承了隋唐燕乐的传统，在宫廷朝贺、宴飨等场合使用。

---

①　原媛，沈阳音乐学院，副教授。

②　［北宋］陈旸撰，张国强点校：《〈乐书〉点校》卷127，郑州：中州古籍出版社，2019年版，第628页。

③　［元］脱脱等撰：《辽史·乐志》卷54，北京：中华书局，2016年版，第983页。

《辽史·乐志》对大乐乐队中的乐器作了这样的说明："辽国大乐,晋代所传。杂礼虽见坐部乐工左右各一百二人……玉磬、方响、搊筝、筑、卧箜篌、大箜篌、小箜篌、大琵琶、小琵琶、大五弦、小五弦、吹叶、大笙、小笙、觱篥、箫、铜钹、长笛、尺八、笛、短笛。以上皆一人。毛员鼓、连鼗鼓、贝。以上皆二人……"①由此可见,庞大的辽国大乐乐队中出现了细腰鼓类乐器——毛员鼓,且大乐中毛员鼓可与连鼗鼓、磬、方响、筝、筑、箜篌、琵琶、笙、笁篥、箫、笛等多种乐器合奏。

另据《辽史·乐志》记载:"今之散乐,俳优、歌舞杂进,往往汉乐府之遗声。"②这句话说明了辽代散乐继承了中原汉文化传统,它包括器乐、歌舞、百戏等众多的表演内容。书中记录的辽代散乐乐器有"觱篥、箫、笛、笙、琵琶、五弦、箜篌、筝、方响、杖鼓、第二鼓、第三鼓、腰鼓、大鼓、鞑、拍板。"③这里的杖鼓、第二鼓、第三鼓、腰鼓皆属细腰鼓家族。在散乐中细腰鼓也可与觱篥、箫、笛、笙、琵琶、五弦、箜篌、筝、方响等乐器合奏。这几种细腰鼓出现在散乐中,体现了它们的俗乐性。

(二)《辽史·乐志》与陈旸《乐书》对契丹细腰鼓的文图并证

《乐书》是一部写于北宋时期的音乐百科全书,其作者陈旸曾官至礼部侍郎。崇宁二年(1103 年),陈旸将其耗时二十余载所编写的《乐书》二百卷进献宫廷。此书论述了十二律、五声、八音、历代乐舞、杂乐、百戏等内容。对隋唐和北宋的雅乐、俗乐、胡乐中的乐器均有详尽说明。更难得的是书中附有大量乐器图像,这种图文并茂的音乐著作在当时是极为少见的。陈旸的《乐书》成书于北宋晚期,而契丹建立的辽代(907—1125)正与北宋(960—1127)并存于同时期,且契丹——辽是一个大量吸收中原文化的少数民族政权。因此,《乐书》中的乐器图像对契丹鼓文化研究具有重要参考价值。特别是书中还专列出了胡部乐器,其中记录了大量汉唐以来由西域及北方少数民族传来的乐器,为我们研究契丹鼓的形制提供了更多的素材。

1. 毛员鼓

《辽史·乐志》中大乐所提到的毛员鼓,唐代古籍便有关于它的记载。毛员鼓曾出现于隋唐燕乐中,五代及宋辽时期宫廷乐队对其仍有沿用。陈旸《乐书》乐图论的胡部八音革类乐器中,为我们留下了关于它珍贵的图像(如图 1-1)。与《乐书》中其他细腰鼓图像对比,再参考唐代燕乐资料,可知毛员鼓鼓身形制略显短小。图下配文字说明了毛员鼓的出处为"扶南、天竺之乐器也"。④但或许是因为毛员鼓除

---

① [元]脱脱等撰:《辽史·乐志》卷54,北京:中华书局,2016 年版,第 984、985、986 页。
② [元]脱脱等撰:《辽史·乐志》卷54,北京:中华书局,2016 年版,第 989 页。
③ [元]脱脱等撰:《辽史·乐志》卷54,北京:中华书局,2016 年版,第 991 页。
④ [北宋]陈旸撰,张国强点校:《〈乐书〉点校》卷 127,郑州:中州古籍出版社,2019 年版,第 624 页。

了具有鼓身中段较细这一细腰鼓的特点外,并无太多其他明显特征。因此,辽代之后,毛员鼓的名称逐渐消失。①

 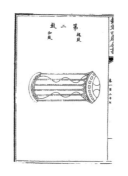 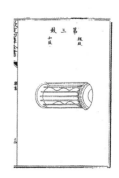

图 1-1　《乐书》中的毛员鼓　　　图 1-2　《乐书》中的第二鼓　　　图 1-3　《乐书》中的第三鼓

2. 第二鼓、第三鼓

《辽史·乐志》提到散乐中出现了第二鼓、第三鼓两个名称,但关于其形制与源流再无它说。所以,这两个鼓到底是什么样子,一直令人困惑。不过在翻阅《乐书》过程中,笔者惊喜地发现了与其相关的文字与图像。在《乐书》卷一百二十七胡部八音革之属中绘有"第一鼓、第二鼓、第三鼓"。其中,"第二鼓、第三鼓"两鼓造型独特(如图 1-2、1-3)。它们最大的特点是不像普通的细腰鼓,只有鼓身中间一段纤细,而是鼓身中部呈波浪型,出现了两段纤细的部分。图后附文字写道:

> "昔符坚破龟兹国,获羯鼓,(革皆)鼓,杖鼓,腰鼓,汉魏用之,大者以瓦,小者以木,类皆广首纤腹,宋萧思话所谓'细腰鼓'是也。唐有正鼓、和鼓之别,后周有三等之制。右击以杖,左拍以手,后世谓之杖鼓、拍鼓,亦谓之魏鼓。每奏大曲入破时与羯鼓、大鼓同震作,其声和状而有节也……今契丹拍鼓,如震鼓而小。"②

至此,结合这段文字,加上书中所附图像,我们终于可以找到并理清了《辽史·乐志》中一直令人困惑的"第二鼓、第三鼓"的名称由来及形制。得出结论如下:"第一鼓、第二鼓、第三鼓"属于汉以来的细腰鼓类乐器;到了五代后周时期有了"三等之治",所以被称为"第一鼓、第二鼓、第三鼓";加之《乐书》在"第二鼓、第三鼓"插图中还标有"和鼓、魏鼓"字样,所以,"第二鼓、第三鼓"应为唐代的和鼓,宋代称其为

---

① 王珺:《契丹—辽毛员鼓(细腰鼓)探微》,《天津音乐学院学报》,2016 年第 1 期,第 94 页。

② 〔北宋〕陈旸撰,张国强点校:《〈乐书〉点校》卷 127,郑州:中州古籍出版社,2019 年版,第 628 页。

魏鼓；若比较第二鼓和第三鼓之不同，如图显示，第三鼓比第二鼓体积略小。

3. 杖鼓与腰鼓

关于杖鼓和腰鼓常容易被人混淆。但通过上段引文，在说明第二鼓、第三鼓的同时，也言简意赅地说明了杖鼓与腰鼓两种鼓的名称与形制。从这段引文中得知，杖鼓、腰鼓在汉魏时期已出现，因它们形制皆"广首纤腹"，故被称作"细腰鼓"。书中还附有腰鼓图像（如图1-4），清晰地展现了腰鼓的形制，但该书中并未出现杖鼓图像。不过根据文中所述"右击以杖，左拍以手，后世谓之杖鼓、拍鼓……今契丹拍鼓，如震鼓而小"可推断出契丹——辽杖鼓与震鼓相似，而《乐书》中又恰好有震鼓图像。依此，我们便可大致确定杖鼓的形制如图1-5中的震鼓。图1-4与图1-5对比，还可发现宋辽时期的腰鼓与杖鼓形制基本一致，应只是不同时期和不同地区对其称呼不同而已。

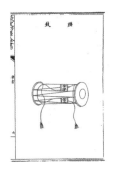 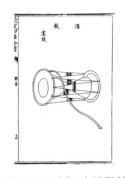 

图1-4　《乐书》中的腰鼓　　图1-5　《乐书》中的震鼓　　图1-6　北京故宫博物院馆藏
　　　　　　　　　　　　　　　　　　　　　　　　　　　　　　　鲁山窑花瓷细腰鼓

《乐书》中曾有两处提到腰鼓的材质，如俗部土之属中记有"腰鼓之制，大者瓦，小者木，皆广首纤腹"。[1] 说明其材质特点是大的用陶土烧制，小的用木制成。胡部木之属中又再次提到："腰鼓之制，非特用土也，亦有用木为之者矣。"[2] 随后，还介绍了腰鼓的音色："土鼓，土音也；木鼓，木音也。其制虽同，其音则异。"[3] 关于文中提到的瓦制细腰鼓，今北京故宫博物院馆藏的鲁山窑花瓷细腰鼓便是有力实证。（如图1-6）

在收集整理了契丹——辽细腰鼓的名称、种类、形制等资料后，我们便可在契丹——辽存世的乐舞图像中精准地识别这些鼓，再对其进行多角度的考证。

---

①　［北宋］陈旸撰，张国强点校：《〈乐书〉点校》卷137，郑州：中州古籍出版社，2019年版，第694页。

②③　［北宋］陈旸撰，张国强点校：《〈乐书〉点校》卷132，郑州：中州古籍出版社，2019年版，第660页。

二、契丹—辽乐舞图像中的细腰鼓

近年,随着一部分学者对契丹辽乐舞研究的关注,越来越多的实证材料被发掘。这些历史文物遗迹上所保留的乐舞图像,为我们呈现了大量生动的辽代鼓乐表演场景。文章这部分将从契丹—辽墓葬壁画、辽塔伎乐砖雕图像、契丹绢画等几类实证材料入手,从契丹细腰鼓的演奏姿态、合奏乐器、演出场景等角度进行研究。

(一) 契丹—辽墓葬壁画中的细腰鼓

今天,我国河北、辽宁、内蒙等北方地区,曾经是契丹—辽的主要活动和统治区域。在这些地区,已发现多座契丹—辽墓葬。如河北宣化下八里张氏家族墓葬群,辽宁锦州市北镇医巫闾山辽代帝王、王侯陵墓群,内蒙地区也有多座契丹—辽时期的墓葬群。这其中有多幅墓葬壁画保存尚好,为我们留下了契丹—辽时代生动的乐舞画面。

位于内蒙古赤峰市的敖汉旗四家子镇羊山辽墓壁画中,呈现了两位打击乐乐手的形象,其中一人演奏细腰鼓,一人演奏大鼓。首先,从两位鼓手的演奏姿态上看,击大鼓者,双手各横握一红色鼓槌作上下击打状;击细腰鼓者,左手握黑色鼓棒,右手五指张开,躬身低首,双目视鼓,挽袖振臂作奋力击打状,双脚叉开,好似在边走动边演奏。其次,从两件乐器的形制细节上看,大鼓置于架上,鼓面中心绘有一朵红花,鼓壁也绘有花纹;在另一鼓手胸前呈现的是典型"广首纤腹"的细腰鼓,两鼓面的连绳为红色。再次,从两人的装束上看,他们头戴的帽子都是典型的中原男性所戴的幞头,且从形制细节上能看出是宋代的幞头(如图 2-1-1)。

根据考古研究发现,敖汉旗四家子镇羊山辽代墓葬为契丹贵族墓,墓主人是降辽的刘姓汉人家族。墓葬壁画整体呈现的是草原上的出行、娱乐、生活等场景。通过考古资料对墓葬壁画进行全景分析可以看到,壁画中着汉人服饰的人物较多,也会出现一些明显留有髡发的契丹人形象,但乐队演奏人员又基本都是着汉人

图 2-1-1　敖汉博物馆藏四家子镇羊山辽墓壁画细腰鼓与大鼓奏乐图①

---

① 陈秉义:《中国古代契丹—辽音乐史料图文集》,上海:上海三联书店,2018 年版,第 179 页。

服饰。敖汉旗是契丹—辽的重要腹地,通过这些壁画人物和场景,可以充分感受到契丹属地汉文化与契丹文化的交融与共存,为我们研究契丹—辽与中原汉乐舞的融合提供了珍贵的资料。

除敖汉旗外,在内蒙古翁牛特旗等地的辽墓壁画中也有多幅绘有细腰鼓与大鼓合奏的乐舞图像。这些足以证明这两种鼓的合奏表演在宋辽时期的流行程度。

(二)辽塔伎乐砖雕图像中的细腰鼓

辽代皇帝崇信佛教,当时建造了很多塔,留存下来的辽塔伎乐砖雕上蕴藏了丰富的乐舞图像资料。陈秉义教授编著的《中国古代契丹—辽音乐史料图文集》一书便收录了大量辽塔伎乐砖雕乐舞图像资料。

纵观现存的辽塔伎乐砖雕乐舞图像可发现,细腰鼓仍是出现频率较多的鼓类乐器。这些伎乐砖雕图像中的器乐演奏者,大部分演奏姿态为坐姿,极少有站姿。本文所引用的两张伎乐图像中,伎乐人演奏时也皆为坐姿。其中,图 2-2-1 朝阳北塔和图 2-2-2 北京云居寺伎乐砖雕图像中伎乐人所演奏的乐器均为细腰鼓造型。从图中看,两个鼓都是置于鼓架之上。尤其图 2-2-2 中撑起鼓的鼓架造型独特,好似一个莲蓬,凸显了辽塔砖雕图像的佛教色彩。从演奏姿态上看,图 2-2-1 伎乐人左手未握鼓棒,徒手击鼓。其右手图像虽不十分清楚,但依稀可见手中执有鼓棒;图 2-2-2 中,伎乐人左手雕像部分已残缺,但右手清晰可见执有鼓棒,且抬手做敲击状。这与前文提到的细腰鼓演奏姿态"右击以杖"是相吻合的。

辽塔上的伎乐砖雕,犹如流动的契丹乐舞画面,大多表现的是华丽高贵的辽宫廷乐舞,且兼具佛教色彩。大鼓与细腰鼓频繁出现其中,说明这两种乐器也是宫廷乐舞中的重要乐器。因此,它们不仅具有前文提到的俗乐性与军乐性,同时也体现了其雅乐性。

图 2-2-1　朝阳北塔伎乐砖雕中的鼓①

图 2-2-2　北京云居寺伎乐砖雕中的鼓②

①②　陈秉义:《中国古代契丹—辽音乐史料图文集》,上海:上海三联书店,2018 年版,第 174 页。

三、契丹—辽细腰鼓对北方民族鼓乐的影响

契丹—辽处于中古与近古的交叉时期,它既见证了五代十国与北宋文化的兴衰,又开启了近古时期辽、金、元、清等北方少数民族政权的文化发展时代。它吸收了中原文化,又融合着北方少数民族的传统,对北方少数民族的音乐文化产生了深远影响。在前文对契丹—辽细腰鼓考证结论的基础上,可进一步探究契丹—辽细腰鼓对后世北方地区民族鼓乐的影响。

《三朝北盟会编》是宋代的史学著作。该书会集了宋金和战时期,北宋末和南宋年间宋人的一些亲身经历或所闻所见而记录成书的。《三朝北盟会编·卷二十·宣和乙巳奉使行程录》中记载了宋使臣奉命出使金国,在金政权属地的所见:"腰鼓下手太阔,声遂下,而管、笛声高。韵多不合,每拍声后继一小声。舞者六七十人,但如常服,出手袖外,回旋曲折,莫知起止,殊不可观也。……每乐作,必以十数人高歌以齐管也,"[1]宣和乙巳年,即公元 1125 年,正直辽末金初。从时间上看,这段文献中显示了在金灭契丹之后,契丹时期流行的腰鼓与管笛合奏依然在金政权属地流行。可见契丹虽已灭亡,但其细腰鼓已融入了北方地区民族音乐之中,其对北方地区民族音乐仍存在持续性影响。直到元代,《元史·礼乐志》一书中仍可看到关于杖鼓的记载:"杖鼓,制以木为匡,细腰,以皮冒之,上施五彩秀带,右击以杖,左拍以手。"[2]也就是说,元代细腰鼓无论形制与演奏方式仍保留了宋辽时期的传统。明清两代史书中也有关于细腰鼓在宫廷乐队中的叙述,但它已不再有往日的辉煌。可以说,辽是细腰鼓最后的繁荣期,随后便逐渐销声匿迹了。

清代后,细腰鼓在中原已几乎消失,今天仅能在福建和东北等地的民间音乐中找到它遗存的身影。

今东北地区少数民族朝鲜族的长鼓可追溯到辽时期的杖鼓。细腰鼓类乐器——杖鼓,在东传高丽后,成了朝鲜族的重要击膜鸣乐器。根据史料记载,高丽文宗时期(1047 年—1082 年)的宫廷音乐中就已有了杖鼓。所以,有学者认为是在 11 世纪初,杖鼓东传到高丽。此时,北中国也正是契丹辽统治时期,细腰鼓在契丹的盛行,势必会影响到与其东部领土相邻的高丽。另外,今朝鲜族长鼓流行于辽宁、吉林、黑龙江等地,尤以吉林省延边朝鲜族自治州为最。这三省所处地带也正是契丹东部领土,公元 10 世纪时,便有组成高丽的扶余等民族在东丹国即东契丹

---

① 转引自陈秉义:《中国古代契丹—辽音乐史料图文集》,上海:上海三联书店,2018 年版,第 9 页。
② [明]宋濂、王祎撰:《元史》卷 71,北京:中华书局,1975 年版,第 1773 页。

一带生活。契丹建立属国东丹国时期,曾对渤海国进行过一次大规模迁徙,迁徙过程中便有满族先祖及高丽早期先民散落在这一地带。深居契丹辽统治区的朝鲜族先民,也一定会受到契丹细腰鼓的影响。

关于朝鲜族长鼓的造型及演奏姿态我们皆可在契丹乐舞图中找到一些踪迹。如朝鲜族长鼓演奏时或是双手持杖击鼓,或是右手持杖,左手徒手击鼓。这些长鼓演奏的姿态,我们都可以在契丹乐舞图中找到。"右击以杖,左拍以手"在前文多个契丹乐舞图中已有展示。双手持杖的演奏方式,我们也能在契丹耶律羽之墓版画中找到相关的图像。

结　　语

本文运用古代文献、考古文物、民间收藏等多重证据,对契丹—辽细腰鼓的种类、形制、演奏等问题进行了多角度的图文互证。在对比考证过程中,更令笔者激动不已的是发现多处文字或文物已不再是孤证。这些论证得益于近年一些专家学者们对契丹乐舞实证材料的潜心挖掘与研究。正是因为相关史料的不断丰富,从而为契丹—辽乐舞研究提供了更多的依据与可能性。

此外,鉴于契丹—辽在中古与近古音乐文化之间具有承上启下的特殊性,同时中原文化在契丹属地的深入,及契丹对汉文化和其他民族文化的接纳与融合,都凸显了契丹文化的包容性。笔者认为,对契丹—辽细腰鼓的研究意义不仅限于契丹—辽音乐史本身,它同时还能丰富北方少数民族金、元、清等政权的乐舞研究基础资料。

参考文献:

1.[北宋]陈旸撰,张国强点校:《〈乐书〉点校》卷 127,郑州:中州古籍出版社,2019 年版。

2.[元]脱脱等撰:《辽史·乐志》卷 54,北京:中华书局,2016 年版。

3.陈秉义:《中国古代契丹—辽音乐史料图文集》,上海:上海三联书店,2018 年版。

4.[明]宋濂、王祎撰:《元史》卷 71,北京:中华书局,1975 年版。

东北亚丝绸之路视域下
古代辽宁音乐文化初探

沈阳音乐学院　李　虎

摘要：东北亚丝绸之路是历史上重要的音乐文化传播、交流与融合的"场域"。古代辽宁音乐文化应该置于东北亚丝绸之路的视域之下由"点"到"线"再到"面"逐步展开研究。辽宁朝阳、辽阳是东北亚丝绸之路上的文化交会地,此两地有红山文化、汉唐、辽(契丹)等时期丰富的音乐文化遗存。红山文化作为东北地区最重要的考古发现,其音乐领域的研究应该引起学界的关注,红山文化史前音乐文物具有种类齐全、特点鲜明、音乐性能较高的特点。古代辽宁地处东北与中原文化交汇的前沿,其音乐文化既具有中国音乐的一般共性又有游牧、渔猎文化鲜明的个性,在东北亚丝绸之路"场域"中,这种共性与个性在辩证发展中逐步形成中国音乐文化"多元一体"的历史统一。

关键词：东北亚丝绸之路　场域　音乐类型　红山音乐文化　交流互动

音乐文化发展的根本动力是传播与交流,音乐文化只有在不断地传播与交流过程中才能体现其存在价值,音乐文化的传播与交流需要在一定的"场域"①中进行。东北亚丝绸之路是历史上重要的沟通中原与东北音乐文化的"场域"之一,在这个"场域"中,不同区域有不同的音乐文化类型,它们之间进行着长期的交流、互动与融合,推动着中国音乐文化不断向前发展。古代辽宁的朝阳、辽阳地区是东北亚丝绸之路上的重要节点,亦是草原丝路东端及沙漠丝路东延端的交汇之地,这里胡汉杂居,曾是汉、契丹、奚、鞑靼、粟特等中原与北方少数民族的聚居之处,中原音乐文化、东北音乐文化以及西域音乐文化等多种音乐文化因素汇聚于此,这里有着丰富的音乐文化遗存,如,红山音乐文化、汉魏音乐文化、隋唐音乐文化以及辽(契丹)音乐文化等。

---

① 借用物理学、社会学概念,本文中的场域是指历史上真实存在的对于音乐文化交流、传播与融合起重要作用的文化空间系统。

一、东北亚丝绸之路与古代辽宁

"丝绸之路",这一概念由 19 世纪德国地理学家李希霍芬在其著作《中国》一书中提出,后来在世界范围内广泛使用。国内学界对于"丝绸之路"含义的理解可分为广义和狭义两个层次,广义的丝绸之路是指历史上若干条不同路径的中外经贸文化交流的路线,如草原、沙漠、海上、西南、东北亚等丝路路线。狭义的丝绸之路是指汉代张骞凿空西域的路线:从长安出发,经河西走廊、新疆、中亚、西亚,进入欧洲的经贸文化交流的大通道。从文化的传播与交流视角看,丝绸之路还可以理解为一种文化的"场域"。以及,作为一种观念,笔者认为:凡是从文化浸染与影响力的角度探索音乐文化传播、交流与融合的研究都可称之为丝绸之路上的音乐文化研究。

"东北亚丝绸之路"这一概念最早提出于 20 世纪八九十年代,缘起于中日学者对于明清"虾夷锦"等问题的研究。历史地看,中原与东北边疆地区的交流可以追溯到红山文化时期,先秦时期的东北古老民族——肃慎①开启了中原与东北交往的东北亚丝绸之路的序幕,此后,东北亚丝路历经了连接辽东与夫余国的交通线、勿吉朝贡道、室韦朝贡道、黑水靺鞨道、渤海营州道、辽代鹰路以及元、明、清等不同历史时期的贸易、朝贡的路线通道,几乎贯穿了整个东北亚的各个历史时期。总之,学界把历史上联通中原与东北、东北亚国家的多条以朝贡、贸易为目的交通路线,称之为东北亚丝绸之路,东北亚丝绸之路是广义丝绸之路研究的重要组成部分。

交通是包括音乐文化在内的各种文化传播与交流的物质条件和基础,交通的发展始终伴随着文化的传播与交流,在某种意义上说,交通史同时也是文化传播与交流的历史。[1]辽宁处于东北地区南部,是东北区域文化与中原文化交会的前沿,在沟通中原王朝与东北、东北亚国家中起重要的枢纽作用。历史上,辽宁地区有两条比较稳定的连接中原与东北、东北亚国家的交通路线,一条为海陆——"渤海通道",即从山东半岛的北部经渤海海峡,登陆于辽南,经过辽阳,沿辽东半岛的千山山脉西麓后进入辽河大平原的路线;另一条则为陆路——"辽西走廊",即从今河北山海关经辽宁锦州、朝阳沿线进入东北腹地的交通要道,这两条通道构成了东北亚丝绸之路接通关内外的主体部分,辽宁朝阳、辽阳是这两条道路上重要节点。

---

① 肃慎是东北女真、满族的先祖,文献《国语·鲁语下》详细记载了肃慎向陈惠公朝贡楛矢石砮的历史。

图1　唐代中外交通路线图(作者拍摄于辽宁省博物馆)

二、古代辽宁的音乐文化遗存分布

辽宁历史悠久,早在远古时期,人类就在这里繁衍生息,西辽河流域孕育了灿烂的红山文化。当中原王朝进入奴隶社会后,辽宁逐渐与之建立了隶属关系。秦汉时期,这里广设郡县。汉代以降至清王朝,高句丽、契丹、女真等北方民族先后登上了历史舞台,上演了一幅波澜壮阔的古代辽宁历史画卷。纵观古代辽宁历史,今天的辽宁朝阳、辽阳地区一直是不同历史时期的政治文化中心,这里的历史遗迹堆积深厚,具有典型性。历史上,西辽河流域曾经出现过几次音乐文化发展的高峰,如红山音乐文化、唐(渤海)时期的音乐文化、辽(契丹)时期的音乐文化等。汉魏时期,音乐遗存多集中在位于辽东半岛中部的辽阳地区,这里发现有大型汉魏壁画墓葬群,墓中壁画多反映当时百戏、歌舞的音乐图像信息。笔者认为,对于古代辽宁音乐文化遗迹的考察与研究应该以朝阳、辽阳两地为中心点,由"点"到"线"再到"面",按历史顺序逐步展开对该区域古代音乐文化的探索。

1. 红山音乐文化。红山文化距今6500—5000年,得名于内蒙古赤峰市后山后遗址的发掘,它在中华文明的起源过程中占有重要地位,也是中国东北地区最具影响力的新石器时代文化之一,该文化的主体分布在辽宁西部和内蒙古东南部地区。红山诸文化是指与红山文化同时共存、相互影响、有"血缘"关系的文化类型,如小河西文化、兴隆洼文化、赵宝沟文化、富河文化、小河沿文化及夏家店下层文化,在红山诸文化中,红山文化是核心。

古代辽宁地区的音乐文化情况在文献中的记载较少,特别是史前音乐,主要依靠音乐考古材料进行复原。然而,作为东北地区最重要的考古发现——红山文化,其音乐领域的研究至今仍是空白,现在所见的红山时期音乐文物主要见于一些民营博物馆及私人收藏等处,由于这些文物多数未经过正规的考古发掘而获得,所以其出处、真伪等问题不能得到保证,这些都使得红山文化史前音乐研究进展缓慢。笔者通过实地考察以及参考他人公开发表的成果总结出红山诸文化时期的音乐文物主要有两类:(1)打击乐器,如陶鼓、石磬、陶响器等;(2)吹奏乐器,如骨笛、埙(动物型陶埙、石埙)等。现列举部分经过文物部门鉴定并且特点鲜明的红山诸文化时期的乐器如下:

① 小河西文化陶鼓

小河西文化处于新石器早期后阶段,约公元前7500—前6200,从考古学的文化序列关联上说,在红山诸文化中,小河西文化应该是兴隆洼、红山等文化的前身。德辅博物馆①馆藏的小河西文化陶鼓高35.5厘米,上宽下窄,口径与底径分别为27厘米和13厘米,口沿下方3厘米处有17个小孔围成一圈,鼓身中部分布倒钩13枚,鼓底部有一直径2厘米圆孔。[2]这件陶鼓被辽宁省文物局定为一级文物,它的发现填补了东北地区史前鼓类乐器考古及研究的空白,将鼓的历史向前推至距今一万年左右,证明了西辽河流域是中华音乐文化的主要发祥地区之一。

图2 小河西文化陶鼓(公元前7500—前6200,德辅博物馆藏)

② 兴隆洼文化石埙

兴隆洼文化的年代约在公元前6200—前5200之间,是红山诸文化中的一种重

---

① 朝阳市德辅博物馆位于朝阳市双塔慕容古街,2009年5月20日批准成立,同年9月1日正式开馆,是朝阳首家民办北方史前文化专题博物馆,馆藏文物获得国家文物部门定级。

要文化类型,德辅博物馆藏的兴隆洼文化石埙长 10.1 厘米,宽 5.5 厘米,重 332.2 克,整体呈椭圆形的扁体造型,顶部有两孔,一孔边缘凸起,为吹音孔,另一孔平齐为按音孔,两孔在埙的内腔中相通,可奏一个八度加一个大三度共十音,为迄今发现最早的实物石质埙。[3]

图 3　兴隆洼文化石埙(公元前 6200—前 5200,德辅博物馆藏)

③ 兴隆洼文化骨笛

德辅博物馆藏的兴隆洼文化骨笛长 28 厘米,音孔 0.4 厘米,中间有不等距的 4 个等径的小孔,重 29.6 克,材质为鹤的尺骨,可吹奏四个音符。[4]

图 4　兴隆洼文化骨笛(公元前 6200—前 5200,德辅博物馆藏)

④ 红山文化动物型埙

红山文化年代为公元前 4500—3000 年,在其形成和发展的过程中,继承了本地区兴隆洼等文化的因素,并吸收了以仰韶文化为主的外来文化,最终形成了东北地区乃至全国范围内最为重要的考古文化类型,在红山诸文化中,红山文化是核心。

红山文化牛头陶埙长 5 厘米,宽 4.5 厘米,高 4.7 厘米,重 63.8 克。材质为夹砂灰褐陶,牛首形状,弧底,头顶左右两侧各有一角,两角间有一音孔,左右各有一孔为牛眼,同时也是按音孔,下方两侧各划一个浅坑为鼻孔,下唇为月牙状,可奏三个音符。[5]

图5　红山文化牛头埙(公元前 4500—前 3000,德辅博物馆藏)

红山文化鸟型陶埙长 9.7 厘米,宽 3.4 厘米,重 62.2 克。材质为夹砂红陶,通体压光,圆雕式,平底,呈站立状,圆眼凸起,中空。脊背上有一吹孔,双翼为贴塑,弧线勾勒出背部羽翅。[6]

图6　红山文化陶鸟埙(公元前 4500—前 3000,德辅博物馆藏)

另外,在一些民间收藏的红山时期动物型埙中还有一些为"鱼型"①。

⑤ 红山文化陶响器

红山文化陶响器,材质为夹砂灰褐陶,圆柱形,弧鼓顶,平底。腹部堆塑一人环抱器物,中空,内有泥质弹子,摇晃发声。[7]

图7　红山文化陶响器(公元前 4500—前 3000,德辅博物馆藏)

---

① 参见陈秉义:《对辽宁朝阳德辅博物馆藏史前石埙考察的一点认识》,《乐府新声》,2019 年第 4 期,第 29 页。

⑥ 夏家店文化石磬

夏家店下层文化属于红山诸文化的一种文化类型,和红山文化有"亲缘"关系,受红山文化影响,时间跨度约为公元前2300—前1600年,属于早期青铜文化时代。夏家店下层文化对于中华文明的起源问题研究有重要的学术价值,因此,也被誉为"关外的二里头文化"。夏家店文化下层出土的石磬(特磬)为中国古代"礼乐制度"的孕育以及中原与北方少数民族间的音乐文化交流提供了重要证据。

图 8 夏家店文化下层石磬(公元前 2300—前 1600,辽宁省博物馆藏)

红山文化史前音乐考古及研究应该引起学界的关注,从目前所掌握的红山文化史前音乐文物来看至少有以下几个方面值得重视:其一,年代久远,有些发现甚至能够改写音乐历史。比如,小河西陶鼓的发现填补了东北地区史前鼓类乐器音乐考古研究的空白,并将鼓的起源追溯至距今万年的历史。兴隆洼文化石埙及骨笛的发现让我们重新认识了史前东北地区音乐文化发展的高度。其二,乐器的种类齐全,音乐性能较高。红山文化史前乐器几乎涵盖了目前所见的所有史前乐器种类,如陶鼓、石磬、陶响器、骨笛、埙(动物型陶埙、石埙)等,这些乐器的音乐性能较高,能够奏出较复杂的音阶形式。其三,特点鲜明。红山文化的动物型埙,保留有鲜明的游牧及渔猎文化痕迹,也反映出史前红山人的自然崇拜观念,这种动物型埙作为红山文化史前乐器的"原生"形态对龙山文化、齐家文化产生影响。另外,目前所见的埙多为陶质,而石质埙也应视为红山埙的特点之一。

2. 汉魏音乐文化。汉代承袭秦代郡县制,西汉时期的辽宁设辽西、辽东及右北平郡,东汉又增设玄菟郡,辽阳为辽东郡治所,汉代称为襄平。辽阳汉魏时期的音乐图像遗存较为丰富,主要发现于北园一号墓、北园三号墓、棒台子一号墓及鹅房壁画墓中,表现了汉代的百戏以及宴饮歌舞的场景。

3. 隋唐音乐文化。隋唐时期朝阳称营州,由于地处东北亚丝绸之路节点位置,亦是草原丝路东端及沙漠丝路东延端的交会之地,使它成为连接东北与中原的北疆枢纽,地理位置十分重要,唐王朝先后在此设立营州都督府和平卢节度使,成为当时东北地区的政治、经济、文化的中心。朝阳地区也是全国重要的唐墓区之一,这里中原与少数民族文化因素相互共存,互相影响。朝阳地区发现存有乐俑的墓

图 9　辽阳汉魏壁画凤凰楼阁百戏图局部（北园一号墓）

图 10　辽阳汉魏壁画杂技图（棒台子一号墓局部）

图 11　辽阳汉魏壁画宴饮观舞图（鹅房壁画墓）

图 12　朝阳纺织厂唐墓宴乐俑（朝阳博物馆藏）

图 13　朝阳纤维厂唐墓骑马乐俑（辽宁省博物馆藏）

葬有：黄河路唐墓、纺织厂唐墓、孙则墓，乐俑分宴乐俑和骑吹乐俑。

　　4. 辽—契丹时期的佛教音乐图像①。西辽河流域是辽—契丹文化的重要发祥地，历史地看，契丹的活动范围十分广阔，占据了东北的大部分地区。根据文献《辽史·乐志》中诸国乐、国乐、大乐、散乐、雅乐、鼓吹乐的记载可知，辽—契丹时期的音乐文化丰富多彩，辽宁地区这一时期的音乐文化遗存如何？ 陈秉义教授对于辽—契丹时期的萨满、捺钵、佛教、辽墓等音乐遗存的考察为我们研究这一时期的音乐文化提供了重要的资料②。笔者认为，除了文献记载外，历史遗存下来辽—契

图 14　朝阳佑顺寺伎乐图像（作者摄于朝阳佑顺寺大雄宝殿）

①　本文中的佛教音乐图像是指和佛教相关的佛塔、寺院、经幢中遗存的和音乐有关的图像信息。

②　参见陈秉义、杨娜妮著：《中国古代契丹—辽音乐文化考察与研究》。

图 15　朝阳北塔伎乐图像(局部)(作者摄于朝阳北塔)

丹时期的佛教音乐图像应是研究这一时期音乐文化的"牛鼻子"。辽宁地区有 20 座存有乐舞伎乐图像的辽塔,其中大部分分布在朝阳地区,现存朝阳的 16 座辽塔中,北塔、云接寺塔、大宝塔、青峰塔、东平塔、八棱观塔、槐树洞石塔存有乐舞伎乐人图像。[8]

　　古代辽宁的音乐遗存主要分布在朝阳和辽阳,因为朝阳地处辽河流域,史前时期这里就孕育了灿烂的红山诸文化,进入郡县制时代后,辽阳、朝阳分别成为辽海地区不同历史时期政治、经济、文化的中心,更重要的是朝阳、辽阳是东北亚丝绸之路上的重要节点,多种文化类型交会于此,音乐文化遗存较为深厚集中。

三、东北亚丝绸之路视域下的不同音乐文化类型间的交流互动

　　宏观地看,东北亚丝绸之路是一条贯通中原与东北,连接西域的文化交流系统,"渤海通道"和"辽西走廊"构成了东北连接中原的大动脉,联通了中原地区,西域音乐文化也通过中原传入东北,从而形成了一个东北亚丝绸之路音乐文化交流的大"场域",在这个场域中,不同区域有不同的音乐文化类型,它们之间进行着交流互动。从目前音乐遗存的特点看,东北亚丝绸之路上的音乐文化类型主要体现为三种,即中原类型、西域类型及东北亚类型。

　　唯物史观认为:经济基础决定上层建筑,经济的形态决定着文化的类型。从经济形态看,东北亚丝绸之路沿线主要存在着三种经济即农耕经济、游牧经济,以及由这两种经济衍生的农牧混合型经济。中原汉族属农耕经济,而西域及东北少数民族属于游牧或农牧混合型经济,这些是决定着包括音乐文化在内的不同文化类型间区别的根本原因之一。从音乐文物的特征看,中原主要以金、石、土、革、丝、木、匏、竹等"八音"乐器为原生特点,乐器多以单字命名,如琴、钟、磬等。西域乐器随着丝绸之路的开通进入中原后,继续沿着东北亚丝路"东渐"至东北及东北亚地

区,乐器则多以复字命名,如琵琶、箜篌等,但东北地区的古代乐器也有其自身的独特性,比如,红山文化动物型埙、渤海琴及"封闭型"箜篌[9]等等。从古代文献的记载看,隋唐时期的七、九、十部乐就是根据不同地区和国别组成的燕乐分类①,这些燕乐代表着东北亚丝绸之路场域中不同地域的音乐文化,分属于不同的音乐文化类型,如清商伎、文康伎属于中原,安国伎、龟兹乐属于西域,而高丽伎则属于东北亚。综合上述,无论从经济形态、音乐文物特征还是从古代文献记载来看东北亚丝绸之路上显然存在着三种主要的音乐文化类型。

应该认为,东北亚丝绸之路场域中的不同音乐文化类型之间并不是非此即彼、绝对独立的关系,而是相互交流、不断融合的关系。比如,红山文化与龙山文化、齐家文化、火烧沟文化史前音乐文化的交流互动。根据上文论述,红山文化动物型埙有兽型和鱼型两种,这种特殊的动物型埙在中原龙山文化、齐家文化和火烧沟文化中也有发现,现列举如下:

河南郑州旮旯王遗址属于龙山文化,该遗址发现兔型陶埙一件,灰陶材质,通体磨光,头部塑成兔子面孔,尾部凸起短尾,腹部有三条短足,背部和臀部各有一音孔②。甘肃泾川店庄遗址属于齐家文化,发现兽型陶埙一件,灰褐色泥质陶,底部正中及背部各有一音孔。③甘肃玉门火烧沟遗址共发现鱼型陶埙20余件,红陶泥质,分彩陶和素陶两种,三音孔,可发出四至五个音。④

动物型埙,带有鲜明的游牧及渔猎文化痕迹,应该属于东北亚或西域音乐类型,但是从目前所掌握的材料来看,西域类型未发现有此种动物型埙,动物型埙属于东北亚类型"原生"乐器的可能性较大,动物型埙应该是产生于红山诸文化时期,而后对中原音乐文化产生影响。

再如,汉唐及辽(契丹)时期与中原、东北地区音乐的互动。从古代辽宁音乐文化的遗存看,汉代以降,辽宁音乐文化受中原音乐文化的影响较深,这些可以从辽阳汉魏壁画所呈现的音乐图像、朝阳唐代乐俑与中原地区出土的同时代音乐文物的比较中得出结论。

丝路上的各音乐系统兼有"包容性"和"排他性"的辩证特点,它们之间的互动关系可以归纳为:中原系统融合其他文化系统、其他文化系统融合中原系统、中原系统与其他文化系统的对峙以及中原系统与其他文化系统的异位四种规律关系。

---

① [宋]郭茂倩《乐府诗集》卷七九(近代曲辞序)载云:"隋自开皇初,文帝置七部乐……至大中,隋帝乃立……为九部。……著令者十部……而总谓之'燕乐',声辞繁杂,不可胜纪。"
② 参见《音乐文物大系·河南卷》。
③ 参见《音乐文物大系·甘肃卷》。
④ 参见《音乐文物大系·甘肃卷》。

而交流的模式主要以中原系统为中心的其他文化的间接交流(中原系统先与其他文化系统交流后再通过中原系统与另一其他系统进行交流)以及其他系统间的直接交流二种。通过音乐考古发现可知,史前时期中原、东北地区音乐的互动关系主要体现为"其他文化系统融合中原系统",红山文化影响龙山文化、齐家文化及火烧沟文化的史前乐器就是例证,另外,从红山文化对中华礼制文明形成的影响亦可说明此问题。然而,汉唐及辽(契丹)时期,中原、东北地区音乐的互动关系主要体现为"中原系统融合其他文化系统",辽阳汉魏壁画所呈现的音乐图像及朝阳唐代乐俑深受中原文化影响可以说明此问题。从交流模式的视角看,古代辽宁音乐文化的交流发展主要体现为以中原系统为中心其他文化间接交流的模式。

通过以上论述,笔者认为:古代辽宁音乐文化与中原音乐文化一直是相互影响并且保持着密切交流关系的。早在史前时期,辽西地区红山文化就通过辽西走廊与中原进行着音乐文化的交流,自战国时期燕国在辽海地区设郡,以及秦汉统一以后,中原音乐文化的影响逐渐增强,中原音乐文化通过东北亚丝绸之路广泛传播。东北亚丝绸之路为沟通古代东北与中原、西域的音乐文化奠定了"场域"基础。应该认为,古代辽宁地处东北与中原文化交汇的前沿,其音乐文化的特点既具有中国音乐的一般共性,又有游牧、渔猎文化鲜明的个性,在共性与个性的辩证中逐步形成中国音乐文化"多元一体"的历史统一。

四、结　论

以上论述从东北亚丝绸之路的宏观视角对古代辽宁音乐文化进行初步研究,得出结论如下:

1. 东北亚丝绸之路是历史上重要的连接中原与东北,并沟通西域音乐文化的"场域"之一,在这个"场域"中,古代辽宁朝阳、辽阳是接通中原与东北地区的东北亚丝绸之路上的枢纽,此地汇聚多种文化,对于了解古代辽宁音乐文化具有十分重要的意义。

2. 红山文化史前音乐研究应该引起学界的关注,红山文化史前音乐文物年代久远、种类齐全、特点鲜明、音乐性能较高,有些发现甚至能够改写音乐历史。

3. 东北亚丝绸之路上存在中原、东北亚与西域三种主要的音乐文化类型,它们之间的互动与交流可以归纳为四种关系及二种模式。中原与东北地区在史前就已有音乐文化交流,辽西走廊、渤海通道应是史前音乐文化交流的孔道,东北亚丝路的雏形。汉代以降,中原及西域音乐文化通过东北亚丝绸之路输入东北,对古代辽宁音乐文化影响较深。

4.地处东北亚丝路核心地带的古代辽宁音乐文化的形成不是孤立的区域性的历史单元,恰恰相反,而是整体、全面的历史综合体,历史上辽宁的音乐文化与中原、西域乃至印度、波斯音乐文化紧密相关。

参考文献:

[1] 李虎.丝绸之路视域下的渤海琴传播研究[J].乐府新声,2020 年 1 期:84—92 页。

[2] 王冬力.德辅典藏[M].沈阳:辽宁教育出版社,2019 年 7 月第 1 版:12—13 页。

[3] 同[2]52 页。

[4] 同[3]50 页。

[5] 同[4]141 页。

[6] 同[5]140 页。

[7] 同[6]141 页。

[8] 陈秉义　杨娜妮.中国古代契丹—辽音乐文化考察与研究[M].上海:上海三联书店 2018 年 6 月第 1 版:47 页。

[9] 同[8]151 页。

音乐考古中的乐器辨识问题

河南博物院　王歌扬

摘要:音乐学和考古学属于西方传统学科的领域,在20世纪进入中国后得到迅速发展。而音乐考古学却几乎是中国和西方同步发展、互相借鉴的现代学科,有各自的特点。但近年来西方音乐考古学在多学科、跨领域研究和史前音乐考古等方面领先。其中对乐器的辨识和认知、尤其是对史前乐器的辨识,成果斐然,对研究人类文明起源、发展起到了很重要的作用。其次,在国内博物馆的工作中,乐器收藏、命名和展示普遍存在辨识问题,严重影响了博物馆展览和媒体传播音乐考古知识的准确性与科学性。本文从音乐考古学的发展、博物馆乐器的定位等方面讨论解决的思路和办法,以促进学科的良性发展。

(本文为)为2022年河南省兴文化工程文化研究专项项目《音乐文化基因溯源——河南史前和先秦音乐考古研究》(项目批准号2022XWH091),本文为项目阶段性研究成果。

关键词:音乐考古　博物馆　乐器辨识

一、音乐考古的发展

1977年8月21—27日,在加州大学伯克利分校举办的国际音乐学会第十二届大会为美索不达米亚的音乐考古新发现专门举办的一个圆桌会议上,"音乐和考古学"第一次成为音乐学会议的专题。圆桌会议主席是伯克利的教授理查德·克罗克(Richard L. Crocker)和亚述学家安妮·基尔默(Anne D. Kilmer),参加者有德国的埃伦·希克曼(Ellen Hickmann,后成为国际音乐考古学会的主席)、以色列的巴蒂亚·拜耳(Bathia Bayer)、墨西哥的查尔斯·博伊埃(Charles Boilès)、瑞典的卡萨·隆德(Casja Lund)和伯克利的华裔学者梁铭越(Liang Ming-Yueh)。基尔默介绍了她破译乌加里特(Ugarit,今叙利亚拉塔基亚城北的拉斯沙姆拉遗址)出土的美索不达米亚记谱法,演示了她在伯克利的音乐学家理查德·克罗克(Richard L. Crocker)和乐器制造商罗伯特·布朗(Robert Brown)的帮助下,用复制的苏美尔七弦琴演奏了胡里语(Hurrian)的赞美诗。[①]

同年 9 月在湖北随州发现曾侯乙墓,10 月在河南淅川发现下寺楚墓,两者分别于 1978 年和 1979 年进行了发掘。此后有关曾、楚编钟的研究、复制和展示极大地促进了中国音乐考古学的建立与发展。国内外音乐考古基本上同时起步,初期研究也都涉及古乐器的复原、音乐文献的释读和音乐与同期文化的相互关系等问题。1977 年堪称是音乐考古学元年,是音乐考古学的起点。由此,音乐考古的重要性被广为人知,1982 年国际传统音乐学会(ICTM)在剑桥大学举行了国际音乐考古学第一次会议后并延续至今。

音乐考古学自 20 世纪 70 年代末建立以来,国内外均得到了迅猛的发展。从国外音乐考古近些年来的研究看,国际上有关音乐考古、声学考古、声景研究等会议内容,对音乐的起源、音乐定义、乐器功用等方面都进行了全面的检讨,绝大多数研究题目反映出音乐考古研究本身已经超出古代乐器、古代音乐的复原问题和传统音乐研究的范畴,从较为专门的乐器研究,发展为覆盖生物进化、人类起源、史前文明发展演化学科的热门,除影响学界,还延伸到了教育、科技、影视和娱乐等大众传媒方面。

如在博物馆系统中,音乐考古的研究改变了传统的文物从田野考古发掘、库房整理到展厅呈现的固有模式,乐器考古成果的活化,使目前绝大多数有条件的博物馆都完成了有关音频、视频的展现,有的博物馆还发展为舞台呈现,极大地丰富了文物的呈现和受众接受信息的方式。如 2018 年在欧盟的支持下,欧洲音乐考古项目(EMAP-European Music Archaeology Project)举办了大型的《古欧洲的音和乐——音乐考古成果巡回展》(*Music and Sounds in Ancient Europe*:*Contributions from the European Music Archaeology Project*)。该展由欧洲 10 个不同机构和 7 个国家的代表负责组织,在意大利拉齐奥首展。之后又举办了各种研讨会介绍情况,内容十分丰富,特别受到了年轻人的热情支持。[②]2022 年,湖南省博物馆和湖北省博物馆都分别举办了《听·见湖湘——湖南音乐文物与故事》《音乐的力量——中国早期乐器文化》《天籁——湖北出土的早期乐器》等有影响的音乐考古展,其共同点都有兼顾学术与普及、采用大量高技术、沉浸式的展览方式。在博物馆文创方面,音乐文物的数字化也较一般文物丰富、雅致,对提升公民社会的艺术素质、构建

---

① Heartz, D. and B. Wade, eds. 1981. International Musical Society Report of the Twelfth Congress: Berkeley 1977. Basel.

② Stefano De Angeli, et al., ed. *Music and Sounds in Ancient Europe*: *Contributions from the European Music Arechacaeology Project*. 2018. The copyright belongs to the EMAP—European Music Archaeology Project.

和谐社会起了积极的作用。

在国内的影视娱乐领域,音乐考古成果几乎遍及所有涉及古代内容的影视作品,既有直接以编钟、骨笛、敦煌乐器等为题材的影视作品,也有广泛使用其形象、声音的隐形表现。以音乐文物为重要收藏的国内博物馆如湖北省博物馆的"编钟乐团"展演、河南博物院创立的华夏古乐的"中原古风呈现"、①上海音乐学院东方乐器博物馆的"东南亚民族音乐"等活动,都远远超出了国内博物馆固有的展示文物的模式。国外的情况也大体相当,如斯洛文尼亚博物馆对迪维•巴贝(Divje Babe I)洞穴旧石器时代遗址出土骨笛的研究与应用,就专门复制了该骨笛在馆内外演奏宣传。②德国霍勒费尔(Hohle Fels)和法国伊斯图里茨(Isturitz)出土的史前骨笛也做成光盘或复制品在亚马逊售卖。③国内外这些例子表明借助音乐考古学研究与现代博物馆学以社会服务为主要目的的新理念正产生积极的作用。反映出在目前国际博协倡导的博物馆要注重"体验""学习""服务""社区""连接"等功能,在促进社会发展多样性和可持续性方面起作用这一点上,音乐考古学成果的应用与推广是国内博物馆率先实践的,它使中国博物馆在短时间内缩小了与国外博物馆在理论和实践上的差距。

在教育方面,欧美高校如加州大学伯克利、洛杉矶、圣迭戈分校,牛津和剑桥大学都有专门的团队进行音乐考古研究。中国艺术研究院、武汉音乐学院在 20 世纪 80 年代率先设置了音乐考古教学,后者并建立了专门的音乐博物馆,现有正式编制 2 人。该音乐博物馆还兼有中国音乐考古中心、宋代怀古音乐中美联合小组和武音青年编钟乐团的工作,显示出高校音乐考古机构在人员编制、工作方面的多人员和多任务,充分利用了在校学生和校际间合作上占有的优势;郑州大学后来居上,成立专门学院,更上了一个台阶;包括 2023 年 11 月沈阳音乐学院举办的高规格音乐考古会议,这些都说明国内外高校对音乐考古学历史发展的重视,极大地促进了音乐考古事业的发展。

在近些年的发展中,笔者发现在博物馆和其他传播领域中,存在着一些问题,

① 王歌扬:《华夏古乐团编钟古乐的艺术实践与思考——河南博物院无形文化遗产的有形重塑》第 31—34 页,《星海音乐学院学报》[J].ISSN:1008-7389,2006 年第 3 期。

② Toškan,Borut. ed. Fragments of Ice Age environments Proceedings in Honour of Ivan Turk's Jubilee. *Opera Instituti Archaeologici Sloveniae*. vol.21,2011,pp.251—265,Editors of the series Jana Horvat,Andrej Pleterski, Anton Velušček 该《考古学报》系纪念特克发现骨笛的斯洛文尼亚语和英语的专辑。

③ The Edge of Time:Palaeolithic bone flutes from France & Germany,https://www.amazon.com/-/es/Friederike-Potengowski-Georg-Wieland-Wagner/dp/B06XDTSZT8/ref=sr_1_fkmr0_1?__mk_es_US=%C3%85M%C3%85%C5%BD%C3%95%C3%91&crid=C5FSXKJ1L2QO&keywords=BONE＋FLUTE＋CD&qid=1699367443&sprefix=bone＋flute＋cd%2Caps%2C705&sr=8-1-fkmr0。

可以在今后的研究和宣传中注意并改进。这些问题涉及音乐考古概念、陈列展示传播、出版编撰体例、乐器使用的语境和生态等，比较重要的就是音乐考古概念的循名核实问题，这些问题的厘清对未来的深入研究较重要，以下略加讨论。

二、博物馆中乐器的定位

乐器在博物馆陈列展示和传播的过程中，笔者注意到在其使用和体例的编撰上，不同地方不同时间的表述不统一，这与各相关单位的认知有别有关，需要学界达成共识。

1. 命名问题：博物馆中的乐器

博物馆中的文物展示很多是按器物类别区分，如按质地有青铜器、陶器、漆器、玉器等。如按功能性质划分，以上所有器物在先秦时期都可称为"礼器"。如有明确用途的器物则按器物功能命名，如兵器、车马器、乐器等。这样的划分当然没有问题，但该器物一旦予以标签后，造成的第一印象就限制了它的多样性阐释。这就人为地制造了本应全面明晰该器物的认知障碍。

如在展厅中，一般会把钟磬等音乐文物命名为"乐器"，说明了器物本身的用途。但在先秦时期，乐器就是礼器。礼的本质是社会规范。钟磬被展览标签命名为乐器，却直接指向乐器的音乐功用，导致观者忽略该乐器的"礼器"属性。同样，如果标注"礼器"又容易造成没有文化知识背景观众的疑惑，这难道不是乐器吗？因此除了技术上采取统一的、学界认可的命名规则，减少观众的误解和疑惑外，学界也要加强不同时期乐器功能多样性的分析研究，不能简单一句此为"乐器"了事。因为过于关注器物的乐器身份，必然主观上忽略掉该器物在不同场合和语境下的多样性功能，忽略了它的社会意义。这种忽略使乐器研究极其容易脱离了它的生态，只考虑单纯的技术发展。

音乐考古界已经把"响器"（今天被称为发声器）也纳入乐器研究视野，这是很正确的。从国内外研究来看，"响器"很宽泛，它涵盖了许多在今天的音乐概念中所不被认为是乐器的遗存。尤其是在史前文明和民族志的研究中，确实有很多在今天看来不被考古界、甚至不被音乐界认可的器物属于响器的范畴。比如石器中的砍砸器，比如吼板和刮板，比如树枝和棍子，比如肢体，比如成熟干燥的果实荚壳等等。按照黄翔鹏先生所定的编纂中国音乐考古大系的原则，把响器纳入研究范围不会有什么争议，如《大系》的第一卷《湖北卷》就编入了陶响器。但至少目前中国考古界、文博界大多数人的认知还达不到这个水平，造成许多响器被当做杂件处理。从国外史前音乐考古的研究看，响器几乎无所不在，范围很大,因此需要音乐考古学者做进一步甄别工作。笔者认为,这是需要认真思考的问题。它虽然会给未来的音乐考古研究和相关专著编撰增加困难,但讨论清楚是非常利于学科的建设与博物馆音乐考古事业的发展。应该提倡,借鉴国际上音乐考古的成果和理论进展,对我们自己音乐考古学有关内容作调整和补充说明,体现与时俱进。

　　2. 遗存问题

　　《中国音乐文物大系》自问世以来已成为音乐考古的代名词,传播广泛,影响深远,伴随着笔者成长至今,受益匪浅。随着公众考古热度大增,也给我们音乐考古工作者提供了一个反思:以它为代表的音乐考古在知识传播上的作用与问题,即如何改进,通过何种方法改进,以准确、科学地传播音乐考古知识的契机。

　　《大系》从 1987 年至今已有 36 年,近年有关方面计划沿用其成功经验,编纂续篇。这反映出《大系》自身也在成长,可喜可贺。但从音乐考古学的国际发展趋势看,很多术语、器物认定、音乐属性定义都在变化。比如,音乐考古兴起之初,国内外学院派的考古学家都没有"音乐考古学"的概念。加州伯克利大学举办的圆桌会议用的是"音乐"和"考古"之名,因为音乐界和考古界对是否需要一个"音乐考古学"的专有名词意见不一致。如现在通用的英文"音乐考古学(Musical Archaeology)"在当初就有 *Musicarchaeology*、*Palaeo-Organology*、*Archaeo-Organology* 多种写法。1980 年版的《新格罗夫音乐与音乐家辞典》没有这个术语,而 2000 年版上面有了"音乐考古学"词条,这是艾伦·希克曼撰写的,她自创了一个"音乐考古学"(*Archaeomusicology*),现在西方音乐考古文献已很少使用。同样的,《大系》之初的某些编纂方法、采集技术、命名规则现在看来都有可商榷之处。笔者个人认为,其中亟需统一认知的是"音乐遗存(包括音乐遗物和音乐遗迹)"的定义、范畴、采集方式等问题。

　　以音乐文物命名器物是《大系》开创的,但是今天我们的研究不能局限于音乐文物的器物层面。在当年学界认知水平的情况下,子初老师的编撰体例已经相当完整了。但黄翔鹏前辈也说过,"它(大系)不仅仅是音乐文物的集成",这就指出了《大系》应该有拓展的方向,并预期它将进入全面的、系统化的梳理阶段,堪称远见卓识。我们要特别注意黄先生强调的是"文化的"概念,这实际上为当下编纂《大系》续篇打开了极为宽泛的视野,增加了《大系》续篇的丰富性。

　　就河南的情况而言,音乐文物资料丰富。当年在《大系》编纂中基本上都有包括,但是时代在发展、国内外的研究和认知也在不断升级。以贾湖骨笛为代表的河南史前音乐考古而言,对它的起源研究目前还停留在音乐或音乐考古层面。从国际类似的研究看,骨笛等时期乐器的研究早已成为人类行为进化研究的组成部分,涉及的学科相当多,跨学科会议和成果层出不穷。那么,对比国外同行在史前骨笛研究方面的大量成果,贾湖的骨笛研究怎么做? 相关遗存要不要收录续集? 河南音乐文物大系的出版时间是 2009 年,其撰写的时间就更早,当时法国、奥地利、德国、斯洛文尼亚、乌克兰等欧洲国家都有大量史前音乐文物尤其是骨笛发现,我们不知道,或也没有途径去了解。比如 2009 年《自然》杂志就发表了德国史前骨笛的研究。今天我们获取国外资讯的条件好得多,只要认真仔细基本上都可以找到极为丰富的音乐考古材料,如今年 6 月 9 日,《自然》杂志发表了在以色列埃南(Eynan)纳吐夫文化(Natufian culture)的一个聚落遗址发现了约为公元前 12500 年至公元前 9500 年的骨笛。[①]当下,在世界资讯传播迅速、材料日益丰富、跨学科研究越来越充分的情况下,音乐考古的研究应该更关注遗存整体性的科学研究,比如贾湖、比如河姆渡、比如曾国墓地等更全面地思考音乐文物与遗存的关系问题。

3. 生态问题

无论何时何地,乐器的产生都有其自身的环境,它与该环境的许多事物和现象一定有关联性。但用“环境”一词描述与乐器产生的现象时,就缺少了互动性,而借用生物学的“生态”(ecology)一词较能说明该问题。在乐器的产生使用中,有人的主观因素,如我可以做成什么样的乐器,在什么样的环境中使用该乐器;也有客观因素,即用什么样的技术、什么样的材料完成该乐器,乐器的产生和使用与制作者、和演奏者之间的确存在着互动的“生态”关系。

因此,音乐考古学和单纯的乐器史研究的区别就在于:前者是每一种乐器的研究都不能不考虑当时的社会环境,没有纯粹的、单独的乐器存在,这就是音乐生态的问题。在历史环境下,无论是从乐器和礼器、乐器和用具的哪一个层面考虑问题,乐器都是社会关系总和的体现,它在墓葬或遗址中是一种社会存在,体现社会价值、主流意识形态、文化特征等等,而不仅是演奏音乐的工具。比如湖北的曾侯乙编钟、河南的新郑歌钟,从出土时的墓葬布局、器物组合关系、铭文记录等都能反映出这一点。

后者主要是从音乐学的角度进行乐器研究,虽然更专门、体系也更成熟,但从音乐考古看,缺少了人类学、社会学的观察,乐器与人、乐器与乐器、乐器与礼制、与社会之间的相互影响很容易被忽略,而这些在乐器的生态中又确确实实地存在着。可以肯定地说,乐器的产生是人类由无意到刻意的结果。其初始,人类并非有意识地制作它。因此,如果研究乐器不考虑乐器的“生态”,尤其是史前生态,仅从讨论乐器本身,很容易遗漏“前乐器”状态的器物和遗存。从国外的研究和希克曼的“音

---

① 　https://www.nature.com/articles/s41598-023-35700-9.

乐考古"词条看,任何历史阶段都有非典型性的乐器在作为乐器使用,这是音乐考古必须关注的。我们在我们的河姆渡、裴李岗、贾湖、良渚等史前文化遗存中,有乐器形态的乐器被辨识和研究,那些不具有乐器典型形态的就被忽略掉了。如果考古界和音乐界同仁都了解音乐考古学的话,那么有关音乐遗存的辨识或有更多的发现。《大系》河南卷录入贾湖骨笛的同时,也录入了龟甲响器,①这就是考虑了生态,但多地的音乐考古缺乏整体研究。

从音乐考古学今天的发展看,当时子初老师的编撰体例非常好,有音乐考古生态环境的描述,只是限于篇幅等因素,不详细,不充分,现在的认知和条件有很大进步,可以尝试改进。

在考古或音乐遗存的现场,有时候不能直接看见乐器形态的文物,但人类学的研究和现场的遗迹现象还是可以呈现当时人类音乐生活的痕迹。比如世界各地都发现有圆凹状的岩画,河南也有不少。国外学者的研究认为这是原住民使用的"锣岩"(Gong rock)。②这些考古现象应该与有形的乐器一样受到关注,今后的音乐考古研究应在这方面有所思考。另外,即使有乐器形态的器物,也不能只考虑音乐功能。最近以色列的骨笛报告就明确说明其为狩猎工具。所以良渚的骨哨一定不是单独的乐器存在,它有多种功能,良渚文化有一个重要的赵陵山祭坛,按照初民社会"凡仪式必音乐"的特征,此处祭坛肯定举行过音乐活动。目前虽无骨哨会用于祭坛仪式的证据,但我们可以提出可能性使读者思考。又比如,介绍绍兴印山王陵的陶编钟,在乐器描述中,附上它在墓葬中的位置和其他器物的分布图,信息就会更完整,这比单纯描述钟本身要好得多。

4. 语境问题

乐器的"生态"反映的是主客观互动,它是客观存在。乐器"语境"是我们认知乐器的主观行为,分内部语境和外部语境两种。也就是说,我们在音乐考古中谈"生态"时,实际上是从文化背景上观察和研究古代乐器与人们的互动;我们讲"语境"时,实际上是从内部语言环境、语言的上下文和逻辑关系来把握何为乐器,强调的是避免以今人度古人、以现在的音乐或乐器的概念认来知古代乐器;从器物的使用场景(如仪式、娱乐)、产生的效果等来认定它是乐器,强调的是外部语境,即在某种条件下,该器物一定是乐器,及为什么它是乐器,强调的产生音乐现象的实际效果。

艾伦·希克曼(Ellen Hickmann)在音乐考古词条中对"音乐文物"的定义就超

---

① 《音乐文物大系·河南卷》大象出版社,1996年版,第17页。

② Patterson, Alex. *A Field Guide to Rock Art Symbols of the Greater Southwest*. Johnson Books 1992, pp.98—99.

出了现代乐器的概念。她强调的就是历史上的实际用途和考古发掘事实,至于是否符合现代乐器的概念不重要。乐器的主要特征如下:

1) 主要目的用于发声的器物,即乐器,如笛、钟、铃;
2) 主要目的可能是发声器物,如砍砸器、树叶、肢体;
3) 有多种功能、包括可发声的物品、如贝壳或青铜牌饰;
4) 或无意制作发声物品但形制能发声,如银或铁手镯;
5) 功能未详,其结构能发声,可用作乐器之物品,如石制、骨制的刮板等。

目前河南的乐器和考古器物做得比较单纯,就乐器谈乐器。国际上的研究已经表明在特定的场合下,乐器和考古器物的边界感没有那么泾渭分明。尤其是史前这一块,很值得今后我们做音乐考古乐器研究的学者思考。

5. 认知问题

据了解,目前国内除极少数博物馆中有专业的音乐考古研究者外,绝大多数是没有的。笔者因工作关系去过的博物馆几乎都有音乐文物收藏。以个人有限的考察来说,音乐文物的辨识问题在各博物馆普遍存在。它表现在音乐文物的研究依然局限在以今天的乐器概念已命名的器物中,对史前音乐文物、音乐遗存的辨识基本没有。比如,一般人不了解在史前是没有"音乐"和"乐器"概念的,导致要么对发声且能用于音乐活动的器物不认识,要么不认为是乐器。这种以现代思维研究音乐考古的做法,结果则要么失之毫厘谬以千里,要么一叶障目不见泰山。对博物馆而言,普及音乐考古常识、介绍学科前沿发展非常重要。因为这种认知障碍,会直接导致田野考古出现盲点和馆藏器物研究器物定名的混乱。只有我们音乐考古界同仁花气力做好基础工作,在相关研究中注意生态、语境等问题,博物馆音乐文物的展示、介绍就会更准确,更能反映出学科的价值和意义。对公众、对学科自身,百利而无一弊。

三、解 决 思 路

音乐考古学具有跨学科、国际性、社会化、研究周期较长的特点。无论在博物馆中还是推进音乐考古自身的发展,其建设与发展均相对复杂。笔者认为,国内有条件的博物馆如果开展音乐考古方面的工作,一开始就要考虑对专业人才的重视、对前沿理论的了解、对自身专业的认知和对未来发展前景的预判。只要单位领导视野开阔、胸怀豁达,建立起较完善的、能够准确反映博物馆音乐文物的体系是可以完成的。领导重视,专业人员参与,行业权威的评估和认证,该音乐文物体系无论展览还是提供学者研究,都能获得最大社会效益,例如湖南省、湖北省博物馆的做法。他们有目标、有措施、有成效、有科学的认证,成果不仅可以帮助音乐考古学在博物馆内部的影响力获得提升、引起文博界的重视,还简化了劳动,促使了学科的发展,提升了专业的水平,学者荣耀,公众获益,促进了社会的发展。

笔者有以下提高音乐考古研究自身能力、做好乐器辨识工作的建议供大家参考。

1. 关注国内外音乐考古前沿理论、研究项目与专著,开阔视野;

2. 组织音乐考古专家对博物馆的音乐文物进行统一辨识和完善;

3. 中国博物馆协会乐器专业委员会敦促各博物馆开展音乐文物的普查和辨识工作,负责组织工作,协调、建立全国档案库、举办培训班等工作;

4. 国家文物局有关部门起草、颁布"博物馆音乐考古及音乐文物工作手册或乐器鉴定的若干原则"条例;

5. 与国际音乐考古学会、国际传统音乐学会(ICTM)进一步发展合作关系,培养专业人才;

6. 创立基金,资助音乐考古研究和出版;

7. 举办相关国际会议、对音乐文物娱乐化节目制作、相关文创产品辅以专业指导,为公众普及正确的音乐文物概念和古代乐器知识。

四、结　　语

音乐考古作为新兴学科出现的历史虽不长,但已在国内外形成了巨大的影响力并受到了大众的关注。其研究因为跨学科、高科技,也吸引了众多科技部门参与,为其发展注入了活力。随着其普及,早先博物馆按照传统思维命名的乐器和音乐文物存在诸多问题,使之在展览、传播中出现概念混乱、逻辑不清,误导了公众,阻碍了音乐考古学的发展。其中最主要的原因就是固步自封、缺乏对音乐文物产生的时代环境、生态语境的认真思考。

近年来,笔者在以贾湖骨笛为代表的史前乐器的研究中,越来越认识到史前乐器的认定及相关生态问题是解决音乐考古继续发展的根本问题之一。且国际上许多专业的考古学著作都把史前音乐考古提升到了重要的位置,认为这是解决人类文明进化的关键之一。如美国加州大学圣巴巴拉分校的著名考古学家兼科普作家布赖恩·费根(Brian Fagan)教授的畅销书《考古学与史前文明:寻找失落的世界》(*Ancient Lives：An Introduction to Archaeology and Prehistory*)从 2011 年的第五版开始,科林·伦福儒、保罗·巴恩编纂的国外高校考古专业教科书《考古学》(*Archaeology：Theories，Methods，and Practice*)从 2012 年第 6 版开始,全部增加了史前音乐考古学的内容(第 5 版 2000—2008 年之前没有音乐考古内容),予以高度重视。国内目前音乐院校和部分高校也都开始重视这方面的研究,为音乐考古学的可持续发展提供了人才基础。博物馆以及中国博物馆协会乐器专业委员会也应借此机会搞好规划、完善馆藏音乐文物的鉴定、普查工作,为繁荣学术、促进交流作出贡献。

实验音乐考古研究中所蕴藏的逆向工程思维与方法

郑州大学河南音乐学院在读硕士研究生　潘子敬

摘要：实验音乐考古是基于中国音乐考古学研究中大量复原复制工作的积累，近年来逐渐归纳总结已得经验，而形成的具有极强学科特色的方法论。"复原"是实验音乐考古研究中的主要手段，而在其"复原"过程中所体现的内在逻辑实则与工程学领域下"逆向工程"这一理论高度契合。该文立足于中国音乐考古学学科基本结构理论，将实验音乐考古中所蕴藏的逆向工程理论进行阐明；并梳理其研究基本目的、研究流程中的共性与特性，以期更加科学地建设实验音乐考古理论。

关键词：实验音乐考古　研究方法　逆向工程

近年来随着中国音乐考古学的发展，古乐器复原复制工作大量进行，诸多学者也累积了丰富的复原复制研究经验与心得。王子初先生在 2021 年出版的《碎金风华：音乐文物的复制、复原研究》中将数十年来所进行的古乐器复制、复原项目进行集锦，提出了"中国音乐考古学"的建设问题；①方建军先生也在其所著的《音乐考古学通论》中将"模拟实验"单独作为章节进行了详细论述，并指出："音乐考古学的模拟实验，是借鉴实验考古学的方法，运用实体或虚拟制造的手段，对考古发现的音乐遗存进行复制、仿制或模型重建，以探索古代人类的音乐行为和过程。"②不难看出由古乐器复制、复原工作经验凝练升华而产生的"中国实验音乐考古"已然成为音乐考古学学界广泛关注与探索的前沿研究方法。朱国伟博士《"中国实验音乐考古"研究方法初论》一文对于"中国实验音乐考古"的基本定义、研究方法、研究对象进行了厘定与阐述。其对中国实验音乐考古的定义中提到："根据考古资料及相关数据，通过对文物本身和制作过程的复原或模拟，来实现对音乐文物或相关事象的材料、结构、成形过程、功能，以及声音特性/音乐性能等方面的认知或检验，进而

---

① 王子初：《碎金风华：音乐文物的复制、复原研究》，北京：科学出版社 2021 年版，第 432—452 页。

② 方建军：《音乐考古学通论》，北京：人民音乐出版社 2020 年版，第 262 页。

在古代音乐相关技术和音乐行为方面得到更深的实证性认知。"①实验音乐考古研究方法的操作细节与尺度在此得到了一个较为科学的理论指导与规范。

从以上三家观点可以看出,对古代音乐遗存的复原与模拟是贯穿中国实验音乐考古研究的主要方法与手段。通过"复原"②的过程、结果来得到尽可能接近历史上音乐原本面貌的认知,是实验音乐考古研究的核心思路。值得注意的是音乐作为一种即时性的艺术形式,其在历史长河从所遗存的"考古资料"并非是音乐本身,而是音乐各个环节发生时所使用、附着、映射的实体物质,故而中国实验音乐考古的研究目标并非是单纯地复原所得的具体实物,而是破译附着于音乐遗存上的古代音乐信息,即朱国伟博士所提到的"在古代音乐相关技术和音乐行为方面得到更深的实证性认知"。

王子初先生所主持的曾侯乙编钟、江都王刘非墓编磬等复原研究工作,采用较古代更为先进的铸造工艺与生产设备,其最终所产出的"复制"结果音乐性能上甚至高于"出土原器物"。故而可以看出王子初先生在其书中提出"复原"这一概念,③其所追求的不仅是复原出土古乐器的音乐性能、外在面貌,同时还应当还原受制于古代生产技术不能被完全体现于古乐器中的古代音乐认知水平。在其研究逻辑、方法流程中体现出与工程学领域下"逆向工程"这一理念高度重合。

一、实验音乐考古与逆向工程在思路与目的上的异同

(一) 高度接近的研究思路

通过目前学界对于实验音乐考古的几种定义,可以看出"复原"的思路贯穿了实验音乐考古研究的始终。"复原"既是研究的过程,亦是研究成果的组成部分。音乐考古学者也正是在大量的复制复原过程中,得到古代音乐相关技术和音乐行为方面的过程性知识。故而"如何科学地设计实验音乐考古的研究过程"这一问题本身亦是中国实验音乐考古在发展过程中亟待探讨的重点研究内容。例如武汉机械研究所在进行编钟复制研究工作中,叶学贤等技术人员通过铸造"试钟",在其加工过程中探索出热处理工艺对编钟声学特性的影响这一过程性知识。④其铸造"试钟"的

---

①　朱国伟:《"中国实验音乐考古"研究方法初论》,《音乐研究》2022 年第 3 期,第 6—7 页。

②　这里借用"复原"一词,指代复原、复制、仿制、模拟等一切通过收集考古信息,对音乐遗留进行模仿、构建的行为。而本文对于复原与复制区别的认知主要采用王子初先生的观念(参见王子初:《碎金风华:音乐文物的复制、复原研究》,第 432—452 页)。

③　王子初:《碎金风华:音乐文物的复制、复原研究》,第 432—452 页。

④　叶学贤、贾云福、周孙录、吴厚品:《化学成分、组织、热处理对编钟声学特性的影响》,《江汉考古》1981 年第 S1 期,第 26—36 页。

实验方法与过程亦是当下学者进行实验音乐考古研究所需理解消化的重要内容。

逆向工程与之相同,逆向工程亦是在研究过程中产生大量的过程性知识,且获得这些过程性知识也是逆向工程的任务之一。如军工领域时常通过拆解他国飞机对其技术水平进行反求,这正是逆向工程的原理实践运用。故而可以看出逆向工程是一个动态的过程,亦是一类过程性的研究。

可以见得,实验音乐考古与逆向工程整体研究思路高度吻合,对于研究对象的研究认识主要通过"复原"的过程直接获得或总结提取获得。在研究的基本步骤上两者亦具有高度共性,"复原"过程中呈现出"数据收集、测量—数据处理与模型建立—模型输出呈现"的基本流程。整体比对实验音乐考古与逆向工程的研究思路与主要研究步骤,可以直观地看出两者研究理论、研究过程的内在逻辑存在着极强的相似性。

(二) 研究目标、技术手段上存在的差别

两者的主要不同之处在于研究的最终目标与具体所使用的操作手段上存在着一定程度上的差异性。就研究的最终目标而言,实验音乐考古作为服务于音乐考古学的一种研究方法,①其研究的最终目标应当与音乐考古学研究目标保持高度一致,从王子初对于音乐考古学的定义"通过对古代音乐文化遗迹和遗物的调查发掘,并对由此所得的实物资料进行分析判断来研究音乐历史的学问。音乐考古学同样应该是音乐史学的一个分支或部门"。②可以看出音乐考古学研究目标是通过对历史遗留的破译、解读,研究认识音乐历史。故而实验音乐考古的目标是形成对于音乐历史的相关认知,换言之实验音乐考古目标在于尽可能"还原"历史中的音乐生活面貌与探索历史中的音乐理论认知。而逆向工程的主要研究目标是对目标模型进行复制生产与获得制造技术相关认知,并将所得认知用于提升已有生产技术。

两者研究目标的不同主要体现在,实验音乐考古研究目标是探索古代音乐遗存材料所体现的古代音乐认知水平;而逆向工程的研究目标是在探索目标模型认知的基础上,将其已有认识运用于实际生产,或用于提升当前技术水平。逆向研究中得到认识所能带来的"产能"上的提升才是其研究的实际目标。与实验音乐考古以认知历史面貌为最终目标存在区别。

另一不同之处在于目前两者研究所惯用的具体技术手段存在一定的不同。本文亦将通过对两者研究各步骤所使用不同技术进行对比讨论,探索两者所使用研究技术在日后的研究中是否具有互用共通的可能。目前的实验音乐考古研究中有

---

① 王子初:《碎金风华:音乐文物的复制、复原研究》,北京:科学出版社 2021 年版,第 433 页。

② 王子初:《中国音乐考古学》,北京:人民音乐出版社 2020 年版,第 2 页。

关编钟的复原研究案例较为丰富,研究思路、步骤较为成熟,能够较为直观地体现实验音乐考古研究中的逆向思维,故而此处以编钟复原研究为例在研究流程上与逆向工程进行比较,以下是两者研究中所使用的基本流程及手段示意图(见图1、图2)。

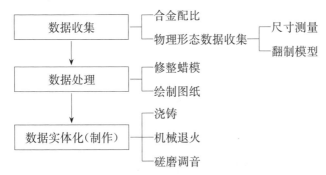

图1　实验音乐考古中编钟复原流程示意图

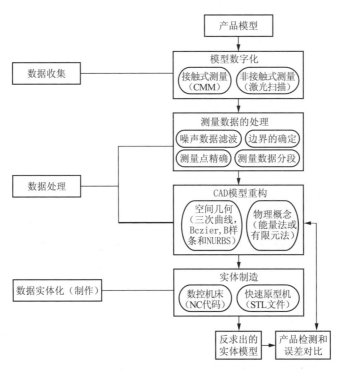

图2　逆向工程工作流程示意图①

---

① 张军翠、张晓娜主编:《先进制造技术》,北京:北京理工大学出版社2013年版,第26页,原图2-8。

图示的编钟复原研究流程在曾侯乙编钟复原工作①、大云山编钟乐音性能复原铸造的研究②等诸多具体实验中都有较为直观的体现。而当下广泛应用于工业制造领域的逆向工程虽有着与之共同的研究逻辑,但所惯用的研究手段各具学科特色。逆向工程所使用的具体技术更新迭代速度是较快的,且主要依靠计算机、精密扫描仪器等手段完成整体研究中各个步骤。从图 2 中可以看出,目前逆向工程研究在实际运用中并不拘泥于具体的某种具体的技术手段,而是广泛采取多种测量、分析仪器与软件达到研究目的。③

总体上中国实验音乐考古研究与逆向工程理论具有高度相似的主体逻辑,在研究最终目标上存在着一定差异。在研究所用的具体手段上,目前大多实验音乐考古所用技术手段是基于传统"翻模铸造"思路,借用多种测量、分析、铸造手段形成的;逆向工程则是依托数字化测量仪器、计算机编程模拟等信息化手段进行复原研究。但可以明确的是两者在具体手段上并不排斥借用领域之外的先进技术。

二、数据测量与采集方式

数据测量与采集在实验音乐考古与逆向工程的研究中都是极其重要的一步,测量的准确性、收集的全面性直接影响了研究中对于已得模型的认知是否准确。

(一) 实验音乐考古常用的数据测量、采集手段

实验音乐考古之中所需研究的古代音乐遗存存留状态不尽相同,故而在数据测量、采集手段的选择上,通常针对不同种类古乐器的遗存特性进行具体分析。就古乐器保存而言,钟、磬类的金石乐器遗存情况相较于琴、瑟类的竹木乐器通常更好。故而进行复原研究时,往往钟、磬类乐器的信息采集工作相对竹木类乐器较为容易。

就目前的编钟复原工作而言,数据测量与收集方式主要采用考古学中相对完善的研究手段:通过金相显微镜观察其金相组织,使用 X 射线荧光光谱仪(ED-XRF)、SEM-EDS 等仪器对其进行光谱分析来检测合金成分,采用人工测量、硅胶翻模确定物理形态,辅以显微形貌分析对翻模所得尺寸信息进行细化矫正。

琴、瑟等主体材质为有机材料的乐器进行复原研究时,在器物材质鉴别上目前

---

① 湖北省博物馆:《经多学科研究,曾侯乙编钟复制已基本成功》,《江汉考古》1981 年第 S1 期,第 88—91 页。

② 王子初、李明安:《江苏盱眙大云山 1 号墓出土西汉编钟的复制研究》,《艺术百家》2018 年第 1 期,第 98—110 页;李一辉、李明安:《大云山编钟乐音性能复原铸造的研究与实践》,《特种铸造及有色合金》2021 年第 41 卷第 10 期,第 1318—1320 页。

③ 所引用图片中将"CAD 模型重构"单独作为一个步骤,此步骤实际上是对已收集数据进行组装处理,故而本文在研究逻辑上将其与"测量数据的处理"共同理解为广义上的"数据处理"。

主要采用人工经验识别为主，显微镜观察辅助；尺寸测量主要通过手工测量为主，三维扫描技术辅助。而目前国内的琴、瑟类乐器复原研究中只有极少部分采取了数字化测量手段，大多数研究仍然采用人工经验识别与手工测量。如《明〈太音大全集〉古琴图样造型规律探析——以秦琴复原为例》①在复原研究时所采取的主要数据测量、采集手段仍是以手工测量、人工经验识别为主。

对于陶制响器、埙、磬、骨哨等制作材料相对单一，结构相对简单的器物则往往是由音乐考古学者结合考古学、音乐学认知经验进行传统的人工测量手段。

（二）逆向工程常用的数据测量、采集手段

而广泛应用于制造领域的逆向工程在对已知模型的材料数据收集与上文提及的编钟复原中所体现合金分析手段基本相同，均是使用金相显微镜与光谱分析为主。但在物理形态的采集上，形成了以利用 3D 数字化测量仪器得到精密的物理尺寸数据的成熟技术手段，②目前应用较为广泛的 3D 数字化测量仪主要可以分为接触式测量（三坐标测量仪）与非接触式测量（激光扫描仪）。3D 数字化测量仪自经过三十余年的发展，目前已形成了相对完善的操作规范，其测量的精准程度是传统人工测量所无法企及的，而非接触的测量方式无疑大大增强了研究中文物的安全性，最大程度地避免了文物材料的污染与破坏。

随着测量技术不断发展，便携式三维扫描仪（3D scanner）在一线考古现场逐渐得到普及，三维激光扫描设备亦在实验室考古文物修复方面得到广泛应用，③体现了文物展览、复原、研究的数字化趋势。訾威博士的《复原西汉玻璃编磬的三维量测分析研究》④立足于逆向工程"产品检测"这一功能，利用 3D 数字化测量仪器对"出土磬"与"复原磬"物理尺寸信息进行了精密的比对。可以见得目前实验音乐考古研究者正在自主地探索 3D 数字化测量技术如何有机地融入、服务于实验音乐考古研究之中。

三、数据处理与模型构建

在逆向的"复原"过程中无论是传统的测量与翻模方法，还是使用更为精确的 3D 数字化测量技术，所测量收集的信息都不能直接输出结果，都需要经过不同方

---

① 孙成东：《明〈太音大全集〉古琴图样造型规律探析——以秦琴复原为例》，《美术大观》2020 年第 12 期，第 88—91 页。

② 许智钦、孙长库：《3D 逆向工程技术》，第 3—4 页。

③ 樊少荣、周明全、姬利艳：《考古文物的数字化过程研究》，《微机发展》2004 年第 12 期，第 21—23 页。

④ 訾威、王晓雨、童寅豪：《复原西汉玻璃编磬的三维量测分析研究》，《数字印刷》2021 年第 5 期，第 83—91 页。

式数据处理与组合。

（一）实验音乐考古复原研究中数据处理常用方式

在目前大多实验音乐考古研究中,数据处理与组合针对所复原器物的不同,采用的具体手段亦不相同。如在编钟复原研究中,目前通常使用失蜡法进行铸造,通过在硅胶"范"注入蜡液,形成蜡制的钟体模型,这一步实际上正是将翻模所得数据进行解读,组合形成"模型",而所得蜡模在铸造之前还需经过修整处理。在对蜡模修整时要特别关注钟体内腔的处理,出土编钟的内腔表面并不规则。目前通常所使用的处理方式是按照音乐考古学家对于音列认知的设计,计算出发音所需的钟体厚度,通过对内腔局部翻制模型进行参考,从而对蜡模进行修整处理,并适当预留出一定厚度便于后期磋磨调音,使其在保证形态复原的同时,最大程度复原其音乐性能。这种蜡模的处理办法在曾侯乙编钟、洛庄汉墓编钟、大云山编钟的复原过程中都得到了应用。同时钟类乐器之外使用翻模这一手段进行复原音乐文物,大多都需要对所得蜡模进行修整,这亦是传统铸造工艺中不可缺失的一步。

而在琴、瑟等漆木乐器的复原研究中,受制于漆木类乐器在历史中较难保存,目前能够直接发音的漆木类乐器相对较少,能从历史遗存中所得到的信息亦较为模糊。在对这一类乐器进行"复原"时,数据的处理就显得格外重要了。实验音乐考古在复原这一类乐器时通常还是使用最为传统的手工制作仿制办法,这就更加考验对原本文物信息的提取与处理环节了。通常在测量尺寸之后,需要通过研究者的经验对于内部结构进行分析,并绘制出三视图、结构图作为制作生产中所需的图纸。同时针对琴、瑟等弦类乐器,琴弦往往难以保存,故而"琴弦材质、如何定弦"等问题从历史实物遗存中难以获得有效信息。目前实验音乐考古学者通常利用文献学研究方法,从传世古籍中寻找蛛丝马迹,以此为"复原"琴类乐器定弦这一问题提供较为接近历史的设计依据。如曾侯乙瑟复原研究中通过大量古代文献分析,从而确定"复原"瑟的定弦。[1]

近年来在实验音乐考古研究中亦在不断探索音乐文物的数字化处理、建模,方晓阳团队在《尺八内径精确测量方法研究》[2]通过手工测量与 CT 扫描技术相结合的方式,成功构建出尺八的数字化三维模型。并在《图像处理技术在贾湖骨笛三维重建模型中的应用》[3]一文中对使用 CT 扫描技术中所用到的灰度插值、CT 图像

---

[1]　程丽臻:《曾侯乙瑟复原研究》,《文物修复与研究》2009 年第 2 期,第 384—392 页。

[2]　方晓阳、苏润青、巴达日乎:《尺八内径精确测量方法研究》,《广西民族大学学报(自然科学版)》2019年第 2 期,第 53—56 页。

[3]　苏润青、方晓阳、潘伟斌:《图像处理技术在贾湖骨笛三维重建模型中的应用》,《西部考古》2019 年第 2 期,第 323—332 页。

滤波信息处理手段进行详细说明,旨在探索实验逆向工程信息处理技术、三维数字化模型技术在实验音乐考古研究中的可行性与操作规范。

（二）逆向工程中的数字化建模技术

逆向工程中则是拥有一套完整的数字化数据处理、模型构建系统。其使用 3D 数字化测量仪器进行测量后得到的是数量极为庞大的离散数据点（Point Cloud,又称点云）,而离散数据点并不能直接使用,需要进行多点云注册、噪声消除、数据简化、数据补全等优化操作后才能通过模型重构技术构建出对应 CAD 模型。[1]CAD 模型构建时通过将数据点网格化处理,划分曲面并进行曲面生成处理,其内容需要通过计算机处理、几何计算等相关技术得以实现,目前在计算机、机械工业领域中被广泛研究探讨,并不断优化其信息处理手段。

数据的处理与模型的构建在逆向工程与实验音乐考古的"复原"研究中都是不可或缺的一环。这一步主要目的是将经过测量已得的数据进行修整、检验与组合,形成对已知模型一个较为全面的认知,通过 CAD 模型或绘制图纸将已得认知转化为可以运用于实际产出的具象形态。

四、模型输出方式

从上文提及方建军与朱国伟两位学者对于实验音乐考古的定义,可以看出二位均认为复制复原与模拟都是实验音乐考古中可以运用的研究方法。这证明实验音乐考古中的复原研究并不拘泥于乐器实体的制造,运用虚拟现实技术将古代音乐遗存进行高质量的数字化模型呈现亦当属于其复原研究的范畴。因此模型的输出、研究成果的展示,应当可以分为实体制作与虚拟呈现两种外化产出方式。

（一）实体制作方法的选择

文物的仿制在我国由来已久,它来源于历史上古器物的仿制业,至少可追溯至春秋时期。[2]目前实验音乐考古中,古乐器的"复原"常用制造手段,主要以乐器制造手工业、传统冶金制造业等方法为基础,结合古器物仿制业所得经验,同时针对"复原"目标的具体类别与形制,借用化用多种制造领域的具体手段。目前诸多古乐器的复原制作,还是以传统手工制作为主体,同时借用现代生产工具。某种意义上,使用传统手工制作更能贴近历史原貌,朱国伟将实验音乐考古分为"外形复原

---

① 王培俊、高明主编:《虚拟现实和逆向工程技术实验教程》,成都:西南交通大学出版社 2006 年版,第 69—70 页。

② 王月华:《文物复仿制的历史和现状》,《碑林集刊》第九辑（2003 年）,第 314—315 页。

实验、制造复原实验、功能性复原实验、体验性复原实验"①四类,"制造复原实验"这一类中详细阐述了使用传统工艺的意义所在,而目前完全严格模拟古人生产方法的实验音乐考古研究在国内较为少见。

目前常用的以传统手工制作为主体,同时借用现代生产工具的制作方法,主要还是在音乐功能复原实验中使用更为广泛。但在面对部分外在形态不规则的乐器复原时,采用传统手工制作极易出现偏差,要想完全的精密复原,仅仅依靠传统手工制作与简单的现代生产工具是极为困难的,这势必对原器物的音乐性能复原造成一定影响。而为了解决这一问题,实验音乐考古正在自主地化用逆向工程的制造成型技术手段,最具代表性的是方晓阳团队的《贾湖骨笛的精确复原研究》,其研究在使用CT扫描技术建立贾湖骨笛三维模型的基础上,通过紫外激光快速成型技术将虚拟的数字化模型输出为实体。通过以上研究方法及手段,精准复原了贾湖骨笛,解决了"使用传统工艺难以高精度复制内外形状不规则的笛管"这一音乐考古学上的研究瓶颈。

逆向工程作为制造领域的一种研究方法,所使用的模型实体化手段并不拘泥,通常形成虚拟模型后会在已得认知上进行优化设计,从而完成"产品优化"这一根本目的。逆向工程在不同领域的运用时,势必结合该领域的相关生产技术。而在专门的逆向工程理论研究中最常使用的是快速成形技术,其中常见的有光固化成形(SLA)、选择性激光烧结(SLS)、分层实体制造(LOM)和熔融沉积制造(FDM)等。②

(二)模型的虚拟呈现

模型的虚拟呈现目前在实验音乐考古的研究中运用并不十分广泛,因为采用传统的实体复原研究方法(例如铸钟、磨磬等)甚少将目标模型数字化,而模型的虚拟呈现是建立在数字化模型的基础之上的。

随着计算机技术的发展,文博领域在"数字化展览"上不断探索,科技与艺术正在日益融合,"新兴数字化手段必将引领文化遗产发展的变革"③。考古领域也积极尝试使用计算机模拟来实现考古学问题,近年的计算机虚拟技术在考古实验中得到实际运用。④方建军先生在其所著《音乐考古学通论》表达了:"在音乐考古模拟实验方面,新技术的应用前景十分广阔,用虚拟仿真(virtual simulation)和虚拟

---

① 朱国伟:《"中国实验音乐考古"研究方法初论》,第7—9页。

② 张军翌、张晓娜主编:《先进制造技术》,第27页。

③ 陈晓皎、苗甜、唐晓腾等:《文化遗产数字化保护及可视化》,《包装工程》2022年第43卷第20期,第26—37页。

④ 金国樵、潘贤家、孙仲田:《物理考古学》,上海:上海科学技术出版社1989年版,第313—338页。

现实(visual reality)技术，对音乐考古遗存进行计算机数据建构，可能成为新的发展趋势。"①目前国外已有部分研究中使用 3D 模拟技术，对古代声音场所遗址进行了音响模拟实验。但国内实验音乐考古研究成果的虚拟呈现较少，更多的是立足于文博角度，将音乐考古学成果进行数字化展示，例如《基于自然交互的编钟数字化展示研究》②一文通过数字化手段将曾侯乙编钟建立虚拟模型，用于增强游览者的音乐体验。

逆向工程中实际在模型建立后，虚拟模型就已直观的呈现于眼前。在零件制造领域中，使用逆向工程建立仿真模型之后，通过 ansys 等软件计算出模型的固有频率及响应，可以较为科学的对目标模型的本体振动情况进行模拟。这一技术手段对于实验音乐考古领域的发展应当具有极大助力，具体应当如何结合使用需要音乐考古学者通过进一步研究进行揭示。

五、研究方法共用与融合可行性探讨

目前的实验音乐考古正在自主地吸收逆向工程中的研究经验，化用逆向工程中发展成熟的数字化实验手段，并不断探索"如何将多种科技手段适用于实验音乐考古问题研究"的新方法。从目前的研究来看，使用逆向工程的成熟技术与思路，能够解决实验音乐考古研究中大量的微观问题。而正是历史遗存材料的多样性，使得实验音乐考古研究中的大量案例需要具体情况具体分析，应当结合遗存物的种类、遗存的情况等因素进行多维度的考量，从而做出实验的规划与设计。如乐器"复原"时应当结合乐器的发音模式选择合适的制作手段。方晓阳团队通过紫外激光快速成型技术将贾湖骨笛的数字模型进行实体化，这是基于"笛"是一种边棱振动气鸣吹管乐器，影响其发音的主要因素是管体的物理形态，管体的材质影响相对来说对音高影响较不明显，快速成型技术的高精度特性成为了"骨笛"复原中传统仿制技术难以企及的优势。但试想如若采用快速成型技术制作钟、磬等本体振动的体鸣乐器，则难以还原其本身应有的音乐性能。故而实验音乐考古在化用逆向工程研究技术时，需要依照具体问题考虑采用各技术之于研究的利弊，实现优势结合。

同时逆向工程思维运用于实验音乐考古研究中也存在着一定的局限性。一则对于古代音乐生活面貌的认识应当是全面系统的，逆向工程思维的复原实验只能

---

① 方建军：《音乐考古学通论》，第 269 页。
② 蒋秋洁：《基于自然交互的编钟数字化展示研究》，武汉理工大学 2020 年硕士学位论文，导师：袁晓芳副教授。

"复原"出研究目标的实体形态、部分音乐性能与认识实体生产过程中的部分技术，而无法了解乐器如何演奏、音乐的社会属性等问题。故而实验音乐考古研究在运用逆向工程思维与技术的同时需广泛结合考古学、文献学、音乐学等社科类学科的研究方法，方能形成较为全面的认识。二则是逆向工程所用的技术与思维方式建立于信息工程技术相对成熟的基础之上，故而在认知基础、信息获取、技术手段上与古人的意识形态存在难以跨越的鸿沟，无法以古人的文化语境进行器物的复原。从以上两点可以看出目前逆向工程思维较为适用于分析具体古代音乐遗存的微观研究，为音乐考古学全面认识古代音乐生活面貌提供案例支撑。

六、结　　语

上文对于实验音乐考古与逆向工程在方法定位、研究目标、研究流程、结果输出上进行了比对。可以看出实验音乐考古与逆向工程在整体逻辑与方法定义上体现出高度的重合性，在研究目标上具有一定的相似性，在实际操作与手段上都呈现出善于吸收跨学科先进技术的特点。

多学科视角、技术的相互交融是中国实验音乐考古研究方法的优势所在，亦是中国实验音乐考古在不断发展完善过程中亟待研究探讨的重要议题。本文立足音乐考古学视角，对实验音乐考古与逆向工程方法进行比对探讨，可以见得两种研究方法是"逆向工程思维"在不同学科中的体现，实验音乐考古研究中蕴藏了逆向工程的基本逻辑。通过本文的讨论希望能为中国实验音乐考古提供更多跨学科发展的新鲜思路。中国实验音乐考古的发展还需要更多的实践与理论研究以作支撑。笔者在此所作刍荛之言，恭请雅正。

江苏省音乐考古文物述要

郑州大学音乐学院　吴　雪

摘要:随着我国越来越重视文物工作,音乐文物的普查也越凸显意义。本文是对江苏省音乐考古资料的调查,通过详尽的文献清理,结合江苏省各市博物馆的实际考察,一览江苏省考古遗存。其成果向大众展示了江苏省音乐文物种类之多、音乐文化之丰富,为以后学者的研究提供了基础的实证材料。江苏考古遗存中音乐资料的调查,对音乐史的研究前景有着多层面意义。

关键词:江苏省　音乐文物　考古遗存

江苏省位于中国大陆东部沿海地区中部,长江淮河下游,东西南北接临黄海、安徽、浙江、山东。总面积达 10 万平方米,迄今常住人口达到 7881 万。江苏地势平坦,江湖众多,早在距今几十万年前,江苏大地上就有原始人类劳动、生息。江苏有着丰厚的文化积淀和历史遗珍,文物典藏美不胜收。文物反映了江苏悠久的历史文化和艺术成就,也反映出江苏古代物质文化和精神文化的多样性、包容性和独创性。

在现代意义的考古学诞生以前,人类靠文献了解历史。自上世纪 80 年代以来,音乐考古发现逐步增多,出土实物丰富,考古发掘的实物资料在研究中的价值是不可替代的。本文尝试从出土音乐实物、音乐文献两个层面进行了整合,力求更充分地一览江苏地区音乐文物的盛貌。首先通过详尽的资料调查,在此成果之上再对各个博物馆进行实际的考察,最后对江苏省音乐遗存进行简单的述要。统计文物达到 1300 件以上,此成果有丰富的意义,向大众展示了江苏省音乐文物种类之多、音乐文化之丰富。江苏考古遗存中音乐资料的调查,对音乐史的研究前景有着多层面意义,下文将从资料搜查、音乐文物统计方面来做简单陈述与讨论。

一、江苏音乐文物清查

(一) 音乐文物清查来源

近 40 年,我国出版了大量考古资料,本课题从近 40 年著作、论文等成果中,进

行筛查。《中国考古学年鉴》[1]1983—2018 年,《中国考古学文献目录》[2]记载了
1983—1966 年、1971—1990 年时间段内的考古文献目录。但这些重点资料截止仅
到 2018 年,故而也需翻阅 2019—2021 年期间刊发古代音乐文物资料进行补充,如
考古界核心期刊如《文物》《考古学报》《考古》《考古与文物》《华夏考古》《大众考古》
《江汉考古》《中国文物报》《文物春秋》《东南文化》等。

其次,再通过对江苏省 13 市博物馆已出版的馆藏文物图录、官方网站,来做查
漏补缺。如《南京博物馆博物院藏宝录》[3]《六朝风采》[4]《高淳出土青铜器》[5]
《故都神韵　南京市博物馆文物精华》[6]《南京博物院藏明清扇面书画集》[7]《东山
撷芳　江宁博物馆暨东晋历史文化博物馆馆藏精粹》[8]《狮子山楚王陵》[9]《徐州
汉画像石》[10]《大汉楚王　徐州西汉楚王陵墓文物辑萃》[11]《江苏徐州汉画象
石》[12]《古彭遗珍》[13]《汉广陵国玉器》[14]《韫玉凝晖　扬州地区博物馆文物精
粹》[15]《扬州古陶瓷》[16]《扬州馆藏文物精华》[17]《仪征出土文物集粹》[18]《扬州
博物馆藏明清扇面书画艺术》[19]《苏州博物馆藏出土文物》[20]《苏州博物馆藏出
土文物》[21]《苏州博物馆藏瓷器》[22]《苏州博物馆藏瓷器》[23]《大邦之梦:吴越楚
青铜器》[24]《百年学府文物菁华　苏州大学博物馆馆藏文物精粹》[25]《镇江文
物》[26]《江阴文物精华》(馆藏版)[27]《鸿山越墓出土玉器》[28]等,都是重点材料。
其次,还需排查数百篇期刊论文,尤其是发掘简报。全面核查同一材料在不同出版
物中刊发的情况,然后进行相应的合并工作,合并工作结束后,再与《中国音乐文物
大系・江苏卷》收录的材料进行校对,查漏补缺。

这一阶段工作结束后,笔者对各市的博物馆进行了实际考察,将文献清理结果
与各个地区文博单位的实际展陈进行对照,下文将对考古遗存出土的音乐文物进
行述要。

(二)音乐考古文物概述

根据对江苏音乐考古遗存进行调查,从音乐文物种类来看,江苏省丰富的音乐
文物种类。如甬钟、镈、钮钟、句鑃、钲、铎、铙、扁钟、圆钟、大铜钟、铁钟、镛钟、錞
于、铜鼓、牛皮鼓、陶鼓、鼓座、鼓环、鼓车、搏拊鼓、鼗鼓、建鼓、长号、喇叭、唢呐、锣、
钹、铙、响盘、磬、缶、圆磬、陶排箫、陶竽、陶球、陶响球、骨哨、笛、箫、篴、板、琴、筝、
瑟、琵琶、忽雷、绘画、器皿饰绘、堆塑、魂瓶、画像石、画像砖、戏文砖雕、壁画、乐舞
倡优俑、玉舞人、戏文泥塑、埙、铃、悬铃、铜镜、瑟钠、瑟纳、琴轸等数十种。下表 1
为各地区文博单位的文物收藏数量统计。

表 1 的统计不包括江苏省不可移动戏台、戏楼类,亦不包括铜簨簴、簨簴构件、
磬架、青铜轸钥、鼓座残件、鼓柱等音乐配件,个别城市县级博物馆未做考察。总
之,统计音乐文物数量在 1300 件以上无疑。

表1　收藏单位及各市音乐文物数量统计[29]

各市	序号	收藏单位	数量（单位:件）
南京	1	南京博物院	394
	2	南京市博物馆	
	3	高淳博物馆	
	4	江宁博物馆	
	5	溧水博物馆	
	6	江宁区牛首山弘觉寺塔	
苏州	7	苏州博物馆	66
	8	吴文化博物馆	
	9	苏州湾博物馆	
	10	张家港市文管会	
	11	常熟博物馆	
徐州	12	徐州博物馆	299
	13	徐州汉画像艺术馆	
	14	邳州博物馆	
	15	睢宁博物馆	
	16	汉兵马俑博物馆	
	17	徐州贾汪区清山泉乡白集	
无锡	18	无锡市博物馆	160
	19	无锡鸿山越墓博物馆	
	20	江阴博物馆	
扬州	21	扬州博物馆	249
	22	仪征博物馆	
镇江	23	镇江博物馆	40
淮安	24	淮安博物馆	11
南通	25	南通博物苑	43
常州	26	常州博物馆	17
宿迁	27	宿迁博物馆	48
	28	沭阳博物馆	
连云港市	29	连云港市博物馆	11
	30	东海县博物馆	
泰州	31	泰州市博物馆	1
盐城	32	盐城市博物馆	9
总计			1348

二、音乐考古资料概析

根据上文江苏省音乐文物清查结果,可以发现很多现象,也有值得关注的研究方向,笔者仅从以下几个层面进行阐述及思考。

分布 江苏省共计 13 个市,主要文物多在市级博物馆珍藏。从各市重要博物馆清查的音乐文物可以看出,南京、徐州二市占据了全省的一半。南京市是我国八大古都之一,作为省会,省内的重要文物往往在此展陈,音乐文物也是最为丰富;徐州是刘邦的故乡,汉代墓地遗存丰富,出土音乐文物也丰富多彩;扬州、无锡的音乐文物数量紧跟其后,扬州发现有唐城遗址埙、瑟、拍板、琵琶、乐俑等,展现了江苏唐代时的"东南大都会";其次是苏州、南通、镇江市,音乐文物出土数量相差不多;其中南通博物苑始于张謇在清光绪三十一年创办,是中国人自己建立的第一个博物馆,值得关注的是,馆内保存着不少文庙祭孔乐器。盐城、宿迁、泰州地区也有音乐文物的发现,不过相对则较少。

时序 新石器时期的摇响器、陶响球、陶埙等证明了江苏音乐历史可追溯到六七千年前。商代有南京浦口龙王荡兽面纹铜铙,西周有甬钟(如溧水东屏金山甬钟)、铙(如江宁许村兽面纹铙);春秋战国时期江苏深受中原及楚文化的影响,如出土编钮钟、编镈、编磬等,丹徒北山顶春秋墓乐舞文盘、淮阴高庄战国墓宴乐刻纹盘,很多学者认为刻纹铜器主要是吴越地区生产或者是受到吴越地区影响;秦代考古在江苏较少,两汉时期,考古遗存则相当丰富,这可能与江苏是刘邦的故乡有关。如汉画像石中有丰富的建鼓舞画像石,杂技、百戏、宴乐画像石,都展现出丰富多彩的汉代生活;诸侯王墓的发掘成果为人瞩目,如小龟山、东洞山、北洞山、驮篮山、狮子山等;震撼人心的徐州画像石及的王墓及出土大量乐舞俑、乐器等,展示了西汉之时乐舞艺术和相关礼制的沿袭和发展;南朝竹林七贤画像砖,为我们提供了南朝时期阮咸与古琴的形制信息,也反映出了南朝时期的精神文化追求与音乐生活的一隅,为南朝音乐史的研究提供了图像信息;唐代寻阳公主墓中的琵琶,这种源自西亚两河流域的古老乐器,反映了唐时的对外交流;北宋直至明清,江苏地区可以关注的考古发现,主要有杨公佐墓、连云港海青寺塔、铜山雪山寺遗址窖藏及金坛太平天国戴王府等,反映了社会思想,提供了戏曲、佛教音乐方面的资料;清代的各种文庙文物、清宫的仿古乐器,展现了清朝对宫廷雅乐的重视以及地方祭孔音乐面貌。这些都展示了江苏音乐文化的深厚底蕴。

墓制 江苏境内数亿千计的土墩墓群,是独具特色的周代墓葬形制,无锡鸿山越墓、苏州真山墓、镇江丹徒吴王墓都是大型土墩墓的代表;徐州汉楚王墓地,"凿山为藏"的宏伟工程令人瞩目,此外,汉代还有木椁墓、砖室墓、崖洞墓、瓮棺墓;南京仙鹤觀六朝墓地,折射出贵族的生活情景;南唐李昪陵,为了解五代十国帝陵的葬制,提供了重要的实物资料;有学者认为:广泛分布于锦屏山的土墩石室是连云港地区的唐代墓,这种墓葬形制很可能是一种外来墓葬文化的传入,是朝鲜半岛百济移民唐朝所留下的石室墓[30]。张学锋先生认为连云港土墩石室是"新罗移民墓葬",这种封土石室墓值得进一步研究,但无论如何,这应该反映了两种文化相互交融。[31]

音乐文化　江苏省典型墓葬反映出丰富的音乐文化,如镇江丹徒吴王墓(包括丹徒北山顶墓、谏壁王家山墓、青龙山及其附葬墓)出土音乐文物有十余中,其中北山顶墓出土文物可明显划分为礼乐器、军乐器。"礼乐器"即是"礼用乐器",专门指的是北山顶墓出土用于祭祀、宴享时使用的编钟、编磬类乐器。军乐器则是指"军用乐器",有些军用乐器可能也有礼乐的功能,但北山顶墓军用乐器的出土位置,皆在兵器旁,故其主要功能是军用。北山顶墓军乐器即北山顶钲、北山顶錞于、北山顶悬鼓。

北山顶编钮钟、编镈、编磬3种礼乐器是春秋晚期吴国乐悬中的常客,乐悬之用器种类及组合体现中原礼乐用器制度仍然起着向心力的作用。从军乐器的种类及组合中,可以感受到军乐器地位的凸显。春秋晚期吴国以兵力强国,经济的发展伴随着乐器的强盛,军乐器的地位自然逐渐突出,除了礼乐器、军乐器之外,丹徒吴墓出土乐舞文盘、青铜鉴击磬图、铜铃等音乐文物,也从生活的其他切面向大家展示了吴国贵族的音乐生活面貌。从这些音乐文物的细部入手综合分析,比如从纹饰、铭文、组合、种类、制作手法上,我们能看出其与徐、越、楚、周的文化交流借鉴,器物往往呈现出吴地本地文化因素、中原文化因素,又与徐、越、楚国的音乐文化相互交流影响。除此之外,无锡鸿山越墓出土乐器达四百余件,为研究越国音乐文化提供了窗口。盱眙大云山墓、徐州楚王墓、隋萧皇后墓等,都能反映出江苏有着丰富的文化沉淀和历史遗珍,以及江苏古代物质文化和精神文化多样性、丰富性和独创性。

三、江苏省音乐考古遗存的研究意义

江苏考古遗存中音乐文物的调查,对音乐史的研究前景有着多层面意义。

首先,在音乐通史的研究中,国别与区域史研究已成为古代音乐史研究的重要发展趋势,区域遗存调查,为探究国别史提供材料,江苏考古遗存出土音乐资料的调查,为吴、越、徐等国别音乐文化提供了基础实证材料。不同文化因素在不同时期、不同地区所占比例是不同的,这就使器物面貌在时代、地域上呈现出差异性和不平衡性。自从秦汉帝国建立以来,中国的文化日益趋向一致,先秦时代的国别文化已经不复存在。北山顶墓、谏壁王家山墓、青龙山墓正是进入吴国音乐研究之入口,鸿山越墓出土大量乐器对探究战国时期的越国的音乐发展有着不言而喻的意义。

其次,从在音乐文化上看,纵观江苏的一千多件音乐文物,江苏音乐文化似乎围绕着吴、徐、越的主线。镇江丹徒北山顶墓、谏壁王家山墓、青龙山及其附葬墓,出土的乐器展示了吴国的宫廷音乐面貌。北山顶墓出土 3 类礼用乐器、3 类军用乐器以及刻纹铜器,可以明显看出吴国乐器受到中原文化影响的同时,也保持着本土的发展。刻纹铜器上保留下来的图像资料,客观而翔实,有助于人们了解春秋战国时期社会音乐生活的真实面貌,提供了传统文献所难以替代的珍贵历史信息。而无锡鸿山越墓出土的上百件乐器,向我们展示了越国的音乐文化。音乐学界近年来逐渐关注到吴越地区的音乐文化,因吴、越两地的许多相似之处,常常从整体上并谈吴、越文化,事实上,吴器与越器也各有特点。

最后,江苏省音乐考古遗存的调查将填补中国古代音乐史。如今书写的中国音乐史往往被一些学者调侃为"中原音乐史",这是因为我们掌握的大部分资料,大多出于黄河流域掌握历史叙述话语权的古代史学家之手,他们遵循黄河文明是中华文明唯一源头的传统说法。中原作为国家政治、经济、文化的中心,也决定了历朝历代视中原为中心,而对边远地区的文化疏于关注。"蛮夷"文化往往是中原文化的对立,江苏宁镇地区曾是吴国疆域,丹徒北山顶、王家山、青龙山等吴墓出土音乐文物,为了解吴国在春秋晚期的音乐文化提供了历史的窗口。李学勤曾说:"吴国是周朝最重要的诸侯国之一,在古代历史上曾起着显著的作用,但近代学者对其事迹争论甚多,归根结底是不相信当时江南有较发达的文明。如今考古发现和研究表明,长江流域和黄河流域一样,是中国文明孕育发祥地之一,而江浙一带的古文化就同中原文化有交流影响的关系。"[32]

江苏省作为中国的一个省,对其出土文物的认识,丰富了中国人从地理区域的角度来认识音乐文化。通过对江苏出土实物的调查,虽然不足以让我们窥见整部中国音乐史,但却是探究国别、区域音乐史的重要材料,最终可以促进中国音乐史的研究。现在和未来,改写中国古代音乐史成为一个重要的课题,那么就先从不同地区的一个个专题、一件件文物开始吧。

参考文献:

[1] 中国考古学会编:《中国考古学年鉴·1988》,北京,文物出版社,1989 年 9

月版;中国考古学会编:《中国考古学年鉴　1984》,上海:华东师范大学出版社,1984年12月版。

［2］中国社会科学院考古研究所资料信息中心编:《中国考古学文献目录1971—1982》,北京,文物出版社,1998年6月版;北京大学考古系资料室编:《中国考古学文献目录　1900—1949》,北京,文物出版社,1991年7月版;中国社会科学院考古研究所图书资料室编:《中国考古学文献目录　1949—1966》,北京,文物出版社,1978年12月版;中国社会科学院考古研究所资料信息中心编:《中国考古学文献目录　1983—1990》,北京,文物出版社,2001年3月版;中国社会科学院考古研究所图书资料室编:《中国考古学文献目录　1949—1966》,北京,生活·读书·新知三联书店,1979年版。

［3］南京博物馆博物院藏宝录编辑委员会编:《南京博物院藏宝录》,上海,上海文艺出版社、三联书店(香港)有限公司,1992年8月版。

［4］南京市博物馆编:《六朝风采　中英文本》,北京,文物出版社,2004年12月版。

［5］南京市高淳区博物馆作:《高淳博物馆馆藏文物精粹丛书　高淳出土青铜器》,北京,科学出版社,2021年8月版。

［6］南京市博物馆编著:《故都神韵　南京市博物馆文物精华》,北京,文物出版社,2013年1月版。

［7］南京博物院编:《南京博物院藏明清扇面书画集》,北京,人民美术出版社,1997年10月版。

［8］江宁博物馆、东晋历史文化博物馆编,许长生主编:《东山撷芳　江宁博物馆暨东晋历史文化博物馆馆藏精粹》,北京,文物出版社,2013年11月版。

［9］徐州汉文化风景园林管理处、徐州楚王陵汉兵马俑博物馆:《狮子山楚王陵》,南京:南京出版社,2011年版,第95页。

［10］徐州市博物馆选编:《徐州汉画像石》,南京,江苏美术出版社,1985年版。

［11］中国国家博物馆、徐州博物馆:《大汉楚王　徐州西汉楚王陵墓文物辑萃》,北京,中国社会科学出版社,2005年12月版。

［12］江苏省文物管理委员会编著:《江苏徐州汉画像石》,北京,科学出版社出版,1959年8月版。

［13］徐州博物馆:《古彭遗珍》,北京,国家图书馆出版社,2011年1月版。

［14］徐良玉主编,扬州博物馆、天长市博物馆编:《汉广陵国玉器》,北京,文物出版社,2003年8月版。

［15］扬州市文物局编:《韫玉凝晖　扬州地区博物馆文物精粹》,北京,文物出

版社,2015 年 8 月版。

[16] 扬州博物馆、扬州文物商店编:《扬州古陶瓷》,北京,文物出版社,1996 年 9 月版。

[17] 徐良玉主编:《扬州馆藏文物精华》,南京,江苏古籍出版社,2001 年 9 月版。

[18] 刘勤:《仪征出土文物集粹》,北京,文物出版社,2008 年 1 月版。

[19] 哈密博物馆编著:《扬州博物馆藏明清扇面书画艺术》,郑州,中州古籍出版社,2013 年 10 月版。

[20] 苏州博物馆编著:《苏州博物馆藏出土文物》,北京,文物出版社,2009 年 10 月版。

[21] 苏州博物馆编著:《苏州博物馆藏出土文物》,北京,文物出版社,2009 年 10 月版。

[22] 苏州博物馆编著:《苏州博物馆藏瓷器》,北京,文物出版社,2009 年 7 月版。

[23] 苏州博物馆编著:《苏州博物馆藏瓷器》,北京,文物出版社,2009 年 7 月版。

[24] 苏州博物馆编,陈瑞近主编:《大邦之梦:吴越楚青铜器》,上海,上海古籍出版社,2017 年 12 月版。

[25] 张朋川、黄维娟主编:《百年学府文物菁华　苏州大学博物馆馆藏文物精粹》,苏州,苏州大学出版社,2011 年 5 月版。

[26] 玉国、刘昆、徐铁城:《镇江文物》,苏州,苏州大学出版社,2007 年 9 月版。

[27] 江阴博物馆编著:《江阴文物精华》(馆藏版),文物出版社 2009 年 4 月版。

[28] 南京博物院、江苏省考古研究所、无锡市锡山区文物管理委员会编著:《鸿山越墓出土玉器》,文物出版社,2007 年版。

[29] 具体情况详见《中国音乐考古大系·江苏卷》(主编:王子初),郑州,大象出版社,待出版。

[30] 纪达凯、陈中:《连云港地区土墩石室遗存时代性质新考》,《东南文化》,1993 年第 1 期。

[31] 张学锋:《江苏连云港"土墩石室"遗存性质刍议——特别是其与新罗移民的关系》,《东南文化》,2011 年 4 月版。

[32] 吴文化研究促进会著:《勾吴史集·绪》,南京,江苏古籍出版社,1998 年 5 月版。

南通文庙祭孔乐器及相关史料述评

郑州大学河南音乐学院　　胡哲尔

摘要： 自清初起，在尊孔崇儒思想的影响下，祭孔仪式在沿用明制的基础上逐步发展。清道光年间，湖南浏阳文士邱之稑率先为宫廷祭孔典礼创制了一套仪式音乐，而后全国各地方的祭孔礼乐有了明确的示范。南通县知州汪树堂在这一规范下重兴当地文庙祭孔仪制，此套光绪癸巳年文庙祭孔音乐文物现馆藏于南通博物苑。本文从筹兴缘由、重制依据等方面深挖其背景，简述各乐器及形制，拟对相关史料进行讨论，以此展现清末地方祭孔音乐面貌，探求其中的深层思想文化。

关键词： 祭孔乐器　南通文庙仪制　汪树堂与张謇

江苏南通博物苑展厅藏有一套文庙音乐文物，包括有石编磬、铜编钟、漆画排箫（凤箫）、搏拊鼓、龙纹笛、洞箫等乐器。该套文庙音乐文物虽编制有缺，但保留下来的乐器较为完好，具有重要的研究价值。笔者在跟随导师王子初先生做《中国音乐考古大系·江苏卷》的文物普查以及书籍编撰工作时，发现此套南通文庙乐器在学界尚未受到深入研究。笔者在探究其历史的过程中，逐渐窥见隐在其背后的地方祭孔音乐面貌。

一、筹兴始末

在南通博物苑众多的音乐文物中，有两件钲部以阳线雕刻有"大清光绪癸巳岁通州知府汪树堂添制"字样的铜甬钟对南通祭孔文庙音乐的缘起研究起到了较为关键的作用。据甬钟钲部铭文所载可知，此二钟为光绪癸巳（1893 年）年通州（现南通）知府汪树堂制作的。汪树堂，浙江余杭人，是清末的一位能臣。其先祖为宦，父汪元方曾为清同治朝廷的军机大臣。汪树堂蒙先辈余荫，为一品荫生，自幼受到儒家思想教育的熏陶，在儒家文化和诗文修养上造诣颇深。其曾任刑部、户部员外郎，后下任句容知县、通州知州以及海州知州等职。

光绪十八年（1892 年），汪树堂上任江苏通州直隶州（今江苏南通）知州。初上任通州知府,他踌躇满志,一心想做出一番事业。汪树堂初上任时,曾参拜通州城隍,在城隍庙庙堂题写了一副对联:"重荷君相知己之恩,指江海以盟心,抚字催科,但有私偏应殛我;同负父母斯民之责,合阴阳而布化,捍灾御患,莫教急难更呼天。"光绪二十年,新科状元、翰林院修撰的张謇因奔父丧回到海门,与汪树堂共同组织了当地的御日团练,达成了两人第一次的友好合作。二人因此次活动致交往会面逐渐增多。张謇在写于他人的信件中给予了汪树堂较高的评价:"尚幸汪刺史强干爱好,其幕友会稽黄穆严正廉平,足相谐画"①,认为汪树堂是一个干实事的人。

　　第一次合作的顺利促使了他们的第二次合作,即是对祭孔乐舞的重新规范和《律音汇考》的重刻(图 1)。通州县志曾记载当时的婚嫁"男服清衣冠摄盛,而女用明制公主之仪②",而丧仪则"殓衣服亦如之孝子服",反映出了地方俗制的混乱。汪树堂任通州知州之后,因当地文庙祭祀废弛、礼乐器物残缺不全以及婚嫁祭祀等风俗礼仪混乱的现象而忧心,于是在其上任次年便开始谋划重兴传统礼乐,希望以此来重振礼教,端正风俗。汪树堂与张謇多次商议此事,并策划于春秋丁祭之时来试行乐舞祭祀典仪,汪树堂此举得到了张謇的大力支持。在张謇的日记中,多次提及与汪知州相谈"乐事",并为三位教习的束脩等庶务而忙碌;汪树堂在《律音汇考》的书序中也提及:"修撰张君与论乐事,贻以灵璧之磬③",张謇还赠送了"灵璧之磬"以助力此次活动。

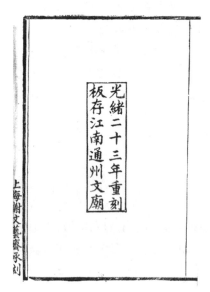

图 1　重刻《律音汇考》光绪二十三年版

　　《南通县志》记载了此事细节:"光绪十九年,知州汪树堂与士绅筹兴孔庙乐舞,翌年上丁,粗践仪式。二十二年,张謇请于学使者龙湛霖,以其乡浏阳县唐、邱、胡三教习至通,增乐器,调律吕,遴择诸生幼童颖秀者肄习之。④"汪树堂借以自己过往在刑部工作的人脉,托旧识刑部右侍郎龙湛霖请湖南浏阳邱之稑之弟子胡、唐、邱三位教习至南通,添置补齐礼乐的乐器编制,调整音律,重新厘订乐谱,于光绪二十三年(1897 年)重刻出版了《律音汇考》。此外,汪还遴选了当地有天赋的适龄幼

---

①　李明勋、尤世玮:《张謇全集·函电(上)》,上海,上海辞书出版社,《致黄体芳书》,第 70 页。

②　范铠:《中国地方志集成·江苏府县府志》,南京,江苏古籍出版社,第 182 页。

③　邱之稑:《律音汇考》,1897 年汪树堂重刻版,序二。

④　范铠:《中国地方志集成·江苏府县府志》,南京,江苏古籍出版社,第 183 页。

童,让三位教习来教授各项乐器和礼乐仪制延以乐舞演奏,使礼乐能得以传习。汪树堂为重刻的《律音汇考》题序,序中记载"请于学使,通行各学①",说明此次重兴礼乐不仅仅是在通州范围内的一次活动,更是欢迎周边各地方前来学习。

筹兴祭孔乐舞的"成果"仪式曾在张謇《重修南通孔庙记》中提及:"春秋祭用佾舞,自清光绪二十二年始",可见南通地方文庙俨然将这次文庙礼祭作为了一次非常正规的仪式;同时,《南通县志》中绘有的"光绪二十二年重兴乐舞表"清晰记载了此次举办的文庙礼祭仪式中祭祀物品的种类和摆放、礼器乐器的类别和位置以及执乐执礼的人数,图中所示的乐器有羽龠、敔、柷、笛、箫、磬(特磬、编磬)、钟(编钟、特钟、镛钟)、鼓(鼗鼓、搏拊鼓、鼍鼓、应鼓)、节等种类。光绪三十三年(1907年)举办的祭孔仪式升级为"大祀"规格,此次仪式在首次祭孔仪式的基础上大力发展,在乐舞编制上进行了完善,在乐器一列加入了相、籈、琴、瑟等乐器,乐舞仪式中加入了干、戚等舞蹈时手持的礼器。这一举动使乐队编制扩充得更加完善,乐队人数也增添了许多,在规模上已形成"大祀"②的规格,形成了较为完善的地方祭孔礼制模式。可见汪树堂与张謇协作下重兴的初次祭孔仪式办得非常成功,为南通地方文庙礼乐的延续发展奠定了较为坚实的基础。

二、南通文庙乐器

清光绪时期,由汪树堂牵头、张謇支持的祭孔音乐重兴,是从延请浏阳邱之稑的三位弟子为教习的基础上逐步展开的。从根本上来说,这是一次以邱之稑《律音汇考》为范本的地方祭孔音乐修制。南通博物苑留存的乐器中,大多为明清时期的文庙乐器,其中不仅有清光绪汪树堂筹兴所制的文庙乐器,也有部分其他时代所制的文庙乐器,以下进行分述。

1. 南通文庙凤箫(排箫)

展厅现存2件,竹、木质(图2)。《说文解字》载:"箫,参差管乐也,象凤之翼。③"凤箫手握处为木板做成的凤鸟翅膀展开状,木板髹红漆,其中的一件正面还绘有描金双龙戏珠和祥云的图案;再在箫上面附有刻有音律名称的竹管,然后用横木把

---

① 邱之稑:《律音汇考》,1897年汪树堂重刻版,序二。

② 自唐朝起,宫廷祭祀典礼有三种规格,分别是"大祀"、"中祀"、"群祀";《大唐开元礼》有载:"国有大祀、中祀、小祀。昊天上帝、五方上帝、皇地祇、神州、宗庙皆为大祀;日、月、星辰、社稷、先代帝王、岳、镇、海、渎、帝社、先蚕、孔宣父、齐太公、诸太子庙并为中祀;司中、司命、风师、雨师、灵星、山、林、川、泽、五龙祠等并为小祀。州县社稷、释奠及诸神祀并同为小祀"。清朝时期一般的地方文庙祭祀属于"中祀"。

③ [汉]许慎撰、[清]段玉裁注:《说文解字注》,上海,上海古籍出版社,1988年版,第197页五篇上。

竹管固定于木板上。南通文庙凤箫之外观与湖南浏阳文庙凤箫（图3）极为相似，在纹饰上也为同一画面，只是不似浏阳凤箫为浮雕，南通凤箫仅以金线绘之，较为朴素。

图 2　南通文庙凤箫其一　　　　　　图 3　浏阳文庙凤箫①

　　根据《律音汇考》凤箫图②与邱之稑考订之律吕，凤箫应有 24 根竹管，其上刻有 24 个音律名称。竹管分为左律和右吕，竹管长度从两边向中间依次递减缩短。凤箫右翼竹管上从右到左分别刻有十二律之名，即"倍蕤宾""倍夷则""倍无射""黄钟""太簇""姑洗""蕤宾""夷则""无射""半黄钟""半太簇""半姑洗"；左翼从左到右分别刻有十二吕之名，即"倍林钟""倍南吕""倍应钟""大吕""夹钟""仲吕""林钟""南吕""应钟""半大吕""半夹钟""半仲吕"。邱之稑将 12 管的排箫扩充为了 24 管的凤箫，扩展了音域，加制了倍律、倍吕、半律、半吕各三管，备齐音阶，可使十二律中的任意一管为宫音进行转调演奏。两件南通文庙凤箫的竹管均有残缺松动，一件左翼余 9 根管，右翼余 7 管；另一件左翼 12 管齐备，右翼余 7 管。在竹管吹孔下方管身处可见刻制的音律名称，虽其中有部分未刻字之竹管，但观察有音律名称的竹管与其间隔竹管之数量可判断确为《律音汇考》凤箫图之所载音律，正应其二十四律名。

　　2. 南通文庙篪

　　展厅现存篪 1 件（图 4）。保存较为完好，纹饰清晰，以圆直的短竹制成，通管无竹节，略有裂纹。通身髹红漆，周身饰以黑金线龙纹，纹饰精美细致。上开一吹孔，吹孔与按孔不为一列，按孔 5 个，竹管头尾二孔大小不一，表面光滑无字。其开孔位置、龙纹式样、圆粗短的管身与浏阳文庙篪（图5③）极为相似。从上述《南通县

————————

　　① 王子初主编：《中国音乐文物大系·湖南卷》，郑州，大象出版社，第 247 页。

　　② ［清］邱之稑：《律音汇考·丁祭礼乐备考》，湖南，湖湘文库编辑出版委员会、湖南文艺出版社，《凤箫图》，第 197 页。

　　③ 王子初主编：《中国音乐文物大系·湖南卷》，郑州，大象出版社，第 248 页。

志》所记载的两张乐舞表中可见,簏这一乐器是在光绪三十三年南通文庙音乐升
"大祀"时所制作加入的。

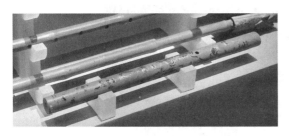

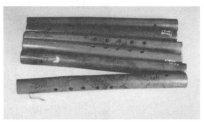

图4 南通文庙簏   图5 浏阳文庙簏

3. 南通文庙笛

展厅现展2件(图6)。竹质,保存较为完好,通体髹红漆,其中一件笛身依稀
可见以黑线绘有龙纹与祥云纹。上部开一吹孔,吹孔之下依次为6个按孔、2个
基音孔,吹孔、按孔与基音孔排成一列。其开孔位置、龙纹式样与浏阳文庙龙笛
(图7①)相似,不同的是浏阳文庙龙笛首尾两端还附有木雕的龙头龙尾以作
装饰。

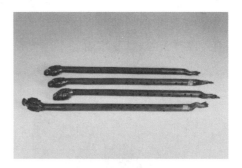

图6 南通文庙笛其一   图7 浏阳文庙笛

4. 南通文庙龙头箫

展厅现展15件龙头箫(图8)。竹质,以圆直之竹制成,保存较为完好。通体髹
红漆,管身光滑无纹饰。每只箫均留有竹节,管身留有5个按孔,1个吹孔,排为一
列。各箫配一金色木质龙头,龙头雕刻精细立体。龙头连接一根长长的管子穿过
箫身,直通箫尾孔之外。15只龙头箫长短各异。

---

① 王子初主编:《中国音乐文物大系·湖南卷》,郑州,大象出版社,第249页。

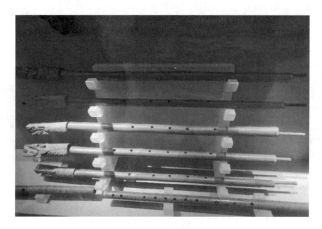

图 8　南通文庙龙头箫

5. 南通文庙编钟

展厅现展编钟 5 件,其中有 2 件钟面上的游龙纹饰经过复原修补,可清晰见到钟名的仅"大吕钟"(图 9)、"南吕钟"以及"林钟钟"3 件钟的钟名。钟之正面刻以钟名的浮雕铭文;钟之背面钲部以阳线刻篆体铭文:"通州文庙铸用之钟重(二百四十一两三钱)光绪丁酉造"(图 10),记载着此套编钟是汪树堂于光绪丁酉年(1897)重兴文庙音乐时所造,在"重"字之后刻有各钟的重量。编钟均呈枣形,鼓腰略圆鼓,平口,舞上附有似桥般的立体纽环。左右鼓面均刻有浮雕龙纹,钲部上缘下缘处均刻有浮雕祥云纹,繁复华丽。

图 9　南通文庙编钟其一"大吕钟"

图 10　南通文庙编钟其一背面

　　根据《律音汇考》记载："唐会要曰,古制雅乐,宫县之下,编钟四架十六口,近代用二十四口。正声十二,倍声十二,各有律吕。"[1]此处与邱之稑考订之律吕相呼应,编钟应为一套24件,其律名对应凤箫24律名的24律吕。但从"光绪二十二年重兴乐舞表"与"光绪三十三年升大祀表"中却见南通文庙编钟原共计16件,较为完好的仅剩5件;特钟1件,不知去向。

　　此套编钟与浏阳文庙编钟的相同点在于皆为如枣形的基础形制,二者与邱《律音汇考》之编钟图的形制几乎一致(图11[2]),可相互印证;但在纹饰上、铭文、环纽样式上二者均有很大的差别。浏阳文庙编钟各钟除钲部以红漆或黑漆书写的钟名铭文,余处皆为素面,且环纽为一简单的素环(图12[3]);而南通文庙编钟在钟背面刻有制造时间、制造原因以及钟重等多种信息,纹饰和铭文多为浮雕或阳线刻法,各种龙纹和祥云纹使得钟面看起来十分丰富华丽。自清代各地方开始流行起重振礼乐并重兴祭孔音乐时,地方文庙编钟在不同地方有着不同的样式,如康熙年间的山东曲阜文庙编钟鼓面饰以八卦纹与平圆音乳,顶为龙形纽(图13[4]);又如同光绪年间的四川德阳之文庙编钟状若甬钟(图14[5])。各地方完全相异的编钟形制或与地方民间审美特色和筹制乐器者的审美观念有关。邱之稑制作的编钟与清宫宫廷雅乐所用之编钟(图15[6])形制相同,承其大统;而南通文庙编钟正是在邱的影响下得此大致的形制,在纹饰方面也借鉴了宫廷编钟,饰以清朝推崇的龙纹以示正统。

图 11　编钟图　　　　图 12　浏阳文庙编钟其一　　　图 13　山东曲阜文庙编钟其一

① [清]邱之稑:《律音汇考》,湖南,湖湘文库编辑出版委员会、湖南文艺出版社,第183页。
② [清]邱之稑:《律音汇考》,湖南,湖湘文库编辑出版委员会、湖南文艺出版社,《编钟图》,第223页。
③ 王子初主编:《中国音乐文物大系·湖南卷》,郑州,大象出版社,第237页。
④ 王子初主编:《中国音乐文物大系·山东卷》,郑州,大象出版社,第114页。
⑤ 王子初主编:《中国音乐文物大系·四川卷》,郑州,大象出版社,第34页。
⑥ 《中国音乐文物大系》总编辑部:《中国音乐文物大系·北京卷》,郑州,大象出版社,第77页。

图 14　四川德阳文庙编钟(部分)

图 15　清宫旧藏铜镀金云龙纹编钟

6. 汪树堂款镈钟

　　南通汪树堂款镈钟,2件(图16),为清代典型的特钟"镈钟"。现藏于南通博物苑。二钟造型相同,青铜铸造,皆保存完好,一大一小。椭圆柱甬上粗下细,平舞。枚篆区以阳线框格,面两区,区三行,枚尖顶,枚共36,篆素面。钲部刻有阳线铭文"大清光绪癸巳岁通州知府汪树堂添制"。于弧口。小钟鼓部较窄,鼓部饰有一带状纹饰,纹饰以三角形几何纹和云纹阳线刻之;大鼓鼓部较宽,鼓部饰有两圈带状纹饰,一圈饰以三角形几何纹和云纹,一圈饰以回纹。考察此二钟时未测量及测音,缺少一定的研究条件,但观其形制与铭文仍可推断二者为清代文庙礼乐所用特钟的典型样式"镈钟"。

图16　南通汪树堂款铜甬钟

《钦定大清会典》中载："直府州县岁以春秋仲月諏日致祭……"①，直府州县一年仅在春秋仲月——每年二月和八月之时举办祭孔的释奠仪式。可想当时为通州县的南通真正可以举办释奠礼的日子一年仅两次，因此使用的特钟实际上也仅需两件。据此可推断，较大的一件为二月所用之"夹钟"钟，较小的一件为八月所用之"南吕"钟。

7. 南通文庙磬

展厅现展完整磬石18件（图17）。曲尺形。17件磬分列两排悬挂于架上，其中16件刻有律名的铭文，素面，皆为同一套编磬编制内。1件磬摆放于地面，与悬挂之磬有所不同，磬面绘有纹饰花样，以红漆绘以双龙戏珠与祥云纹饰，部分纹饰已脱落，或为特磬。此外，存有木制红漆磬锤1件。

图17　南通文庙编磬和磬锤

①　［清］允裪、傅恒、张廷玉:《钦定大清会典》(乾隆)卷四十五《礼部》,［清］纪晓岚:《摛藻堂钦定四库全书荟要》,台北,台湾世界书局,1985年版,《中祀二》第44—45页。

根据《律音汇考》记载："古制编钟编磬皆十六,盖金以声之,玉以振之……编钟有二十四,编磬亦有二十四。"①如以《律音汇考》与邱之稑考订之律吕为标准,编磬数量应与编钟数量相同,为 24 件。但从"光绪二十二年重兴乐舞表"与"光绪三十三年升大祀表"中所见,南通文庙编磬与编钟数量确相呼应,皆为 16 件。现展厅内完整悬挂的为 17 件,其中最大的 2 件石磬无铭文,其余的 15 件石磬分为律磬与吕磬:律磬有"倍夷则""倍无射""太簇""姑洗""蕤宾""夷则""无射",吕磬有"倍南吕""倍应钟""大吕""夹钟""仲吕""林钟""南吕""应钟"。

此套文庙编磬与浏阳文庙编磬(图 18②)、《律音汇考》之编磬图(图 19③)在形制上几乎一致。在纹饰铭文上,二者略有不同,浏阳编磬一面沿磬边刻绘花草、蝴蝶纹饰,并用近现代通用汉字绘铭文至磬面,另一面则为素面;南通编磬一面有刻凿于磬体的篆体铭文,另一面则为素面,在整体设计上更为简洁。

图 18　浏阳文庙编磬其一背面

图 19　编磬图

重刻《律音汇考》之书序中曾记载:"修撰张君与论乐事,贻以灵璧之磬④"。张謇为重兴南通文庙礼乐,特地寻来了灵璧磬石制作了此套南通文庙编磬。灵璧磬石是自殷商时期起便用于制作特磬的石料材质,因其音色清越,色泽清润,滑若凝脂而得以运用在宫廷礼乐编磬、特磬制作中。可见张謇对于礼乐之事有着较为深入的了解,对文庙重兴礼乐的乐器制作方面有着科学的思量。

8. 南通文庙鼗鼓

展厅现展鼗鼓 1 件(图 20)。鼓身及鼓柄为木质,鼓面皮质,鼓柄已残缺,鼓架不存。鼓身圆筒状,腰微鼓,两端鼓面略小。鼓两侧各有一耳,耳上原系有鼓绳,绳

---

① ［清］邱之稑:《律音汇考》,湖南,湖湘文库编辑出版委员会、湖南文艺出版社,第 192 页。
② 王子初主编:《中国音乐文物大系·湖南卷》,郑州,大象出版社,第 240 页。
③ ［清］邱之稑:《律音汇考》,湖南,湖湘文库编辑出版委员会、湖南文艺出版社,《编磬图》,第 224 页。
④ ［清］邱之稑:《律音汇考》,1897 年汪树堂重刻版,序二。

上系鼓珠,使用时转动鼓柄,鼓珠便会旋转环击鼓面。鼓腔保存完整,部分红漆剥落。鼓面与鼓身的连接处置 2 行铁质乳钉。两端鼓面用黑、红等色彩绘制花卉茎叶的纹饰。

图 20　南通文庙鼗鼓

湖南博物馆存有 1 件制造于光绪二十七年的浏阳古乐鼗鼓(图 21①),保存较好。南通文庙鼗鼓虽鼓柄残缺,但鼓身部分保存较好。鼓身之大小、形制以及绘画部位等方面皆与浏阳鼗鼓极为相似。浏阳鼗鼓之鼓柄穿腰而过,而南通鼗鼓鼓身正上方有一圆状残损(图 22),疑似上方鼓柄折损而造成的。

图 21　浏阳文庙鼗鼓

图 22　南通文庙鼗鼓鼓身上方破损

---

① 　王子初主编:《中国音乐文物大系·湖南卷》,郑州,大象出版社,第 244 页。

9.南通文庙搏拊鼓

展厅现展搏拊鼓1件(图23)。鼓身为木质,鼓面为皮质,鼓架不存。使用时,鼓横放于木质鼓架之上。鼓身圆筒状,鼓腰起棱,两端鼓面略小,鼓腔保存完整,部分红漆剥落。鼓面与鼓身的连接处置2行铁质乳钉,外环绘制花朵和绿叶等精致小图案。两端鼓面用蓝、黑、红等色彩绘制游龙与祥云的纹饰,龙头正面直冲鼓外而来,栩栩如生,威严万分(图24)。

图 23 南通文庙搏拊鼓　　　图 24 南通文庙搏拊鼓鼓面

湖南博物馆存有2件制造于光绪二十七年的浏阳古乐搏拊鼓(图25)[①],保存较好。南通文庙搏拊鼓之木桶状的形制、鼓腰起棱的部位、铁质乳钉的部位、鼓面绘画等特征,都与浏阳搏拊鼓极为相似。唯一不同的是鼓面的纹饰,浏阳搏拊鼓鼓面绘狮子滚绣球图,而南通搏拊鼓绘制游龙纹饰。

图 25 浏阳文庙搏拊鼓

① 王子初主编:《中国音乐文物大系·湖南卷》,郑州,大象出版社,第244页。

三、相关史料述析

清朝对宫廷雅乐的重视达到了一定的高峰,自皇太极时期起,祭孔典礼便已成为清代宫廷中一种重要的祭礼大典。祭孔仪式的庄严肃穆,充分传播着孔子"克己复礼""中正和谐""仁义礼让"的道德思想,以此教化民众、凝聚人心,达到巩固国家政权稳定的最终目的。从顺治至乾隆,祭孔音乐逐渐发展形成了一套较为完备的体系,以至上自宫廷下至地方都深受影响。自康熙时期,国子监文庙与山东曲阜孔子庙之乐舞的仪式规格有了明确的规范,其皆以明代"中和韶乐"之规格沿用,成为宫廷雅乐的典范。而地方文庙则多用"乡乐"之规格。至道光年间,邱之稑创制的浏阳文庙古乐更是将这一祭礼思想与文庙音乐推至一个高点,各地方文庙乐舞多以此为范本效仿之。毫无疑问,南通文庙礼乐也深受浏阳古乐的影响。

根据"光绪二十二年重兴乐舞表"所载,南通文庙音乐初创时所用乐器编制为特钟一,编钟十六,镛钟一;特磬一,编磬十六;瑟二,琴四;笛二,笙二;柷一,敔一;搏拊二,应鼓一,鼗鼓(未记数),鼍鼓(未记数);节二,麾二,羽籥三十六。[1]再看邱之稑《丁祭礼乐备考》曾记载浏阳祭孔音乐初创时所用乐器编制为特钟一,编钟十有六在东;特磬一,编磬十有六在西;东升龙麾一,应鼓一,柷一;西降龙麾一,鼗鼓一,敔一;东西分列琴六,瑟四,箫六,笛六,篪二,排箫二,笙六,埙二,搏拊二,旌二,羽籥三十有六。[2]因此在乐器编制方面,南通文庙音乐初创时在规模框架上与浏阳文庙音乐基本一致,在乐器种类上略有所不同,前者的丝类竹类乐器数量少于后者;在所用乐器铭文与纹饰设计上更加精致,向古看齐,采用小篆的字体,多饰以龙纹与祥云纹。南通文庙礼乐不仅将宫廷祭孔礼乐与邱之稑浏阳文庙礼乐为模板制作了最贴近二者的地方文庙音乐,并且不断革新着祀典乐器编制。至光绪三十三年时,南通文庙礼乐已发展为一套较为成熟的编制体系。

南通文庙礼乐重兴时已是晚清时期,正是内忧外患之际,西学思想逐渐流入,大清王朝的专制统治充满了危机。因此为了稳固政权,加强思想统治、强化礼教纲常成为一件极其重要的事情。许多地方都试图重兴祭孔礼乐,然而多数难以实施。当时的汪树堂与张謇在筹兴南通文庙礼乐一事中达成一致,并将此事落到了实处实属难得,然二人出发点的本质却是有所不同。

汪树堂作为通州知府上任后,对当时士大夫竞尚西学且很大一部分人已弃传

---

① 范铠:《中国地方志集成·江苏府县府志》,南京,江苏古籍出版社,第185页。

② [清]邱之稑:《丁祭礼乐备考》,湖南,湖湘文库编辑出版委员会、湖南文艺出版社,第23页。

统于不顾的现象十分忧心。作为传统封建皇权的拥护者,他希望借助重兴文庙礼乐来复振礼教,端正风俗,以规范来约束民心,试图重归和谐的社会秩序。张謇自小受到传统思想的熏陶,对儒家之"礼"十分推崇,他曾说:"人有礼则安,无礼则危"①、"盖一人无礼则身危,千万人无礼则国危"②。但他作为清朝新兴资产阶级的代表,受到西方现代文明的冲击,并没有选择通过政途来达到"救世拯民"的目的。张謇通过通海御日团练开始与地方官员有所接触,借此了解到汪树堂对文庙乐舞筹兴的想法之后,在儒家传统中浸润出的忧患意识与"以天下为己任"的入世精神使得他开始为筹兴乐舞一事而奔走,希望从重兴文庙乐舞中延续儒家"礼"之真谛。即使汪树堂与张謇在南通文庙礼乐重兴上是一次完美的合作,但二人不同的思想内核使得他们在之后的纱厂筹资上产生矛盾,分道扬镳。

遗憾的是,部分南通文庙乐器文物在抗日战争中遭到劫难,只能从剩余的乐器以及文献记载中窥探曾经编制齐备的盛大文庙祭祀乐舞画面。南通祭孔音乐顺承浏阳祭孔音乐,与清代宫廷雅乐有着极大的联系。它作为连接着宫廷礼乐与民间"乡乐"的纽带,在南通受到了极大的重视,成为晚清通州府地方音乐中不可或缺的一部分。晚清地方文庙音乐以祭孔为衣,实则以儒家音乐思想中的教化功能来达到地方政府对人民思想的规范与束缚。然而在外邦入侵和战火纷飞的年代,重兴文庙音乐对于社会维稳已是治标不治本。对于南通文庙祭孔音乐的研究,还要从乐器本身以乐舞编制等细节方面进行更为深入和详细的研究,才能得到更加全面的认识,并从中揭示儒家音乐文化对清朝宫廷与地方的影响与链接。

---

① 李明勋、尤世玮主编:《张謇全集 4》,上海,上海辞书出版社,2012 年版,第 499 页。
② 李明勋、尤世玮主编:《张謇全集 4》,上海,上海辞书出版社,2012 年版,第 512 页。

音乐图像遗存视角探究散乐之变

沈阳音乐学院研究生　杨诗彤

摘要：散乐一词最早出自《周礼》一书，意为"舞四夷之乐"。随朝代更迭，政治、文化、经济的不断发展，散乐的表演场合、形式、人员及乐器组合逐渐发生改变。音乐图像遗存当中不乏散乐图像的身影，从两汉、隋唐至辽宋金时期的散乐图像不仅是社会变革的真实写照，再现了散乐艺术的流传变革，其史学价值与艺术价值不言而喻。本文针对"散乐"一词进行索引，试从我国古代文献及出土音乐图像遗存中对散乐由两方向入手，推导出散乐一词于不同时代之变。

关键词：散乐　音乐图像　变迁　时代

散乐是中国古代音乐表演形式的一种，最早起源于《周礼·春官》①最初意为"舞四夷之乐"，随着时间发展散乐不断变迁，散乐涵义发生改变，其泛指表演形式包括歌舞、器乐、角抵、武术、杂技等多种艺术形式。隋唐燕乐体系下的散乐为"九、十部乐"兼及"四夷之乐"，晚唐时期，部分高等级墓葬中出现散乐组合，五代时期上层社会垄断散乐表演内容并在辽宋时期持续发展，随着社会性质的转变逐渐有"杂乐"转变"正乐"。当代学者对散乐进行深入探究，对散乐这一表演形式、变化过程产生疑问。本文就散乐内涵之变、散乐表演之变两方面了解散乐于不同时代有何变化。

一、散乐内涵之变

在中国历史进程当中，散乐与百戏往往被学者认为是同一种音乐表演形式。《中国音乐史略》②中道："百戏，又名散乐。它是杂技、歌舞及民间各种新的音乐伎艺的总称。"其表示散乐、百戏为同一音乐类型。《中国古代音乐史稿》③中隋唐部分写道："散乐是什么？散乐是周代以来，用以概括一切尚未得到统治阶层正式重

---

① 周公旦(西周)：《周礼》，www.guoxue.com/book/zhouli/0003.htm。
② 吴钊、刘东升：《中国音乐史略》，北京：人民音乐出版社，2014年版。
③ 杨荫浏：《中国古代音乐史稿》，江苏：江苏文艺出版社，2009年版。

视的各种民间音乐形式的总的名称……散乐又名百戏……"该书同样认为百戏与散乐为同种艺术类型。

但历来学者研究当中,部分学者对散乐与百戏是否为相同艺术形式产生不同的意见。赵悦岩《散乐与百戏关系考》①认为"散乐与百戏'并非一也'",任德昕《中国的散乐与百戏初探》②同认为"散乐非百戏"。故笔者对此产生疑惑,对散乐之名称展开研究。

为佐证汉代散乐与百戏是否为同一音乐类型,查阅相关文献。散乐一词最早起源于《周礼·春官》:"旄人掌教舞散乐……凡祭祀、宾客,舞其燕乐。"其字面含义中,"夷乐"为四夷之乐,以舞的方式表演四夷之乐。与之相对燕乐为祭祀、宾客的音乐。以《周礼》内容来说,散乐于当时社会并非雅乐,雅乐作为帝王朝贺、祭祀天地大典所用之乐,二者之间属两类音乐表演形式。

"百戏"一词最早见于《后汉书》③:"十二月甲子……罢鱼龙蔓延百戏""诏太常……角抵百戏"。结合前文,暂得知百戏具有一定娱乐性质。记载以其字面含义来讲,《周礼》认为散乐属性更强调在音乐中舞的作用,汉代百戏属于杂乐、杂技、舞蹈等多种民间音乐艺术的总称,二者在表演形式上有所重叠,以目前所见,汉代时期百戏与散乐似并不能看作同义词。

《隋书》④:"始齐武平中,有鱼龙烂漫……百有余物,名为百戏……奏征齐散乐人……盖秦角抵之流者也。"从此可看散乐表演内容中出现角抵。结合上文汉代于百戏中包含角抵演出的说法,或可得出汉时期对散乐与百戏确有可能混为一谈,但从《隋书》字面意义来看,隋时期百戏与散乐划分为两种音乐形式,却处于同一表演场景。

《周书》⑤道:"散乐杂戏鱼龙烂漫之伎,常在目前。"其文阐释散乐的表演内容杂糅。唐《通典·卷一百四十六乐六》⑥言:"散乐隋以前谓之百戏,前代杂乐……"似乎佐证隋时期,将散乐与百戏视作同一种音乐类型。同《通典》载:"散乐,非部伍之声,俳优歌舞杂奏。"以《通典》中对散乐的形容来看,"非部伍之声"代表其不同于唐教坊奏乐,属于民间之乐在唐时期属于"杂乐"。按其"杂乐"的说法,故唐时期将散乐与百戏混淆确有可考之处。

《辽史》⑦对散乐介绍道:"今之散乐,俳优、歌舞杂进,往往汉乐府之遗声……

① 赵悦岩:《散乐与百戏关系考》,艺术评鉴,2022,(15)。
② 任德昕:《中国的散乐与百戏初探》,侨园,2019,(11)。
③ 范晔(南宋):《后汉书》,中华书局,2016年版。
④ 魏征(唐):《隋书》,https://www.yuwenmi.com/guoxue/suishu/2693_8.html。
⑤ 令狐德棻(唐):《周书》,https://so.gushiwen.cn/guwen/bookv.aspx。
⑥ 杜佑(唐):《通典》,中华书局,1988年版。
⑦ 脱脱(元):《辽史·乐志》,https://www.gushiji.cc/dianji/3749.html。

辽有散乐,盖由此矣。"文中写道:散乐于辽代效仿汉乐府之遗音,于辽代典籍中并未找到"百戏"的身影。《宋史》①记载:"每上元观灯……台南设灯山,灯山前陈百戏,山棚上用散乐、女弟子舞。"其言语间表达散乐与百戏为两类音乐表演形式。而对于百戏而言,《东京梦华录》②中记载:"自早呈拽百戏……鼓板、小唱……道术之类,色色有之。至暮呈拽不尽。"其于宋代而言,散乐似回归周时期,以舞为主要表现形式,百戏则为各种民间杂技的总称。

《中国音乐词典》③中道:"北宋教坊'燕乐'于靖康(公元 1127 年)后入金,称为'散乐'。辽金以'大乐''散乐'与本民族、其他民族之乐合称'燕乐'。"按本书所言,散乐于宋金后并兼具燕乐之功能,彻底步入上流社会表演名单当中。

就此对于散乐称谓之疑进行梳理,笔者认为散乐自周代起,以外邦舞乐为主。经历时代沉浮,汉代散乐与百戏相混杂,活跃于下层百姓娱乐活动当中,造就当代百戏与散乐同义的现象。于隋唐两代发展过程当中,不断纠正其表演形式与内容,提升散乐表演,最终于宋辽金时期彻底步入上流社会表演名单之中。

二、散乐表演之变

散乐表演非从一而终,而是随时代发展不停变化。以散乐变化内容来讲,可将散乐变化可划分为表演场合、表演形式及乐器组合。

(一)表演形式

《周礼》中对于散乐分类与表演方式是基于音乐的来源及音乐表现出的特质,燕乐作为帝王朝贺、祭祀天地大典所用之乐,散乐为四夷之乐,二者之间属两类音乐表演形式,于地位上而言,燕乐处主导地位。出土音乐图像遗存中,两周相较于前朝出土音乐遗存中出现部分漆绘乐舞图像,但绘制内容为燕乐、巫舞等。燕乐图像遗存反映出当时的贵族宴饮乐舞活动的内容,巫舞图像遗存出自"信阳长台关 1号墓"出土的"漆绘乐舞图像",表达的是楚国巫舞的场面。这类巫舞属于祭祀音乐类别,非散乐表演范围,并未找到相关存世散乐图。

出土两汉时期音乐图像遗存"河南新密打虎亭 2 号墓戏车画像石"④、"山东沂南县北寨村汉墓乐舞百戏图"⑤、"济宁城南张百戏乐舞图"⑥等,存世数量较多,而

---

① 脱脱(元):《宋史·乐志》,https://guoxue.httpcn.com/html/book/CQRNTBKO/KOXVCQUYRN.shtml。
② 孟元老(宋):《东京梦华录(外四种)》,中华书局,1962 年版。
③ 中国艺术研究院音乐研究所:《中国音乐词典》,人民音乐出版社,1985 年版。
④ 王子初:《中国音乐文物大系·河南卷》,大象出版社,2000 年版。
⑤⑥ 王子初:《中国音乐文物大系·山东卷》,大象出版社,2000 年版。

如上书散乐内涵之变所述"汉代不言散乐而言百戏",故针对汉代散乐出土音乐图像遗存名称均以"百戏"命名。

通过前节知散乐与百戏于汉代表演形式相互重叠,名称相互混淆。百戏在音乐表演形式上吸收前朝散乐舞的特性,基于民间音乐艺术发展作为杂技、舞蹈等多种民间表演形式的总称,"济宁城南张百戏乐舞图"共三面石刻,三面均雕刻有音乐相关内容。其一面为建鼓乐舞和倒立,其二石面中者抚琴,其三石面右段上列为奏乐队伍,下列有鼓上倒立、舞轮、飞剑、跳丸和杂技舞蹈。"南阳王寨画像石"①画面以鼓舞为中心,伴随左右两侧演员舞蹈、乐伎伴奏、百戏表演等,其画像石可看演员计数有约 13 人,表演形式丰富多样。综上画面表现音乐形式多样,但与传统雅乐并无关联。从中可以看出"百戏"一词于汉代用以指附有娱乐性质的俗乐范畴。

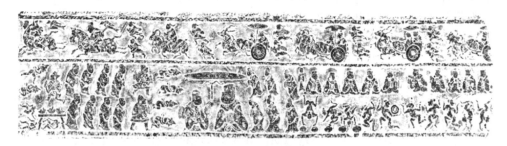

图 1　济宁城南张乐舞百戏画像石

图 2　南阳王寨右门楣画像石

散乐于魏晋时期同样有"百戏"之称,《魏书》②记载:"六年冬,诏太乐、总章、鼓吹增修杂伎,造五兵、角抵……高絙百尺、长趫、缘橦、跳丸、五案以备百戏……

---

①　王子初:《中国音乐文物大系·河南卷》,大象出版社,2000 年版。
②　[北朝]魏收:《魏书·卷 109　乐志五第十四》,https://www.zhonghuashu.com/wiki。

如汉晋之旧也。"其文预示魏晋时期散乐延续百戏之称谓。《中国音乐文物大系
（山西卷）》①所载云冈石窟中第三十八窟第四组北壁记载百戏伎乐"幢倒伎乐"，下层
计14人，分两处，每处竖一粗杆，竖杆顶部有一玩杂技者正在倒立。其表现音乐形式趋
于民间杂耍、娱乐，结合《魏书》内容，魏晋时期百戏表演内容依旧杂糅，区别于雅乐。

图3　幢倒伎乐图·第三十八窟　　　图4　宣阳韩城散乐雕砖

　　隋唐时期较前朝音乐发生较大变化，随胡乐兴起，礼乐文化受异文化冲击。隋
唐时期礼乐以《周礼》为框架进行重新规划，重新使用"散乐"一词，但隋唐之"散乐"
于周之"散乐"不可同日而语。《通典》载："又有新声自河西至者，号胡音声，与龟兹
乐、散乐俱为时重……"唐代散乐成为真正意义上的"杂乐"，从字面含义即为具有
一定娱乐性质的歌舞、演奏音乐。"宜阳韩城散乐砖雕"②刻画8伎乐仕女，分上下
两排演奏图景。图中仕女均头梳高髻，高鼻小口，面部丰满。整个面容、发型、服饰
具有盛唐之风。从表演类型看，唐代散乐表演形式趋向歌舞乐、伴奏乐，与汉百戏
产生表演形式上的差别。

　　辽宋金时期散乐表演固定于歌舞乐形式，例"宣化张世卿散乐壁画"③、"宣化
下八里2号墓散乐壁画"④、"宣化韩师训墓散乐和弹唱壁画"⑤、"宣化张世古墓散
乐壁画"⑥等。不难看出辽代散乐表演形式大多为歌舞乐或乐队组合，符合上节中
对散乐于辽宋金时期同燕乐之猜想。河南同样出土一系列散乐命名之音乐壁画，
例"温县王家宋墓散乐杂剧砖雕""开封繁塔散乐砖雕"⑦"白沙宋墓散乐砖雕"等。

　　①　王子初：《中国音乐文物大系·山西卷》，大象出版社，2000年版。
　　②⑦　王子初：《中国音乐文物大系·河南卷》，大象出版社，2000年版。
　　③④⑤⑥　王子初：《中国音乐文物大系·河北卷》，大象出版社，2000年版。

就表演形式来讲,宋代散乐大多为乐器组合演奏与唐代无异。多数砖雕以散乐与杂剧命名,但探究后可了解其为两种表演形式。内蒙古地区出土金音乐图像遗存,例"通辽伎乐纹镜"①镜背铸8位浮雕伎乐人,均宽袍大袖。手执8种不同乐器作演奏状。表现的内容为金代的散乐形式。

图5　宣化韩师训墓散乐图

图6　宣化下八里2号散乐壁画　　　　图7　宣化张世古墓散乐壁画

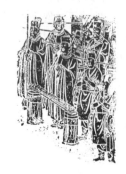

图8　温县王村宋墓散乐雕砖　　　　图9、图10　开封繁塔散乐雕砖

---

① 　王子初:《中国音乐文物大系·内蒙古卷》,大象出版社,2000年版。

结合辽宋金出土音乐图像遗存,散乐于辽宋金时期表演形式基本归于表现歌舞乐或器乐演奏,而后朝代延续辽宋金散乐表演形式。

(二) 表演场合

散乐表演场合随朝代变化不断更替。汉代"滕州西古寺鼓建杂技图"①画绘内容华盖,有两猴在华盖上嬉戏,其意推测为出行。鼓侧有 2 人持桴击鼓;左下为伴奏者,1 人抚琴,双手作拨弄状;1 人似执碰铃;伴奏者上方为杂技表演,其 1 人作跳丸之伎;1 人叠案倒立,作反弓状。"滕州龙阳店乐舞百戏画像石"②画面分二,其表演内容有乐舞、杂技、骑马、六博之戏、车马出行图等画面。"沂南县北寨村汉墓乐舞百戏图"③与上述类似,故汉代表演百戏场景较混杂,并非固定宴饮场合,在墓葬中,百戏图常与出行图一同出现。

图 11 滕州西古寺建鼓杂技图画像石 　　图 12 滕州龙阳店乐舞百戏画像石

图 13 沂南北寨乐舞百戏图画像石

隋唐时期与五代音乐图像遗存进行对比,确定散乐于当朝表演场景:"曲阳王处直伎乐石刻"④表演场景与墓壁画左涂绘生活场景,"唐懿德太子墓"⑤前室壁画描绘唐代宫廷的日常生活。西壁北边有一宫女图,宫女七人。手捧杯子。其余六

①②③ 王子初:《中国音乐文物大系·山东卷》,大象出版社,2000 年版。
④ 王子初:《中国音乐文物大系·河北卷》,大象出版社,2000 年版。
⑤ 陕西省博物馆、乾县文教局唐墓发掘组:《唐懿德太子墓发掘简报》,https://kns.cnki.net。

人分三排作行进姿势。西壁南边也画宫女七人,为宫廷的伎乐、供奉。壁南边画宫女,头一人手捧果盘,其余八人分两队四排,每排各二人,一人手执箜篌,一人手持琴,一人怀抱琵琶。二者演奏所处场合,画面内同相似,唐懿德太子墓中左侧壁画有侍者持烛台,可见其画面绘制场景为黑夜,且仕女持杯侍奉,推测其为夜宴场合。

图 14　曲阳王处直伎乐石刻

图 15　唐懿德太子墓西壁南北壁画

　　辽宋金时期散乐作为音乐主要乐舞形式,音乐图像遗存"散乐图"总是伴随"宴饮图"或"出行图"一同出土。北宋"林州赵翁慕散乐壁画"①散乐图上绘 5 个乐伎,右下 1 人为舞伎,左 1 人双手执拍板;图正中 1 人双手执杖作击鼓姿,左后 1 人双手操笛横吹,右后一乐伎双手执竽簧作吹奏姿,其同墓葬出土伴随送行图、饮宴图。"通辽伎乐纹镜"镜背铸 8 位浮雕伎乐人,均宽袍大袖。手执 8 种不同乐器作演奏状。表现的内容为金代的散乐形式,一般散乐用于朝贺和接待外国使者场面,由教坊演奏。金"林州赵处墓散乐壁画"②散乐图位于墓室东南壁,同墓葬其他壁画亦有宴饮图。故散乐于不断发展中,音乐表演趋向于"宴饮之乐",表演场景归于上层社会宴饮场所。

图 16　林州赵翁墓散乐壁画

图 17　通辽伎乐纹镜

图 18　林州赵处墓散乐壁画

　　①②　王子初:《中国音乐文物大系·河南卷》,大象出版社,2000 年版。

（三）乐器组合

散乐由于在不同朝代表演形式发生改变,就上节研究内容而言,散乐于汉时期并无固定乐器组合,但大多数出土百戏图中都有鼓的身影,猜想汉时期百戏由于其表演形式多种多样,所以汉代百戏并无固定乐器组合,音乐表现上看重节奏。

隋唐时期据《通典》载:"散乐,从横笛一,拍板一,腰鼓三……皆不足称也。"得知散乐有部分固定乐器组合,但由于面对不同场合,则会搭配其他不同乐器。

唐五代"曲阳王处直伎乐石刻"图像右下角有 2 个身材矮小的男子,或为侏儒似在进行表演。其余 12 名演奏者皆为女子,分列前后两排。唐代"宜阳韩城散乐砖雕"刻画 8 伎乐人,伎乐人分前后两排,前排伎乐人演奏乐器由左至右分别为曲项琵琶、钹、箫、笙。后排从左至右依次是拍板、箫、鼓、横笛。二者乐队组合横笛、拍板、鼓俱全,符合《通典》所记载配置,为典型的散乐表演组合。

辽宋金时期散乐组合更多延续唐代之组合,结合一系列辽、宋、金时期壁画对其所绘乐器进行分析,"宣化张世卿散乐壁画"图中 12 人,11 人为乐队,乐队前后两排,前排 5 人,后排 6 人,所用乐器为 1 大鼓、1 腰鼓、2 筚篥、1 笙、1 排箫、2 笛、1 琵琶、1 拍板。辽"宣化韩师训墓散乐壁画"前室东壁绘散乐图,画面共 9 人,7 人为乐手,其中击腰鼓者 2 人,吹筚篥者、吹笛者、吹笙者、击拍板者、击大鼓者各一人。

"禹州白沙宋墓散乐壁画"是北宋时期散乐壁画,属于宋代早期散乐壁画,其绘制内容有女乐者 11 人。乐工分左右两侧对面而立,从左自右对画面进行阐释,左 1 女子双手捧笙吹奏;左 2 者位于后排,双手捧筚篥或笛吹奏;左 3 位于前排,吹奏排箫,细数排箫管数应为十二;左 4 为后排,其双手持萧吹奏;左 5 右手拨弦,左手环抱琵琶弹奏;画中一舞者,左手屈胸前,右手举过头顶作舞蹈状;右 5 双手持细管筚篥吹奏;右 4 为后排女子击拍板;右 3 为前排女子吹奏横笛;右 2 敲鼓;最右边的右 1 双手敲击腰鼓。再结合金"林州赵处墓散乐壁画"所绘乐器以表格进行比对。

图像遗存名称	朝代	横笛	拍板	鼓	其他乐器
"曲阳王处直伎乐石刻"	唐五代	2	1	2	筚篥 2、答腊鼓、方响、笙、琵琶、筝、箜篌
"宜阳韩城散乐砖雕"	唐	1	1	1	曲项琵琶、钹、箫、笙
"宣化张世卿散乐壁画"	辽	3	1	2	筚篥 2、笙、排箫、琵琶
"宣化韩师训墓散乐壁画"	辽	1	1	3	筚篥、笙
"禹州白沙宋墓散乐壁画"	宋	1	1	2	筚篥、五弦琵琶、排箫、箫、笙
"林州赵处墓散乐壁画"	金	1	1	3	筚篥

上文壁画所绘的乐器,与《通史》所载相对比《辽史》"辽有散乐,盖由此矣,散乐

器、箫、笛、笙、琵琶、五弦、箜篌、筝、方响、杖鼓、第二鼓、第三鼓腰鼓、大鼓、鞚、拍板。"辽宋金时期散乐基本遵照唐《通史》所记载,大体以"笛、拍板、鼓"为中心,以其他乐器为辅,相较于《辽史》所言五弦、箜篌、方响及杖鼓并不为固定使用乐器,但常用筚篥、坚笛等。

结　　语

散乐源于《周礼》所载四夷之乐,与燕乐相对。汉代散乐与百戏内容相互混淆,造就后世以百戏代指散乐之状况。隋唐时期,由名称上恢复散乐之名,表演内容上由于胡乐兴起,散乐受到一定影响。晚唐、五代时期,随政治与社会结构变化,散乐地位发生改变,其内容向雅乐靠拢,雅乐、杂乐相互融合。辽宋金时代,市井音乐高速发展,造就散乐流行之景象,散乐逐渐成为"宴饮之乐"。

我国目前出土音乐图像遗存,极大程度重现散乐与时代下发生的不同变化。在图像视角下,散乐不仅表现出不同时代展现的不同表演形式,更能从图像中体现当时社会对于音乐的审美需求,不同社会阶层对音乐的相关要求。散乐在时代不同发展中,逐步展现出"雅俗共赏"的特点,揭示出音乐艺术的最终于时代下发生的变化。

参考文献:

[1] 中国艺术研究院音乐研究所:《中国音乐词典》,人民音乐出版社,1985 年版。

[2] 王子初:《中国音乐文物大系》,大象出版社,2000 年版。

[3] 吴钊、刘东升:《中国音乐史略》,北京:人民音乐出版社,2014 年版。

[4] 孟元老(宋):《东京梦华录(外四种)》,中华书局,1962 年版。

[5] 杜佑(唐):《通典》,中华书局,1988 年版。

[6] 范晔(南宋):《后汉书》,中华书局,2016 年版。

[7] 脱脱(元):《辽史·乐志》　https://www.gushiji.cc/dianji/3749.html。

[8] 魏收:《魏书》　https://www.zhonghuashu.com。

[9] 周公旦(西周):《周礼》　www.guoxue.com。

[10] 魏征(唐):《隋书》　https://www.yuwenmi.com。

[11] 令狐德棻(唐):《周书》　https://so.gushiwen.cn。

[12] 陕西省博物馆、乾县文教局唐墓发掘组:《唐懿德太子墓发掘简报》　https://kns.cnki.net。

[13] 赵悦岩:《散乐与百戏关系考》,艺术评鉴,2022,(15)。

[14] 任德昕:《中国的散乐与百戏初探》,侨园,2019,(11)。

古乐器用于垂直数据的复原与创作

沈阳音乐学院研究生　陈　冲

摘要：在现代技术的快速发展下,古乐器如何利用垂直数据与Gpt-4人工智能技术实现深度融合,从而产生新的音乐创作和表达方式？笔者基于生成式预训练Transformer人工智能GPT-4(称Generative Pre-trained Transformer 4),以实验音乐考古学学科共同目的为基础,运用虚拟制造手段,采用大量垂直数据对古乐器的外观、音色、性能进行复原的尝试,并采取多模态技术,对古乐器演奏场景模拟复原,旨在实现人机互动演奏与创作,并探讨跨学科的意义及价值。

关键词：古乐器复原　Gpt-4　垂直数据　多模态　创作　跨学科意义

受限于古代信息媒介,中国古代音乐史研究一直被戏称为"哑巴音乐史"。"古乐器"作为"古代人类社会音乐生活遗留下来的实物史料"①之一,与乐俑、音乐艺术活动有关的器物铭文、各种器皿饰绘、堆塑、雕砖石刻、洞窟壁画②以及涉及音乐内容的图书、乐谱等物质载体一齐帮助我们了解古代音乐。古乐器历经千年,许多已改变原貌,给复原工作带来挑战。为保护和传承这一遗产,垂直精细化数据技术的融合成为推动古乐器持续发展和创新的关键。

一、古乐器与GPT：传统与未来的对话

在复制和复原古代乐器的过程中,"实验音乐考古"这一新兴学科逐渐形成。其历史主要集中于近三十年的研究,经历了四个阶段,同时构成传统古乐器复原路径：

（一）古代对古乐器保护、复原的初始阶段

3000余年以前,古人初步意识到保护和复原古代乐器的意义,并率先作出尝试③。《国语·周语》中记载了周景王与制作钟律的伶州鸠的对话："律,所以立均

---

①② 王子初：《中国音乐考古学》,北京：人民音乐出版社,2020年版,第23页。
③ 王子初、杨明：《实验音乐考古在中国》,中国音乐,2023(03)：87—100,第88页。

出度也。古之神瞽①考中声而量之以制，度律均钟"②，古代神瞽需要通过均钟所测量出的规范音律才可以得到具体的音高标准，这可证明实验中的音乐声学工具"准"的存在并广泛应用③。

（二）实验音乐考古学开创阶段

20 世纪 30 年代在新文化运动背景下，刘复转变了④古代金石学仅研究乐器外观、重量和年代的观点，专注于音乐文物性能的研究。他结合现代科学原理⑤，对北京故宫、天坛清宫、河南博物馆等多地音乐文物进行测音考察，设计了具有重大参考价值的"定音小准"。刘复的研究不仅开创了"中国音乐考古学"，也标志着"实验音乐考古学"研究的起点。

（三）复制、复原古乐器经验积累阶段

自然科学的研究方法和现代科技手段兴起，如"无机材料的化学分析方法、声学检测的物理分析方法、电子计算机 X 线断层扫描、三维扫描及 3D 打印技术、金属工艺学及冶金精密铸造技术等"⑥已替代传统测量方式，为古乐器复原带来新机遇。王子初等人的《碎金风华：音乐文物的复制、复原研究》（2021 年版）中采用了上述技术对曾侯乙编钟、贾湖骨笛、西汉江都王刘飞墓仿玉玻璃编磬等古乐器复制、复原。方建军也在《音乐考古学通论》（2020 年版）中探讨了"模拟实验"⑦研究方法。可见实验音乐考古技术经验的不断积累。

（四）对古乐器采用跨学科手段的复原技术理论创新阶段

随着实验音乐考古学研究的深入，研究手段不断丰富，开始融合跨学科理论。潘子敬、訾威将工程学领域下"逆向工程研究"的理论置于实验音乐考古研究中使用，"逆向工程研究"专注于通过"'数据测量——建立模型——生产复制'的过程提升古乐器'产能（生产技术）'"⑧。而斯坦福大学的研究者探讨了基于物理模型的音乐声音合成技术。⑨

---

① 先秦宫廷以目疾者掌乐，谓之"神瞽"。

② ［春秋］左丘明：《国语·周语》，北京：华龄出版社，2002 年版，第 49 页。

③ 黄翔鹏，均钟考：《曾侯乙墓五弦器研究（上）》，黄钟（武汉音乐学院学报），1989（01）：38—51.第 38 页。

④ 刘复（1891~1934），即刘半农。语言学家、文学家、音乐考古学家。原名寿彭，字半农，号曲庵，笔名寒星，江苏省江阴县人。曾任《中华新报》特约编译员和中华书局编辑、《新青年》重要撰稿人之一和编辑、北京大学预科教授。

⑤ 王子初：《刘半农的清宫古乐器测音研究与中国音乐考古学》，音乐艺术，1992（01）：43—47＋42，第 43 页。

⑥ 王子初、杨明：《实验音乐考古在中国》，中国音乐，2023（03）：87—100，第 88 页。

⑦ 方建军：《音乐考古学通论》，北京：人民音乐出版，2020 年版，第 262 页。

⑧ 潘子敬、訾威：《实验音乐考古研究中所蕴藏的逆向工程思维与方法》，黄钟（武汉音乐学院学报），2023（02）：119—127＋22＋168.第 119—127 页。

⑨ *Center for Computer Research in Music and Acoustics*（*CCRMA*）*Department of Music*，Stanford University，Stanford，California94305USA.P2.

可以说,人工智能为古乐器复原和音乐科学开辟了更广阔的创新空间。

　　跨学科融合背景下,人工智能技术,以 GPT(Generative Pre-trained Transformer)的应用最多,为音乐领域带来了前所未有的机遇和挑战。GPT 具备"人工智能现有基本模型是以逻辑推理为核心的符号主义 AI、以数据驱动为核心的连接主义 AI(深度学习)、以反馈控制为核心的行为主义 AI(强化学习)"[①]的三大特征,是一种基于深度学习后能够自动生成自然语言的技术。目前,已发展至第四代,即 GPT-4[②]。它结合了 ChatGPT、GPT-3.5 和 CLIP 等多种技术,可以处理包括图片和文本在内的多种信息。

　　GPT 技术在音乐领域日益受到重视,其涵盖音乐创作、语音合成、虚拟人物及情感识别等内容。以网易为例[③],自 2018 年投入 GPT 研究后,已推出多个领域的超大规模预训练模型,并在 AIGC、数字孪生等技术上持续深化研发,成果显著。同样,GPT-4 在古乐器模型重建等方面具有巨大的潜力,有望为音乐领域带来更多的创新和突破。

二、垂直数据的生成:AI 模型训练的古乐器复原

　　古乐器"复制"与"复原"概念不同。复制是仅模仿文物现貌,"要做旧如旧,甚至'见残仿残'"[④]而复原则要求恢复文物原初状态,包括音乐性能,需依托出土时的"考古学研究和化学分析资料为依据"。自 1978 年曾侯乙编钟出土,轰动全球,由湖北省博物馆领头,中国科学院自然科学史研究所、武汉机械工艺研究所等众多单位便展开多学科协作[⑤]复制研究。历经四十年,数据成果丰富,适用于 GPT-4 大模型研究。

(一)数据收集和准备

　　复原曾侯乙编钟,包括"编钟编列的恢复、音律精确性的提高和冶铸工艺的完善等三个方面"[⑥]。笔者综合了多年研究数据,参考了图片、文献、视频等多种资

　　① 吴飞:《AI:爬上树梢与攀登月球》,北京:中国科学报,2023.2.13.第 3 版　综合[2023-10-11]. https://wap.sciencenet.cn/mobile.php?type=daily&mobile=1&mydatetime=2023-2-13.

　　② 王晓璇:《未来音乐新风向:人工智能赋能音乐发展——世界音乐人工智能大会述评》,北京:人民音乐,2022(01):84—87.第 4 页。

　　③ 白金蕾:《网易四季度净收入 254 亿元,研发投入 41 亿元已布局》,北京:新京报,2023.2.23[2023-10-11]. GPThttps://baijiahao.baidu.com/s?id=1758617955581182481&wfr=spider&for=pc。

　　④ 王子初:《碎金风华:音乐文物的复制、复原研究》,北京:科学出版社,2021.06.第 6 页。

　　⑤ 王子初:《复原曾侯乙编钟及其设计理念》,中国音乐,2012(04):42—49.第 45 页。

　　⑥ 王子初:《碎金风华:音乐文物的复制、复原研究》,北京:科学出版社,2021.06.第 21 页。

料,包括 22 部专著和 26 篇期刊文章,其中最重要的有《碎金风华:音乐文物的复制、复原研究》①、湖北省博物馆编《曾侯乙》等,在此不一一列举。

(二) 模型建立与训练

GPT-4 技术在古乐器复原中的应用主要遵循以下几个详细步骤:

1. 收集信息:收集多种渠道获取的历史文献、考古发现报告、图像和声音频谱等多模态数据,涉及编钟数量、形制数据、结构尺寸、工艺细节(铭文、纹饰)、冶金工艺(材料配比)、声学特性(乐律学)等方面。利用 GPT-4 对这些多模态数据进行深度分析和整合,将这些离散信息整合成全面的编钟描述,筛选掉相对滞后的信息。

2. 数据预处理:在此阶段,GPT-4 运用其图像解析能力来识别编钟的形状、纹饰、铭文、材质纹理等,将这些细节转化为建模所需的精确数据,有助于确保模型的建模基础与实际编钟尽可能一致。同时,通过声学测试和传感器数据采集,精确捕捉古乐器的声音特性和振动模式。这些数据将经过清洗、去噪和标准化处理,确保质量和一致性。

3. 垂直数据建模:对曾侯乙编钟各类数据进行垂直建模,分别运用图像处理和计算机视觉技术处理图像数据,以及音频处理和信号处理技术处理音频数据,以深入分析和复原多维特征。

4. AI 模型训练:运用大模型与小数据融合的方法,构建古乐器的数字孪生体,实现精准模拟与预测。首先,借助深度机器学习技术,建立专门用于古乐器复原的AI 模型。通过将多模态数据输入模型,训练模型学习;其次,结合声学测试和传感器数据,将古乐器的声音特性和振动模式嵌入数字模型;最后,利用数字孪生体模型,进行模拟和仿真,调整模型的参数和属性,模拟演奏效果。此步骤可使用仿真软件,模拟古乐器传播过程、操控方式,展示了其在多模态处理和古乐器复原方面的高级应用潜力。

(三) 模拟与优化

OpenAI 的 GPT-4 已开始实现工程化,通过高效的预训练方法来加强语言理解能力,优化模型复原的过程。以"曾侯乙编钟"为例,GPT-4 通过高度压缩和优化数据,不断扩展学习领域和知识。人工反馈和调试使模型更加精准,为古乐器复原提供稳定的模态基础。此外,该技术基于开源代码数据,在移动端展现古乐器数字化,如曾侯乙编钟的模型建立。其逻辑可同样应用于其他古乐器,如笙、笛、琵琶等,实现"降本增效"。

---

① 王子初:《碎金风华:音乐文物的复制、复原研究》,北京:科学出版社,2021 年版,第 11—47 页。

三、人机混合智能的音乐未来：多模态模型应用与演示

GPT-4 的出现推动了第三轮人工智能革命，大模型平台现已覆盖 400 多个不同场景，标志着信息交互、理解和形态发展进入新阶段。多模态预训练成为通向人工智能的关键路径，这种大规模训练框架在模态理解和生成能力方面表现卓越，支持不同场景下的"图—文—音"AI 应用快速迁移。基于 GPT-4 构建的"古乐器复原"大模型，利用好多模态大模型为核心，可支撑"古乐器"的全场景的 AI 插件应用。为实现更强大的古乐器复原智能能力，笔者提出了一种人机混合智能的实施方案：

（一）AIGC 古乐器音乐创作

利用 GPT-4 和 AIGC 技术，在古乐器复原和音乐创作领域可取得显著进展，其关键步骤包括：

1. 数据分析和模型训练：基于此前成熟的古乐器 GPT-4 模型，将已经复原好的编钟模型调音，使之演奏曲谱，在 AIGC 开始创作之前，了解古乐器相关历史、曲目、演奏方式，这将更好地理解如何使用这些乐器，通过大量的数据训练和优化，提高古乐器复原的准确性和精度。

2. 人机互动和反馈：古乐器专家与 AI 系统进行密切互动。专家提供精确的乐器特性、历史风格、演奏技巧的专业知识和反馈。GPT-4 在此过程中起到关键作用，通过描述古乐器的旋律特征和时代特色，为 AIGC 创作提供丰富的灵感。如：任务 1：春秋战国时期具备雅乐特征的乐曲；任务 2：现代计算机电子音乐；任务 3：江南民歌等其他风格。

3. 实际应用和验证：在实际项目中所训练的 AI 系统，与传统的复原方法进行对比验证。因曾侯乙编钟是大型古乐器，可适当增添多声部旋律及和声，并标注速度、情感，编配合适的音乐结构，做到真正"仿古"。利用计算机演奏与录制，确保录制质量良好，捕捉到古乐器的音色和特点。进行音频后期制作，包括混音和母带处理，以提高音乐音质和表现力，最后专家评估复原结果及演奏性能。

总之，通过收集古乐器数据并训练优化算法模型，我们实现了机器智能对古乐器的理解。同时，邀请古乐器专家参与项目并提供指导，提高了模型的准确度。结合 GPT-4 和 AIGC 技术，我们确保在理解古乐器特点和音乐理论的基础上，使用人工智能进行音乐创作，让古乐器在现代社会焕发新生。

（二）VR、AR 技术的实施

将古乐器曾侯乙编钟与 VR（虚拟现实）和 AR（增强现实）技术相结合，从商业计划及教育推广角度考虑，移动端笔者选取茶室和博物馆进行场景化展示，需要以

下具体实施步骤：

1. 准备工作：将曾侯乙编钟进行数字化处理，利用 GPT-4 创建一个高质量的 3D 模型，使之能够生成乐音，并符合音乐考古学、实验音乐对曾侯乙编钟的理论研究。

2. 创建虚拟环境：为茶室和博物馆场景创建虚拟环境，使用虚拟现实开发工具（如 Unity 或 Unreal Engine）来完成。在茶室场景中，包括桌子、椅子、茶具等元素，以实现仿真的茶道体验。在博物馆场景中，包括展览台、标签、照明等元素，以展示编钟的历史和背景信息。

3. 开发 AR 应用程序：使用 AR 开发平台（如 ARKit、ARCore、Vuforia 等）创建一个应用程序，可以识别编钟并在移动设备上显示相关信息。制作 AR 内容，创建与编钟相关的增强现实内容，包括 3D 模型、动画、视频和文本。确保这些内容与编钟的位置和角度相匹配，以提供一致体验。

4. 实施 VR 和 AR 展示：在茶室和博物馆中设置 VR 和 AR 展示站点。为访客提供 VR 头戴设备和移动设备，提供相应说明，以便可以亲身体验虚拟和增强现实环境，语音、视频、图片、文字等多维度数据展示。

5. 用户交互和体验设计：设计用户界面和交互方式，使访客能够自由探索虚拟场景与 AR 内容互动，使用实体"木槌"敲打全息的曾侯乙编钟，并设置水波纹以及相关声道作真实模拟。

6. 整合数字人与 AR 技术：在博物馆场景中，整合数字人技术，打破时空限制，让茶室的客人及博物馆的参观人员可以听到数字人讲解编钟的工作原理、历史故事、音乐示范等内容，与数字人互动问答，将虚拟元素与现实世界相结合，创造出全新的沉浸式体验，并由此延伸全场景，使用全息、头戴式设备以及手机、平板等多种移动端，用户在家中、商场、学校等任意场所均可展现。

7. 优化和推广：在正式发布之前进行测试和优化，确保虚拟和增强现实环境的稳定性、性能和用户友好性。通过宣传、社交媒体、博物馆网站、公众号宣传等多种方式，将茶室和博物馆中的 VR 和 AR 展示推广给观众。

此插件将使得使用者以全新的方式体验古乐器曾侯乙编钟，深入了解其历史和音乐，同时在虚拟和增强现实环境中享受美妙的茶道体验抑或是在博物馆中切身聆听曾侯乙编钟，这一过程中，需确保与 VR 和 AR 开发团队合作，以实现这一愿景的实际落地。

四、文化交流：古乐器与 GPT 的跨学科意义与价值

目前，古乐器复原备受全球关注，其发展不仅有助于人们更深入地理解古代音

乐文化、重现古代音乐魅力,还为音乐教育和演奏带来新机遇。古乐器复原对于保护和传承古代音乐文化至关重要,并在新兴学科中展现了跨学科价值,体现在三点:

(一)对"音乐考古学"及"乐器工艺学"具有意义

实验音乐考古学是一门较为年轻的学科,重在"实验",不断重复器物的"成形"过程,以探求"技术"上的进步①,而这一点与交叉学科"乐器学"产生共鸣。2018年,李子晋就提出将"乐器学"与"计算机科学"融合发展提出构想②。传统的古乐器复原耗时长、成本高。但采用虚拟孪生技术后,可在线模拟真实复原过程,让学习者和爱好者远程实践,降低成本的同时提高工艺精度,"降本增效",为古乐器复原带来革命性变革。

(二)促进跨文化的交流与合作

时任中国科协主席万钢曾言:"随着人工智能技术呈现从数据驱动向场景牵引拓展的趋势,促进了音乐领域与其他领域的跨界融合,迸发出了更大的能量。"③GPT技术结合古乐器复原,可跨越语言文化障碍,促进全球音乐理解与欣赏。这种技术融合有助于音乐创新,让不同文化音乐元素相互影响,创造新颖作品,促进跨文化创意交流。

(三)对音乐教育和非遗文化传承具有重要意义

"许多传统乐器其演奏实践和文化背景正在流失……可以使用数字技术来重新构想传统文化遗产的要素,以提高其公众知名度,并将其展示给更年轻的受众。"④非遗文化本身就因稀缺性、难复制性、工艺复杂等诸多问题难以传承,非遗文化传承仅以乐器为缩影,通过复原古乐器音乐,现代人可以在一定程度上感受到过去文化的音乐氛围,这对于历史兴趣者和音乐爱好者而言是一种宝贵的体验。

结　语

人工智能与乐器复原的研究对各类相关学科的探讨与前瞻,皆是因技术革新

---

① 潘子敬、訾威:《实验音乐考古研究中所蕴藏的逆向工程思维与方法》,黄钟(武汉音乐学院学报):2023(02):119—127+22+16,第119—127页。

② 梁晓晶、李子晋:《音乐与计算机的跨学科对话——2018音乐人工智能发展研讨会侧记》,北京:人民音乐,2019(03):82—84,第83页。

③ 王晓璇:《未来音乐新风向:人工智能赋能音乐发展——世界音乐人工智能大会述评》,人民音乐,2022(01):84—87,第85页。

④ 李子晋、尼克·布莱恩金斯:《跨文化共创设计:数字技术重塑中国传统乐器》,北京:人民音乐,2021(07):55—60,第55页。

而带来的新的启发和突破。通过人工智能技术革新模拟重现古乐器声音,此研究不仅有助于改进现代乐器工艺,提供量级的商业价值,发扬了乐器发展的音乐史,保护和传承古乐器文化遗产,还为未来音乐创作提供了灵感,推动音乐创新。但无论如何,古乐器复原的发展为保护和传承古代音乐文化做出了重要贡献,终究不负代代相传的匠人匠心。

参考文献:

[1] Center for Computer Research in Music and Acoustics(CCRMA) Department of Music, Stanford University, Stanford, California94305USA.

[2] [春秋]左丘明:《国语·周语》,北京:华龄出版社,2002 年版。

[3] 王子初:《中国音乐考古学》,北京:人民音乐出版社,2020.12。

[4] 王子初、杨明:《实验音乐考古在中国》,中国音乐,2023(03):87—100。

[5] 方建军:《音乐考古学通论》,北京:人民音乐出版,2020 年版。

[6] 黄翔鹏:《均钟考——曾侯乙墓五弦器研究(上)》,黄钟.武汉音乐学院学报,1989(01):38—51。

[7] 王子初、杨明:《实验音乐考古在中国》,中国音乐,2023(03):87—100。

[8] 潘子敬、訾威:《实验音乐考古研究中所蕴藏的逆向工程思维与方法》,黄钟(武汉音乐学院学报),2023(02):119—127+22+168。

[9] 王晓璇:《未来音乐新风向:人工智能赋能音乐发展——世界音乐人工智能大会述评》,北京:人民音乐,2022(01):84—87。

[10] 王子初:《复原曾侯乙编钟及其设计理念》,中国音乐,2012(04):42—49。

[11] 梁晓晶、李子晋:《音乐与计算机的跨学科对话——2018 音乐人工智能发展研讨会侧记》,北京:人民音乐,2019(03):82—84。

[12] 王晓璇:《未来音乐新风向:人工智能赋能音乐发展——世界音乐人工智能大会述评》,人民音乐,2022(01):84—87。

[13] 吴飞:《AI:爬上树梢与攀登月球》,北京:中国科学报,2023.2.13.第 3 版综合[2023-10-11].https://wap.sciencenet.cn/mobile.php?type=daily&mobile=1&mydatetime=2023-2-13。

[14] 白金蕾:《网易四季度净收入 254 亿元,研发投入 41 亿元已布局》,北京:新京报,2023.2.23[2023-10-11]. GPThttps://baijiahao.baidu.com/s?id=1758617595581182481&wfr=spider&for=pc。

敖汉北三家辽墓音乐壁画初探

沈阳音乐学院研究生　　王煦然

摘要:敖汉北三家辽墓,位于今内蒙古自治区,是敖汉旗文化馆于1978年及1979年抢救性发掘的三座辽代中晚期墓葬。根据周边辽墓及墓葬形制推测,可能为当时武安州最高统治者的家族墓地。清理时虽随葬品已近被盗一空,但墓中发现了大量保存完好且绘制精美的音乐壁画。

辽墓壁画作为该时期重要文化遗存,不仅可以折射出当时的政治、经济、文化发展水平,还可以映射出契丹—辽音乐文化生活的演变,对于我国北方少数民族的音乐文化研究也具有一定价值。

本文首先对敖汉北三家辽墓概况进行介绍,并对墓主人进行初步推断。其次对墓葬内随葬品及音乐壁画内容进行简述。最后将壁画所绘结合《辽史·乐志》中相关记载,对墓葬内音乐壁画内容及乐种进行探究。力求从该壁画出发向上回溯,探究契丹—辽丰富的音乐文化生活,进而探求契丹—辽与中原音乐文化的交流与融合。

关键词:辽墓　敖汉北三家村　散乐　《辽史·乐志》

引　　言

敖汉北三家辽墓位于今内蒙古自治区昭乌达盟敖汉旗丰收公社北三家村。内蒙古自治区作为契丹—辽政权在位期间的重要政治统治区,现发掘简报及相关研究已公开发表的辽墓已达数十座,壁画墓是内蒙古辽墓的重要组成部分。

契丹—辽因曾有严格的书禁制度,故其史料以书面形式传承下来的甚少。虽有元·脱脱《辽史》一书,但该书在诸多因素影响下,其中史实也存在不尽翔实的可能。加之契丹—辽曾创造了自己的文字但今人对其似仍不能完全解读,故图像及实物遗存则可以最大程度地弥补文字记述的缺失,帮助今人在最大程度上还原契丹—辽丰富的音乐文化生活。目前关于敖汉北三家辽墓的研究较少,仅有邵国田《内蒙古昭乌达盟敖汉旗北三家辽墓》一文以发掘简报的形式对其进行了较为深入的探究。此外祝波《辽代散乐研究》一文中,将1号墓二人一马的壁画归为辽散乐戏马图,作为该文辽散乐研究的重要图像资料之一。

一、墓 葬 概 况

(一) 墓葬发掘及墓主人身份

1. 发掘背景及墓葬形制

敖汉北三家辽墓位于今内蒙古自治区昭乌达盟敖汉旗丰收公社北三家村。原发掘简报称:该墓葬由敖汉旗文化馆清理于1978年5月及1979年8月,并分别命名为敖汉北三家1号墓、2号墓、3号墓,年代均为辽中晚期。

1号墓于1978年4月发现,为砖筑多室墓。发掘简报称:主室为六角形砖室,主室顶部为券顶结构,墓室正面为砖砌棺床。墓门正面有仿木结构的屋檐残存。东西各有一耳室,均为六边形、砖砌;东西耳室上方亦有券顶。墓门前有天井遗迹。

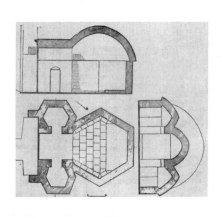 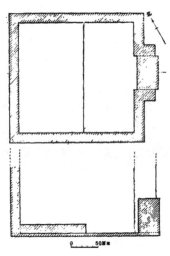

图 1-1①　1 号墓平面纵、横剖面图　　　　图 1-2②　2 号墓平剖面图

2号墓位于1号墓东南方20余米处,为方形砖筑单室墓,发掘时已残。简报称该墓有墓门,门前尚存高为60厘米的封门砖。墓室正面为棺床。

3号墓东距1号墓约0.5公里。发现于1979年8月,为砖筑单室墓,有甬道及斜坡墓道,简报称墓室为六角形、砖砌;正面为棺床,棺床正面有11组牡丹花纹彩

---

① 邵国田:《内蒙古昭乌达盟敖汉旗北三家辽墓》,《考古》1984年第11期,P1004。

② 邵国田:《内蒙古昭乌达盟敖汉旗北三家辽墓》,《考古》1984年第11期,P1006。

绘。墓室顶部为券顶结构,墓门正面有仿木结构
屋檐,门前有向内倾斜的长方形封门石一块,斜
坡墓道为土斜坡,两壁均抹白灰。

　　2. 墓主人身份及断代

　　墓葬内均未发现墓志及明确纪年,清理时随
葬品几乎无存,故只能通过其形制对年代作出大
致推测。以往的辽墓研究中,1 号、3 号墓的六角
形结构,以及仿木结构斗拱及屋檐遗迹,被认为
是辽代中晚期的典型特征。2 号墓的方形墓室
年代一般为辽代早期或中期前段,且单室较多室
似年代更早。故 1 号墓与 3 号墓应属于辽代中
期以后,2 号墓年代应更早。

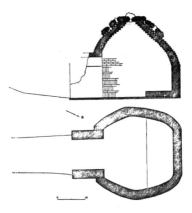

图 1-3①　3 号墓平、剖面图

　　原简报称:该墓之西 4 公里有白塔子城址遗迹,据 1975 年遗迹附近出土墓志
中的"天朝蒙古国北京所京所管武平县右城"文,推测此地似辽代武安州。墓葬东
边山脚下的辽代遗址可能为守茔住所。

　　墓葬内虽未发现明确记录身份信息的相关遗存,但根据墓葬形制及墓葬内绘
制精美的壁画推断,墓主人应地位较高,可能为当时武安州最高统治者。

　　(二) 壁画同墓出土器物

　　已清理的三座墓葬均在早年遭到破坏,出土实物较少但墓葬中的壁画资料具
有一定的研究价值。

　　1 号墓仅出土了影青碟瓷片和木俑手,及碎人骨。

　　2 号墓仅出土了马头骨一枚及白釉长颈瓷瓶两个。

　　3 号墓发掘时随葬品已被盗一空,仅出土羊头骨、鸡骨及少量辽陶盆残片。

二、敖汉北三家辽墓音乐壁画分布及结构

　　(一) 音乐壁画分布

　　虽墓葬内随葬品几乎已被盗一空,但墓葬内的音乐壁画部分保存较好且绘制
精美,具有一定研究价值。分布状况据原简报如下:

　　1 号墓墓道两壁抹白灰处、天井四壁、甬道耳室及内壁存有壁画,天井和墓道
的壁画保存较好。2 号墓内无壁画。3 号墓甬道两壁、墓门前两侧及墓道两壁抹白

　　①　邵国田:《内蒙古昭乌达盟敖汉旗北三家辽墓》,《考古》1984 年第 11 期,P1007。

灰处存有壁画,保存均较好。

1号墓天井东、西、南壁以及墓道东西两壁抹白灰处画及3号墓甬道东西两壁的壁画,为比较重要的音乐考古文物。

(二) 音乐壁画结构

1号墓天井东西两壁各绘一鼓,简报称:东壁鼓上立有一雄鸡,西壁鼓上立有一狮子。天井南壁西侧绘乐人,东边正在吹笛,西边正在击鼓。墓葬东西两壁各绘二人一马,其中均有一击鼓者。3号墓甬道东西两壁各绘五人。东壁自内向外第二人击长鼓。西壁自内向外第一人似在吹箫,第二人击大鼓。

三、敖汉北三家辽墓音乐壁画分析

(一) 壁画中的音乐内容

1. 1号墓音乐壁画内容

1号墓中,天井东西两壁各绘有一鼓。简报称:鼓高80 cm、径66 cm,东壁鼓上绘有一站立状雄鸡,简报称:该雄鸡头部脱落,尾部为黑色,腿部画法别致。西壁鼓上有一坐着的狮子,该狮子头部脱落,后肢伸直坐于鼓上,两前肢抬起,一上一下似作击鼓状,尾部向左前卷曲。鸡和狮子头部均向外。

图 2-1① 天井西壁的鼓和狮子

天井南壁西侧2奏乐人族属均为汉,东边为吹箫者,西边为击鼓者,并对两名奏乐人。但对天井东边乐人所持乐器记录似前后矛盾。简报首先称该奏乐者为

---

① 邵国田:《内蒙古昭乌达盟敖汉旗北三家辽墓》,《考古》1984年第11期,P1062。

"汉人吹箫者",但对其手中乐器称竖笛。后在对西边击鼓者进行描述时,又将东边人物描述为吹笛者。根据《辽宁昭乌达地区发现的辽墓绘画资料》中此处壁画的图片(图 2-2),似可知该图片中壁东边奏乐者所持乐器应为笛。

墓道东西两壁抹白灰处,各绘有二人及一马,简报称两壁从内向外第一人皆为击长鼓者,侧身面向内而立,长鼓挎于腰间。东壁击鼓者左手反拳作击鼓状,右手持一小棍至胸前。西壁击鼓者,手势漫漶。除简报图片外,《辽宁昭乌达地区发现的辽墓绘画资料》一文中,也有此处之图像资料。

图 2-2　敖汉旗北三家 1 号墓天井西壁奏乐图　图 2-3①　敖汉北三家 1 号墓墓道东、西两壁壁画

图 2-4②　墓道东壁击长鼓者　图 2-5　敖汉北三家 1 号墓墓道东壁引马图

---

① 邵国田:《内蒙古昭乌达盟敖汉旗北三家辽墓》,《考古》1984 年第 11 期,P1005。

② 邵国田:《内蒙古昭乌达盟敖汉旗北三家辽墓》,《考古》1984 年第 11 期,P1062。

2.3 号墓壁画中音乐相关内容

简报称 3 号墓甬道两壁为奏乐图,但乐种归属未做相关结论。东西两壁均绘五人。东壁人物均自腰部以上脱落,身着长袍,足蹬黑靴。自内向外除第三人向外站立外,余皆双脚向内而立,第二人腰间挎有一长鼓,双手呈击鼓状。

西壁五人上部亦脱落。自内向外第一人向内站立,似为握箫、吹奏状。第二人正面立于大鼓后,双手握鼓槌作击鼓状。其身后有一人向内站立。自内向外第四、五人均向内站立。简报中图片中鼓身似绘有牡丹花,正中花最大,且上下对称绘有铆钉数枚,中部绘有衔环。

图 2-3① 甬道西壁击鼓者与吹箫人

(二) 壁画乐种推测

简报虽对壁画内容做详细描述,但对其乐种归属并未作出相应论断。以往研究中,偶有涉及相关内容的大多直接将其归为散乐,均未作出详细解读。笔者拟以《辽史·乐志》(下文统称《乐志》)中的音乐史料为基础,对其音乐壁画所绘乐种做出详细的探究及推测。

据《乐志》载:"辽有国乐,有雅乐,有大乐,有散乐,有铙歌、横吹乐。"②"国乐"部分后,还有几行对"诸国乐"的记录,故或可知契丹—辽乐种有国乐、诸国乐、雅乐、大乐、散乐、铙歌、横吹乐。

"诸国乐"用乐在《乐志》中仅有三事,由相关记载或可知"诸国乐"似为他国来

① 邵国田:《内蒙古昭乌达盟敖汉旗北三家辽墓》,《考古》1984 年第 11 期,P1064。
② [元]脱脱:《辽史·乐志》,北京:中华书局,2016 年版,第 979 页。

使在宴会上所表演的音乐及舞蹈。虽"诸国乐"一词似在其他朝代对音乐的记录中尚未发现,但其可能与唐代的"七部乐""九部乐""十部乐"有一定相关性。此种音乐形式划分或受唐代影响,意在表现六州臣服,抑或为对唐八方来朝盛况的模仿,或为一种进献之乐。但"诸国乐"并未被记录在《乐志》开篇的一句中。故该音乐形式在契丹—辽似并未以一种正式、系统化的形态出现。

虽《乐志》中似无"国乐"与"诸国乐"所用乐器、乐工人数及表演具体形式的记录。但根据相关乐事记录来看,这两种音乐形式似均与皇帝设宴相关。《中国古代音乐史稿》中,将"国乐"与"诸国乐"划分在辽"燕乐"中,称:"辽的《燕乐》,包括《国乐》《诸国乐》《大乐》和《散乐》。"①墓葬内所绘似均与皇帝设宴无关且非宫廷用乐场景。故似可知其所绘非"国乐"及"诸国乐"。

《乐志》对契丹—辽雅乐有较详细的记载。据所载:契丹—辽本无雅乐,大同元年太宗灭晋后,得到了晋的太常乐谱、宫悬与乐架,此后契丹—辽才拥有雅乐这一音乐形式,用乐场合似均为大型册礼及祭祀时。所用乐器大体上与唐朝相仿,演奏时乐工人数及所用乐器均较多,似有严格的奏乐规范及用乐等级划分。

墓葬音乐壁画所绘似均为小型、个性化表演,其中乐器与《乐志》中所载似亦不符,故其所绘亦似非"雅乐"。

《乐志》对大乐亦有较为详细的记载。据所载其似亦为朝廷用乐,与雅乐有别的统称为大乐,来源同雅乐。据记载用乐时似有相应规范,使用与皇家相关。《中国古代音乐史稿》将其划分在燕乐之中,称:"辽的《燕乐》,包括《国乐》《诸国乐》《大乐》和《散乐》。"②据《乐志》其他记载,似亦可知"大乐"演奏过程中应有乐舞一同表演。所用乐器有种类繁多,表演时还有"歌二人"及"舞二十人",由此似可看出,"大乐"不仅用乐场合隆重、有严格的用乐规范与流程,且人数较多,似是一种隆重的、集体载歌载舞的燕乐表演形式。

敖汉北三家辽墓音乐壁画所绘每处至多五人,似均无舞蹈者。且1号墓击长鼓者,似处于出行图之中。所绘乐器似仅有笛、鼓、长鼓、大鼓。故其所绘在奏乐场景、乐工人数以及所用乐器三方面似均与"大乐"不符。

《乐志》将"铙歌""横吹乐"统一记述在"鼓吹乐"内,故"铙歌"与"横吹"似均与鼓吹乐有一定联系。鼓吹乐据记载在契丹—辽,又名短箫铙歌乐。自汉产生,又称之为"军乐"。其使用场景,据《乐志》及《辽杂礼》所载,似与天子、大臣相关,似为礼乐。《乐志》称:"横吹亦军乐,与鼓吹分部而同用,皆属鼓吹令。"③故似可知横吹乐

①②　杨荫浏:《中国古代音乐史稿》,北京:人民音乐出版社,1981年版,第421页。
③　[元]脱脱:《辽史·乐志》,北京:中华书局,2016年版,第993页。

应为契丹—辽鼓吹乐的一个分支,与鼓吹乐作用相同,均属鼓吹令管理,似可与鼓吹乐同时演奏。据记载其演奏时,乐队阵容庞大,可达数百人,乐器种类繁多,似以击打、吹管类乐器为主,应不包含弹拨类乐器。其可能为身份的象征,似是四品以上官员出行仪仗中必要部分,且有严格的用乐规格等级划分。

敖汉北三家辽墓音乐壁画所绘虽涉及出行,所用乐器也在鼓吹乐所用范围之中,但在人数上与《乐志》所载用乐阵仗庞大不符,故壁画所绘似亦不是鼓吹乐。

综上所述,契丹—辽乐种中仅剩散乐未被排除。但仅用排除法似并不能认定,敖汉北三家辽墓音乐壁画中所绘的乐种即散乐。故佐证如下:

《乐志》对"散乐"记述如下:"今之散乐,俳优、歌舞杂进,往往汉乐府之遗声。晋天福三年,遣刘煦以伶官来归,辽有散乐,盖由此矣。"①由此似可知契丹—辽散乐继承了汉的特征。来源上与雅乐、大乐相同。根据《乐志》对散乐相关乐事的记述似可知"散乐"不仅涵盖器乐独奏及合奏、歌唱、舞蹈,还囊括角骶、戏马、杂剧、手伎等多种音乐元素。演出时似时常与饮酒活动一同进行。因此虽与大乐、国乐同属燕乐,但演出时似没有固定的演出次序及要求。亦无如国乐、雅乐、鼓吹乐般严格的规范及限制,娱乐性更强。孙星群在《西夏辽金音乐史稿》一书中称:"辽之散乐其形式包括:百戏、角抵、戏马、觱篥独奏、琵琶独弹、笙独吹、筝独弹、鼓、笛、筑演奏、歌曲演唱、曲破表演等。"②王福利在《辽金元三史乐志》研究中也曾对辽散乐的表演形式作出了总结:"辽除传统的角抵等杂戏节目外,其他还有如曲破、杂剧、戏马、法曲、舞蹈及乐器独奏等项目。"③结合《乐志》中对契丹—辽散乐的记载,似可得知契丹—辽的散乐表演形式十分丰富,其中也有民间表演形式。

所用乐器据《乐志》载共十六种。敖汉北三家辽墓音乐壁画中乐器似均记述范围内。1号墓墓道东、西两壁壁画中所绘的二人一马的奏乐场景,似也可与契丹—辽散乐中的戏马表演形式相对应。

在以往的辽墓壁画研究中被明确定位为散乐的有:敖汉旗羊山1—3号墓;宣化下八里1(张世卿墓)、2、4、5、6、7、10号墓;河北逐鹿县辽墓等。上述辽墓壁画中乐人所用乐器多为笛、箫、鼓、觱篥等较为轻便的乐器。服饰多为汉人服饰,乐队组合灵活,人数1—13人不等。宣化辽墓散乐壁画中所绘的鼓,似均与敖汉北三家辽墓中所绘的鼓在形制上类似。综上所述,敖汉北三家辽墓音乐壁画所绘乐种应属散乐。

---

① [元]脱脱:《辽史·乐志》,北京:中华书局,2016年版,第989页。
② 孙星群:《西夏辽金音乐史稿》,中国青年出版社,1988年版,第234页。
③ 王福利:《辽金元三史乐志研究》,上海音乐学院出版社,2005年版,第100页。

图 3-1　张世卿墓散乐壁画

图 3-2　宣化下八里 2 号墓散乐壁画

图 3-3　宣化八里村 5 号墓散乐壁画

图 3-4　宣化区下八里村 6 号墓散乐图

图 3-5　宣化下八里 7 号墓散乐壁画

图 3-6　宣化下八里 10 号墓前室西壁散乐图

结　语

　　辽音乐文化探究,因其严格的书禁制度及其独特的文字系统,大多仅能从传世的壁画及实物资料中入手。本文从墓葬概况、出土器物、壁画内容几方面对敖汉北三家辽墓音乐壁画做了初步考探。敖汉北三家辽墓地处今内蒙古自治区,年代均属辽中晚期,似为当时武安州最高统治者的家族墓地。其中音乐壁画绘于 1 号墓及3号墓中。音乐壁画所绘根据画中乐工人数、乐器、用乐场景及横向图像资料对比,应属散乐。

契丹—辽有书面记录的乐种有国乐、诸国乐、雅乐、大乐、散乐、以及铙歌和横吹乐。其中,诸国乐这一音乐形式在契丹—辽似并未形成一种正式的、系统化的音乐形态。国乐、诸国乐、雅乐、铙歌和横吹乐的使用似均有一定的范围和限制,但散乐则表演形式丰富,囊括民间艺术形式,相对自由灵活。

虽然契丹—辽是上由北方少数民族所建立的政权,但在其生活、娱乐、音乐等各方面,都无一不透露出少数民族与中原文化间的交流与融合。契丹—辽与中原政权间的不断博弈,亦是契丹—辽形成其独特文化的推动力量。敖汉北三家辽墓散乐壁画的探究,对契丹—辽武安州的音乐文化生活、契丹—辽散乐以及契丹—辽与中原音乐间的交流融合的探究也有一定的补充作用。

参考文献:

[1] [元]脱脱:《辽史·乐志》,北京:中华书局,2016年版。

[2] 杨荫浏:《中国古代音乐史稿》,北京:人民音乐出版社,1981年版。

[3] 王子初、吴东风、苗建华:《中国音乐文物大系Ⅱ·河北卷》,郑州:大象出版社,2008年版。

[4] 邵国田:《内蒙古昭乌达盟敖汉旗北三家辽墓》,《考古》,1984(11):1003—1011+1062—1064+970。

[5] 韩金秋、王晓强、张英健:《河北隆化县孙志沟墓葬清理简报》,《北方文物》,2018(04):20—23+115。

[6] 何贤武、张星德:《辽宁法库县叶茂台8、9号辽墓》,《考古》,1996(06):41—47+102。

[7]《敖汉旗羊山1—3号辽墓清理简报》,《内蒙古文物考古》,1999(01):1—38+43。

[8] 董新林:《辽代墓葬形制与分期略论》,考古,2004(08):60—73+2。

[9] 祝波:《辽代散乐研究》,武汉音乐学院:2007年版。

义县广胜寺塔伎乐砖雕乐舞研究

沈阳音乐学院研究生　苗泓羽

摘要:广胜寺塔位于今辽宁省义县城内,建于辽代。是年代相对久远的古塔之一,其形制为八角十三层实心密檐砖塔,塔表面所刻的乐舞图像更是具有了解辽代佛教文化的重要价值。本文旨在对契丹—辽广胜塔伎乐砖雕的概况、伎乐砖雕乐舞图像等内容采用文献学、图像学分析的方法进行研究。由此对契丹—辽佛教音乐图像的形态与特征进行了解析,以求挖掘这一时期的佛教乐舞的音乐文化、研究其变化规律。

关键词:契丹—辽　伎乐砖雕　音乐图像

一、辽宁义县广胜寺塔概况

(一) 义县广胜寺塔所处地域及多元性

义县广胜寺塔地处于契丹—辽时期辽国中京道宜州城内(今辽宁省义县),该地远在秦汉就已有具体的行政规划,燕秦设郡,汉武立县,距今已有 2200 多年历史。宜州地处(见图 1)医巫闾山的西端,与乾州、显州接壤,南有锦州,西部毗邻兴中府和白川州,北部与成武县接壤。境内有大凌河,渤海湾在前,松岭于右岸。山脉重重叠叠,医巫闾山郁郁葱葱。位于大凌河的州治南岸,河流体系发达的大凌河便是人们赖以生存的重要生活资源,承载了饮用水源以及交通的职能进而推动了社会发展,因此大凌河畔的宜州(义县)吸引了不同民族不同身份的人驻足扎根,从而带来了中原文化以及各种宗教文化,造成了文化的多元性,形成了多种文化并存的局面。宜州何时建州仍有歧

图 1　辽代(宜州)义县所在区域①

---

①　地图源自于 https://baike.baidu.com/item/%E5%AE%9C%E5%B7%9E/59161727。

义,在《辽史》中有几种说法,地理志中载:"宜州,崇义军,⋯兴宗以定州俘户建州。"①辽圣宗时:"八年春⋯辛丑,置宜州。"②

据记载契丹—辽时期该地佛文化兴盛,除义县广胜寺塔外现存与佛教相关的建筑还位于西南方的奉国寺,于公元 1020 年修建,金时称其为"咸和寺"与广胜寺塔相互辉映,同为辽时佛文化的产物。

(二)广胜寺塔结构

广胜寺塔高约 42.5 米,塔边长约为 6 米。是由塔台、基座、塔身、塔檐、塔顶 4 部分组成的八角十三层实心密檐式砖塔。

1. 塔台

广胜寺塔塔台形状为正边八角形,平面呈梯形,高约 2.9 米,周围砌围墙高约 2 米,台东正中有悬山式山门一间,脊高约 4 米,门外有平台,台南有影壁,高宽各约 2 米,下台为十三阶梯道,道两旁有扶墙,墙上各有五个望柱。

2. 基座

基座自下而上由塔台基、须弥座和仰莲座 3 层组成。须弥座约占塔高的 1/5,义县广胜寺塔的一大特色为仰莲座之下壸门中雕刻有体型庞大的单伏狮,宽度几近壁面,大的伏狮在其他辽代古塔中并不多见,与邻近的奉国寺辽代佛像中第一种佛座的造型相似。须弥座两侧转角处各雕刻有一尊力士,力士身材壮实魁伟,身披重甲,怒目而视,俨然一副威风凛凛的形象。须弥座最顶端雕刻仰覆莲座。

3. 塔身

再往上即为广胜寺塔的塔身,塔身八面正中均设有一佛龛,龛内供奉一尊砖刻的主佛像,手式不一,有的下垂、有的合掌、有的做礼佛状⋯⋯两名胁侍菩萨立侍左右,菩萨身穿长裙,菩萨脸圆眼大,面容亲切温和,带璎珞和宝冠,垂手而立。佛和菩萨头顶均设有华盖,主佛华盖之上还雕刻有飞天。造像形态栩栩如生,展示了辽代高超的雕刻技艺。

4. 塔檐

塔檐共有 13 层,1 层塔檐较宽大,檐下使用仿木结构的砖雕斗栱,2 层以上仅以砖叠涩出檐,转角不施角梁,或施角梁而角梁前端不出檐口。逐层递减成锥形状,整体看起来十分秀美。

5. 塔刹

据笔者了解,该塔塔刹在修建前有所磨损,因此现今塔刹为磨损后修缮之物,

① [元]脱脱:《辽史》卷 39《地理志三》,中华书局 2016 年版,第 551 页。
② [元]脱脱:《辽史》卷 13《圣宗本纪四》,中华书局 2016 年版,第 151 页。

因此并不过多赘述。

二、义县广胜寺塔砖雕伎乐人图像学分析

义县广胜寺塔由于年代久远，暴露在外的砖雕风吹日晒导致部分内容残损。目前可见中间灰砖伎乐天浮雕，高约 50 厘米，雕刻细致精巧、栩栩如生。

（一）塔身伎乐图像

义县广胜寺塔飞天乐舞图（见图 2），宝塔有八个侧面，每个侧面都有两个飞天，两道飞天虚影在空中飞舞，围绕着中间的一尊佛像，呈对称之势。周遭分布五枚铜镜并与地面接近 45 度角，凌空而落，双手合十，动作轻盈，祥云缭绕，身披帔帛，面容姣好，神态安详，即便过了千年，神态依然活灵活现，可见当年的雕工之精湛。

飞天是中国佛教文化中的一个重要标志，其常常在佛教中出现，并在佛寺和佛塔中形成了一种"飞天"意象。北魏《洛阳伽蓝记》："石桥南道有景兴尼寺，亦阉官等所共立也。有金像辇，去地三丈，上施宝盖，四面垂金铃、七宝珠，飞天伎乐，望之云表。作工甚精，难可扬榷。"[1]其中出现了"飞天"这一名称。在辽代，飞天形象在画像石雕中较为常见。

塔身所雕刻的飞天（见图 3）以其头饰与发髻形象可以看出为飞天中的女性形象，在其不远处的义县奉国寺内存有 42 幅飞天为男相，男飞天形象令人惊奇与深思，其具有唐代之韵味，可见辽代佛教受唐影响深远。

图 2、3　辽宁义县广胜寺塔西南方向飞天

---

① ［北魏］杨衒之：《洛阳伽蓝记校笺》卷二，中华书局 2006 年版，第 82 页。

(二) 束腰伎乐图像

义县广胜寺塔的束腰每面共三组伎乐图像。据陈秉义、杨娜妮所著《中国古代契丹—辽音乐文化考察与研究》①统计出来义县广胜寺塔伎乐人共 9 幅，有尺八、琵琶、箜篌、舞者、羯鼓、排箫、方响等，高约半米，刻工精致。

1. 尺八伎乐图像

尺八，唐代燕乐部所用吹奏乐器之一，"吹叶一、大笙一、小笙一、大竽簰一、小竽簰一、大箫一、小箫一、长笛一、短笛一、尺八一"②。"尺八调悲银字管，琵琶声送紫檀槽"，为唐代直言对于尺八吹奏声音的描述。《辽史·乐志》中晋代所传大乐，所用乐器中含有尺八笛。

义县广胜寺塔上尺八的伎乐砖雕(见图 4)位于辽塔的西南方向须弥座束腰壶门中，尺八伎乐人，直立，着裙装，带帔帛，斜吹尺八。做弹奏状，飘带飞扬。着裙装，带帔帛。

图 4　义县广胜寺塔西南方
向须弥座束腰壶门(尺八)

图 5　义县广胜寺塔东北方
向须弥座束腰壶门(排箫)

2. 排箫伎乐图像

排箫，又名雅箫，吹奏乐器。相传，排箫最早出现在远古。舜时期的《韶》，以"箫"为伴奏，也就是我们今天称之为"排箫"的乐器。王光祈认为"排箫，又名洞箫、雅箫、箫、籁、比竹、参差、凤箫、云箫，吹奏乐器"③。汉代王褒曾作有《洞箫赋》。在辽代用途广泛可用于雅乐、大乐、散乐、军乐之中，笔者推测其原因可能为其形制较小方便携带且音色清润，因此契丹族人经常使用。义县广胜寺塔上

①　陈秉义、杨娜妮：《中国古代契丹—辽音乐文化考察与研究》，上海三联书店，2018 年版，第 53 页。

②　[唐]杜佑：《通典·卷第一百四十六·乐六》，中华书局，2016 年版，第 3708 页。

③　王光祈：《中国音乐史》，团结出版社，2006 年版，第 195 页。

排箫的伎乐砖雕（见图5）出现在辽塔的东北方向须弥座束腰壶门中。辽地多北风，因此东北方向的伎乐砖雕有所磨损，排箫伎乐人，直立，着裙装，帔帛，做吹奏状。通过伎乐人所持吹奏的姿势以及笔者将所摄图片放大后可见，伎乐人双手之下所露一角乐器形状与排箫极为相似，综上，推测出其为排箫乐伎。

3. 琴伎乐图像

古琴，也叫瑶琴，玉琴，七弦琴，是具有3000多年历史的中国传统拨弦乐器，属八大音类之一。古琴的音域很广，音色可凌厉如高山、可柔情似流水，且历来被视为文人雅士修身养性的娱乐手段，李白的《月夜听卢子顺弹琴》就是写他听友人弹奏古琴后的感想，其诗为："闲坐夜明月，幽人弹素琴。忽闻悲风调，宛若寒松吟。白雪乱纤手，绿水清虚心。钟期久已没，世上无知音。"义县广胜寺塔上琴的伎乐砖雕（见图6）出现在辽塔的正南方向须弥座束腰壶门中，乐伎正身直立，两手持抚琴状弹奏，琴似悬空而置。显然在一定程度上，这些佛教砖雕已将乐伎人近乎神化。

图6　义县广胜寺塔正南方向　　　　　图7　义县广胜寺塔正东方向
　　须弥座束腰壶门(琴)　　　　　　　　　须弥座束腰壶门(方响)

4. 方响伎乐图像

方响，体鸣乐器。演奏方式为乐人以小锤击奏架上悬置的两排音板。"粉光生艳，宝香飘雾，方响流苏颤。"这些诗词均可见文人墨客对于方响喜爱程度，方响，大抵于梁时使用，后用于唐代燕乐中，宋代耐得翁《都城纪胜》中载细乐乐器用方响箫管、笙、稽琴之类合动。"在辽代用于大乐和散乐。义县广胜寺塔上方响的伎乐砖雕（见图7）出现在辽塔的正东方向须弥座束腰壶门中，方响片陈列方式为上下两排，形状呈方形，底有乐架。乐伎侧身直立，双膝微弯，手里拿着一把小锤子，敲打着弹奏。

5. 细腰鼓伎乐图像

鼓远在古代氏族部落时期就已出现,在我国的乐器发展史上写下了浓墨重彩的一笔。细腰鼓伎乐砖雕(见图 8)位于辽塔的东南方向须弥座束腰壸门中,乐伎站得笔直,腰间别着一支细长的腰鼓,右手握着鼓锤,左手敲打着鼓面,弹奏着乐曲。笔者认为其造像与《乐书》中"广首纤腹"的描述相同,因此判断其为细腰鼓乐伎。

图 8　义县广胜寺塔东南方向
须弥座束腰壸门(细腰鼓)

图 9　义县广胜寺塔西南方向
须弥座束腰壸门(琵琶)

6. 琵琶伎乐图像

琵琶是一种弹拨乐器,"琵琶"最初出现在东汉刘熙的《释名·释乐器》中。原琵琶就是从"弦鼗"演变而来,后来改名为"阮咸"。在东晋时期,曲项琵琶从波斯通过新疆和甘肃传播到中国北部地区,这一时期是一个重要的历史时期。曲项琵琶是一种半梨形的乐器,具有较大的琴共鸣箱,具有很好的共振效果。天祚皇帝曾"亲御琵琶"款待百官,道宗的皇后萧氏也精通琵琶,足见契丹贵族对琵琶的热爱。

琵琶伎乐砖雕(见图 9),位于西南方须弥座束腰壸门中,伎乐人为女性,直立,穿着一身长裙,带帔帛,双手抱弹琵琶呈 45 度。琵琶为曲项琵琶,依稀辨别出琵琶共四弦。

7. 舞蹈伎乐图像

舞蹈伎乐砖雕(见图 10)位于正南方向须弥座束腰壸门中。两位舞者呈对称形态作舞,右膝微屈,身子向右微倾,头微微偏右,右手微屈,左手扶于腰间,右手挽住裙角,双手各挽着帔帛,两位舞者相得益彰,给人一种生机勃勃的感觉。

图 10　义县广胜寺塔正南方向
须弥座束腰壸门(舞者)

图 11　义县广胜寺塔东北方向
须弥座束腰壸门(箜篌)

8. 箜篌伎乐图像

箜篌,弹拨类乐器,共可分为三类。本土的卧箜篌,顾名思义,演奏方式为卧弹。板装小箱式结构,而外来的竖箜篌和凤首箜篌,演奏方式则为竖弹。

箜篌伎乐砖雕(见图 11),位于东北方向须弥座束腰壸门中,为竖箜篌,乐者侧身站立弹奏与箜篌持平。《辽史·乐志》将箜篌收录在大乐器、散乐器之中。

三、从义县广胜寺塔看契丹—辽佛教文化

契丹—辽时期作为佛教文化璀璨绽放的重要阶段。阿保机时期曾攻打唐州"依唐州县置城以居之"。唐州有不少的中原百姓为汉族、信佛教,是较早将佛教、汉文化融入到契丹民族中。从现存的历史遗迹(佛塔、佛寺甚至部分墓葬)可以看出佛教在此受众广泛。这个时代的文化繁荣,尤其以佛教文化为代表,且极有可能占据主导地位。

契丹—辽大多的皇帝都信仰佛教,自太祖之后,一直到圣宗,兴宗,道宗,天祚帝,都是如此虔诚地信奉佛教并倡导佛教。辽代佛教兴盛的原因就是其中之一,即君主的崇信以及大力推广。太宗曾两次幸弘福寺和菩萨堂招待僧人五万,世、穆两宗也曾修缮佛寺以尊佛,景宗甚至授予僧人名号和官职,圣宗更是自称佛祖转世。到了辽代晚期,佛教更是进入了鼎盛时期,君主们对于佛教的崇信甚至可以到了佞佛的程度。"戊戌,朝皇太后,召僧论佛法。"[1]兴宗"幸佛寺受戒"[2]为佛门中人。

义县广胜寺塔为辽代晚期所建,能够作为契丹贵族崇佛、信佛的依据。义县广胜

---

① ［元］脱脱:《辽史》卷 18《兴宗纪一》,中华书局,2016 年版,第 250 页。
② ［元］脱脱:《辽史》卷 68《游幸表》,中华书局,2017 年版,第 1174 页。

寺塔为八角十三层密檐砖塔,在佛教文化中,十三层为宝塔层数之最,有功德圆满的寓意。在义县广胜寺塔的东北方,有一座和它稍有区别的主佛像,它的头部戴着一顶佛冠,细长的眼睛,细长的眉毛,精致的脸庞,看起来像是一个女子。相传这位佛像当是道宗的惠妃,惠妃于乾统二年降为庶人,在宜州隐居,直到天庆六年,才以太皇太妃的名义脱身。由此可见,契丹贵族们受佛教影响之深。

上文提到,义县在辽代地处中京道管辖范围内,有很多佛文化影响下诞生的遗产。包括北魏时期的万佛堂石窟、奉国寺、佛塔等,以小见大,足可见佛教于辽之影响以及规模庞大。除佛像之外,义县广胜寺塔须弥座刻画的乐伎以及礼佛人所用乐器种类广泛,包括了打击乐器(鼓类乐器、方响)、弹拨类乐器(琵琶、箜篌)、吹管类乐器(尺八、排箫)等等,有很多乐器除了为雅、宴所用还是佛教音乐所用之乐器,用以宣传教义、吸引教众。通过义县广胜寺塔上的乐器与乐队组合,可以见得,其虽有所残缺,但具备完整的乐队编制,可以作为娱佛宣扬之所用。塔上乐伎多为站立表演,这也是义县广胜寺塔上乐舞图像的一大特色。笔者认为,其一方面可能是建造者为表示对佛教文化的尊重;另一方面,可能是为佛教教众出行时为宣扬佛教文化所用之乐队,所用乐器旨在方便,乐伎便可站立演奏。

综上所述,义县广胜寺塔是历史的见证,是体现辽代佛教文化兴盛的媒介之一。为我们了解辽代历史和文化提供了重要的实物资料。通过对义县广胜寺塔乐舞图像的研究,论述了其音乐形象的内涵,表述了义县广胜寺塔上的乐舞图像,是辽代佛教乐舞研究的重要遗迹,从中可窥见辽晚期佛教音乐文化的多元风貌。

参考文献:

[1] [元]脱脱:《辽史》卷 39《地理志三》,中华书局 2016 年版,第 551 页。

[2] [元]脱脱:《辽史》卷 13《圣宗本纪四》,中华书局 2016 年版,第 151 页。

[3] [北魏]杨衒之:《洛阳伽蓝记校笺》卷二,中华书局 2006 年版,第 82 页。

[4] 陈秉义、杨娜妮:《中国古代契丹—辽音乐文化考察与研究》,上海三联书店 2018 年版,第 53 页。

[5] [唐]杜佑:《通典·卷第一百四十六·乐六》,中华书局 2016 年版,第 3708 页。

[6] 王光祈:《中国音乐史》,团结出版社,2006 年版,第 195 页。

[7] 贺志凌:《箜篌图像探赜》,天津音乐学院学报,2016 年第二期,第 45 页。

辽宁建平水泉遗址出土口簧研究

沈阳音乐学院研究生　刘　喆

摘要：建平水泉遗址位于辽宁省西部的朝阳市建平县,其西、北与内蒙古赤峰、敖汉旗毗邻。1978 年,水泉遗址出土了多个骨制口簧,其中有两个较为完整,现存于朝阳市博物馆。这些骨簧属于夏家店下层文化产物,本文将以这两枚较为完整的 12、13 号骨簧作为主要研究对象,对其形制和出土背景作介绍;将其与我国其他出土口簧的形制特点作对比。为了了解口簧加工工艺和两端开孔作用,笔者借用实验考古的方法,参照商周时期骨器生产的方法流程,对建平水泉 12、13 号骨制口簧进行了手工复制,本文将介绍此次复制过程和方法。

关键词：口簧　口弦　建平水泉骨簧

一、古代文献中的"簧"

口簧又名口弦(Jew's harp)"是一种靠一端被固定的具有一定弹性的薄片振动发音的体鸣乐器"①。口簧这一小小的乐器流行于世界各国,并以不同的名称遍布我国二十余个少数民族中,可见口簧是我国民族民间音乐中不可或缺的一部分。我国古代对于口簧的使用早在《诗经》中就有多次记载,秦后的多篇文献中对于口簧的描述均体现其材质多为铁质,竹制与铁质口簧并存。东汉刘熙《释名》中有:"簧,横也,于管

图 1-1 《律吕正义》所附铁簧图

头横施于中也;以竹铁作,于口横鼓之。"清楚地记载了簧有竹铁两种材质,以及其"横于口"而"鼓动"发声的演奏方式。清代的《律吕正义》还对铁簧的形制作了更详细的介绍。

如果根据口簧材质和振动方式对其形制的分类,《律吕正义》中的铁簧接近铁

---

①　薛艺兵:《中国口簧的形制及其分类》,《中国音乐学》1998 年第 4 期,第 61 页。

质拨振式口簧。此类拨振式铁质口簧在自东汉至清的一千多年历史中也成为了口簧的主要存在形式。然而,我国出土的大部分口簧却并非铁质拨振式口簧,可能由于材质保存不当以及辨识不清的问题,目前考古所得动物骨质的拉振式口簧在出土口簧中占主导地位。当然,这种拉振式口簧在古代文献中也有记载,这也说明了竹制拉振式口簧与铁质拨振式口簧并存的事实。如檀萃在《滇海虞衡志》中有:

> "琴,刳竹成,篾取近青,长三寸三分,宽五分……两头各凿一孔,前孔穿麻线如缳,以左手无名指、小指挽之,大、食二指捏穿处如执柄……挽线头徐牵动之,鼓顿有度,其簧闪颤成声。民家及夷妇女多习之,且和以歌。[①]"

二、水泉骨簧及其时空背景

1978 年在位于辽宁建平县水泉遗址出土了多个骨制口簧,其中有两个较为完整的骨簧现存于朝阳市博物馆。这些骨簧属于夏家店下层文化产物,其时代相当于中原夏商时期,其时间下限不晚于西周早期。在朝阳博物馆的展柜介绍中 12、13 号两枚年代为夏商时期,约公元前 2146 年—公元前 1029 年。该遗址先后两年的发掘发现各时期的遗迹、遗物丰富,有房址、灰坑、窖穴、墓葬等三百多个,陶、石、骨、铜、铁器等文化遗物达三千余件。

12 号骨簧从簧框的形状来看接近纵向的等腰梯形,破损的前端部分略微变细。该骨簧全长 9.5 cm,宽 1.0—1.8 cm,厚度 0.06 cm,宽端长宽比为 0.189。

13 号骨簧从簧框形状来看整体呈梭形。簧舌前端逐渐变细,形状接近等腰三角形。在 Kolltveit 发表的尺寸中,该骨簧全长 8.1 cm,宽 0.4—1 cm,厚度 0.06 cm[②]。宽端长宽比为 0.123。其簧舌末端的厚度仅有 0.06 cm。

图 2-1 辽宁朝阳建平县水泉遗址
出土的骨簧,上为 12 号骨簧

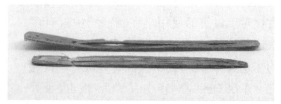

图 2-2 建平水泉遗址出土 12(上)、13 号
骨簧笔者于朝阳市博物馆拍摄。

---

① [清]檀萃:《滇海虞衡志》,中华书局,1985 年版,第 34 页。
② [挪]Gjermund Kolltveit:《考古发掘的最早的口弦:辽宁省夏家店遗址的一个考古发现》,第十届国际音乐考古大会人类学视野下的音乐考古会议手册,2016 年版,第 27 页。

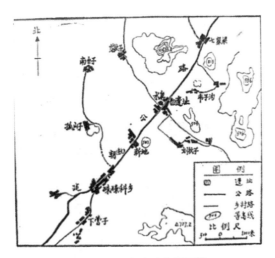

图 2-3　水泉遗址位置图①

夏家店下层文化分布于燕山南北地区，自 20 世纪 30 年代至今发现的夏家店下层文化遗址数十处，其中重要遗迹有："夏家店、药王庙遗址，辽宁北票丰下遗址，敖汉旗大甸子村寨及墓葬遗址等"②。对于夏家店下层文化内部各遗存的相对早晚序列问题以及其分期与年代问题一直是考古学界不断探索和讨论的问题。早期对夏家店下层文化分期问题已有较为深入的研究结论。其中，李经汉将该文化划分为早、中、晚三期，并推测其早期的年代很可能与中原龙山文化晚期相当，中期的年代与二里头文化和二里岗商文化相当。李伯谦将夏家店下层文化划分为三期，并表示三个类型在发展过程中的阶段性变化也大体相当，他认为夏家店下层文化既不可能早到与龙山文化同时，也不可能晚至商代晚期。它基本上是与中原的夏至商前期是同一时期文化遗存。

三、水泉骨簧与它地出土口簧形制对比

（一）赤峰夏家店出土的口簧

1960 年春，中国科学院考古研究所内蒙考古队在赤峰近郊药王庙和夏家店两地做了试掘。其中在夏家店的一座女性墓葬中发现了一枚骨片，其形制与朝阳建平水泉出土的 13 号骨簧极其相似。

在该遗址的上层 III 地点的 M14 中出土了一枚横向的梯形骨片（图 3-1），在发

---

① 辽宁省博物馆、朝阳市博物馆：《建平水泉遗址发掘简报》，《辽海文物学刊》1986 年第 2 期，第 11 页。

② 陈平：《夏家店下层文化研究综述》，《北京文物与考古》，2002 年第五辑，第 100 页。

掘简报中被称为"骨梭（M14:6）"。长 9.8 cm，宽端约 1.6 cm，窄端约 0.6 cm①，宽端长宽比为 0.163。中间刻出簧舌。窄端有一大孔，宽端有一小孔②，密歇根大学人类学博物馆的 Honeychurch 在其未发表的一文中提到，这枚"骨梭"无疑是一枚"薄板状③"骨簧④。

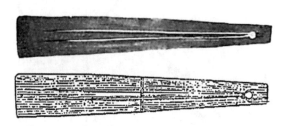

图 3-1　内蒙古赤峰夏家店村上层遗址出土的骨簧（M14:6）⑤

根据《试掘报告》的描述，"M14 是一个长方形土穴墓，墓主人为青年女性"⑥，"仰身直肢。随葬品较少，其中有陶罐、纺轮、铜簇、铜锥、刀、骨簇、骨针。口簧就放在墓主人手臂附近"⑦。一同出土的其他墓葬中也有铜刀和骨珠的随葬，但唯有 M14 发现了这一枚骨簧。

根据出土铜器和陶器判断，这个区域内夏家店上层文化的年代上限当在春秋以前，下限应在以燕、秦为代表的战国文化到达这里之前，据推测，其产生年代大致在公元前 11 世纪到公元前 7 世纪⑧，由于资料有限，不能确定其具体时间断代。

（二）陶寺遗址 J401 出土骨制口簧

上世纪 80 年代，在陶寺遗址一口水井 J401 中出土了一件骨制口簧，当时发掘者未能将其辨识，误识为骨制发卡（J401:29）。这枚口簧簧框两端形似圆帽凸出，

① ［日］直川礼绪 TADAGAWA Leo. 亚洲出土口簧目录（1）：薄板状口弦（1）（笔者译）（Asian Excavated Jew's Harps: A Checklist (1)-Lamellate Harps(1). 东京音乐大学附属民族音乐研究所刊行物リポジトリ.2016 年 3 月，第 58 页。

② 中国科学院考古研究所内蒙古工作队：《赤峰药王庙、夏家店遗址试掘报告》，《考古学报》1974 年第 1 期，第 141 页。

③⑤　注：日本学者直川礼绪（Tadagawa）对口弦根据形状的分类有"薄板状口弦"和"弯曲状口弦"。

④　［美］Honeychurch, William.—A Comprehensive Study of Bronze and Early Iron Age Burials from Mongolia, South Siberia, and China.（原文未发表）。

⑥　注：日本学者直川礼绪（Tadagawa）对口弦根据形状的分类有"薄板状口弦"和"弯曲状口弦"，第 136 页。

⑦　中国科学院考古研究所内蒙古发掘队，《内蒙古赤峯药王庙、夏家店遗址试掘简报》，《考古》1961 年第 2 期。

⑧　［蒙］策·图尔巴特，乌日古木勒译：《考古发现的舌头琴与欧亚大陆东部的古代游牧文化》，《铜仁学院学报》，2018 年 8 月，第 27 页。

簧舌呈较为平直的长条状，簧舌根部一端有开孔现象（图 3-2）。长 8.3 cm，厚 0.1 cm。水井 J401 被陶寺晚期灰坑 H427 叠压在下，与晚期灰坑 H443 及 H444 呈打破关系。从地层关系来说，J401 的建造及使用年代属于陶寺晚期。根据与这件出土口簧共存的陶器属典型的陶寺晚期遗物，其绝对年代约为公元前 1900 年[①]。

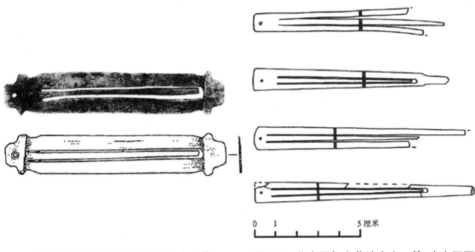

图 3-2　陶寺遗址 J401 出土骨口簧

图 3-3　北京军都山墓地出土口簧，由上至下分别是 264、95、102、156 号墓出土口簧[②]

（三）北京军都山墓地出土的口簧

1986 年至 1991 年在位于北京西北部八十公里外的延庆县军都山墓地共挖掘了四百座墓葬。该墓地保存较为完整，其总体时间和相对时间都较清晰，大致年代在公元前 7 到公元前 6 世纪[③]。军都山墓地的发掘成果显示这是一种区别于中原文化、东胡文化和匈奴文化的北方游牧与畜牧部族文化特色的遗存，这支文化不但有特定的分布区域，而且有风格独特的文化内涵与葬制[④]。据《史记·匈奴列传》记载："燕北有东胡、山戎"，东胡居于山戎以北的辽西地区，山戎居地则与燕国毗邻。考古工作者依据其地理、年代和文化内涵特征以及葬制特点，推测这类文化遗存可能属于春秋时期北方一支较强大的骑马部族——山戎。

①　孙周勇：《陕西神木石峁遗址出土口簧研究》，《文物》2020 年第 1 期，第 49 页。

②　［日］直川礼绪 TADAGAWA Leo. 亚洲出土口簧目录（1）：薄板状口弦（1）（笔者译）（Asian Excavated Jew's Harps: A Checklist(1)-Lamellate Harps(1).东京音乐大学附属民族音乐研究所刊行物リポジトリ.2016 年 3 月，第 58 页。

③　［挪］Gjermund Kolltveit：《考古发掘的最早的口弦：辽宁省夏家店遗址的一个考古发现》，第十届国际音乐考古大会人类学视野下的音乐考古会议手册，2016 年版，第 27 页。

④　靳枫毅：《军都山山戎文化墓地葬制与主要器物特征》，《辽海文物学刊》1991 年第 1 期，第 61—62 页。

该墓地的 95、102、156 和 264 号墓坑中各出土一个竹制的口簧,这些口簧全部出土自男性墓葬。"第 156、264 号墓口簧在墓主人腰部附近,同墓的有短剑和青铜刀;102 号墓口簧在墓主人胯骨旁;95 号墓口簧在墓主人的膝盖和踝骨中间。"①这四枚口簧尺寸相似,厚度基本一致。"264 号墓口簧长 10.3 cm,宽 1.0 cm,簧舌长 7.2 cm,厚 0.05 cm;95 号墓口簧长 9.8 cm,宽 1.0 cm,簧舌长 7 cm,厚 0.05 cm;102 号墓口簧长 9.1 cm,宽 1.0 cm,簧舌长 6.6 cm,厚 0.05 cm;156 号墓口簧长 8.9 cm,宽 0.9 cm,簧舌长 7.8 cm,厚 0.05 cm。"②四枚口簧形状全部接近细长的梯形,簧舌接近细长的等腰三角形,簧框宽端有小孔。与上文所述出土口簧不同的是,军都山出土的口簧全部是竹制的。

(四) 内蒙古克什克腾旗龙头山出土的口簧

1986 年,克什克腾旗博物馆在进行勘察工作中发现了位于克什克腾旗城子镇南 6 公里的龙头山西坡的龙头山遗址③。1987 至 1989 年和 1991 年,内蒙古考古研究所和克什克腾旗博物馆共进行了四次发掘,该遗址面积共 1200 平方米。出土了一批铜器、陶器、石器、骨器等珍贵遗物。据研究,在此发掘出来的祭祀台可能反映了用活人祭祀的习俗。龙头山遗址分布面积大,遗物丰富,文化类型单一,其上限可到商代晚期,下限延至战国时期,为夏家店上层文化遗存④。其地理位置偏北,遗存的内涵单纯,自身特征鲜明。我国学者把从龙头山出土的骨制口簧称为"骨头工具",其形状是有穿线演奏的小孔的一头比另一头宽些,现藏于内蒙古考古研究所博物馆。遗憾的是由于资料有限,该口簧的具体尺寸和墓葬的具体年代无从得知。

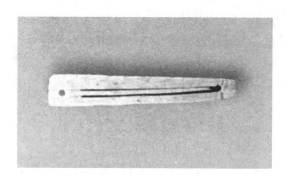

图 3-4　克什克腾旗龙头山遗址出土口簧⑤

---

① [挪]Gjermund Kolltveit:《考古发掘的最早的口弦:辽宁省夏家店遗址的一个考古发现》,第十届国际音乐考古大会人类学视野下的音乐考古会议手册,2016 年版,第 28 页。
② [挪]Gjermund Kolltveit:《考古发掘的最早的口弦:辽宁省夏家店遗址的一个考古发现》,第十届国际音乐考古大会人类学视野下的音乐考古会议手册,2016 年版,第 60 页。
③ 陈永志、吉平、张文平:《赤峰文化遗产》,文物出版社,2014 年 8 月第一版,第 133 页。
④⑤ 陈永志、吉平、张文平:《赤峰文化遗产》,文物出版社,2014 年 8 月第一版,第 135 页。

（五）陕西石峁遗址出土口簧

2016年至2017年,陕西石峁遗址考古队在石峁皇城台遗址发现了陶器、石器、玉器、骨器等大量重要遗物。并在数量巨大的骨制遗存中辨识出了20余件骨制口簧。其中较完整的有:"标本獾子畔1段④:1(图3-5),簧框两端有对称腰形内凹,一端钻孔。长7.9 cm,宽1.1 cm,厚0.1 cm。獾子畔1段④:2(图3-6),舌根端簧框有腰形内凹,簧舌根部有小孔。长8.7 cm,宽1.2 cm,厚0.08 cm。獾子畔1段⑤:1(图3-7),簧框两端有对称腰形内凹,簧框一端钻孔,簧舌缺失。长8.7 cm,宽1.6 cm,厚0.08 cm。獾子畔3段④:1(图3-8),簧框及簧舌尖部破损缺失。簧框一端呈三角形,整体形似小鱼。残存的簧框一端有三个呈'品'字形分布的小圆孔,簧框的一面刻有交叉的三角形纹路。残长7.4 cm,宽1.5 cm,厚0.07 cm。獾子畔4段④:1(图3-9),簧框破损,簧舌缺失。残长6.3 cm,宽1.1 cm,厚0.1 cm。獾子畔4段④:2(图3-10),部分簧框以及簧舌尖部缺失,簧框两侧呈对称腰形内凹,簧框一端有孔,整体残长5.3 cm,宽1.1 cm,厚0.1 cm。"[1]

图3-5　石峁出土口簧(獾子畔1段④:1)

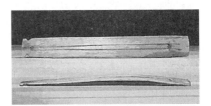

图3-6　石峁出土口簧(獾子畔1段④:2)

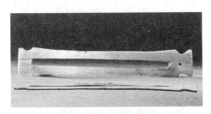

图3-7　石峁土口簧(獾子畔1段⑤:1)

图3-8　石峁出土口簧(獾子畔3段④:1)

图3-9　石峁出土口簧(獾子畔4段④:1)

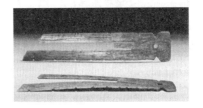

图3-10　石峁出土口簧(獾子畔4段④:2)

① 孙周勇:《陕西神木石峁遗址出土口簧研究》,《文物》2020年第1期,第46—48页。

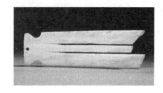

图 3-11　石峁出土部分骨制口簧残片①（出土编号不详）

这批出土于皇城台遗址的共 21 枚骨制口簧中,于东护墙北段上部的"弃置堆积"内发掘的共有 19 枚,其余 2 枚出土于皇城台门址北侧,"弃置堆积"是皇城台在使用期间由皇城顶部丢弃物品堆积而来。据多方考证,石峁遗址出土口簧的年代在公元前 2000 年前后,属于龙山时代晚期文化遗存②。

石峁遗址共出土口簧二十余件,考古背景明确,共存器物丰富,是目前国内所见年代最早的口簧。目前,学界普遍认为石峁遗址所在的中国西北地区是世界口簧发源地,也是中国北方音乐文化沿欧亚草原向西、向北传播与交流的起点。

就目前出土口簧中,我国中原地区的石峁口簧是世界出土口簧中年代最早的骨制口簧,陶寺口簧因早年未被辨识故而没有引起学界的重视。水泉出土口簧作为东北地区出土口簧的代表,其形制与石峁、陶寺口簧略有差别。军都山竹簧虽然材质与其他出土口簧不同,但是形制基本一致。

从空间分布来看,这种古老的拉振式薄板状口簧均分布在我国北方地区,并且几乎在北纬 40°—50° 之间。从尺寸上来看口簧尺寸较为接近,特别是骨制口簧尺寸长度均在 8 cm—9.8 cm 之间,长宽比在 0.12—0.18 之间。军都山出土的竹制口簧较长,长度在 8.9 cm—10.3 cm 之间,长宽比在 0.09—0.11 之间。同是拉振式口簧,出土口簧与我国少数民族,如彝族、回族使用的拉振式竹制口簧形态差异较大,主要体现在长宽比上。我国少数民族使用的口簧更细长,出土口簧略短。这种尺寸的微小差异一方面可能与材质有关,骨制材料相比竹制较难获取,制作上较难切割。骨制口簧相比竹制也更脆弱易断,不方便随身携带。这些可能是导致骨制口簧虽然形制与竹制相同,形态上看起来更笨重的原因。此外,与中原地区出土口簧相比,水泉口簧的簧舌更薄,因此笔者认为水泉、夏家店口簧对于音色的审美要求要高于中原地区出土口簧。

从簧框来看水泉口簧与夏家店口簧更为相似,其簧框为一端较宽一端较窄的等腰梯形,簧框线条平直无装饰。而石峁出土口簧多有雕刻线条装饰,并且在簧舌

①　孙周勇:《早期口簧的发现与研究——从石峁考古发现说起》,石峁皇城台考古新发现暨口簧国际学术研讨会,口头发表,2019 年 9 月。

②　孙周勇:《早期口簧的发现与研究——从石峁考古发现说起》,石峁皇城台考古新发现暨口簧国际学术研讨会,口头发表,2019 年 9 月,第 48 页。

根部打孔的两端有内凹腰线。陶寺口簧两端有帽状装饰,在簧框两端都有凸起。

对于簧舌根部打孔情况,石峁、陶寺口簧与水泉、夏家店口簧一样为拉振式口簧,但是用于拴绳把持的簧舌尖部的小孔却未在石峁、陶寺口簧中体现。笔者猜想,正是石峁口簧两端内凹的腰线和陶寺口簧两端凸起的部分替代了开孔拴绳,从而起到把持口簧的作用。从簧舌细节看,水泉和夏家店口簧的簧舌均为一端较宽一端较窄的尖楔形,而石峁、陶寺口簧簧舌为长条形。水泉、夏家店口簧簧舌尖部的开孔痕迹位于簧舌剔刻线条夹角的顶点,制作过程中如果先钻孔再沿孔成放射状剔刻簧舌,簧舌便成尖楔状。而石峁、陶寺口簧簧舌舌尖端没有开孔痕迹,制作时难以剔刻出放射状的尖楔形,只能制成长条形。故而,笔者认为簧舌尖部的小孔与簧舌形状有直接关系。这也是中原地区与东北地区的出土口簧体现出的最明显的差异性。

通过对中国出土口簧的梳理,以及水泉口簧与我国他地出土口簧形制的对比,可以看出水泉口簧在东北地区出土口簧中具有代表性,同时又与中原出土口簧在尺寸、材质、策动方式上有很大共性。水泉口簧不仅是口簧传播至东北地区的本土化产物,也是中原音乐文化与东北地区文化相交融的见证。

四、水泉骨簧的复制

出土乐器的复制工作是音乐考古研究工作中,用于全面了解一个出土乐器的常用方法。那么这个复制工作应该尽量的模拟其制作原理和制作过程为佳。这就要求我们对于公元前 2000 多年的手工业水平和骨器制作工艺、工具有所掌握。关于东北地区农业考古资料较少,特别是这个时期的骨器制作工艺资料更是没有受到农业考古学者的重视,已经成熟的研究成果较少。我国中原地区商周时期的农业考古成果较多,不妨将其作为本文实验考古的参考。

殷墟出土的大量手工业工具体现了其发达的制作水平和手工作坊的规模得到了空前的发展。据考古资料显示,商代制骨工艺流程为:选材、脱脂、取材、制坯、成形、磨制抛光为成品[1]。

[1]选材

现有的考古资料显示,出土骨器使用的动物骨材主要有:鹿、马、牛、羊、猪等,其中以鹿骨和牛骨为主要材料。孙周勇在《陕西神木石峁遗址出土口簧研究》中介绍到石峁口簧多是选用黄牛肋骨或是动物长骨等质密的骨料为口簧选材[2]。

---

① 孟宪武、谢世平:《殷商制骨》,《殷都学刊》2006 年第 3 期,第 10 页。
② 孙周勇:《陕西神木石峁遗址出土口簧研究》,《文物》2020 年第 1 期,第 48 页。

〔2〕脱脂

商代制骨中脱脂是一个必不可少的工艺步骤,但目前脱脂的具体方法尚无定论。在现代制骨中脱脂方法有两种,一是将骨料沸煮使其脱脂。二是将骨料晾晒或埋于土壤,使其自然脱脂。由此,考古学者推测商代制骨的脱脂工艺也与之相类似。

〔3〕取材

使用锯或刀将肢骨切割成两节,再截去每一节的两端得到中间的部分作为骨材。

〔4〕制坯

殷商时期发现数量最多的骨器,如骨针是先在骨材上进行划线,并将其锯成不足半公分宽的条状形制成骨坯。

〔5〕成形

首先通过刮、削(锉)、磨,使之成为接近器物形状的雏形。需要开孔的器物利用犀利的小刀将开孔处削薄切割成孔,或如骨针钻孔的方法将钻孔一端直接钻透。

〔6〕磨制抛光

目前殷墟出土的骨器多有明显的磨痕和抛光痕,磨制工具多用磨石[①]。

当然,在现今模仿古人复制出土口簧的工作中,只能尽量模拟其制作过程,贴近其制作工艺。至于其制作工具,能够完全还原原始生产工具的条件有限,只能借助现代工具实现复制。现将笔者尝试复制水泉12、13号骨簧的步骤介绍如下:

(一)复制对象及材料

本次实验是以上两枚骨簧为对象,由于该骨簧的骨制材料未知,一同出土的其他骨制品的材料为鹿骨、牛骨、鸡骨、羊骨[②]等。考虑到骨质的材料属性,这两枚骨簧材料为鹿骨、牛骨、羊骨可能性较大,考虑到骨簧平面的质地和尺寸与较细的羊腿骨不相符,故排除羊腿骨的可能性。而鹿骨原料不便采购,故实验采用牛腿骨。

切割和粗制打磨牛腿骨的工具为电锯和电动砂轮,钻孔工具为手持电钻搭配1 mm钻头,簧舌部分切割工具为雕刻刀和锯条,打磨工具为100目和220目砂纸。

(二)复制过程及方法

〔1〕取材、制坯。选用牛骨直径较统一、质地较均匀的一段,以长度为12—15 cm处使用电锯切割成一段圆柱体,再由此选择较为光滑的一面切割成矩形。

---

① 孟宪武、谢世平:《殷商制骨》,《殷都学刊》2006年第3期,第10—11页。

② 中国科学院考古研究所内蒙古工作队:《赤峰药王庙、夏家店遗址试掘报告》,《考古学报》1974年第1期,第56页。

[2]脱脂。笔者参考现代人工脱脂方法,用沸水将牛骨煮制脱脂。

使用电动砂轮将矩形弧形骨片打磨成厚度为 2 mm 左右的两面均为平面的骨片。并将其一端磨窄,使其整体成为纵向的梯形,见图 4-1。

[3]拓图。将骨簧的图片处理,并将其轮廓和打孔位置勾画在梯形骨片上,见图 4-2。

[4]开孔。使用 1 mm 的钻头打孔,再用雕刻刀顺延簧舌位置切割。由于牛骨骨质较硬,并有骨质不均匀的问题,故在切割时出现了线条有偏差的情况。

[5]打磨。为避免由于簧舌太单薄导致在切割过程中簧舌的断裂,在簧舌切完后再对簧舌和骨簧整体进行打磨。打磨工具为 100 目和 220 目砂纸。

注:在对 12 号骨簧的复制中,由于骨质纹路,为了方便切割,笔者将 12 号骨簧的复制尺寸按比例放大了 20%,以避开易切断的骨纹。

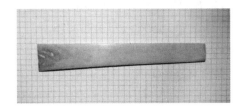

图 4-1　打磨好的骨坯

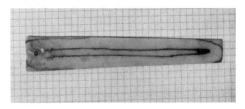

图 4-2　拓图后的骨坯

图 4-3　建平水泉 12、13 号骨簧与复制品

在复原夏家店 13 号骨簧时发现,该骨簧宽端开孔位置与簧舌根部距离较远,簧舌振动困难,这也可能与骨质材料的韧性和弹性有关。窄端据簧舌距离不足 1 厘米,在演奏过程中持口簧的手指非常容易触碰到簧舌以影响簧舌的振动发声,所以笔者推测骨簧簧舌尖端的孔很有可能是如同檀萃在《滇海虞衡志》所说的"以手挽之,如执柄"之把持作用。

口簧是一种流传于世界各地各民族的乐器,其在各个文化中流传的同时自身形制也在不断的发展。辽宁建平水泉遗址出土的骨簧为拉振式口簧,即其策动方式为拉牵簧舌根部的绳子以使簧舌振动发声,但发声质量与骨质有很大关系,具体情况还需进一步实验的数据支撑。应该肯定的是,位于簧舌根部一端的孔即是用于固定拉绳用的绳子。

结　　语

在我国悠久的历史长河中,东北地区始终处于中原文化的边陲地带,甚至在一些朝代这里都算不上边陲。但是从建平水泉出土口簧与陕西石峁口簧形制极高的相似度来看,两千多年前横跨千余公里的音乐文化交融着实令人震惊。这也离不开辽西地区在历史中的地域优势,3000 年前这里就是我国东北部少数民族文化的中心,同时也是北方游牧民族文化与中原文化交流的重要枢纽。水泉口簧就是在这种多文化互通、互融中产生的,它们的背后不仅体现了夏商时期东北地区人们音乐生活的样貌,同时体现了中原与东北地区对乐音的认知、口簧制作工艺、应用场景的一致性。它们见证了中原音乐文化对北方游牧民族音乐文化的影响,也见证了我国东北地区多文化高度融合发展的历史。

参考文献:

一、中文参考文献

[1] 陈永志、吉平、张文平:《赤峰文化遗产》,文物出版社,2014(08)。

[2] [宋]陈旸:《乐书》第一百三十一卷,版本不详。

[3] 陈平:《夏家店下层文化研究综述》,北京文物与考古第五辑,2002。

[4] 方建军:《秦墨书竹简与乐器"簧"》,交响,2008(01)。

[5] 靳枫毅:《军都山山戎文化墓地葬制与主要器物特征》,辽海文物学刊,1991(01)。

[6] 黑龙江省文物考古研究所、中国社会科学院考古研究所:《黑龙江绥滨同仁遗址发掘报告》,考古学报,2006(01)。

[7] Gjermund Kolltveit:《考古发掘的最早的口弦:辽宁省夏家店遗址的一个考古发现》,第十届国际音乐考古大会人类学视野下的音乐考古会议手册,2016。

[8] 李纯一:《说簧》,乐器,1981(04)。

[9] 罗艺峰:《口弦源流的历史语言学研究》,中国音乐学,1997(01)。

[10] 辽宁省博物馆、朝阳市博物馆:《建平水泉遗址发掘简报》,辽海文物学刊,1986(02)。

［11］辽宁省博物馆、朝阳市博物馆:《辽宁建平水泉遗址发掘简介》,燕山南北长城地带考古专题座谈会文集,1983(07)。

［12］孟宪武、谢世平:《殷商制骨》,殷都学刊,2006(03)。

［13］秦序:《民族乐器口弦初探》,音乐艺术,1981(01)。

［14］[清]《律吕正义》卷七十四,商务印书馆,1936年版。

［15］齐晓光:《内蒙古克什克腾旗龙头山遗址发掘的主要收获》,内蒙古东部区考古学文化研究文集,海洋出版社,1991年版。

［16］山口修(程天建译):《人类远古音乐文化的"活化石"——口弦》,交响,1996(01)。

［17］孙周勇、邵晶、邸楠、康宁武、赵益、邵安定、夏楠、陕西省考古研究院、榆林市文物考古勘探工作队:《神木县石峁遗址管理处.陕西神木县石峁遗址皇城台地点》,考古,2017(07)。

［18］[蒙]策·图尔巴特、乌日古木勒译、范子烨:《考古发现的舌头琴与欧亚大陆东部的古代游牧文化》,铜仁学院学报,2018年8月。

［19］[清]檀萃:《滇海虞衡志》,中华书局,1985年版。

［20］王子初、段泽兴:《中国音乐文物大系II·内蒙古卷》,大象出版社,2007(03)第一版。

［21］薛艺兵:《中国口簧的形制及其分类》,中国音乐学,1998年(04)。

［22］席永杰、滕海键、季静:《夏家店上层文化研究述论》,赤峰学院学报,2011(05)。

［23］应有勤:《口弦音阶及其律学特性》,文化艺术研究,2012(01)。

［24］应有勤、孙克仁:《口弦的综合考察》,中国音乐学,1988(02)。

［25］曾遂今:《口弦"话语"》,中国音乐,1985(01)。

［26］曾遂今:《口弦的发音原理初探》,乐器,1986(04)。

［27］曾遂今:《口弦的发音原理初探(续)》,乐器,1986(05)。

［28］《中国音乐文物大系》总编辑部:《中国音乐文物大系·北京卷》,大象出版社,1999年第2版。

［29］中国科学院考古研究所内蒙古工作队:《赤峰药王庙、夏家店遗址试掘报告》,考古学报,1974(01)。

"泛红山文化"音乐遗存研究

沈阳音乐学院研究生　赵天缘

摘要："泛红山文化"是中国新石器时代的重要文化之一，对理解中华文明的起源和发展有着重要意义。该文化分期多样、分布广泛，且在后期呈现出向文明社会和国家进程发展的趋势。在音乐遗存方面，其音乐遗存主要为埙、磬、笛、鼓、口簧等。本文采用跨学科研究法，结合田野调查，对"泛红山文化"的音乐遗存以"国家馆藏"和"私人馆藏"分作梳理。通过与同墓器物、民族迁徙与融合、原始宗教祭祀及崇拜等方面的关联研究，揭示了其音乐遗存可能反映的原始宗教祭祀信仰及文化交流迁徙状况。

关键词："泛红山文化"　音乐遗存　民族迁徙与融合　原始宗教祭祀

引　言

"泛红山文化"是中国新石器时代北方的重要遗存之一，其与中原地区的文化集团既有区别，又相互联系。其波及范围较为广泛，所涉中国四省：辽宁省西部、内蒙古东南部、吉林省西北部及河北省北部地区，并在发展中不断与其他文化集团相互融合、壮大。红山文化有狭义和广义之分：狭义指以牛河梁遗址为代表的狭义红山文化；广义指包括狭义红山文化及其之前、之后的六个主要文化类型[①]，它们可被统称为"泛红山文化"[②]，存在时间大约为距今 10000 年至 4000 年。现有"泛红山文化"音乐遗存主要为埙、磬、笛、鼓、口簧等。

关于"泛红山文化"音乐遗存的现有研究主要聚焦于乐器的物理属性，如形状、材质和音高测量等方面。尽管部分针对中国新石器时代出土乐器的整体研究涵盖了"泛红山文化"的相关内容，但这些研究尚未深入挖掘音乐本体及其背后的文化内涵。

---

① 六个主要文化类型为：小河西文化（距今 8500 年—10000 年）、兴隆洼文化（距今 7400 年—8200 年）、赵宝沟文化（距今 6400 年—7200 年）、红山文化（距今 5000 年—6500 年）、小河沿文化（距今 4500 年—5000 年）和夏家店下层文化（距今 3400 年—4000 年）。

② 于明：《泛红山文化及其代表性玉器》，《艺术市场》2008 年第 1 期，第 118 页。狭义红山文化之前的小河西文化、兴隆洼文化、赵宝沟文化等为前红山文化，其后的小河沿文化、夏家店下层文化等为后红山文化，它们被统称为"泛红山文化"。

　　为了更全面地理解"泛红山文化"时期的音乐遗存,笔者进行了实地调研,并尝试从多个维度进行深入分析。首先,通过考察同墓器物,笔者试图探究音乐遗存与其他文物之间的关联,进而推测其在当时社会生活中的地位和功能。其次,从原始宗教祭祀及崇拜的角度出发,笔者分析了音乐遗存中可能蕴含的宗教信仰和仪式功能。最后结合民族迁徙与融合的背景,探讨"泛红山文化"音乐遗存可能受到的外部影响,以及其在文化交流中所扮演的角色。通过这一系列研究,笔者期望能够揭示"泛红山文化"音乐遗存背后的原始宗教祭祀信仰以及文化交流迁徙的复杂情况。这不仅有助于深化我们对这一时期音乐文化的理解,还为探讨新石器时代文化交流和社会发展提供新的视角。

一、国家馆藏里的"泛红山文化"音乐遗存

　　国家馆藏即由国家承办、负责,面向社会公众的国家及地方省、市、县等博物馆收藏的藏品。在许多地级博物馆可看到"泛红山文化"音乐遗存藏品,如赤峰市博物馆。笔者在此按乐器种类将分类梳理。

　　(一) 出土埙

　　埙,亦作"壎"。中国古代吹奏乐器。呈橄榄形、圆形、椭圆形、鱼形、平底卵形等多种。大小各异。顶端开一圆形吹孔,埙体上开有 1、2、3 至 5 个按音孔等多种。[①]现已发现的埙有属夏家店下层文化的两件石埙,均为残件。

表1　"泛红山文化"出土埙统计表

序号	文化遗存	数量	名称	出土地点	材质	形状
1	夏家店下层文化	2	喀喇沁大山前埙残件	内蒙古喀喇沁旗大山前遗址第 I 地点 206 号灰坑第 7 层	泥质红胎灰衣陶	馒头状
2			喀喇沁大山前埙残件	内蒙古喀喇沁旗大山前遗址第 I 地点 206 号灰坑第 7 层	泥质褐陶	馒头状

　　(二) 出土笛

　　笛,亦称"笛子",中国横吹管乐器。上开有吹孔和膜孔各一,按指孔 6 个。不设膜孔的笛称"闷笛"。[②]新石器时代的骨笛为竖(或斜)吹按孔乐器。一般用大型鸟类的翅骨截去两端关节,钻孔制成。[③]在"泛红山文化"出土的笛类有位于中国内

---

① 缪天瑞:《音乐百科词典》,人民音乐出版社,1998(10):682。
② 缪天瑞:《音乐百科词典》,人民音乐出版社,1998(10):127。
③ 王子初:《骨笛、骨哨》,《乐器》,2001(07):82。

蒙古赤峰市的骨笛,其具体地点为内蒙古赤峰市松山区初头朗乡三座店村。

经考古学家鉴定,推断该笛属于兴隆洼文化时期①。其材质为飞禽肢骨,呈深黄色,长约 15 厘米,直径为 1.5 至 0.7 厘米,有五个直径约为 0.3 厘米的等距离音孔,底端处有两个约 0.2 厘米相互对立的小孔。经试吹,从上至下可发出"D、E、G、A、C"五个音。

(三) 出土鼓

鼓,打击乐器。在鼓框上蒙以鼓皮,用鼓槌或手敲击鼓皮发声②。陶鼓是中国远古时期的乐器之一,因以陶为制作材料,才得以保存和流传。在考古发掘中,也有学者依出土陶鼓形态及相关文献,提出陶鼓等认定标准③。

现出土的陶鼓(包括辽宁凌源和建平县交壤处牛河梁遗址的部分陶鼓)大多以筒形器碎片的形式出现。牛河梁遗址的陶鼓是经考古学家们鉴定的出土于非生活用品区域的筒形器碎片,如出土于辽宁牛河梁遗址一号积石冢内外墙之间的筒形器碎片陶鼓。此外,还有很多"泛红山文化"遗址出土的筒形器可能是陶鼓,如麦源城子山遗址、阜新胡头沟遗址、喀左东山嘴遗址等。

(四) 出土磬

磬,中国古代打击乐器。石制或玉制。有半圆形和曲折形两种,悬挂于架上,以木槌敲击发音④。"泛红山文化"出土的石磬有内蒙古石磬及夏家店下层文化石磬⑤。内蒙古地区出土石磬 14 件:6 件为民间征集(4 件完整,2 件残缺);8 件石磬为出土乐器,属夏家店下层文化。

喀喇沁大山前磬坯和喀喇沁西府石磬为该夏家店下层文化出土磬的代表石磬。喀喇沁大山前磬坯于 1996 年出土于同名遗址第 I 地点 149 号灰坑。其底边36.6 厘米、鼓上边 27.3 厘米、鼓博 11.1 厘米、股上边 12.0 厘米、股博 10.5 厘米、厚4.5 厘米⑥。喀喇沁西府石磬为喀喇沁旗文物管理所所收藏,于 1977 年出土,能发

---

① 王冬力:《八千年石埙的发现及史前礼乐之器初探》,《乐府新声(沈阳音乐学院学报)》,2019(12):33.兴隆洼文化的存在时间大致在公元前 6200 年至公元前 5200 年,其主要分布在北起乌尔吉木伦河、南达燕山及其南山麓地区、西始大兴安岭、东抵医巫闾山,包括内蒙古东南部、辽宁西部、河北东北部、天津北部、北京北部的燕山南北地区。

② 缪天瑞:《音乐百科词典》,人民音乐出版社,1998(10):213.

③ 许永杰:《红山陶鼓:苍劲声伴古人载歌载舞》,《大洋网——广州日报》,2016(08)。陶鼓等认定标准:鼓匡圆形中空;上部有可以蒙革的部位,或为了更好地蒙上皮革而制作的凸棱、凸钮等附件;上下贯通;器壁上有镂孔;有便于提携或可以悬挂的把、耳等附件;有镂孔或彩绘等精美的装饰。其中尤以鼓匡和蒙革最为重要。

④ 缪天瑞:《音乐百科词典》,人民音乐出版社,1998(10):494.

⑤ 内蒙古出土石磬 13 件;夏家店下层文化石磬 4 件,分为直顶石磬和倨顶石磬。

⑥ 中国音乐文物大系总编辑部.《中国音乐文物大系(内蒙古卷)》,《大象出版社》,2000(01):17.

二音:f²-4 音分(690.41Hz)和 ＃f²＋21 音分(750.08Hz)。其通长 37.0 厘米、通高
19.0 厘米、厚 2.5 厘米①。

表 2　"泛红山文化"出土磬统计表

	文化遗存	地区	数量	序号	代表石磬	出土地点	同墓器物
1	夏家店下层文化	内蒙古	14件	1	喀喇沁大山前磬坯	喀喇沁旗大山前遗址第Ⅰ地点 149 号灰坑	石铲、陶尊、鼎、圆陶片等
2				2	喀喇沁旗西府石磬	一古遗址中	灰烬、陶片等
3				3	石磬	锦山乡西府村	(有待调查)
4				4	413 号磬坯	内蒙古喀喇沁旗	(有待调查)
5				5	415 号(残块)	内蒙古喀喇沁旗	(有待调查)
6				6	416 号(残块)	内蒙古喀喇沁旗	(有待调查)
7				7	1121 号(残块)	内蒙古喀喇沁旗	(有待调查)
8				8	喀左文物管理所	(民间征集)	—
9				9	喀左文物管理所	(民间征集)	—
10				10	喀左文物管理所	(民间征集)	—
11				11	喀左文物管理所	(民间征集)	—
12				12	喀左文物管理所	(民间征集)	—
13				13	喀左文物管理所	(民间征集)	—
14				14	赤峰博物馆石磬	赤峰市松山区三座店石城出土	(有待调查)
15		辽宁	4件	1	建昌磬	建昌二道湾子公社东南山	(有待调查)
16				2	建平喀喇沁河磬	建平喀喇沁河东遗址	(有待调查)
17				3	建平水泉磬	建平水泉遗址	(有待调查)
18				4	北票磬	北票遗址	(有待调查)

(五)"泛红山文化"出土口簧

口簧,又名口弦,是一种靠一端被固定的具有一定弹性的薄片振动而发音的体
鸣乐器。簧形制较为简单,多以动物骨骼为制作原料。

20 世纪六七十年代,建平水泉遗址②出土了骨质口簧,其中保存较为完整的是

---

① 中国音乐文物大系总编辑部:《中国音乐文物大系(内蒙古卷)》,《大象出版社》,2000(01):21。
② 该遗址距辽宁建平县政府所在地东北方向约 46 公里;东南方向距朝阳市 42 公里。

12、13 号口簧①。它们与赤峰夏家店遗址出土的 M14：6 口簧形制相似,尺寸相近,骨制。两处出土地相近,文化堆积分为夏家店下层文化,相当于中原地区的夏商时期,时间下限不晚于西周早期。

二、私人馆藏里的"泛红山文化"音乐遗存

"泛红山文化"相关音乐遗存不但有博物馆藏藏品,还有部分音乐遗存藏于民间私人收藏家博物馆中。德辅博物馆即为此类博物馆,其坐落在有"三燕古都"之称的辽宁省朝阳市,是新石器时代"泛红山文化"的分布区域之一。

2021 年 5 月初笔者前往辽宁省朝阳市德辅博物馆对相关乐器进行田野调查,发现德辅博物馆现存"泛红山文化"时期相关乐器主要有：陶鼓、石磬、骨笛、埙。经调查,其来源多为民间征集或私人收藏,暂无明确的出土时间、地点,暂未发现相关发掘报告。

五件埙形状各异,主要材质为石、陶。石质埙有两件,一件是二孔石埙,属于兴隆洼文化时期,另一件为石流星。兴隆洼文化时期的二孔石埙以浅黄色砂岩为材,全长 10.1 厘米,宽 5.5 厘米,厚 4.6 厘米。②顶部钻有两孔,其中边缘凸起一孔为吹奏孔,平齐孔为按音孔,吹之可奏音。笔者认为,虽然石流星无法通过吹奏发声,但其在某些特定条件下可能会通过气体发声,可能具备气鸣乐器③的功能,属于乐器。陶质埙有三件,两件为牛头陶埙④,另一件为陶鸟埙⑤,二者均属于红山文化时期。牛头陶埙牛角中间的孔为发音孔,可发音。陶鸟埙的脊背上有一吹孔,但笔者暂未发现测音或发声记录。

笛子为兴隆洼文化时期的骨笛,由鸟类的骨骼制成。该骨笛全长 28 厘米,外径 2 厘米至 4 厘米,有不等距的 5 个音孔,可发四音⑥。

---

① ［挪］Gjermund Kolltveit：《考古发掘的最早的口弦：辽宁省夏家店遗址的一个考古发现》,第十届国际音乐考古大会人类学视野下的音乐考古会议手册,2016；27。12 号骨簧从簧框的形状来看接近纵向的等腰梯形,破损的前端部分略微变细。该骨簧全长 9.5 cm,宽 1.0—1.8 cm,厚度 0.06 cm,宽端长宽比为 0.189。13 号骨簧从簧框形状来看整体呈梭形。簧舌前端逐渐变细,形状接近等腰三角形。在 Kolltveit 发表的尺寸中,该骨簧全长 8.1 cm,宽 0.4—1 cm,厚度 0.06 cm。宽端长宽比为 0.123。其簧舌末端的厚度仅有 0.06 cm。

② 白耘歌：《德辅博物馆馆藏乐器音乐文化生态探析》,辽宁师范大学硕士论文,2020（04）；34。

③ 埃利克·M·冯·霍恩波斯特尔、柯特·萨克斯、安东尼·贝恩斯、克劳斯·P·沃斯曼英译,刘勇译、李玫校,Hans Sauseng 翻译顾问,《乐器分类体系（续）》,《中国音乐（季刊）》,2014（04）；48。

④ 王冬力：《德辅典藏》,辽宁教育出版社,2019（07）；141。

⑤ 王冬力：《德辅典藏》,辽宁教育出版社,2019（07）；140。陶鸟埙体长 9.7 厘米,宽 3.4 厘米,厚 6厘米。

⑥ 白耘歌：《德辅博物馆馆藏乐器音乐文化生态探析》,辽宁师范大学硕士论文,2020（04）；28。

小河西文化陶鼓①的材质为夹砂灰陶,经火烧制而成。鼓体颜色分布不均,可能是因为其在烧制过程时受火不均匀。受火温度偏高的部分呈灰褐色,温度低的部分呈浅褐色。该陶鼓鼓身有破损,德辅博物馆工作人员在专家指导下对小河西文化陶鼓进行了等比复制,复制品可敲奏、击奏。

私人馆藏磬主要分为两类:赵宝沟文化石磬和夏家店下层文化石磬。赵宝沟石磬共一件,材质为灰白色石灰岩,磨制而成,形状为扁方长条状。该石磬的正上方有一贯通小孔,孔壁有明显的绳纹摩擦痕迹,可能是悬挂的磨损痕迹。该石磬未经专家测音,仅在敲打时候会发出清脆之声。夏家店下层文化石磬共28件,27件为特磬,1件祖纹浮雕石磬。27件特磬均可发音,并可以排列出一定音阶。祖纹浮雕石磬以青石为材质,磨制制作,正面磨刻浮雕祖,倒三角形状,下端有一残缺,顶部有一通透小孔,系悬挂之用。②

除上述埙、笛、鼓、磬,朝阳市德辅博物馆关于“泛红山文化”的音乐遗存馆藏还有骨哨、陶铃、陶钟、摇响器③等。

三、“国家馆藏”与“私人馆藏”比对分析

笔者将“泛红山文化”出土乐器与私人馆藏乐器进行比对,发现两类音乐遗存既有共性也有个性。埙方面,出土埙多为陶质卵形埙,在发现时已为残片,不能发声;私人馆藏埙形状各异,材质不同(如石质、陶质),只有部分埙经过测音。骨笛方面,二类笛孔数量及制作材质相同,只是出土笛发音更齐全。石磬方面,除夏家店下层文化馆藏石磬中有一件带“祖”图案,其余均无图案,且均可发声。鼓方面,二类陶鼓的形制及细化材料不同。

四、“泛红山文化”音乐遗存的文化解读

“泛红山文化”在乐器出土方面虽不及裴李岗文化、龙山文化等文化丰富,但其

① 白耘歌:《德辅博物馆馆藏乐器音乐文化生态探析》,辽宁师范大学硕士论文,2020(04):17。小河西文化陶鼓的高度为35.5厘米,口径27厘米。底径13厘米,底厚1厘米,口沿厚0.5厘米,距底部1/3处留有两个圆孔,孔径2.5厘米,底部也有一圆孔,孔径2厘米。

② 白耘歌:《德辅博物馆馆藏乐器音乐文化生态探析》,辽宁师范大学硕士论文,2020(04):26。

③ 此外,德辅博物馆馆藏还有陶哨1件(红山文化时期)、玉制排箫1件(兴隆洼文化时期)、玉律管8件(时期未知)、骨律管1件(兴隆洼文化时期)、陶铃2件(青铜时代)、螺号1件(时期未知)和摇响器2件(红山文化时期)。骨哨由鸟骨制成。陶铃呈筒状,采用铃舌撞击铃体的方式发声。陶钟形状也是筒状,上方为柄,采用不发声的物体敲击钟体发声。摇响器有两件,通过摇晃使内部物体撞击壁面发声。

在一定程度上仍反映了该阶段的文化发展状况。本文旨在以音乐遗存的出土地点和同墓器物等为切入点，深入探究"泛红山文化"时期音乐遗存可能存在的、具备原始祭祀功能的地区。同时，从器物纹饰及相关出土遗物形制等角度分析该时期的文化交流与迁徙状况。

（一）原始祭祀信仰

1983 至 1985 年，牛河梁遗址筒形器碎片陶鼓在牛河梁二号积石冢①石桿以南 3.3 米处被发现，此外，一号积石冢（Z₁）的内外墙之间亦发现大量红陶筒形器碎片。在东西向的石墙内侧，发现一排红陶筒形器，已掘得 24 件。在 M4 墓盖东端出土彩陶筒形器的大块残片。三号积石冢（Z₃）内石圈和中石圈里散布着大量的红陶筒形器碎片②。观其制作材质（红陶）及形状，他们与日用筒形器并无区别，但因出土地位于祭祀坛附近，其折沿、卷沿形制可蒙皮，加之鼓是祭祀等宗教场合必需的乐器。陈星灿③认为牛河梁遗址出土的彩陶筒形器为陶鼓。加之牛河梁出土筒形器陶鼓地点位于女神庙附近，有泥制人像、泥制动物残像和陶制祭器等一同出土。笔者赞同其观点，认为这些筒形器为具备祭祀功能的陶鼓。

同墓器物是判断出土乐器功能的条件之一。喀喇沁旗大山前遗址第 I 地点出土的夏家店下层文化石磬（96KDIH149：2）④，其同墓器物有卜骨，卜骨上存有钻孔和灼烧的痕迹。因殷墟出土的卜骨上有类似的痕迹，用于祭祀活动，故笔者认为该遗址出土的石磬可能也具备原始祭祀功能。

（二）文化交流与迁徙

牛河梁陶鼓⑤鼓口沿下有数圈平行条纹，纹下有鹰嘴钩状突起一周⑥。如上文所述，牛河梁陶鼓及相关筒形器碎片为考古学家鉴定的可能为陶鼓的筒形器。经对比，笔者发现部分牛河梁遗址筒形器陶鼓的纹饰具备部分"素面陶集团"遗器形制特征。这一文化集团位于黄河下游地区，其逐渐发展、迁徙，一支分支向西迁往内蒙古和山西地区，另一支迁往燕山以北。"素面陶集团"器物表面无图案，纹饰在后期发展时也十分简单。值得注意的是，它的后岗一期文化与红山文化同属一时期。对比牛河梁陶鼓与同时期陶器纹饰特征，笔者发现其与"素面陶文化集团"存

① 辽宁省文物考古研究所：《辽宁牛河梁红山文化"女神庙"与积石冢群发掘简报》，《文物》，1986（06）：7。

② 陈星灿：《红山文化彩陶筒形器是陶鼓推考》，《北方文物》，1990（04）：26。

③ 陈星灿：《红山文化彩陶筒形器是陶鼓推考》，《北方文物》，1990（04）：28。

④ 朱延平、郭治中、王立新：《内蒙古喀喇沁旗大山前遗址 1996 年发掘简报》，《考古》，1998（09）：48。

⑤ 辽宁省文物考古研究所：《辽宁牛河梁红山文化"女神庙"与积石冢群发掘简报》，《文物》，1986（06）：7。

⑥ 费玲伢：《新石器时代陶鼓的初步研究》，《考古学报》，2009（03）：299。

在纹饰关联。这种关联不仅体现了红山文化与同时期"素面陶集团"之间的文化交流,还进一步提示了音乐遗存能够在一定程度上反映新石器时代的文化交流和迁徙现象。

结　语

"泛红山文化"是中国新石器时代的重要文化,其存在时间为公元前 8000 年至公元元年,对中华文明的起源有着重要作用,在某种程度上印证了中华文化"多点多元"的起源说。"泛红山文化"相关遗址由于自然原因和人为原因,一些遗址或被盗或在发现时已遭到一定程度的损坏,以致部分遗物流传民间。这些民间流散文物的出土年代、出土地点及真伪性暂不可考。故笔者将现有"泛红山文化"音乐遗存分为"国家馆藏"和"私人馆藏"两类分作讨论,并从材质、形制及发音原理等方面稍加比对。

由于"泛红山文化"距今时间久远、分布范围较广,可能仍有相关遗址尚未被发现、挖掘。笔者在此仅对现有"泛红山文化"音乐遗存进行研究,发现从同墓器物、民族迁徙与融合、原始宗教祭祀及崇拜等角度进行分析,"泛红山文化"时期的音乐遗存中可能体现了中国新石器时代北方的原始宗教祭祀信仰及中国新石器时代各个不同文化集团间的文化交流、迁徙的状况。

参考文献:

[1] 缪天瑞:《音乐百科词典》,北京:人民音乐出版社,1998(10)。

[2] 张星德:《红山文化研究》,北京:中国社会科学出版社,2005(12)。

[3] 中国音乐文物大系总编辑部:《中国音乐文物大系(内蒙古卷)》,河南郑州:大象出版社第 1 版,2000(01)。

[4] 王冬力:《德辅典藏》,辽宁沈阳:辽宁教育出版社,2019(07)。

[5] 王子初:《骨笛、骨哨》,《乐器》,2001(07)。

[6] 陈星灿:《红山文化彩陶筒形器是陶鼓推考》,《北方文物》,1990(04)。

[7] 方殿春、魏凡:《辽宁牛河梁红山文化"女神庙"与积石冢群发掘简报》,《文物》,1986(08)。

[8] 朱延平、郭治中、王立新:《内蒙古喀喇沁旗大山前遗址 1996 年发掘简报》,《考古》,1998(09)。

[9] [挪]Gjermund Kolltveit:《考古发掘的最早的口弦:辽宁省夏家店遗址的一个考古发现》,第十届国际音乐考古大会人类学视野下的音乐考古会议手

册,2016。

　　[10] 王冬力:《八千年石埙的发现及史前礼乐之器初探》,《乐府新声(沈阳音乐学院学报)》,2019(12)。

　　[11] 许永杰:《红山陶鼓:苍劲声伴古人载歌载舞》,《大洋网——广州日报》,2016(08)。

　　[12] 白耘歌:《德辅博物馆馆藏乐器音乐文化生态探析》,辽宁师范大学硕士论文,2020(04)。

　　[13] 埃利克·M·冯·霍恩波斯特尔、柯特·萨克斯、安东尼·贝恩斯、克劳斯·P·沃斯曼英译,刘勇译,李玫校,Hans Sauseng 翻译顾问,《乐器分类体系(续)》,《中国音乐(季刊)》,2014(04)。

　　[14] 费玲伢:《新石器时代陶鼓的初步研究》,《考古学报》,2009(03)。

论编钟作为律器的可行性

——以曾侯乙编钟为例

中国音乐学院教授　韩宝强

摘要：编钟以其宏大音响、昂贵的材料价值和复杂的制造工艺在中国古代宫廷乐器中占有绝对统领地位。随着曾侯乙编钟出土、尤其对编钟上大量钟铭文的解读，人们对编钟似乎又有一个新的身份认定，即将其视为一种律器。本文在分析、总结古今律器特点的基础上，论证了编钟作为律器的可行性。鉴于编钟的声学特征与律器的要求相去甚远，故编钟完全不适合用作律器。以编钟现存音响数据来推导编钟律制体系的做法亦不可取。

关键词：律器　律制　编钟

一、何 谓 "律 器"

本文中的"律器"指用于调律（亦称调音）的工具。中国古代常用律器有律管、律笛和律准等，早在商代的甲骨文中就有"管惟律用"字样①。近代自海外传入了音叉和音哨（也称音笛）等新型正律器。时至当下，全球使用最广泛的律器当属种类繁多的电子校音仪。

古代律器可分两种，一种主要用来发出符合标准的音高，亦称"正律器"。中国古代多采用竹材制成，称为"律管"或"律笛"。另一种律器的主要功能是根据特定生律法则由初始律生出其他律，可称为"生律器"，如中国的律准、古希腊的"一弦器"（monochord）等。理论上讲，吹管也能作为生律器，但实际操作上远不如弦准方便，加之存在"管口校正"的难题（后文有述），因而吹管一般只作正律器用。随着现代乐器制造技术的发展，大多数乐器律制在生产线环节已经基本完成，律准、一弦器所代表的古代生律器早已失去实用价值，仅存于乐律学实验室中。早

---

① 王恩田：《释卜辞"管惟律用"——兼说"师出以律"与律管乐器的用途》，海岱学刊，2021（01），第1—5页。

期的律管、律笛等正律器也因精度不够、使用不便而成为展陈之物。古代律器虽已退出历史舞台,但研究古代乐律问题却要经常碰到它,因此还有必要在此做简要梳理。

先来看古今律器都具有哪些特点:

第一,律器发出的音高须符合所处时代制定的标准,由此来保证律器音高的客观性和恒定性。譬如中国古代律管长度均与朝廷颁布的长度单位相关联,并以文字形式加以保存,因此只要知道当时尺度标准就能定出标准音高。随着物理声学发展,为满足音乐演出大众化和国际化发展趋势的需要,现代律器所发音高逐渐脱离与朝代或国家尺度的关联,而是直接用振动频率数来规定,从而进一步保证了标准音高的客观独立性。譬如,今日小字一组 A 的音高频率被国际标准化组织(ISO)规定为 440 赫兹(Hz),由此保证全球音乐家可以在任何场合举办联合演出。

第二,律器发出的音响必须具有稳定、纯正的性质,这样才不会给调律者带来任何听觉上的干扰。音响是否稳定、纯正主要与振动的谐音列有关:如果谐音列中的各谐音频率数呈简单整数比关系,同时谐音的数量比较少,那么音响听起来就比较稳定且纯正。反之,若各谐音频率数呈较为复杂比例关系,同时谐音数量比较多,那么音响听起来就比较混杂。下图1—4 分别是长笛、钢琴、音叉和电子校音仪发出标准音 A(440 Hz)的谐音列(频谱)。从谐音列形态可看出:以长笛为代表的空气柱振动和以钢琴为代表的弦振动,其谐音列数量适中、排列规范;音叉和电子校音仪的谐音列则更为简单:音叉只有 1 个谐音,电子校音仪只有基音,没有谐音,这种音响听起来如同古琴泛音的效果:空灵且纯净。

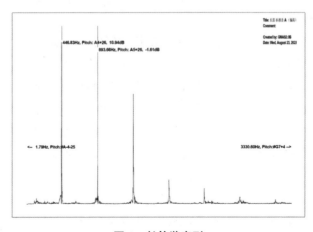

图 1　长笛谐音列

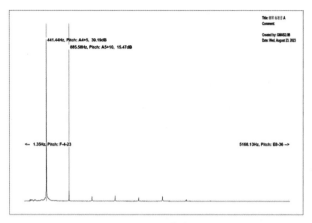

图 2　钢琴谐音列

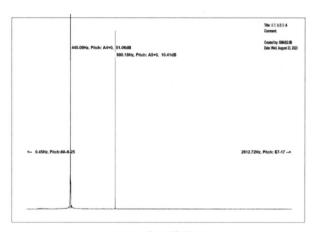

图 3　音叉谐音列

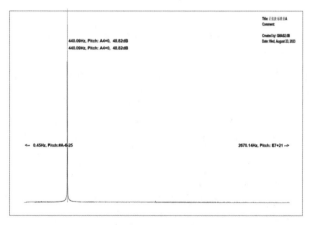

图 4　电子校音仪谐音列

第三,律器必须便于携带,且易于调律者操控发声。律器不是乐器,无需宽广的音域和丰富的音色变化,因而多为一器一音。律准和电子校音仪一器可发多音,但因采用了直观的标尺和电子开关等手段,因而依然能做到方便操控发声。

中国律学界曾有管律和弦律之争,即古代到底使用哪种振动体律器来进行调律[①]。从声学角度看,二者在振动体与音高关系上具有一定相同性质:振动频率(音高)与物体长度成反比关系。但因振动体本身材料不同导致在振动模式上有较大区别:律管或律笛是空气柱振动,律准是弦振动。前者振动模式相对简单,管长基本决定空气柱(基音)的长度,进而决定音高。观察管长就能大致确定各律的高度。然而管律不能精准生律,因为空气柱在振动时其长度会稍微超过管长,导致其发音的实际音高会略低于管长的理论音高,从古至今人们一直在寻找修正该误差值(通称"管口校正数")的公式,但至今未找到理想的解决方案[②]。弦振动本身要比空气柱复杂,除长度外,弦的直径、张力和材料密度等因素都会对音高产生影响,加之古代制弦技术不发达,无法做到对弦径、张力等因素精确掌控,所以不能像吹管那样仅凭长度来确定绝对音高。此外,中国古代用弦多为生丝制成,温湿度对其影响较大,调好的音很难保持,因而无法像管律那样保持绝对高度。但弦也有其优势:第一弦长肉眼可见,而空气柱看不见摸不着。第二无需做管口校正,因而在同一条弦上可根据谐音节点(徽位)来精准生律。晋代杨泉在其《物理论》中用"以弦定律,以管定音"科学地总结了管律与弦律各自特点及最佳用途。

音叉、音哨和电子校音仪是近、当代科技催生的产物,音叉属棒振动,音哨属簧片(板)振动,电子校音仪属电子震荡,这些振源都具有体积小、发声精准可控的特性,音准误差基本都在±2音分范围内。高档电子校音仪不仅发声清晰准确,而且能随意微调每个音高度,使之发出世界不同律制的音高。

二、"临 时 律 器"

在现代音乐演出中、尤其合奏性演出,经常能看到一些乐器临时充当正律器的角色。最常见的如钢琴,在与其他乐器合奏时,所有乐器都要事先与钢琴"对音"。道理显而易见:因为钢琴在现场不易调音,其他乐器若想与之合奏就必须向它靠拢。类似这种因不便现场调音而被当作临时律器的还有管风琴、扬琴、编

---

① 杨荫浏:《管律辨讹》,文艺研究,1979/4,第78—82页。
② 目前问世的所有管口校正公式都属于经验公式,只能在较为严格的条件限定下使用,不具普适性,主要因为影响管口校正数值的因素太多,包括管长、管径、管壁厚度、管材、管壁光滑度、激励强度等,任何一个条件发生变化都会对校正公式产生影响。

钟、编磬等。

　　双簧管在管弦乐队中也经常扮演"标准发声器"的角色,究其原因则是因为双簧管音色极具穿透性,其发出的标准音 A 能够穿透各种嘈杂声而被所有乐队演奏员听到。当然,双簧管在发声前肯定已经用正规律器做好了校准工作,钢琴、管风琴和扬琴等乐器也需要经常调音才能保证其达到临时律器的标准。

　　编钟和编磬这类板振动乐器由于振体本身不易变化,且调音过程非常复杂,一旦调定就再无调整的可能,因此这类乐器的音高就成为其他乐器都要遵从的临时标准。尽管如此,从律器的本质属性讲,无论钢琴、双簧管,还是编钟、编磬,无论它们在演出中居何等统领地位,它们的基本身份仍然是乐器而不是律器,因而还不具备调律的资格。

三、编钟作为律器的可行性

　　编钟以其宏大音响、昂贵的材料价值和复杂的制造工艺在中国宫廷乐器中占有绝对统领地位。随着曾侯乙编钟(下简称曾钟)出土、尤其对编钟上大量与律有关的钟铭文的解读,人们对编钟似乎又有一个新的身份认定,即将其视为重要的律器,这一方面源于曾钟上有些钟的名称就带有"律钟"性质,如"兽钟""穆钟""棨钟""吕钟""姑洗""宣钟""新钟""文王"等,意味着这些钟本身就是律器,所发声响就是标准律高。另一方面曾钟上还有许多铭文解释了这些律钟与曾国之外诸国相关律的关系,由此人们很容易产生"曾钟具有律器性质"的想法。其实,如果用前述律器应具有的特点来衡量,曾钟距离"律钟"还有很大距离。

　　首先,大量测音数据已经证明,中国古代编钟的音准水平远达不到律器应有的水平,即便像曾侯乙编钟这样的旷世之作也有近十分之一的音高存在严重"音不准"的问题[1]。如前所述,作为律器的首要条件就是"所发声音的高度必须符合所处时代的标准",如果连这个基本要求都达不到,自然无法承当律器的重任。

　　此外,编钟发出的声响既不纯净也不稳定,在实地听过编钟演出的人对此应深有体验。从声学角度讲,编钟发声源自合瓦形板振动结构,本身存在大量不和谐分音成分,且很容易产生不良"拍音"(类似颤抖的声响),即便使用现代调音设备也无法剔除板振动自身携带的不协和成分。设想用其作为标准音来为其他乐器定音,恐怕只会让演奏员徒增听觉疲劳。至于律器应该具有的灵便性和易控性,编钟更

---

　　① 韩宝强、刘一青、赵文娟:《曾侯乙编钟音高再测量兼及测音工作规范问题》,中国音乐学,1999/3,第 100—110 页。

无从谈起。

综上而言,编钟完全不具备律器的基本属性,将其作为律器的可行性几乎为零。随着现代制钟技术的提高,新制编钟无论音准还是音质都比古代有了长足进步,虽然无法达到律器的标准,但作为有特色的打击乐器已完全能满足舞台演出要求。

关于曾钟上的律钟问题,我认为其意义只是证明"这是一枚经过调校的、有明确律高的编钟",并不带有律器的含义。就如现代管乐器都会标示出具体调名用以说明筒音高度,并不具有律器属性。至于曾钟上有很多律钟的实测音高与理论音高存有误差的问题,已有很多文章加以讨论。笔者也曾从编钟声学特性角度加以讨论[①]。此外,古代调钟师的听力水平也在制约编钟的音准质量,具体请见后续文字。

既然中国古代编钟不具备律器的属性,那么单从编钟测音数据角度来探讨编钟律制问题就要十分小心,如同我们研究一把尺子到底属于哪种制式,首先要找到一种客观、准确的工具,而不能用一把不准确的尺子来进行,否则极易掉进"求之愈深失之愈远"的陷阱。

四、律器与律制的关系

表面看,律器与律制之间并不存在很强的关联性,律器是工具,律制是对乐音体系所做的高度规定,理论上讲,我们可以利用律器在乐器上调出任意律制,但从实践角度看,二者之间的依存度相当高,尤其在模拟乐器时代,律器和调律者对乐器律制的影响是显而易见的。

以古代律准为例,其生律过程必须依赖调律者用泛音演奏法在弦上获取谐音来实现,虽然用实音演奏法也能获得任意高度的音,但须知谐音节点的背后是数理,不用谐音产生的乐音就等于失掉了生律的数理逻辑。从弹拨乐器演奏难度看,用泛音演奏法在同一根弦上弹出第二、三、四号谐音(即第一、二、三号泛音,余类推)较为容易,弹出第五、六号谐音稍难,弹出更高位的谐音则难度陡增。正因为如此,古代律准均采用多根弦来降低较高谐音的发音难度,但即便如此,在律准上也无法弹出具有平均律性质的谐音。这意味着像弦准这类律器仅适合调出自然律制,不适合给平均律类乐器调律。由此可以想象,在朱载堉时代,以"新法密率"为代表的十二平均律为何没应用于音乐实践,除了朝廷不予重视外,缺乏适用的律器

---

①　韩宝强:《如何看待曾侯乙编钟上存在的音高误差》,中国音乐学,2017/3,第32—37页。

也是重要因素之一。换言之,当今十二平均律在世界得以广泛应用,也与十二平均律制式的音叉、音哨和电子校音仪等律器的问世密不可分。综上可知,早期律器与律制之间有较强的关联性,主要是限于当时律器发声性能低下所致,当代律器与律制之间的相关性已经弱化,一件高档律器可用于生成任何律制。

实际上,律器与律制的关系中还有一个不可忽视的因素,那就是调律师。在模拟乐器时代,所有乐器的定律工作都离不开调律师,调律师水平的高低是决定乐器律制保真度的关键:水平高者可以完美展示乐器既有律制的真貌,水平低者则可能让乐器律制面目全非,音准一塌糊涂。凡与钢琴调律师打过交道的或许都有同感。那么决定调律师水平的关键因素是什么? 笔者认为就是听觉的敏锐度,不仅要对音高敏感,还要对拍音和音色有敏锐的感受性,因为无论钢琴还是编钟的调律都会牵扯到上述因素。

对于调律师听觉的重要性,汉代蔡邕(133—192)在其所撰《月令章句》中曾有一段高论:“古之为钟律者,以耳齐其声。后不能,则假数以正其度,度数正则音亦正矣。钟以斤两尺寸中所容受升斗之数为法,律亦以寸分长短为度。故曰黄钟之管长九寸,径三分,围九分,其余皆短,大小围数无增减。以度量者可以文载口传,与众共知,然不如耳决之明也。”文中讲明古代钟师最初是凭听觉(即绝对音高感)为钟调律,后因编钟调律,后听力不足始借用数来规范律管的尺度,尺度准确钟音也就准确。在介绍了黄钟律管的尺度、以及其他律管与黄钟管在尺度上的关系之后,蔡邕再次强调了听觉的重要性:度量之法虽便于文载口传,与众共知,但终究不如用耳朵判断来的高明。

了解了调律师耳朵的重要性,再来审视以曾侯乙编钟为代表的周代双音编钟的测音数据,我们或许可以断定:那些在音高上存在较大误差的编钟极有可能都是出于听觉不佳的调钟师之手。由此而言,当我们分析古代律制问题的时候,一定要先将这些人为造成的误差因素排除。

参考文献:

[1] 王恩田:《释卜辞“管惟律用”——兼说“师出以律”与律管乐器的用途》,海岱学刊,2021(01),第1—5页。

[2] 杨荫浏:《管律辨讹》,文艺研究,1979/4,第78—82页。

[3] 韩宝强、刘一青、赵文娟:《曾侯乙编钟音高再测量兼及测音工作规范问题》,中国音乐学,1999/3,第100—110页。

[4] 韩宝强:《如何看待曾侯乙编钟上存在的音高误差》,中国音乐学,2017/3,第32—37页。

打击乐器"四块"初探

中国艺术研究院研究员　陈燕婷

摘要：竹木制"四块"类乐器广泛运用于多种艺术形式，除了南音以及二人转外，流布地域基本都在黄河流域一带。四块之使用可分为两条主要脉络，一条为曲子词一脉，另一条为莲花落、秧歌等古傩一脉。这两条脉络纵横交织，呈现出历时和共时的种种联系。"四块"虽是小乐器，却具有大视野，所涉地域、艺术种类和人群较为广泛，极具研究和拓展空间。

关键词：四块　四片瓦　南音　曲子　二人台

"四块"，又称"四宝"，是泉州南音中最具特色的小打击乐器。笔者一直认为它独一无二，然而，近几年参加的两次团队田野考察颠覆了我以往的认知。

第一次是 2018 年 11 月 2 日，作为上海音乐学院"亚欧音乐研究中心"首期邀访学者之一，在天水市秦安县文化馆考察秦安老调，见到与南音"四块"高度相似的"四页瓦"。早期秦安老调文场仅用三弦，武场加上四页瓦和碰铃，后来逐渐加入其他乐器。南音也用三弦、四块和碰铃，完全囊括传统秦安老调所用乐器。第二次是 2021 年 7 月 23 日，中国艺术研究院"黄河流域音乐考古研究课题组"赴山西河曲考察民歌、二人台。二人台乐队所用四块瓦演奏技法丰富，特别引人注目，笔者一度以为是借鉴南音四块而来，然而乐队成员肯定地说他们所用四块瓦自古有之。于是，笔者开始搜索有关四块瓦的信息，试图搞清其与南音四宝是否有关联，没想到资料越找越多，越梳理越觉错综复杂。

目前，笔者初步掌握了使用这类乐器的多种艺术形式、主要流布地域及演奏技法等。不同地方称呼不太一样，有四宝、四块、四页瓦、四片瓦、手玉子、御子板等，为了方便陈述，下文笔者将以"四块"统称这类乐器。

一、"四块"流布初考

四块主要运用于南音、曲子、二人台、二人转、莲花落、太平歌词、说书、土族"四片瓦"等民间艺术中,涉及器乐、曲艺、戏曲、舞蹈等多种艺术形式,流布于福建、山西、陕西、甘肃、内蒙古、河北、河南、青海、吉林、黑龙江、辽宁等地,除了南音以及二人转外,流布地域基本都在黄河流域一带。其中,南音、曲子、二人台都是多种艺术形式并存,因而各自独立阐述;莲花落、太平歌词、说书等曲艺形式合为一类;二人转、土族"四片瓦"等舞蹈形式合为一类。具体如下。

1. 南音中的"四块"

四块,竹制、木制皆可,约长25厘米,宽3厘米,厚1厘米。在南音流布地域,福建省泉州市、厦门市、漳州市、台湾、香港、澳门等地区,以及东南亚的新加坡、菲律宾、马来西亚、印尼等国家,有南音奏响的地方就有"四块"的踪迹。南音乐曲由带唱词的散"曲",以及成套的带唱词套曲"指"、成套的纯器乐曲"谱"构成。传统南音演唱为清唱形式,当代人们将南音改编为曲艺登台演出,经常参与曲艺活动。因而,当代南音以器乐、清唱、曲艺等多种艺术形式出现。

此外,由于南音的影响之大,许多艺术种类吸收或借鉴其曲调、乐器等,造成"四块"更为广泛的流传。如闽南的高甲戏、拍胸舞、锦歌等,使用了包括四宝在内的南音乐器;"钱鼓舞"中的代表性节目"夫妻和合"、漳州市漳浦县的大车鼓舞等,使用四宝为表演道具……

2. 曲子中的"四片瓦"

四片瓦比南音四宝稍短而宽,约长15厘米,宽4—5厘米,厚0.8—1厘米,其他艺术形式所用四块皆与此类似。曲子家族非常庞大,又称迷胡、眉户等,广泛流传于甘肃、山西、陕西、新疆、河南、青海、宁夏等地。其中,在陕西西部、南部,仍称"曲子",如西府曲子、安康曲子、汉中曲子等,在关中东部、中部则称"迷胡";在甘肃流行于全境汉民族地区,根据不同的流传地域,有通渭小曲、秦安小曲、民勤小曲戏、平凉曲子、天水黑社火、陇南高山戏等;青海越弦也称坐唱眉户,由陕西曲子传入青海后变化发展而成……

各地的曲子、迷胡、眉户皆有多种不同的艺术形式,包括自娱自乐的清唱、曲艺以及戏曲等。这些表演形式长期相互影响,共存至今。

3. 二人台中的"四块瓦"

二人台主要流行于晋西北、陕北和内蒙古西部的三省区相邻地区,如山西忻州、陕西榆林、内蒙古呼和浩特市、包头市,以及河北张家口地区。其中,东路二人台流行于河北省张家口地区、山西雁北地区、内蒙古自治区乌兰察布盟、锡林郭勒盟,与流行于内蒙呼和浩特以西的二人台相区别。

二人台同样有许多不同的演出形式并存,包括歌舞、说唱、器乐、小戏等。与二人台相关并使用四块瓦的还有干嗑、漫瀚剧、张北大鼓等。干嗑类似快板,在二人台正剧开演之前表演,由演员持四块瓦打节奏表演。漫瀚剧为内蒙古包头市新创剧种,创建于20世纪80年代,母体为二人台。张北大鼓也是一种民间说唱形式,在说唱艺术中糅入二人台打击乐器四块瓦。

4. 曲艺中的"四块瓦"

莲花落在全国很多地方都有流传,尤以北京、天津、河北、河南等地为甚。演唱时以竹板或铙钹击节伴奏,又叫四块瓦、咣咣板。莲花落分为两种类型,一种为沿门说唱吉祥话乞食的"大口莲花落",另一种为职业艺人演唱的"小口莲花落",后者曾得慈禧赐名为"太平歌词"。太平歌词中的"御子板"或称"玉子板"源自莲花落的四块瓦,但只用两块,通常由左手演奏。相声讲究说、学、逗、唱,其中的"唱"指的就是唱太平歌词,因而相声表演也用御子板。

说书也常使用四块瓦为伴奏乐器,如陕北说书、山西临县三弦书等,但非必用不可的乐器。有些地方的道情也用四块瓦,如山西静乐道情,最初使用渔鼓、简板、四块瓦等乐器,但随着时代变迁,简板、四块瓦等传统乐器逐渐被淘汰。①

5. 舞蹈中的"四块瓦"

东北二人转的"手玉子舞"所用道具"手玉子",又称四块瓦、四块板、手掐子、玉子板,广泛流传于东北三省,即黑龙江、吉林和辽宁。

青海土族舞蹈"四片瓦",为青海大通县黄家寨黄西村于社火中表演的多人祭祀舞蹈。以青蛙为图腾,是巫傩文化的遗存。原使用的是瓦片状骆驼骨,后用竹片代替。

二、四块家族关系网

考察使用四块的各艺术形式之历史源流,可以发现,它们相互之间构成了一个纵横交织的关系网,呈现出历时和共时的种种联系,因而笔者用"四块家族"统称之。

从宋·陈旸《乐书》卷150"乐图论·俗部·八音·匏之属·击竹"中的介绍文字及绘制图像来看,最晚到了宋代,四块类乐器即已在民间广为流传:"击竹之制近世民间多有之,盖取竹两片,紧厚者治而为之,其长数寸,手中相击为节,与歌拍相和焉。"②而追溯使用四块的各艺术形式之历史渊源,发现它们同样具有悠久历史。

曲子家族应与唐五代曲子词、宋元杂剧等有一定渊源关系。曲子戏渊源可追

---

① 袁云霞:《山西静乐道情调查报告》,《沧桑》2008年第1期,第230页。
② 陈旸:《乐书》册叁,中国艺术研究院艺术与文献馆编,文化艺术出版社,2021年版,第532页。

溯至隋唐之"敦煌曲子""敦煌曲子词"。①而盛行一时的曲子词,影响到了之后的宋词乃至宋杂剧、金院本。②北曲杂剧在明代仍极为盛行,在陕西,很多文人学士自编自唱曲子,至今流传明中叶"康状元(康海)演杂剧、王学士(王九思)念曲子"的故事。③因此,有学者认为,"眉户曲子戏的形成,与康、王创造性的'北曲'是有一定脉络联系的。"④可见,曲子家族与五代曲子词的关系有脉络可寻。

南音因为奉祀喜爱并精于曲子词的五代后蜀后主孟昶为祖先,而与曲子词也应有一定渊源关系,与宋元杂剧等更是密切相关。

相比之下,二人台更具草根性,音乐主要来自民歌小调。例如,河北二人台被认为是以晋、冀、陕、蒙民歌小调为基础的民歌联缀体。⑤内蒙古二人台则是"基于跑圈子秧歌并吸收山曲(爬山调)、漫瀚调、蒙古族民歌、中路梆子、大秧歌等发展形成的。"⑥可见,二人台与秧歌有一定渊源关系。

二人台虽然不属于曲子一脉,但是因为流传地域与曲子家族有很多交集,因而与曲子有很深的联系。原作哲指出,陕西曲子、榆林小曲、陕北二人台等为陕西曲艺音乐中的丝弦清曲类曲种,它们有许多共同特征,包括音乐均为曲牌体结构;演唱时均佐以丝弦乐器及小件击乐;曲牌来源既有当地民歌、器乐及戏曲曲牌,亦有古代曲牌;以自娱娱人为主等。⑦

曲子也与秧歌有着或多或少的关系。据戏曲集成甘肃卷:曲子是作为上元秧歌走唱表演节目存在的。⑧甘肃陇南高山剧作为曲子戏一脉,因其表演动作具有秧歌舞蹈特点,又称"唱秧歌"。⑨"洛川秧歌"有近似于关中迷胡的曲牌联缀结构,曲牌名称、曲调也与迷胡大致相同,并加入四页瓦为特色乐器。⑩

---

①　《中国戏曲音乐集成》编辑委员会、《中国戏曲音乐集成·甘肃卷》编辑委员会编:《中国戏曲音乐集成·甘肃卷》,下卷,中国 ISBN 中心 2006 年版,第 751 页。

②　路应昆主编:《戏曲音乐入门》,高等教育出版社,2018 年版,第 19 页。

③　《中国戏曲音乐集成》编辑委员会、《中国戏曲音乐集成·陕西卷》编辑委员会编:《中国戏曲音乐集成·陕西卷》,上卷,中国 ISBN 中心 2005 年版,第 7 页。

④　郭永锐:《山陕眉户戏研究综述》,《山西师大学报(社会科学版)》2006 年第 6 期,第 109 页。

⑤　《中国戏曲音乐集成》全国编辑委员会、《中国戏曲音乐集成·河北卷》编辑委员会编:《中国戏曲音乐集成·河北卷》,上卷,中国 ISBN 中心 1998 年版,第 17 页。

⑥　《中国戏曲音乐集成》全国编辑委员会、《中国戏曲音乐集成·内蒙古卷》编辑委员会编:《中国戏曲音乐集成·内蒙古卷》,中国 ISBN 中心 1998 年版,第 31 页。

⑦　原作哲:《陕西曲艺音乐品种概说》,《交响(西安音乐学院学报)》1995 年第 2 期,第 21—22 页。

⑧　《中国戏曲音乐集成》编辑委员会、《中国戏曲音乐集成·甘肃卷》编辑委员会编:《中国戏曲音乐集成·甘肃卷》,下卷,中国 ISBN 中心 2006 年版,上卷,第 9—10 页。

⑨　《中国戏曲音乐集成》编辑委员会、《中国戏曲音乐集成·甘肃卷》编辑委员会编:《中国戏曲音乐集成·甘肃卷》,下卷,中国 ISBN 中心 2006 年版,上卷,第 1281 页。

⑩　《中国戏曲音乐集成》编辑委员会、《中国戏曲音乐集成·陕西卷》编辑委员会编:《中国戏曲音乐集成·陕西卷》,上卷,中国 ISBN 中心 2005 年版,下卷,第 1740 页。

　　与秧歌有关的还有东北二人转,被认为是东北秧歌和莲花落结合的产物,一方面,演唱曲调及过场、舞蹈器乐曲牌多是从秧歌、戏曲中借鉴来的,[①]另一方面,使用的道具手玉子原为莲花落艺人所用道具。[②]二人台也与莲花落之类的乞讨文化有关系,一些二人台表演班子遇灾荒之年便四处卖艺乞讨。[③]

　　秧歌和莲花落都有悠久的历史,陕北曾出土宋金时代秧歌画像砖,[④]而莲花落更是可以追溯到唐宋时期的散花乐。再往上追溯,秧歌与莲花落沿门逐疫的特点都属于古傩遗风。而青海土族舞蹈"四片瓦"也是古傩遗存,原本以为与其他艺术形式都不相干的土族舞蹈也被纳入了这张复杂的关系网之中。

　　如此看来,使用四块瓦的各艺术形式可分为两条主要脉络,一条为曲子词一脉,另一条为莲花落、秧歌等古傩一脉。在发展变化的历史长河中,这两条脉络互相影响、互相缠绕,呈现出你中有我、我中有你的样貌。

三、乐器组合及演奏技法

　　四块乐器的使用主要有两种形式,一种仅使用四块瓦,如莲花落、太平歌词、手玉子舞、土族"四片瓦"舞等;另一种为丝竹乐器加打击乐,如南音、曲子、二人台等。其中,南音最常见的乐器组合为琵琶、洞箫、拍板、二弦、三弦五大件丝竹类乐器,当需要制造热闹气氛时,则加上"嗳仔"、品箫以及"四块"、碰铃等小打击乐器;传统曲子以三弦为主要伴奏乐器,人多时可辅以四片瓦、碰铃等;传统二人台的主奏乐器为笛子、四胡、扬琴、四块瓦四大件,在此基础上灵活处理,加入三弦、二胡、琵琶等乐器;辽宁的手玉子舞可用唢呐、板胡、堂鼓、大锣、小锣、大板、小板等乐器伴奏;[⑤]陕北说书、山西临县三弦书主奏乐器为三弦,人多时加入四片瓦。

　　四块演奏有一些通用的基础奏法,如同手两片对击、双手互敲等,也有一些独具特色的奏法,如滚、捻等。南音的特色奏法是"捻",即随着琵琶的"捻指"发出快速的撞击声;曲子中的"滚奏"类似南音的"捻","以拇指、中指轻按竹板中点,摇动

---

　　①　中国民族民间舞蹈集成编辑部编:《中国民族民间舞蹈集成·辽宁卷》,中国 ISBN 中心 1998 年版,第 227 页。

　　②　中国民族民间舞蹈集成编辑部编:《中国民族民间舞蹈集成·黑龙江卷》,中国 ISBN 中心 1996 年版,第 156 页。

　　③　《中国戏曲音乐集成》编辑委员会、《中国戏曲音乐集成·陕西卷》编辑委员会编:《中国戏曲音乐集成·陕西卷》,上卷,中国 ISBN 中心 2005 年版,下卷,第 1964 页。

　　④　中国民族民间舞蹈集成编辑部编:《中国民族民间舞蹈集成·陕西卷》,中国 ISBN 中心 1995 年版,第 4 页。

　　⑤　中国民族民间舞蹈集成编辑部编:《中国民族民间舞蹈集成·辽宁卷》,中国 ISBN 中心 1998 年版,第 227 页。

手腕奏出滚奏的效果",用在唱腔高潮或曲牌某部分;①太平歌辞中御子板的特殊技巧"花点儿",类似"捻"和"滚奏",即"通过手腕抖动催使两块竹板相互击打发出连续、密集的清脆撞击声",通常在表演开头用以吸引观众注意力;②二人台四块瓦既起到掌握乐队节奏的作用,又起到渲染情绪的作用。奏法主要为"击"和"滚",另可以按情绪变化打出碎竹音、翻竹音、雨点音等各种效果。③还创造了"孔雀开屏""骏马奔驰""黄莺亮翅""山鸡抖翎""小车轮""小三点儿"等奏法;④手玉子舞的玉子板,起到统一舞蹈节奏的作用。奏法有击碎点、击单点、掏花、对花板、交手花、五花玉子、前碰玉子、后碰玉子、顶磕玉子、夹玉子等。⑤还有"打嘟噜板",类似前述"捻"和"滚"。

　　总的来说,曲子中的四片瓦演奏最为低调,朴实无华;南音中的四宝演奏最为优雅,细腻但不喧宾夺主;二人台中的四块瓦演奏最为华丽,激情昂扬,变化多端;太平歌词中的御子板演奏有吸睛作用,但是点到即止。其他艺术形式笔者尚未亲身经历,但从资料来看,多数也较朴素,只有手玉子舞中的手玉子演奏,华丽程度应与二人台不相上下。

　　由此可见,四块在各艺术形式中的地位不一。从其演奏技法的丰富、复杂程度,以及在乐队或表演中所起的作用来看,在曲子、南音、太平歌词等艺术形式中,是作为特色伴奏乐器而存在;在二人台和手玉子舞中,则是主奏乐器。

四、总结与思考

　　四块这一乐器简单却有意思,四块木板可以奏出各种花样,对音乐的呈现起到重要作用,且极具吸睛效果,因而各艺术形式都把它当作自己的特色乐器,有的甚至是主奏乐器。但是,对之展开专项研究尚属少见,尤其梳理所有使用类似乐器的艺术形式尚属首次。

　　因篇幅所限以及考察尚未全面深入地展开,本文对四块家族的梳理比较粗略,但已取得初步成果,研究意义不容忽视。其一,初步摸清了四块的流布情况,并对

　　①　《中国曲艺音乐集成》全国编辑委员会、《中国曲艺音乐集成·甘肃卷》编辑委员会编:《中国曲艺音乐集成·甘肃卷》,中国 ISBN 中心 1998 年版,第 432 页。
　　②　王雨琦:《浅谈相声作品中的声乐艺术》,《戏剧之家》2018 年第 19 期,第 29 页。
　　③　《中国曲艺音乐集成》全国编辑委员会、《中国曲艺音乐集成·山西卷》编辑委员会编:《中国曲艺音乐集成·山西卷》,下卷,中国 ISBN 中心 2004 年版,第 1421 页。
　　④　刘浩学:《民族风格　乡土气息——浅谈二人台牌子曲》,《天津音乐学院学报》1991 年第 4 期,第 41 页。
　　⑤　中国民族民间舞蹈集成编辑部编:《中国民族民间舞蹈集成·吉林卷》,中国 ISBN 中心 1997 年版,第 215 页。

使用四块的各艺术形式进行历史源流、传衍发展等方面的梳理,探讨它们之间的关系以及产生的相互影响,虽是一件小乐器,却具有大视野,所涉地域、艺术种类和人群较为广泛。更进一步,类似四块的竹木类打击乐器还有许多,例如简板、响板、三才板、梆子等等,它们在历史长河中如何发展衍变,是否也是错综复杂相互关联,值得进一步梳理,极具探索空间;其二,再次拉近了南音与曲子词的关系,与之前的研究形成多重证据,为探寻南音奉祀喜爱曲子词的五代后蜀后主孟昶为祖师之原因再添一笔。而且更加确定了南音并非泉州土生土长的乐种之说法,说明南音不光与中原音乐关系密切,还与黄河流域沿线音乐有一定联系;其三,四块研究揭示出南音所用各乐器之历史渊源值得深挖。除了琵琶、洞箫、拍板等主奏乐器外,四块、碰铃、嗳仔等乐器也很有研究价值。

此外,通过四块研究,笔者意识到学术研究需要处理好三对辩证关系。

其一,传统音乐研究思维——个别与整体的辩证关系。各地方乐种之间互有联系已成共识,但是对这种联系进行具体化研究极为重要。正是在不断具体化的过程中,传统音乐的传承发展脉络才会越来越清晰,反过来对作为个体的乐种之理解和研究也才会越来越深入。因此,传统音乐研究,既要持续深入,又要能够跳出,把握好个别与整体、微观与宏观、普遍与特殊的关系。

其二,田野考察类型——面面俱到与取点深作的辩证关系。田野考察主要可分为两种类型,一种是取点深作式,一种是面面俱到型。笔者个人进行的田野考察一直都是取点深作型。后来碰上机会,参与了前述两次团队田野考察,属于面面俱到的普查性质,使人在短时间里快速接触大量事物,开拓视野、增长见识。正是这两次看似与南音无关的考察,令笔者看到,哪怕是距离遥远的传统音乐之间,也有千丝万缕、藕断丝连的联系,打开了笔者研究南音历史源流的思路。因此,重要的是,走出去,看世界。走马观花和取点深作都很重要。

其三,观察和了解世界的手段——现实与网络的辩证关系。"四块"家族令笔者感悟,假如没有走出去,亲眼所见,任凭想象力再丰富,也想象不到这些事物。因此,现实与网络二者在对世界的观察和了解方面,是一种主副关系。在现实世界中多走多看,必然是认识和了解世界的首要手段,虚拟网络世界可作为有益补充,但不可过于依赖。

总的来说,四块类乐器研究是一个冷门,笔者的研究也才刚刚展开,但是已有不少收获。期待在不久的将来,在全面而深入的实地考察基础上,对四块家族及相关内容进一步深挖,相信定有更有趣的发现。

博物学、博物馆与音乐元宇宙的融合研究[①]
——以"智慧型乐器博物馆"为例

中国音乐学院　　付晓东

中国艺术科技研究所　　黄司祺

摘要：系统音乐学的研究需要将遗失在自然科学领域的博物学传统重新寻回，采用数字博物馆建构与虚拟现实技术，使音乐学理论与实践在新文科建设理念的导向下，与自然科学、社会科学进行学科交叉与整合。本文以建构智慧型乐器博物馆为个案，对其缘起、当下与未来进行描述与思考，探索将乐器考古与发展史、乐器材料与工艺学、乐器声学与科技等整合进数字博物馆虚拟空间，并以人工智能技术对其形成开放性支持，从而形成一个音乐的元宇宙。

关键词：虚拟现实　乐器博物学　元宇宙　新文科

博物馆是人类对已知世界用样本采集、分类定义、场景浓缩等方式的离散化表达。其中自然博物馆试图描述宇宙138亿年的历史，生物博物馆记录了生命40亿年的演化历程，历史博物馆承载着人类自第四纪时代以来数百万年的文明记忆。有理由相信，在人类演化进程中，音乐甚至早于语言，伴随了我们一百万年以上。[②]但是人类对其的记录与发掘手段极其有限：用音响来记录音乐的历史，只有区区145年（留声机）[③]；用符号来推演，仅有3400多年（Hurrian Songs）[④]；用乐器来呈现，则可以追溯至6万年前（Divje Babe flute）[⑤]。在录音技术与记谱法出现之前，

---

①　基金项目：2022年中国音乐学院双一流学科建设项目"中国音乐大典——中国乐派智慧型乐器博物馆"（项目编号：20221058）阶段性研究成果。

②　Daniel L. Everett. *How Language Began—The Story of Humanity's Greatest Invention*，2017，New York：PROFILE BOOKS LTD.

③　1877年8月，爱迪生使用留声机录制了第一首歌曲《玛利有只小羊羔》。

④　20世纪50年代在叙利亚乌加里特古城出土的泥版刻印，上有楔形文字乐谱，考古鉴定约为公元前1400年。

⑤　Neanderthal lute from Divje babe I：old and new findings（Matija TURK and Ljuben DIMKAROS-KI）. TOŠKAN, B.(Ed.) 2011, *Fragments of iceage environments：proceedings inhonourof Ivan Turk's jubilee*. Opera Instituti Archaeologici Slo-veniae 21, ZRC Publishing，Ljubljana，p.251.

一件遗存乐器的价值不亚于一枚古生物化石。化石记录着生物的形态、结构,可以推演生物起源与演化进程,推断其所处地层的地质年代与生态环境,并以此为模型解释当下与预测未来。而乐器呈现出的材料工艺、振动体类型、演奏方式、音高序列、图形纹饰等,是追溯音乐文化发展脉络的可靠来源,甚至藉此描述音乐,可演绎重绘出人类文明史的细节场景,如金石土革木,是人类对自然材料的选择与发现史;弦管膜板簧,是人类驱动振动体发声的工艺史;吹拉弹打摇,是人类操控乐音噪音的行为史;而弦乐器上的一弦一柱、管乐器上的一孔一目,则是人类调制频率与音高的乐律史。因此,一座乐器博物馆不仅仅是人类音乐长河中最悠久、最客观的记载,也是人类与自然互动过程中的材料、力学、声学与工艺的历史。

一、博物与博物学传统

博物的传统始于收藏与展示,汇集精粹而构建出一个理想的陈列空间,它带有幻想与浪漫色彩,也有些许的炫耀意味。天堂(Paradise)、伊甸园(Garden of Eden)、极乐世界(Elysium)以及桃花源和华胥境,是这个星球不同文化的人群所构想出的乌托邦(Utopia),是为理想之界、福地乐土。正如王尔德(Oscar Wilde)所说:"一张缺少乌托邦的地图,是根本不值得一顾的。"[1]但是它与我们的现实之境处于平行与隔离状态。在福柯(Michel Foucault)的构想中,博物馆是一个异托邦(Heterotopia),即规划之境、现实映射之境——与当下所称的"数字孪生"(Digital twins)有相似之处。"博物馆将处在不同时间的迥异之物聚集于单一空间中,并试图将其时间构建为一个封闭整体,从而不受时间的侵扰。"[2]抛开博物馆的乌托邦或异托邦之对立理念,从本质上看,博物馆是人类将客观世界作为认知对象,将其色目种群进行甄别滤选后,取其典型性样本而保留在规划之境中,以避开时间的噬食与销蚀。它暗合了《圣经》中诺亚接受神谕,将凡有血肉活物取其公母,飞鸟、牲畜与昆虫各从其类而择之,带上方舟以避洪水的毁灭。只不过,人类博物馆中的样本比选和采集,并不奉神授旨意而行。

博物馆(Museum)一词源于希腊语 Mouseion,即缪斯(Muse)神庙,其中供奉着九位掌管诗歌、音乐和美术的女神,而女神 Muse 一词还有灵感、沉思之意,并由此派生出 Music(音乐)和 Museum(博物馆),由此可知音乐与博物之渊源。世界上

---

① Oscar Wilde, The Complete Works of Oscar Wilde. Volume IV: Criticism: *HistoricalCriticism*, *Intentions*, *The Soul of Man under Socialism*, Josephine M. Guy, ed. Oxford University Press, 2007.

② Lord, Beth. "*Foucault's museum: difference, representation, and genealogy.*" Museum and society 4.1(2006):11—4B.

第一座博物馆是公元前 3 世纪的亚历山大博物馆(Alexandrian Museum),是音乐与诗歌之家、哲学与图书之所,集博物收藏、图书阅览与学术训练于一体,类似于今天的大学。始于 15 世纪的大航海时代,亦被称为大发现时代(Age of Exploration),虽然裹挟以殖民与掠夺之恶行,却开启了地理大发现与全球化的浪潮,随之也为博物馆带来了空前丰富的藏品。17—18 世纪的欧洲博物馆以个人、家族与艺术机构的收藏为主,展示稀有品与精美的手工艺品,当时被称为奇趣屋(Wonder room),而开设博物馆并展示收藏,也是收藏人进入上流社会的进阶途径之一。伴随着博物馆的风行启蒙运动开始兴起,摆脱了神权束缚的自然主义者或博物学家(Naturalist),义无反顾地抛却了上帝视角,开始从人类主体角度去观察并描述世界,梦想建构出自然界无所不容、包罗万象的"百科全书"(Encyclopedia)。第一座面向公众的博物馆——阿什莫林博物馆(Ashmolean Museum)于 1683 年在英国牛津创建。

博物学(Natural history)可追溯至更早的公元前 4 世纪时期亚里士多德(Aristotle)等古希腊哲学家们对自然界的多样性分析。老普林尼(Gaius Plinius Secundus)于公元 77 年完成的《博物志》(*Naturalis Historia*)是古代百科全书的代表作,其 37 卷的巨著包含了天文、地理、人种、动植物、农业、药物、冶金和艺术等科学知识。福柯甚至认为,"博物学的基本任务就是分类与命名"[①],林奈(Carl von Linné)则在 1735 年完成了《自然系统》(*Systema Naturae*),描述了自然等级和生命之链,从原始形态至复杂生命形式,最终以人类物种为终结,初步完成了生物演化线性进程的描述。更重要的是,林奈为地球物种进行了界、门、纲、目、属、种的分类与属种双命名法[②],博物学家们则按图索骥,成为博物馆的组织者与收藏者,而远洋舰队的环球探索、新大陆的发现和洲际贸易的繁荣,为博物馆藏品的充实与丰富带来了空前的机遇,现代博物馆的模型由此形成。19 世纪是博物学的黄金时代,博物馆作为自然科学家的采样室,是掇菁撷华以供人们大胆假设、小心求证的最佳场所,博物学当之无愧地成为孕育现代科学的母体,博物学家则扮演了知识体系基建师的角色,如居维叶(Georges Cuvier, 1769—1832)、拉马克(Jean-Baptiste Lamarck, 1744—1829)、赖尔(Charles Lyell, 1797—1875)、华莱士(Alfred Russel Wallace, 1823—1913)、法布尔(Jean-Henri Casimir Fabre, 1823—1915)等,他们直接开启了诸如生物学、解剖学、地质学、人类学、地理学、昆虫学等学科,其中最为

① Michel Foucault, *The Order of Things*: *An archaeology of thehuman sciences*, Taylor and Francis e-Library, 2005, p.154.

② Linnæus, C. 1735. *Systemanaturæ*, *siveregnatrianaturæsystematicepropositaper classes*, *ordines*, *genera*, & *species*. pp.1—12. LugduniBatavorum. (Haak)

耀眼的无疑是达尔文(Charles Robert Darwin，1809—1882)，乘坐"小猎犬"号至加拉帕戈斯群岛，与上帝毅然诀别，携着他的进化论当之无愧地站在了博物学之顶峰。20世纪随着学科分类的细化，博物学母体慷慨哺育着各子学科，使得它们如同杜鹃幼鸟般急剧成长，导致博物学之母体反被排挤出自然科学的窠巢。但是与博物学衰落形成鲜明反差的是博物馆与博物学剥离，19至20世纪后进入了"博物馆黄金时代"，国家层面的自然史博物馆(Museum of Natural History)和艺术博物馆(Art Museum)在全球各国纷纷建立起来，成为记录自然与人文进程的橱窗、彰显国家实力与民族文化的名片。

不可否认，进入21世纪以来，尽管有学者们大声疾呼博物学的复兴①，但在自然科学、社会科学的舞台上，追光灯不再聚焦于博物学家，已是不争之事实。抛开论证博物学在自然与社会科学领域复兴的必要性之话题，在当下的人文学科领域中，重新点亮博物学之火炬，普照于壁垒森严、沟壑遍布的各学科领地，确是推进新文科建设②理念落地和成败之关键。今日文科之痛，在于学科门类——学科大类——专业的三级架构下，主脉(学科门类)、侧脉(学科大类)与细脉(专业)的三架构分布之下，进一步分裂出数量繁多的毛细脉(方向)以及微细脉(子方向)，这些毛细与微细、支脉的数量之繁多，已让人叹为观止。以某音乐学院为例，其2023年硕士研究生招生方向已经达到69个，而这69个方向的上一级专业仅为5个。如此繁杂的层级细分，造成了各专业方向呈放射状渐行至渐远、渐远至渐细、渐细至渐硬。"新文科建设"与"旧文科"的根本区别，在于后者固守"分科而治"，前者追求"学科融合"。在自然科学领域衰落的博物学，恰恰应该在当今人文学科领域中得以接力传递。文科要从孕育了现代科学体系的博物学母体中，汲取自然科学的理性逻辑思维、客观实证方法，从社会科学中获取脚踏实地、仰望星空的致用精神，而博物学先天具备的人类视角与格物致知的人文情怀，也会再度重塑并提醒文科研究之初心。以此为鉴，对于音乐学的新文科建设，着力点即可落脚于音乐的有形之器中，集合乐器的材料工艺、源流分布、形态分类、声学特征、演奏技法、社会功能、审美内涵等研究，设置"乐器博物学"学科。在实践层面上以建构乐器博物馆为入口，开启并建构"音乐博物学"之大门，向内可以贯通音乐表演、艺术创作与理论研究各方向，向外可延伸至数理哲社等学科的广阔空间。

---

① 刘华杰：《论博物学的复兴与未来生态文明》，《人民论坛·学术前沿》2017年第5期，第76—84页；杨雪泥、刘华杰：《博物学重返学者视野——刘华杰教授访谈录》，《鄱阳湖学刊》2017年第5期，第31—38页；刘华杰：《博物学伴随人类行稳致远》，《自然辩证法通讯》2022年第8期，第17—25页。

② 2019年4月，在教育部、科技部、财政部等部门的领导下，国内的新文科建设工程正式启动，并于2020年11月3日发布了《新文科建设宣言》。

二、博物馆实践

每一类乐器的音响激发过程,都体现着人类对动能—声能转化的深入理解与精确掌握,每一件乐器的材料工艺,都反映着人类对物质属性的巧妙运用与合理组合,而遍布于五大洲的乐器源流、形制演变及音色特征等,隐含着人类走出非洲的迁徙路线、宗教与战争的冲突印记、民族与部落的分合历程等。琴弦从植物、马尾、蚕丝、尼龙到钢丝,演变出琉特、齐特、竖琴等各类弦乐器;簧片从树叶、虫壳、麦秆、苇茎到铜片,演变出单簧、双簧、横吹、竖吹等各类管乐器,而骨笛、号角、口弦、陶埙、皮鼓等乐器随着人类的迁徙而遍布全球,其中的个例如巴尔巴特(Barbat)向西演变成琉特(Lute)和吉他(Guitar),向中东演变为乌德(Oud)和塔尔(Tar),再向远东至东亚演变为琵琶……乐器的形制、音声、技法、工艺以及社会功能的演变,蕴含着人类文化基因的传承、演化与创新之线索。

器以载道、以有形寓无形。2022年启动的数字化"中国乐派智慧型乐器博物馆"便是依此理念而建。华夏之乐,上有黄钟大吕、金声玉振的庙堂之乐,是以钟磬柷敔为器;下有吹拉弹打、丝竹笙簧的民间俗乐,是以弦板皮簧为器;而古琴,独以一件七弦之器,上隆以承天、下方以驻地,撑起了文人清乐的一片风雅景致。庙堂之上的礼乐文化,构成我们文明的顶层设计,所谓"乐由天作,礼以地制""乐者,天地之和也;礼者,天地之序也。和,故百物皆化;序,故群物皆别"(《礼记·乐记》)。礼乐乃天地万物秩序的体现,但是国人几乎已经将其音响、形制遗忘,因此乐器博物馆首先重建的是可交互体验的"中华雅乐馆",以全景沉浸式重现庙堂之乐,再建吹拉弹打诸乐器馆,以身临其境的虚拟体验来感受中国乐器的灿烂文化。

"智慧型乐器博物馆"在形式上是一个数字化博物馆。它不仅要承担传统博物馆的基本功能,更以智慧型博物馆为其鲜明特征。其基本功能体现在:乐器的演奏及其音响数据体现了中华音乐传统的艺术神韵与审美品质,乐器的制作工艺影像凝结着华夏民众的智慧与技能,乐器的发展历史记载着中华文化源远流长的发展脉络。将乐器的形、质、声、史、人分类搜集整理,是中国音乐在"器"之层面的剖析、"体"之层面的呈现,由此展开对中国乐派的"道"之辨、"用"之观的探索。其智慧型特征体现在:以虚拟现实(VR)技术实现对乐器的交互体验,以人工智能(AI)技术实现对乐器实体与音响的实时识别。前者使用户可以突破时空的局限,对乐器进行身临其境的全方位体验与知识获取;后者使用户实现对乐器实体和音响的即时识别,并跳转至乐器博物馆所建设的多媒体图文影音知识库中,从而获得对华夏乐器的深入理解。由此,"中国乐派智慧型乐器博物馆"既是一座容纳了多维度信息的数字化乐器博物馆,还是一座提供了直播、交互拓展的数字化乐器科技馆。

步入博物馆大厅,首先呈现"吹""拉""弹""打"四个分类馆,中华雅乐、新疆乐器、内蒙古乐器等主题馆(可扩充),以及乐器表演、讲座与采风直播间。分类馆以民族乐器的演奏方式为分类,本着应收尽收的原则,将中华民族传统乐器进行 3D 建模、声音的分力度采样,用户可对其进行多维度交互式体验。中华雅乐馆则重构了雅乐中的所有乐器,如以 1∶1 复制的曾侯乙编钟、编磬实体乐器为原型,对其进行了精密扫描以 3D 建模展示,并以虚拟现实交互系统实现了一钟双音的真实演奏效果。用户可以在中华雅乐馆中对所有乐器进行交互体验、历史溯源、影音欣赏以及乐器的声学可视化呈现。博物馆中所有收录的乐器,都可以通过 AI 程序进行智能识别而进入。

可通过计算机(键盘鼠标操作)、移动设备(触摸屏操作)或 VR 设备(VR 头盔及数据手套)三类终端进入博物馆。其中计算机端和移动设备端可以完成线上博物馆的空间漫步、乐器图文展示、360 度缩放观摩、多媒体影音资料欣赏、乐器声学分析等,并可通过鼠标键盘与触摸屏实现乐器的现场演奏体验。而 VR 端则在很大程度上实现了技术创新与功能突破,采用 HTC VIVE Pro 虚拟现实系统＋Noitom Hi5 数据手套,组合成一套沉浸式虚拟现实与体感操控交互系统。前者是头盔式显示器及运动手柄,可通过空间内的激光扫描而实现体位与手势的精确定位(HTC Lightinghous),Noitom Hi5 数据手套则是专门为华夏民族乐器演奏而开发的演奏传感器,可通过指关节弯曲传感器即时传导弯曲的程度与速度,从而响应手指对乐器的演奏动作

关于乐器博物馆的图像与模型部分,先使用三维图形软件 3DMAX 为中小型乐器建模,再使用 PhotoShop 为模型贴图渲染;对于编钟、编磬等大型乐器,则使用 Artec Leo3D 扫描仪对实物进行精细化扫描建模;使用 Unity 3D 引擎创建虚拟现实场景、导入乐器三维模型;为每件乐器设置演奏触发区域;智慧型乐器博物馆的音频部分使用音频工作站 Pro Tools HD 对乐器音响进行实时采样并剪辑,形成 24 bit/96 kHz 格式的样本文件,通过 MIDI 协议将其映射至 Unity 3D 中乐器模型的特定触发区域。用户通过虚拟现实系统模仿乐器的实时演奏,产生乐器音响。

智慧型乐器博物馆的"智慧"功能体现在两个方面。1.听音/录音识器:使用手机等终端接收乐器音响,即可智能识别出该乐器,并进入乐器博物馆,对该乐器进行 VR 交互体验。这是通过给计算机提供大量乐器音频信号,构建模型训练数据库,通过机器学习技术,提取出该乐器音响的频谱指纹(Audio fingerprint),对实时接收的音频信号进行匹配,从而实现对乐器的音响识别。2.拍照/扫图识器:使用手机等终端对乐器实物、乐器图片进行拍照,即可识别出该乐器,并进入乐器博物

馆,对该乐器进行 VR 交互体验。同样,这也是通过建立大量乐器图形的数据池,构建模型训练数据库,通过机器学习技术,提取该乐器的图像特征,与实时扫描的图形特征进行匹配,从而实现对乐器的图像识别。

三、音乐元宇宙构想

"元宇宙"(Metaverse)是当前的热点词语,2021 年被媒体宣告为"元宇宙元年",号称它将以席卷之势改变我们与世界的对话与交流方式。元宇宙发展之迅猛使其定义也在扎克伯格最初所描述的"超强沉浸感的社交平台"的基础上逐渐抽象化。清华大学元宇宙文化实验室于 2022 年 11 月发布的《元宇宙发展研究报告 3.0》中定义道:"元宇宙是高度沉浸且永续发展的三维时空互联网(数字孪生、虚拟原生、虚实共生),是人机融生三元化(机器生命、虚拟生命、自然生命)的多感官通感的体验互联网,是能够实现经济增值的三权化(可读、可写、可拥有)的价值互联网。"IT 巨头们从中看到了数字经济的无限储量,电子游戏商们将其描绘为一个全新的游戏环境,各大网络社交平台宣称它将改变我们的沟通方式与生存场景,硬件开发商们则趁此波热潮纷纷发布更高分辨率的 VR 眼镜、更多通道的传感器……笔者将从音乐的角度谈一下个人对其的理解。

元宇宙(Metaverse)对应的是现实宇宙(Universe),实际上暗合了福柯所构想的异托邦。它可能源于人类的梦境,人类的丘脑将基于现实所产生的意识重新组合,绕过前额叶的处理区,直接发送至枕叶视皮层而产生各种视觉场景:或重温往事、或前缘接续、或幻化出光怪陆离与超能异术,时而主宰因果轮回、时而堕入被动裹挟——而这一切,都在双眼紧闭、肢体瘫痪的状态中发生。而一切梦境的结局是双眼睁开的那一瞬间,就是场景结束之时。无论梦中经历多少事件,现实却毫无改变。人类似乎永远对梦境、对虚构世界充满着向往,从艺术到乌托邦,都是虚构对现实的补偿。

但是虚拟现实(VR)、增强现实(AR)、混合现实(MR)以及构想中的脑机接口(BCI),加持以区块链、NFT 等技术,就能够让我们在睁眼之后,将虚构(梦境)与现实叠加,并由虚构(梦境)对现实、现实对虚构(梦境)施加影响。元宇宙概念就源起于虚拟现实,而将 Virtual Reality 译为"虚拟现实"其实并无法表达 Virtual 之全部含义,因为它还有另一个词义——"实质上的"。元宇宙是虚实共生,不是镜像孪生。它并不是现实世界的映射,而是客观世界和主观世界的融合,是现实和梦境的交叉,它还是我思故我在的哲学思维延伸,更是超越肉体的宇宙超验。

美术、文学与音乐,实际上就是由人类亲手设计出的元宇宙 0.1 版。它们基于对现实的体验而游离于现实之上,游离程度以美术、文学与音乐为升序;它们可能会对现实施加影响,影响程度以文学、美术与音乐为降序。在 0.1 版的元宇宙中,可以叙事、抒情,可以大胆想象,可以打破常规,至于是否会受到追捧,基本上是依靠这个元宇宙中的信息能否唤起人类的共鸣。音乐就是以振动能量和频率为素材,组织构建出的一个"类元宇宙"世界。而乐器则是未来所谓"脑机接口"的雏形。从这个意义上说,智慧型乐器博物馆就是一个通往音乐元宇宙的入口,即利用数字孪生技术复刻了真实乐器至虚拟场景之中,完成了异质空间的 IP 映射,自然人用户在虚拟空间中演奏乐器、获取知识也实现了虚实融生。在音乐元宇宙中,用户可突破空间维度,进行静态与动态的双向拓展,譬如坐在家中,"进入"智慧型乐器博物馆沉浸式体验一钟双音、重温阿炳《二泉映月》的音乐故事;佩戴 VR 头显与数据手套,通过体态识别、力反馈触感等多模态交互,亦可演奏出轻重缓急、抑扬顿挫的乐曲。

智慧型乐器博物馆以虚实兼备、反哺实体的设计理念,汲取自然科学的现代化技术成果,注入人文学科之中,以乐器为线索将音乐的大千世界汇聚成宇宙。或许,可视为音乐元宇宙的开端。

参考文献:

[1] Michel Foucault. *The Order of Things*：*An archaeology of the human sciences*, Taylor and Francis e-Library, 2005.

[2] Linnæus, C. 1735. *Systemanaturæ, regnasive trianatur æsystematiceproposita per classes, ordines, genera, & species.* Lugduni Batavorum.(Haak)

[3] 刘华杰:《论博物学的复兴与未来生态文明》,人民论坛.学术前沿,2017，5。

[4] 杨雪泥,刘华杰:《博物学重返学者视野——刘华杰教授访谈录》,鄱阳湖学刊,2017，5。

[5] 刘华杰:《博物学伴随人类行稳致远》,自然辩证法通讯,2022，8。

关于乐器博物馆建设和运营的思考

中咨投资管理有限公司　　高曙明

摘要：本文基于工程咨询中有关博物馆建设和运营方面的经验和教训，依据《国家发展改革委关于印发投资项目可行性研究报告编写大纲及说明的通知》(发改投资规〔2023〕304号)精神[1]，围绕该通知所附通用大纲(2023年版)中关于项目需求分析与产出方案、选址与要素保障、建设方案、运营方案、投融资与财务方案以及风险管控方案等内容，结合乐器博物馆的特点，提出应关注博物馆的市场需求分析、建设目标与功能定位、建设条件，以避免因建设内容及规模不适宜和选址不当，导致竣工后博物馆运营困难；提出应注意展陈设计、数字化建设和展教结合等内容，让音乐文物活起来，以增强观众的体验性和互动性，实现乐器博物馆的教育目的；并就建筑设计方案、运营管理模式、投资估算及资金筹措、风险管控方案等提出了建议。本文核心是以博物馆的高质量发展为指导思想，将"以人为本"的设计理念贯穿始终，将观众的体验性和互动性放在首位，为乐器博物馆的建设和运营提供参考。

关键词：乐器博物馆　工程咨询　可行性研究　博物馆建设方案　展陈方案

一、引　　言

在本人主持或参与的近600个各类咨询项目中有数项涉及博物馆。无论是对这些博物馆建设前期的可行性研究报告编制或评审，还是竣工投入运营后的回访，以及本人观展的各类博物馆，尤其是与乐器或音乐相关的展览，都反映出博物馆在建设和运营中出现的诸多问题。例如：由于博物馆在决策阶段未能进行充分的需求分析，并提出明确的产出方案，导致建设内容及规模不适宜和选址不当，运营净现金流量不足，致使竣工后博物馆运营困难；因馆体、序厅等设计缺乏特点和新意，展陈方式缺乏体验性和互动性，服务设施不足或不实用，使得博物馆缺乏吸引力，无法按预期实现建设目标，取得社会效益，致使博物馆运营质量不高。

　　高质量发展需要高质量的投资和高质量的决策。可行性研究是投资决策的核心环节,加强投资项目可行性研究是提升投资决策科学化水平的必然要求。为此,2023 年 3 月 23 日国家发展改革委印发了《政府投资项目可行性研究报告编写通用大纲(2023 年版)》《企业投资项目可行性研究报告编写参考大纲(2023 年版)》和《关于投资项目可行性研究报告编写大纲的说明(2023 年版)》(以下分别简称《通用大纲》《参考大纲》和《编写说明》),并自 2023 年 5 月 1 日起实施[1]。

　　本文基于工程咨询中有关博物馆建设和运营方面的经验和教训,围绕《通用大纲》《参考大纲》和《编写说明》中关于项目需求分析与产出方案、选址与要素保障、建设方案、运营方案、投融资与财务方案以及风险管控方案等内容,结合藏品的特点,通过实例分析,从使用者和工程咨询的角度,提出乐器博物馆建设和运营的思考。

二、博物馆需求分析与产出方案

　　博物馆需求分析与产出方案不仅影响着博物馆的选址,更重要的是它决定着博物馆的建设方案、运营方案,进而影响着投融资与财务方案以及风险管控方案。

(一) 需求分析

　　在博物馆建设的决策阶段,首先,要依据投资范围、发展规划、产业政策、区域布局等外部条件,在调查博物馆所涉服务需求现状的基础上,分析服务的可接受性或市场需求潜力,提出拟建博物馆的功能定位、近期和远期目标、服务的需求总量及结构。

　　乐器博物馆在公共文化服务体制视域下需要具备广泛、齐全、有效的功能定位,功能定位包括文化传承、文化教育、休闲娱乐和社会服务等方面。具体表现为收藏、保护、展示、展演、学术交流、科普活动、餐饮、购物、导览、寄存及其他配套服务。由于乐器不仅是文物,而且还可以演奏,因此展演是必不可少的,这也是乐器博物馆需要满足的重要功能之一。例如:世界规模最大的乐器博物馆——美国菲尼克斯乐器博物馆就拥有 300 个座位的音乐剧场,每年都会举办大约 200 场音乐会,将世界著名的古典、爵士、民谣和摇滚等国际一流音乐家聚集在此,向观众展现音乐的魔力[2]。湖北省博物馆虽然不是单纯的乐器博物馆,但为了更好地让观众体验镇馆之宝——曾侯乙编钟的魅力,专门设有编钟演奏厅等。此外,餐饮、文创商店、行李寄存、轮椅和儿童车租赁等其他配套服务设施常常被忽略。例如某馆,地处远离市区的郊外,周边没有餐饮服务,并且馆内也未设观众使用的餐厅,这给远道前来参观的游客带来生活上的不便。事实上,博物馆为观众提供便利配套服务的同时,也是获取可持续资金的重要途径之一。

建设目标是乐器博物馆建成后在近期和远期所要达到的期望结果,即项目所能交付的成果或服务。例如拟建馆在竣工投入使用后的近期和远期要达到什么样的级别(博物馆等级划分为三级,从高到低依次为国家一级博物馆、国家二级博物馆、国家三级博物馆)[3]。服务的对象是面向社会?还是只面向局部群体,如学校?还是兼而有之?因为目标人群不同,博物馆所要实现的功能也不同,建设内容及规模也就不同。例如:对于建在艺术类高校内或附近的乐器馆或音乐博物馆,如只为或主要为校内师生服务,并且校内有演出厅或剧院、报告厅或阶梯教室、餐厅等可以利用,那么这些功能的建筑就可省略。例如湖北音乐博物馆直属武汉音乐学院,它的展演等功能就是借助于武汉音乐学院的相关设施实现的。

基于上述分析和研究,提出拟建馆服务的需求总量及结构。藏品的形态和数量决定着展厅和库房的尺寸和规模,服务的群体结构及数量决定着各功能分区的建筑面积。

（二）建设内容和规模

依据功能定位、建设目标和服务的需求总量及结构,确定拟建馆的总体布局、主要建设内容、规模,并确定建设标准。

拟建馆的总体布局:包括公众区域(陈列展览区、教育区、服务设施)、业务区域(藏品库区、藏品技术区、业务与研究用房)、行政区域(行政管理区、附属用房)等的总体布局[4]。

建设内容:包括展厅(常展、临展、儿童展厅、特殊展厅)、展具储藏室、讲解员室、管理员室、演出厅或剧场、数字影院、报告厅、教室、活动室、售票室、行李寄存柜、导览器具及轮椅和儿童车租赁处、休息廊、饮水、厕所、贵宾室、广播室、医务室、茶座、餐厅、商店、藏品库房、保管员工作用房、清洁间、晾置间、干燥间、消毒室、文物修复室、鉴定实验室、摄影用房、研究室、展陈设计室、阅览及资料室、信息中心、美工室、展品展具制作与维修用房、材料库、行政办公、接待室、会议室、物业管理用房、安保用房、消防控制室、建筑设备监控室、职工更衣室、职工餐厅、设备机房、行政库房、车库等[4]。

建设规模指的是建筑面积和用地面积。按总建筑面积的大小,博物馆分五种类型。见表1。

表1 博物馆建筑规模分类[4]

建筑规模类别	总建筑面积(m²)
特大型	＞50000
大型	20001—50000
大中型	10001—20000
中型	5001—10000
小型	≤5000

建筑类型不同,建设标准不同。比如,针对艺术类(以古代艺术藏品为主)的博物馆,特大型、大型、大中型、中型、小型的陈列展览区建筑面积占总建筑面积的比例分别为 25%—35%、30%—40%、35%—45%、40%—55%、50%—75%,藏品库区建筑面积占总建筑面积的比例分别为 20%—25%、18%—25%、12%—20%、10%—15%、≤8%[4]。

(三) 产出方案

产出方案是指博物馆建成后正常运营年份的服务内容、服务能力及品质标准。如每年举办展览(常展、临展、出境展、引进外展)次数、年均开展社区活动次数、每年开放天数、年免费接待青少年观众人数占比、展演场次、讲座(大师、知名专家)场次、活动场次、艺术课程课时、年接待客流量、藏品资源管理总量、定期举办学术活动(国际、国内)次数、定期出版学术刊物数量及品质、馆内人员每年发表专业论文、出版学术专著数量等等。

三、博物馆选址与要素保障

(一) 选址

首先要明确馆址的土地权属、供地方式、土地利用状况、矿产压覆、占用耕地和永久基本农田、涉及生态保护红线、地质灾害危险性评估等情况,综合考虑规划、技术、经济、社会等条件,选择最佳馆址[1]。选址时如遇到集体用地,地面上有农田和建筑物,将涉及征地拆迁补偿,其投资不容忽视;选址还要尽量避免矿产压覆、占用耕地和永久基本农田、涉及生态保护红线、地质灾害易发区。博物馆的用地通常为商业或公共设施用地,如果与用地规划不符时,建议尽量放弃,否则涉及规划调整,难度很大并且耗时。例如某乐器制造公司地处经济开发区,拟利用废弃的厂房改造成为乐器博物馆,但因馆址用地规划用途为工业,与博物馆的公共设施用地不符,因此,项目一直未能获准立项建设。通常在经济发达的地区,公众对博物馆市场需求大,博物馆获取资金支持的机会相对较多。

（二）建设条件

博物馆在选址时应关注馆址区域的自然条件、交通运输、公用工程等建设条件。宜选择在市政配套设施完备的区域,或相关配套服务设施同期规划建设的区域,否则会影响博物馆的运营,导致博物馆建成后可能无法带来预期的社会效益,发挥不了应有的作用。例如,馆址附近无地铁或公交通达,将给游客带来交通方面的不便,导致客流量减少。

（三）要素保障分析

应通过综合分析提出土地要素及资源环境要素的保障方案。

土地要素保障方案:分析与拟建馆相关的国土空间规划、土地利用年度计划、建设用地控制指标等土地要素保障条件,开展节约集约用地论证分析,评价用地规模和功能分区的合理性、节地水平的先进性。如涉及耕地、园地、林地、草地等农用地转为建设用地的,说明农用地转用指标的落实、转用审批手续办理安排及耕地占补平衡的落实情况;涉及占用永久基本农田的,说明永久基本农田占用补划情况[1]。

资源环境要素保障:分析拟建馆水资源、能源、环境等承载能力及其保障条件,以及取水总量、能耗、碳排放强度和污染减排指标控制要求等,说明是否存在环境敏感区和环境制约因素[1]。如用水保障方面,甘肃的悬泉置地处沙漠,无水源,也不允许打井,管线引水又不经济,最后采用了水罐车运水方案。

四、博物馆建设方案

（一）工程方案

通过方案比选提出工程建设标准、工程总体布置、主要建（构）筑物和系统设计方案、公用工程方案及其他配套设施方案。需要重点把握住场馆的地标性和功能的实用性两个关键点:

场馆的地标性主要指拟建博物馆外立面及内部常展序厅设计所具有的独特性,应突出艺术性与唯一性。

功能实用性指功能分区的实用性、灵活性和合理性,核心是使用的便捷性及设施的人性化。应注意避免如下不利现象,这些都是在博物馆具体建设和运营中遭遇的教训。

如展陈面积少,影响后期布展;展陈方案不明确时进行常设展厅设计,会导致藏品布展困难;库房与展厅间没有专有直连通道,通道中有门槛,造成文物换展不便和受损;办公房间面积设置超标、或不足,造成行政管理人员使用不便;男女卫生间配比不当,常造成女性如厕排长队现象;缺乏志愿者、导览者、保洁保安人员的更衣室、使用器具的库房;休憩、餐饮、寄存、无障碍设施、交通等服务配套不完善等。

某馆,建筑规模接近4万 m²,属大型馆,运营成本相对较高。但由于设计和施工方面的失误,造成临时展厅少,临展面积小,不能满足国家一级馆对临展和观众数量等指标要求,无法申请一级馆,因此也就没能取得相应级别的政府补贴或营运资金,进而影响了博物馆的运营。

（二）设备方案

通过设备比选提出所需主要设备(含软件)的规格、数量、性能参数、来源和价格,列出建筑安装设备和专有设备清单,论述设备(含软件)与工程技术方案的匹配性和可靠性、设备(含软件)对工程方案的设计技术需求,提出关键设备和软件推荐方案及自主知识产权情况[1]。举例:某馆,拟在原有建筑物内增设一套进口设备,由于在设备购置方案中未明确对工程方案的技术要求,造成进口设备到货后,因场地狭小,设备基础和运行空间不满足要求,无法安置和使用设备。

（三）用地征收补偿(安置)方案

涉及土地征收的博物馆,应根据有关法律法规政策规定,提出征收补偿(安置)方案,包括征收范围、土地现状、征收目的、补偿方式和标准、安置对象、安置方式、社会保障、补偿(安置)费用等内容[1]。

（四）展陈方案及展教结合方案

展陈方案及展教结合方案是建设方案的重点。

2015年《博物馆条例》中明确"博物馆是以教育、研究和欣赏为目的,具有收藏、保护和展示功能[5]。"教育是乐器博物馆建设的首要目的。为了实现此目的,必须要强调办展和举办活动的体验性和互动性。即以"看、听、触、学"为指导,采用新颖多样的展览方式,举办丰富多彩的艺术展演、各种形式的艺术讲堂,设置多种展教结合的艺术课程。这样既可提高观众欣赏水平,激发观众对探索音乐、欣赏音乐、创作音乐、制作乐器的兴致,同时引起社会的关注,取得更多的资金回报,实现博物馆与观众间的良性互动[6]。

展陈方式:常为以实物、图片、文字介绍的展柜、展墙、展板为主。为了使藏品和文物"活"起来,有许多其他新颖的展览方式给人留下了深刻的印象。案例如下:

时间轴线在展陈方面的应用,便于观众直观并清晰地了解人物及事件的历史脉络。如清华艺术博物馆的吴冠中百年诞辰艺术展(如图1),轴线以上为中文,以下为英文;国家大剧院的东京富士美术馆藏西方人物绘画精品展——时代的容颜(如图2),在时间轴线上又做了进一步的深化。轴线上方是代表性画家姓名、画作和年代,下方为重大历史事件;中国考古博物馆以时间轴线做的序厅(如图3)。

图 1　清华大学艺术博物馆　吴冠中百年诞辰艺术展(摄影：高曙明)

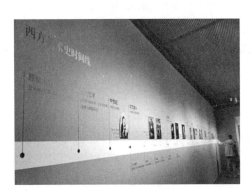 

图 2　国家大剧院　东京富士美术馆藏西方人物绘画精品展(摄影：高曙明)

图 3　中国考古博物馆　序厅(摄影：高曙明)

中国考古博物馆将全息投影技术运用到藏品展示中(如图 4)。即用手滑动,通过全息投影可全方位欣赏文物的各个细节。

图 4　中国考古博物馆　藏品及其全息投影(摄影:高曙明)

台湾奇美博物馆的交响乐队展厅很有特色。厅内将乐器按乐队编制排列,每种乐器边配有一视频展板,视频中有乐器演奏家对其在乐团中扮演的角色、所演奏乐器的功能特点、演奏方法进行讲解和演示,之后演奏一小段旋律让观众体验。待整个乐队介绍完,会有约 5 分钟的交响曲录音播放,给人以身临其境之感。

日本浜松市乐器博物馆展出的乐器旁设有耳机,利用耳机观众可随时聆听乐器发出的声音及演奏的音乐;在互动室,可试奏每件乐器,使参观者既有收获又充满乐趣。

国家大剧院举办的安徽音乐戏曲文物展中,展厅右侧设有翻板(如图 5-1),其正面为乐器的图像、出土的地方与年代,背面为乐器的名称及拼音(如图 5-2);展厅左侧即为相应乐器的展柜。这种展陈方式不仅利于观众认识古代乐器,还富于趣味性。辽宁省博物馆举办的中国古代音乐文物展——萧韶九成中对于汉字字体的展示也用到了翻板,只不过它的翻板是三面,分别为楷书、篆书和隶书(如图 6)。

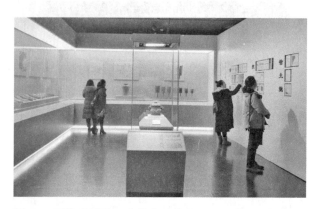

图 5-1　国家大剧院　安徽音乐戏曲文物展(摄影:高曙明)

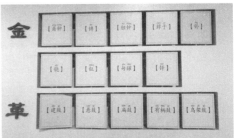

图5-2　国家大剧院　安徽音乐戏曲文物展(摄影:高曙明)

图6　辽宁省博物馆　中国古代音乐文物展(摄影:高曙明)

　　湖北音乐博物馆展出可敲击的编钟,有利于加深观众对藏品的体验;在古琴馆中,不仅展出古琴成品,并将其内部结构和制作过程也做了细节的展示,有利于观众全方位地了解古琴。

　　中央音乐学院的乐器陈列室既是展室,又是课堂;陈列的乐器,既是藏品又是教具。

　　中华世纪坛世界艺术馆举办的中华各民族传统情歌文化展,通过显示屏的播放,就可欣赏到藏品演奏的乐曲和伴奏的歌舞;旁边还设有音频视听室(如图7)。

图7　中华世纪坛世界艺术馆　中华各民族传统情歌文化展(摄影:高曙明)

湖南省博物馆举办的湖南音乐文物与故事展——听见湖湘,将现场弹奏古琴的乐曲与墙板展示的古诗和数字呈现的水墨丹青相结合,将听觉艺术、语言艺术及视觉艺术立体绽放,颇具新意(如图8)。

图8　湖南省博物馆　湖南音乐文物与故事展(摄影:高曙明)

艺术展演:将展品通过演奏和表演的方式呈现给观众,不仅让观众对展品的特性与功能有所了解,也能知晓其包含的文化内涵,更能享受到展品所带给观众听觉上的享受以及心灵和情感上的抚慰。案例如下:

武汉音乐学院将非遗传承人请到学校进行才艺展示,供师生研究、欣赏和馆际交流。之后将非遗传承人演奏所用乐器作为湖北音乐博物馆藏品保留。这样,既做了研究,交流与欣赏,又为藏品的获得提供了渠道,一举多得。在该院举办的陈应时解译敦煌古谱音乐会——古月新声,将科研成果以音乐会的方式呈现,古乐与壁画交响辉映,异常精彩。

湖北省博物馆的编钟演奏会使观众对镇馆之宝——曾侯乙编钟有了更进一步感知,是听觉方面的欣赏与心灵方面的愉悦。

40元票价的周末音乐会是国家大剧院联手名家名团,于每周末推出的艺术活动品牌。周末音乐会涉及交响乐、民族管弦乐、室内乐、歌剧、合唱、独唱等多种艺术形式,荟萃一系列优秀的中外交响乐作品,以“演讲结合、赏析并重”为特点,实行“名家、名团、低票价”的亲民政策,为音乐爱好者提供全方位的音乐视角,为广大艺术爱好者提供近距离接触音乐经典的机会,感受高雅艺术带给心灵的震撼[7]。该品牌性价比高,社会反响强烈,受到奔驰梅赛德斯公司的赞助,这也是场馆与社会产生良性互动的典型代表(如图9)。与此同时,类似的还有八喜冰激凌赞助的中山音乐堂的暑期音乐会(如图10)。

图 9　国家大剧院　周末音乐会(摄影:高曙明)　图 10　中山音乐堂　暑期音乐会(摄影:高曙明)

　　艺术讲堂:邀请国内外各艺术领域的专家、教授,社会各界热心艺术教育事业的知名人士……用最浅显易懂的语言,来阐释博大精深的艺术文化。将专业的艺术知识与丰富多彩的授课形式相结合,让广大观众在轻松愉悦的氛围中,享受专业的艺术表演,接受一流的艺术教育[8]。国家大剧院经典艺术讲堂和走进唱片里的世界等艺术活动做得很精彩,值得借鉴。如:

　　中央民族大学丛帅帅副教授主讲的"舞韵华夏——走进西南地区的藏族舞蹈",结合其学生现场的表演,让观众不仅了解弦子、堆谐和热巴三种舞蹈的特点和伴奏乐器的不同,更享受到藏区舞蹈的魅力(如图 11)。

图 11　中央民族大学丛帅帅副教授及其学生们(摄影:高曙明)

　　著名笛箫演奏家王次恒老师的《空山竹韵》唱片分享会使观众欣赏到笛箫的东方神韵(如图 12)。

图 12 著名笛箫演奏家王次恒老师(摄影:高曙明)

乐评人、音乐学者、音响人梅弘夫老师分享的"从音乐到音响有多远",让听众认识到唱片公司制作音乐、音响器材还原音乐等两度创作的重要性(如图 13)。

图 13 乐评人、音乐学者、音响人梅弘夫老师(摄影:高曙明)

中国音乐学院声乐歌剧系博士生导师张天彤教授做的民歌讲唱会。把鄂伦春族民歌国家级传承人关金芳老师、吉祥三宝演唱者之一——乌日娜老师都请到现场进行表演,从三种不同的角度呈现民歌的魅力(如图 14)。

图 14　中国音乐学院声乐歌剧系博士生导师张天彤教授及非遗传承人等(摄影:高曙明)

上海音乐学院王勇教授分享的"玫瑰玫瑰我爱你——上海老歌的前世今生",将观众引领到 20 世纪三四十年代流行乐坛上一代海派文化的辉煌时刻(如图 15)。

图 15　上海音乐学院王勇教授(摄影:高曙明)

　　展演和艺术活动应注意将乐器藏品与作曲家、演奏家、歌唱家等及其文化历史背景相关联。比如,钢琴家傅聪在为波兰肖邦协会录制马祖卡全集时,被波兰要求一定要用肖邦时代的钢琴,即用 1848 年复原钢琴来弹[9];美国菲尼克斯乐器博物馆著名猫王的展柜,有猫王的乐器、演出服、大幅演出剧照联同 DVD 播放,因生动鲜活,引得观众纷纷驻足观赏,拍照留念[10];在德国音乐大师巴赫纪念馆中,不仅陈列着各种展品,包括旧时乐器、家具、作曲间布置、卧室陈设、油画肖像、乐谱等,参观内容还包括聆听20分钟古董乐器演奏的音乐会[11]。

艺术课程:针对观众不同年龄段的特点和需求,进行差异化设计的一系列富有创意和互动性的课程,这些课程不仅注重科学知识和艺术知识的传授,还将实践操作、情景模拟等元素融入其中,使学习过程更加生动有趣。案例如下:

在中华世纪坛艺术博物馆举办的创客盛会中看到学员在老师的指导下,利用木制等基本件,制作尤克里里(小型吉他)并可以演奏(如图16)。

图16　利用木制等基本件,制作尤克里里(左图摄影:高曙明,右图源自大小木作宣传册)

利用3D打印技术,可以做文物修复、文创产品(图17);学员在老师指导下,画出喜爱的图像,通过铜铸模型,上珐琅彩,制作成自己独有的胸针等留作纪念品(图18)。

图17　利用3D打印技术打印的文创产品(图片源自网络)

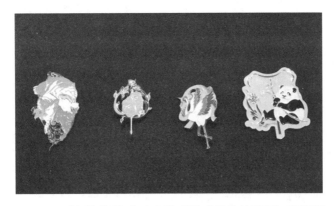

图 18　通过铜铸模型、上珐琅彩,制作成的胸针(摄影:高曙明)

在铁板上撒上黄色碎屑,利用弓在铁板的不同位置拉出声响,使黄色碎屑呈现出不同的花纹,以演示驻波的产生(如图 19)。

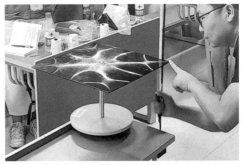

图 19　科学小实验　驻波(图片源自网络)

此外,梅弘夫老师编著的《循音问乐——中国民族器乐文化导赏》中共挑选了十五种最具代表性的中国民族乐器,对它们的由来、沿革、构造、材质、演奏方法、音域、代表曲目以及演奏家逐一介绍[12]。汉英对照,浅显易懂。随书赠送两张 CD,演奏者均为著名演奏家。该著作不仅是一本不可多得的民族器乐文化科普读物或教材以及音乐欣赏音频资料,同时,也为乐器博物馆的课程设置提供了参考;如有可能,以此为主线,策划一场民族器乐文化特展也是个不错的构想。

(五) 数字化方案

近年来,博物馆的数字化应用越来越广泛,涵盖博物馆建设和运营的各个阶段。全国人大代表、首都博物馆首席研究馆员齐玫在 2020 年两会上提交提案,建议制定数字化博物馆长期发展规划和实施条例。目前,应用于博物馆展览展示中的数字媒体技术主要有音频技术、影像技术、数字媒体触摸屏技术、数字媒体场景合成技术、虚拟现实技术、全周全息幻像数字媒体、复合动态全息数字媒体、情景交互数字媒体、动感仿真交互数字媒体 4D 动感影院数字媒体、天象动感穹幕数字媒体以及数字媒体网络技术等[13]。针对智慧型乐器博物馆，中国音乐学院的付晓东教授等也已进行了相关的研究、探索与实践[14][15]。所以，建议对于具备条件的，研究提出拟建乐器博物馆数字化应用方案，包括技术、设备、工程、建设管理和运维、网络与数据安全保障等方面，实现设计—施工—运维的全过程数字化应用[1]；建议数字化乐器博物馆与乐器博物馆同期规划、设计、实施，并投入运营。如对于一些原来没有数字化影院的老馆，当需要进行数字化设施建设时，就只能在原有建筑上改建。而改建的部分就可能受到一些限制：如顶部不能超过一定高度，以免影响主体建筑的外立面；下挖部分也会受到基础底板的限制。可见，在新建博物馆时考虑好数字化应用方案十分重要。

（六）建设管理方案

提出拟建馆的建设组织模式和机构设置，制定质量、安全管理方案和验收标准，明确建设质量和安全管理目标及要求。提出项目建设工期，对项目建设主要时间节点做出时序性安排，如博物馆建设计划进度表。提出招标方案，包括招标范围、招标组织形式和招标方式等内容。研究提出拟采用的建设管理模式，如代建管理、全过程工程咨询服务、工程总承包（EPC）等[1]。

五、博物馆运营方案

首先要确定运营模式，即博物馆是自主运营还是委托第三方运营管理。如是后者，就应提出对第三方的运营管理能力的要求。其后是研究制定运营组织方案，包括组织机构设置方案、人力资源配置方案、员工培训需求及计划[1]。运营组织方案非常重要，会影响行政区域及其他区域相关用房的建设规模和布局。此外，还有安全保障方案，即分析项目运营管理中存在的危险因素及危害程度，明确安全生产责任制，建立安全管理体系，提出劳动安全与卫生防范措施，提出可能涉及的数据安全、网络安全、供应链安全的责任制度或措施方案，并制定项目安全应急管理预案。最后是绩效管理方案，即研究制定博物馆全生命周期关键绩效指标和绩效管理机制，提出博物馆主要投入产出效率、直接效果、外部影响和可持续性等管理方案[1]。

六、博物馆投融资与财务方案

由于博物馆通常属于非盈利项目，涉及的首先是投资估算和资金筹措方案，并对建设和运营所需投入的资金进行估算，包括建设投资和流动资金；应明确是政府投资,还是企业投资? 金额分别是多少? 以及建设期内分年度资金使用计划。根据项目性质,采用适宜的评价方法,分析建成后,博物馆经营所需的净现金流是否有保障? 如果不足,应提出现金流接续方案,分析政府财政补贴所需资金,评价项目的可持续性。避免有钱建,没钱经营,造成项目闲置低效,甚至投资失败。

七、博物馆的风险管控方案

首先需要分析、识别、研究、确定博物馆在整个生命周期内所面临的主要风险,包括需求、建设、运营、财务、经济、社会、环境、网络与数据安全等方面。有针对性地提出项目主要风险的防范和化解措施。特别是要研究制定重大风险应急预案,明确应急处置及应急演练要求等[1]。如防水、防火、防盗、防疫、防踩踏、网络与数据安全等等。

八、结　　语

高质量的博物馆运营需要高质量的投资决策,博物馆的可行性研究是投资决策的核心环节。本文在总结博物馆建设和运营经验和教训基础上,围绕《通用大纲》等主要内容[1],结合藏品的特点,提出乐器博物馆建设和运营的建议:

1. 依据投资范围、发展规划、产业政策、区域布局等外部条件,通过需求分析,提出拟建乐器博物馆的功能定位、近期和远期目标、服务的需求总量及结构;确定拟建馆的总体布局、主要建设内容、规模,确定建设标准;研究提出博物馆竣工后正常运营年份应达到的服务能力及品质标准。

2. 在博物馆选址时要明确馆址的土地权属、供地方式、土地利用状况、矿产压覆、占用耕地和永久基本农田、涉及生态保护红线、地质灾害危险性评估等情况,综合考虑规划、技术、经济、社会等条件。关注馆址区域的自然条件、交通运输、公用工程等建设条件,综合分析提出土地要素及资源环境要素保障方案。

3. 通过方案比选提出工程建设标准、工程总体布置、主要建(构)筑物和系统设计方案、公用工程方案及其他配套设施方案,设备方案;涉及土地征收的,还应提出征收补偿(安置)方案;在强调体验性和互动性的前提下,提出展陈方案及展教结合方案;对于具备条件的,研究提出数字化应用方案。此外,还应提出建设管理方案。

4. 研究确定运营模式和运营组织方案,提出安全保障方案和绩效管理方案。

5. 对建设和运营资金进行估算。当资金不足时,应提出现金流接续方案,评价项目的可持续性。

6. 分析确定博物馆的主要风险和风险管控方案。

参考文献：

［1］国家发展改革委关于印发投资项目可行性研究报告编写大纲及说明的通知（发改投资规〔2023〕304 号）［DB/OL］，国家发展和改革委员会，2023-3-23，https：//www.ndrc.gov.cn/xxgk/zcfb/ghxwj/202304/t20230407_1353356.html。

［2］世界乐器殿堂，菲尼克斯乐器博物馆［OL］，北美购房网.http：//www.bei-meigoufang.com/newsd/newsdetail_30195.html。

［3］国家文物局关于公布施行《博物馆定级评估办法》（2019 年 12 月）等文件的决定（文物博发〔2020〕2 号）［DB/OL］，国家文物局，2020-1-8，https：//www.gov.cn/zhengce/zhengceku/2020-03/26/content_5495770.htm。

［4］中华人民共和国住房和城乡建设部，博物馆建筑设计规范：JGJ 66-2015［S］，北京：中国建筑工业出版社，2015 年版。

［5］博物馆条例（中华人民共和国国务院令第 659 号）［DB/OL］，国家文物局，2015-3-2，http：//www.ncha.gov.cn/art/2015/3/2/art_2301_42895.html。

［6］高曙明：关于北京建设国家级音乐博物馆的必要性分析［J］，中国工程咨询，2021，（7）：92—97。

［7］周末音乐会［DB/OL］，国家大剧院，2023-12-12，https：//www.chncpa.org/yshd/yshd_7376/zmyyh_7377/。

［8］经典艺术讲堂［DB/OL］，国家大剧院，2023-12-12，https：//www.chncpa.org/yshd/yshd_7376/jdysjt_7384/。

［9］焦元溥：游艺黑白：世界钢琴家访谈录［M］，广西师范大学出版社，2019 年版，第 450—451 页。

［10］王巍：走进世界最大乐器博物馆［J］，乐器，2012，（08）：74—77。

［11］德国音乐大师巴赫纪念馆［OL］，高关中（德国汉堡），2017-10-29，https：//blog.sina.com.cn/s/blog_a065430e0102xt0m.html。

［12］梅弘夫编著，马赛楠、葛亮译：循音问乐——中国民族器乐文化导赏［M］，上海世纪出版集团，上海音乐出版社，2020 年版。

［13］赵毅：博物馆陈列展览设计理念发展研究［M］，北京：现代出版社，2022 年版，第 38—42 页。

［14］付晓东、黄司祺：博物学、博物馆与音乐元宇宙的融合研究——以"智慧型乐器博物馆"为例［J］，乐府新声（沈阳音乐学院学报），2023，（3）：72—77。

［15］李佳耕、付晓东：中国传统打击乐器演奏虚拟现实交互系统的研究——以编钟为例［J］，演艺科技，2022，（2）：62—69。

智慧型乐器博物馆建设的创新性研究
——以中国音乐学院智慧型乐器博物馆为例

中国音乐学院　刘　清

摘要:本文首先是笔者对智慧型乐器博物馆的理念阐述,再对目前国内具有特点的几类实体乐器博物馆进行比较探讨。第二部分以中国音乐学院的"中国音乐学院智慧型乐器博物馆"这一课题为例介绍其理念和目前实践成果,并以其理念和目前最新实践成果为基础,从当今国内新兴的几种智能交互技术的发展现状入手,探索这些交互技术可作用于中国音乐学院智慧型乐器博物馆的方面与创新性设想。

关键词:博物馆　实体乐器博物馆　乐器学　智慧型乐器博物馆　智能交互技术　元宇宙

智慧型博物馆是信息化、数字化、智能化博物馆的高级发展阶段,定义中的智慧型博物馆是指它利用了多种信息技术,融合了文物保护、文化传承的需求,开拓了全新的博物馆运营方式,并且能够信息技术与传统文化的完美结合。而作为以乐器为主体的乐器博物馆,及时进行智能化创新化发展,已成为当下极具关注度的重点项目。笔者认为智慧型乐器博物馆不单是一套便捷、高效的智慧系统,来为学术领域教育、研究、欣赏乐器而服务,同时在传承保护民族乐器文化遗产方面和传播普及公众音乐教育和乐器常识方面也具有重大意义。

一、智慧型乐器博物馆的理念

目前现有大部分实体传统博物馆仍以实物陈列、平面展板介绍为主的场馆陈列方式向参观者呈现;仍用导览员带领讲解或租借音视频设备讲解等"走马观花"的普及教育模式使参观者简略地了解场馆陈列展品的概况。对于多媒体技术的大范围应用更多的还仍集中于单独的具有时限性的短期展览中。

21世纪是一个信息交互趋近于零障碍、快速传播的时代,大众可以从多种渠道获得自己所需的大量丰富信息。人们已远不能满足于单纯的视觉欣赏和听觉的"一笔带过",越来越追求包括触觉甚至嗅觉在内的多感官、多层次的全方位体验。为了真正体现和满足新型博物馆参观者的真实需求,笔者认为,现如今的实体博物馆面对日新月异的新技术应用应做到拓展发展思路,紧跟创新技术的步伐,对各类型博物馆的智慧型发展持以开放包容的心态,形成具有现代化创新技术应用的智慧型博物馆。

　　作为智慧型博物馆的重要分支,智慧型乐器博物馆的理念它应是指以乐器作为支撑,利用智慧型科技手段加持(例如 AR 技术、VR 技术等虚拟现实交互技术;交互式音乐装置实时生成乐器的乐音),使实体乐器由静态直观视觉化转向动态多感官化的非盈利性常设机构。

二、目前国内实体乐器博物馆的现况

(一) 实体乐器博物馆的情况介绍

　　笔者通过网上资料文献的查询以及实地拍摄,发现目前国内现有营业的实体乐器博物馆可以分为收集了一定乐器相关文物的文史类博物馆(如图一)、以乐器为主或含有乐器收藏门类的城市地标博物馆(如图二)、各大音乐院校牵头建设的乐器博物馆(如图三)。

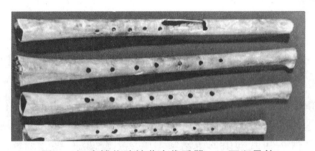

图一　河南博物院馆藏古代乐器——贾湖骨笛

图二　苏州民族乐器博物馆改良箜篌和琵琶

图三　上海音乐学院东方乐器博物馆展出的印尼乐器甘美兰

　　据笔者调查了解，这几类实体乐器博物馆中，乐器群组规模较大的还是由各音乐院校牵头建设的乐器博物馆（比如上海音乐学院东方乐器博物馆，馆藏乐器在500多件），且多数是近十年来建馆。笔者认为，实体乐器博物馆虽有能使参观人群直观看到乐器的观感，但乐器展出形式绝大多数仍以实物陈列、平面展板介绍为主向参观者呈现；仍用导览员带领讲解或租借音视频设备讲解等"走马观花"的普及教育模式，使参观者只能粗略地了解场馆陈列乐器的概况。除上述外，实体乐器博物馆还有场地局限性大、对乐器保护能力有限、展示乐器与参观者没有任何"交流"等问题。

　　场地局限性大，使大量藏品展出机会少，甚至干脆堆积在一起压缩空间；对乐器保护能力有限，从上文图二也可明显看出乐器摆放距离过近，博物馆内空气湿度与温度使乐器得不到应有保护，变为可能丧失实际功能的摆件；展示乐器与参观者没有任何交流，体现在参观者对于乐器无任何"交互式"体验。笔者认为其中应解决的重中之重就是展示乐器与参观者没有任何交流的现状。

（二）以乐器学角度看待当前实体乐器博物馆

　　根据权威音乐词典——《音乐大事典》（日本）中指出，乐器是"发出音乐素材之声的器具"，说明乐器是从视觉上表现为"有形的物体"和从听觉上表现为"无形的乐声"的物品。而在乐器博物馆中乐器除物品外又兼具博物馆藏品的特殊身份。乐器学又是一门以乐器为研究对象的学科，并在19世纪欧洲与美国博物馆广泛收藏乐器潮流影响下，乐器学逐渐成为独立学科，可以说乐器学是乐器类博物馆建设与长足发展的理论本原之一。在对乐器博物馆的参观过程中，绝大多数参观者可能仅通过参观与介绍粗浅了解到某件乐器的基本情况（例如从何处出土、经历什么时期、目前的乐器形状等），而某种乐器的发音原理、制作乐器所需用到的材料、乐器所蕴含的民族民俗问题，甚至很多出土乐器的发音音响效果要么一知半解要么完全不知，即参观者看到了乐器藏品却无法真正明白这件乐器被收藏和展出的价值在哪里。

为保证乐器藏品知识的真实性、专业性和前沿性，一方面需要各大音乐类院校作为乐器博物馆的引领者应充分运用学科优势，使专业优秀的乐器学人才引进投入乐器博物馆的建设中，另一方面，可不断进行乐器知识调整更新的乐器数据分析库也亟待完善。再从参观者汲取乐器知识层面来讲，首先应对乐器知识进行加工和创新，在乐器博物馆的乐器藏品的陈列构建中体现学术融入的特点；同时介绍一件乐器可从乐器声学开始介绍，从乐器发音原理入手，再运用乐器分类法对其进行归类，随后通过乐器史学的文献理论研究介绍乐器的由来和产生背景，最后根据乐器工艺学对乐器的各部分材料的选择、制作、构造进行系统性的说明。

与乐器知识输出层面同样重要的，还有参观者对乐器藏品的实践体验。据笔者调查发现，国内实体博物馆通常会在一些短期乐器巡展上采用部分多媒体交互技术使参观者与乐器展品进行互动，如湖北省博物馆在2014年推出为期半个月的"数字文物体验馆"活动，体验期间该馆采用数字化技术推出了3D古乐器演奏系统。该系统采用3D建模打印技术对曾侯乙编磬、排箫、崇阳铜鼓等7件古乐器高精度还原，并对文物复原件及部分原件进行了真实录音，最终观众可通过一块触控屏实现对3D技术打印出的乐器进行实际的敲击演奏。（见图四）

图四　参观者正在体验 3D 还原的古乐器

而将多媒体数字技术做到常态化且涵盖范围广泛的实体乐器博物馆依然九牛一毛,笔者所知目前互动体验较为完备的实体乐器博物馆为武汉音乐学院的编钟馆。据该馆网站介绍和其他实地调查者研究成果(来源于参考文献[2]作者周阳对武音编钟馆的考察结果)中表明,其馆中灯光影像与音响均可多模式的动态调节,实物乐器全部可看、可触、可演,还开设了对乐器仿品制作的实践课程。馆内设有虚拟乐器交互式的大屏幕,内置整套编钟的演奏系统,通过手动触控不同的编钟图片,内置音源就会发出不同的声响。除此之外,还有一个界面可以单独进行编钟"一钟双音"的演奏。

根据上述,武汉音乐学院编钟馆在一定程度上改善了参观者与乐器交流的时限问题,同时通过新技术的补充增添了参观者的实践体验。此馆目前取得的成果属于对智慧型乐器博物馆理论与实践应用的初步探索,面对前文所述的其他问题(实体场馆占地有限性问题、乐器数据分析库完善程度问题、乐器博物馆运营经费不足的问题等),国内其他艺术类高校对智慧型乐器博物馆的建设作出了进一步的探索和尝试。

三、中国音乐学院智慧型乐器博物馆的发展概况

中国音乐学院智慧型乐器博物馆是由中国音乐学院打造的国内首家智慧型中国乐器博物馆,在 2021 年 5 月此项目正式启动,2021 年 6 月第二十九届中国国际乐器博览会举办期间由中国音乐学院的韩宝强教授和付晓东教授首次向大众介绍了办馆理念和展馆设置,2021 年 12 月举办的第十届全国乐器学研讨会上中国音乐学院智慧型乐器博物馆的初步研究成果首次公开,目前此项目在 2023 年已进入到了第三期阶段。

根据综合资料查阅与分析,笔者总结了该馆当前的综合情况:

1. 从乐器博物馆基本属性角度来看,其藏品数量丰富、乐器分类明确、数据储备多元化。在中华雅乐馆、吹奏乐器馆、拉奏乐器馆、弹拨乐器馆、打击乐器馆 5 个门类下已有共计 50 余件虚拟乐器,并在持续增添中。海量数据的多媒体数据库不但涵盖了每件乐器本身的文本介绍,更拥有丰富的乐器音源以及名家演奏的影像呈现。

2. 从乐器知识输出角度来看,其乐器知识内容不仅涵盖了极具严谨性科学性专业性的学术范畴同时考虑到了不失通俗性趣味性广泛性的社会普及层面。每件乐器都有详细的乐器声学报告可供查看,从科学角度对中国民族乐器进行声学分析、从提供的影音声像和乐器音源中,让参观者可以从乐器生态、声景地图等方面

对我国民族乐器有科学而全面的认知。

3. 从智慧性数字化技术应用角度来看,其在运用乐器虚拟仿真技术的基础之上更加深了对智能领域的技术的应用。

(1) 运用虚拟现实技术(VR)和可穿戴设备实现了在博物馆虚拟现实环境中的漫游与交互。在 AI 识别技术的支持下,实现乐器的扫图识器和听音识器,实现对乐器信息的全方位识别和匹配。

(2) 运用 3D 建模技术对 5 个门类中的各乐器进行全面化建模(中小型乐器)和精细化建模(编钟等大型乐器),增加乐器形制细节在视觉层面上的裸眼真实感。

目前,该馆可以在 PC 端、移动 Android 端及 Steam VR 端三个平台运行,但其数据库登入端口权限还暂时对校内师生开放,相信在不久的将来可以面向其他专业人士和社会大众提供不同权限的应用服务。

从以上细节不难看出,中国音乐学院智慧型乐器博物馆冲破了一般实体博物馆的时空局限,将部分虚实交互技术应用于线上博物馆建设的各方面,具有较完备的复合功能,体现了其"虚实兼备、反哺实体"的设计理念,同时其智慧性功能契合了该馆设计者们对于"此智慧型乐器博物馆可以视为音乐元宇宙的开端"的构想。笔者认为,中国音乐学院智慧型乐器博物馆已成为此类乐器博物馆的示范性标杆,但若要继续将智慧型乐器博物馆的建设加以发展和创新,需要先从其使用的技术手段和概念,以及两者相互关系的底层逻辑入手分析,如不能理解智慧型乐器博物馆的"智慧"来源——各种交互技术与交互思维,则很容易让人将智慧型的乐器博物馆理解为一些当下为了经济利益随意堆砌技术而缺乏普及教育意义的"博眼球"产物。

四、智慧型乐器博物馆建设的可创新性

(一) 智慧型乐器博物馆建设的"智慧"来源——元宇宙与交互技术

元宇宙(metaverse)由 meta＋universe 两个单词组成。清华大学新媒体研究中心曾阐释过元宇宙的内涵:它是整合多种新技术而产生的新型虚实相融的互联网应用和社会形态,它基于扩展现实技术提供沉浸式体验,基于数字孪生技术生成现实世界的镜像,基于区块链技术搭建经济体系,将虚拟世界与现实世界在经济系统、社交系统、身份系统上密切融合,并且允许每个用户进行内容生产和世界编辑。再更通俗的概括,它其实是以信息技术为基础人类构建的互联网衍生物,是一个可交互、与用户主体可融合的沉浸式立体空间。

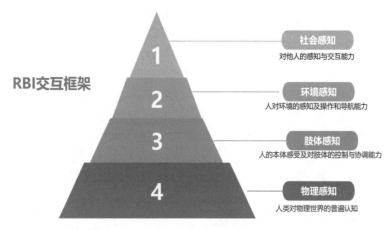

RBI交互框架

社会感知
对他人的感知与交互能力

环境感知
人对环境的感知及操作和导航能力

肢体感知
人的本体感受及对肢体的控制与协调能力

物理感知
人类对物理世界的普遍认知

图五　基于虚实交互技术提出的 RBI 交互框架

以上是笔者整理出的 2008 年由 JACOB 提出的 RBI 交互框架，RBI（Reality Based Inspection）为如何在虚拟世界中将交互操作与现实世界联系起来提供了指南。笔者认为，从本我出发的物理感知、肢体感知延伸到对环境的感知和对社会、他人的感知，其实就是交互技术产生发展的底层逻辑，即从以人为本的理念出发，利用交互技术将人类的感官与意识具象化，构建一个与现实世界相对应的虚拟世界。

因此，元宇宙能够模拟并复制现实世界，在网络空间中构建一个沉浸式的虚拟世界，它不仅是现实世界的延伸，还可以反过来影响现实世界，最终将现实世界与虚拟世界紧密联系起来，模糊虚实的界限。所以，人类创造出的虚实交互技术不但是人类感知的延伸体，也是构成元宇宙的基石，可以说没有虚实交互就没有元宇宙，同时正是有诸如 VR、AR、体感、脑机接口、MR、甚至 XR 等种种虚实交互技术的加持，才使得网络与现实的体验不断拉近，元宇宙也不再遥不可及，而各种虚实交互技术不断刺激着人类视、听、味、嗅、触等各种感知，且提升人的各类体验，延伸人的创造力。

根据《虚实交互技术在元宇宙中的应用研究》一文的阐述，当前虚实交互的方式可以分为三维交互、手势交互、力/触觉交互、语音交互、多通道交互。这些交互方式的拆解与重组形成了当前主流的 ARVRMRXR 等虚实交互技术（图六），这些交互技术的相互关系可以用下图来表示，其中 AR/VR 是当前更为大众所熟知的交互技术，它们更加广泛的渗透进了人类的日常生活，不过随着社会的发展，目前我们所看到的很多沉浸式设计其实是利用 MRXR 来完成的。

MR（Mixed Reality）意为混合现实，即虚拟与现实的混合方式，它不单只是如

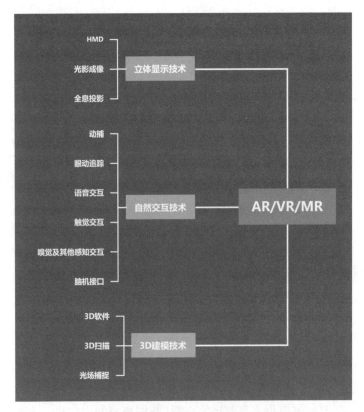

图六　当前一些代表性交互技术的组成分类

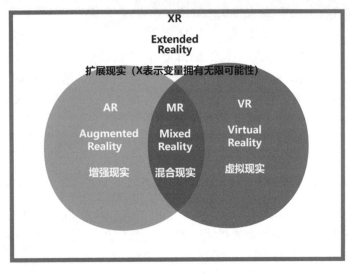

图七　AR/VR/MR/XR 交互技术的相互关系

同 AR（增强现实）将数字信息叠加在我们的现实世界之上，也不单只是像 VR（虚拟现实）一样，利用外设打造的完全虚拟的数字化世界，而是其合成的内容会与真实内容进行实时交互，同时提供实时数字信息，创造了一种数字和实体并存的局面，对比 AR、VR 技术，MR 将在交互等层面强调更多的可能性。

（1）交互形式：指尖交互→行为交互

从交互升级角度考量：尽管通过屏幕、摄像头、触碰式电容器件、显示触控驱动芯片正在逐渐优化，但多指触控仍旧是局限在手部的局部交互，可识别的动作仍旧集中在点击、选中、拖动、双指伸缩、指关节敲击等简单指令内。长期视角看，以空间为范围的行为指令，如抖动手腕、挥动手臂、向前行进、躯体伸展或旋转、甚至眼球注视点移动等，有望成为目前交互形式的明确发展方向，高端感知摄像头、眼球追踪模组等新式传感器的应用有望实现厚积薄发。

（2）内容：二维平面图像→三维空间视觉

线上形式的动作交流，包括多人互动的实体模型搭建等功能都有望成为现实。这些场景的实现，要求对用户 3D 动作更精确、更实时的感知，激光雷达、行为感知模块等新技术的应用，将为此类功能提供更有效的助力。眼动追踪与手势操作的结合，将是 MR 界面互动操作的优化路径。目前，VR/MR 设备在界面操作上仍依赖于手柄操作，操作的便利性较差，阻碍了 VR 设备的渗透率进一步提升。

技术壁垒：MR 混合现实技术复杂度极高，其涉及底层硬件、软件及人机交互技术，如何将这些技术整合在一起，是技术研发中的一大挑战。

用户需求未成熟：用户对 MR 混合现实技术的认知和接受度还不够。大家对于 MR 混合现实技术仅有模糊的概念和认知，尤其是老年人更加抵触，这也使得 MR 混合现实技术的普及推广变得更加困难。

市场风险：MR 混合现实技术的应用，在各行业中不可避免地会遇到法律问题和隐私风险等问题，这对于 MR 混合现实技术的发展也带来了一定的风险。

综上所述，虽然 MR 混合现实技术在技术和市场方面还存在着一些挑战，但是相信在科技的推动下，MR 混合现实技术将会不断精进和完善，实现更加广泛的应用和推广。

（二）交互技术在智慧型乐器博物馆中的应用展望

意义：深化教育内涵，加强多维度记忆

试想用户可以借助 MR 技术设备，将线上乐器博物馆实时的融合在所处现实场景中，将各种 3D 立体乐器进行放大缩小旋转，并点选某个具体的乐器，用以带来更详细的信息。只需搭配 MR 眼镜以及应用程序，就能 3D 立体呈现乐器的设计以及内部构造，同时可以手动拆解组装乐器，既直观又精确。

五、总 结 与 思 考

一方面随着科学技术日新月异,智慧型乐器博物馆建设参与者更需要保持敏锐的"科学嗅觉",在琳琅满目的新技术中择取关键性、便于应用于建设的部分,同时及时更新目前已应用的技术,笔者认为首先需要。另一方面,为了智慧型乐器博物馆的长足发展,难免需要资金的支持和更多的用户体验反馈。更重要的是,实体博物馆仍具有不可替代性,他最不可替代的功能是提供融入人的情感的体验。线上博物馆虽能做到资源的海量提供但却无法用数据替代人面对真实藏品的直观情感感受,这一点笔者在前文也有所提及。尤其是从社会教育的角度来看,任何年龄阶层对于"走进博物馆"的首次体验相对于线上的"虚拟间接",实体博物馆的"真实面对"更具教育意义。

从上述其实能够延伸到线上智慧型乐器博物馆与线下实体乐器博物馆的互联问题,这当然是未来智慧型乐器博物馆的理想模式和最终必然需要达到的目标。当未来将线上与线下的各自优势融合贯通,形成智慧型与实体的一体化发展,不但是乐器本身的时代化新发展,也是乐器博物馆作为博物馆门类的划时代革新,同时也会对社会各领域发展,尤其是中国社会的发展带来崭新的发展思路。智慧型乐器博物馆的建设永不止步,仍在路上。

参考文献:

　　[1] 付晓东:《智慧型乐器博物馆的理念和实践》,2021年全国乐器学研讨会。

　　[2] 周阳:《高校智慧型乐器博物馆的创新与建构——武汉音乐学院编钟馆为例》,大众文艺,2021,(06),04。

　　[3] "中国音乐大典——中国乐派智慧型乐器博物馆"可行性报告。

　　[4] 孟建军、李鹏飞:《艺术院校乐器博物馆的现状与未来》,乐器杂志。

　　[5] 赵春婷:《浅谈乐器博物馆的数字化建设——由参观"东方乐器博物馆"所想》,乐器杂志。

　　[6] 钟隽迪:《乐器陈列中多媒体应用的实践和思考——以闵行博物馆"中国民族乐器文化展"为例》,文化综合,2022,20,03。

　　[7] 贺志凌:《2015年国际博物馆协会乐器和音乐收藏委员会俄罗斯会议侧记及中国乐器博物馆相关问题的思考》,中国音乐,2016,02,026。

　　[8] 焦俊一、闵浩:《基于物联网技术的智慧博物馆综合管理系统》,智能处理与应用,2000。

　　[9] 杨琛:《金石之学　管弦之道——古老近代乐器学研究综述》,中国音乐,2014,01,05。

图书在版编目（CIP）数据

考古衡今八音论集：第一届音乐考古遗存学术研讨会文集 /
贺志凌，付晓东主编 . -- 上海：上海三联书店，2025.7 --
ISBN 978-7-5426-8769-2

Ⅰ. K875.54-53

中国国家版本馆 CIP 数据核字第 2024XN2010 号

考古衡今八音论集——第一届音乐考古遗存学术研讨会文集

主　编 / 贺志凌　付晓东

责任编辑 / 方　舟

审　读 / 方立平

装帧设计 / 一本好书

监　制 / 姚　军

责任校对 / 王凌霄

校　对 / 莲　子

出版发行 / 上海三联书店

　　　　（200041）中国上海市静安区威海路 755 号 30 楼

邮　箱 / sdxsanlian@sina.com

联系电话 / 编辑部：021-22895517

　　　　　发行部：021-22895559

印　刷 / 上海颛辉印刷厂有限公司

版　次 / 2025 年 7 月第 1 版

印　次 / 2025 年 7 月第 1 次印刷

开　本 / 710mm×1000mm　1/16

字　数 / 460 千字

印　张 / 25

书　号 / ISBN 978-7-5426-8769-2/ K・815

定　价 / 98.00 元

敬启读者，如发现本书有印装质量问题，请与印刷厂联系 021-56152633